KONRAD SANDKÜHLER

Wirken durch Worte und Klänge

Konrad Sandkühler

Wirken durch Worte und Klänge

Autobiographie eines Waldorflehrers

OGHAM VERLAG STUTTGART

Einbandmotiv nach einer Zeichnung von Manfred Welzel
Umschlaggestaltung von Lotte Boelger-Kling

Die Niederschrift dieser Autobiographie wurde Ende 1975 abgeschlossen. Die Herausgabe und Bearbeitung für den Druck besorgte die Familie des Autors.

Satz und Druck: Johannes Illig, Göppingen
Bindearbeiten: Ernst Riethmüller, Stuttgart

ISBN 3-88455-601-0

INHALTSVERZEICHNIS

DIE GRALSGLOCKE

Es wandern zwölf Pilger durch nächtliches Land
In der Hut einer goldenen Glocke,
Alle Stunden reichen sie stumm sich die Hand
Und klopfen bedacht mit dem Stocke
Die Strasse, die Brücke, den felsigen Stein –
Dumpf klingt es wie Hufe der Pferde –
Und der Uralte fragt: »Wem wollen wir weihn
Unsre Mühsal und alle Beschwerde?«
Da geloben die Brüder, die Schwestern zumal:
»Wir weihn sie dem Menschen, der Erde.« –
»So ziehet die Wege der freudigen Wahl!«
Und sie grüßen mit stiller Gebärde . . .
Leis tönet die Glocke und rufet zum Gral.

Martin Tittmann

(für Konrad Sandkühler
Johanni 1959)

ZUM GELEIT

Konrad Sandkühler war für uns Jüngere, die wir im Jahre 1945 aus Krieg und Gefangenschaft kamen und beim Wiederaufbau der Waldorfschule in Stuttgart mitarbeiten wollten, ein älterer Bruder, der immer bereit war zu raten und zu helfen. Einfach waren die Zeiten ja nicht. Und einfach waren auch die Aufgaben nicht, die da gestellt waren. Doch seine Lebenserfahrung wußte mit jeder Schwierigkeit fertig zu werden. Und er besaß die Gabe, mit einer Bemerkung, mit einer Geste, mit kleinstem Aufwand, aber mit unfehlbarer Sicherheit Dinge zurechtzurücken, die anderen wie Berge erschienen, die versetzt werden müßten.

Ein begnadeter Lehrer, der ohne laute Worte auskam. Er fragte nach dem, was der Schüler wußte, und nicht nach dem, was er nicht wußte, und erweckte die Fähigkeit und den Eifer, hinzuzulernen, was fehlte. Er wußte systematisch zu lehren und den Lernenden systematisch zu fördern. Er kannte aber auch die verschiedenen Wege, auf denen der Lernprozeß bei dem einen oder anderen Kind seiner Zeit, rätselhaft genug oft, vor sich ging. Da übte er Geduld. Geduld, die fast immer mit überraschenden Erfolgen belohnt wurde. Er hatte keine Mühe, seine Autorität zu wahren, und war ihrer so sicher, daß er sie jederzeit aufs Spiel setzen konnte. Sein Vermögen, andere in ihrer Eigenart zu verstehen, paarte sich mit der herzerwärmenden Güte, die von seinem Wesen ausging.

Umgang mit den Sprachen, tägliches Brot für ihn, war niemals Einkehr in fremden Häusern. Er war im Englischen und Französischen so gut daheim wie im Deutschen. Wortschatz und Idiomatik standen ihm in jedem Augenblick zur Verfügung, so mühelos, daß es nicht zutreffend wäre, von »Übersetzen« zu sprechen. Als ein Gebilde aus Klang, Sinn und Bild, verwandelt sich ein Satz von einer Sprache zur anderen. Und wenn die Metamorphose gelingt, wird es unwesentlich zu entscheiden, wo ihre Blüten ursprünglich wurzelten. So sind Konrad Sandkühlers Übertragungen eigenständige literarische Schöpfungen geworden, bei denen der Leser vergißt, daß es in anderer Zunge ein Original gibt. Sie sind selbst Original geworden. Er hat, vor allem, die französische Gralsdichtung in ihren vielen Verästelungen bis zum Märchen hin der deutschen Literatur einverleibt. Das ist ganz und gar wörtlich zu nehmen, so wörtlich wie seine Übertragungen, die gerade durch ihre Schlichtheit den Stempel des Echten und eine kristallene Durchsichtigkeit erhielten.

Über die eigentlichen Texte hinaus galt dem Gral, seinem Wesen und seiner Wirkung in der Welt die lebenslange Forschung Konrad Sandkühlers. Die Gestalten, ihre Charaktere und ihr Tun und Lassen erfüllten sich durch ihn mit wahrer Wirklichkeitsnähe. Die tiefinnerliche, christliche Weisheit vom Menschenwesen und seinem Erdenschicksal, die hier aus verborgenen Quellen strömte, wurde zum unerschöpflichen Gegenstand des Suchens und Nachsinnens. Die Frage nach dem Bösen als realer Macht in Menschenseele und Weltgeschehen wurde zum Kernpunkt und das Streben nach seiner Überwindung durch Erlösung zum Grundmotiv für das Studium des Manichäertums und der Katharer. Ihren Spuren zu folgen, wurde inneres Bedürfnis und geistige Lebensaufgabe. Immer wieder kreisten die Gespräche mit Freunden und seine Vorträge um dieses zentrale Thema.

Hier war er ganz ein Schüler Rudolf Steiners. Von daher floß ihm die geistige Sicherheit zu, die seinem Leben und Streben Richtung und Ziel gab. Es war ihm sehr ernst damit, und er konnte mit Strenge und gerechtem Zorn Unwahrhaftigkeit und Scheinheiligkeit geißeln, wo er sie als verlogene Grundhaltung der Seele beim einzelnen oder in der Gemeinschaft antraf: Mit den echten Geistesgütern durfte niemand leichtfertig umgehen.

Da gab es keine Kompromisse. Das war etwas Anderes wie die alltäglichen menschlichen Schwächen und Torheiten. Ihnen konnte man mit Langmut begegnen. Über sie durfte man lächeln. Und befreiender Humor und herzliches Lachen waren die Heilmittel gegen Spießertum und Philisterei. Alles Ungereimte und Verquere schließlich löste sich auf beim Musizieren.

Seine Meisterschaft auf Geige und Bratsche ließen ihn mühelos vom Blatt spielen, was er soeben beim Musikalienhändler entdeckt hatte. Beim zweiten Durchgang war dann bereits die musikalische Form und ihre Nuancen gegriffen und das in seiner Vielfalt aufblühende Klanggebilde schenkte dem Spieler und Hörer geistige Schwingen. Gar nicht so selten waren Abende, an denen ernstes Gespräch und darauf folgende Musik zusammenklangen. Sie leben in der Erinnerung als Augenblicke, in denen Konrad Sandkühler in der ganzen Fülle seiner Persönlichkeit, weise, heiter und gütig, anwesend war und ist.

Diese Worte möchten die Dankbarkeit widerspiegeln, die Viele empfinden, denen es vom Schicksal geschenkt war, eine Strecke des Lebensweges durchs zwanzigste Jahrhundert in seiner brüderlichen Begleitung zu wandern. Sie freuen sich nun darauf, die gemeinsame Wanderung durch die Zeilen dieses Buches fortzusetzen.

Pfingsten 1986 Heimo Rau

WÜRZBURG

Als ich am 15. Februar 1886 in Würzburg geboren wurde, lebten meine Eltern bereits seit neun Jahren in dieser Stadt. Sie waren keineswegs fränkischer Abstammung und hatten auch nicht viele innere Beziehungen zu der fränkischen Luft und Landschaft. Beide waren in Osnabrück, also im westlichen Niedersachsen geboren, aber ihre Eltern waren auch keine alteingesessenen Osnabrücker. Mein Vater stammte aus einer westfälischen Handwerkerfamilie bäuerlicher Herkunft. Noch im 18. Jahrhundert hießen seine Vorfahren Sandkuhle, weil der Hof an einer solchen stand, während es ringsum kaum Sand gab. »Kuhle« ist ein keltisches Wort und bedeutet die Grube. Der Stammhof steht auf der Gemarkung Westkirchen gegen die nördlich gelegene ehemals zur Hanse gehörige Stadt Warendorf im Münsterland. Etwas von dem freien und unabhängigen Charakter der westfälischen Bauern mag sich in allen Nachkommen dieses Geschlechtes erhalten haben. Wenigstens hatten ich und alle meine Geschwister einen starken Zug zur unabhängigen Gestaltung des Lebens, und dieser Zug wirkte sich bei jedem mit mehr oder weniger Glück aus. Davon wird noch manches erzählt werden können.

Aus der Umgebung von Dülken im Rheinland, nahe der holländischen Grenze, stammten die Vorfahren meiner Mutter.

Auch in ihrer Familie war viel Drang nach Unabhängigkeit zu spüren, und dies zeigte sich vor allem in der Tatsache, daß einige Brüder meiner Mutter nach England und Amerika auswanderten. So erzählte meine Mutter gerne von ihrem jüngsten Bruder Johannes, der nach Amerika ging und ein sehr bewegtes und abenteuerliches Leben führte. Er gehörte als Offizier zu einer Armee, die im amerikanischen Westen noch immer gegen Indianer zu kämpfen hatte. Ein ebenfalls aus Deutschland stammender Kamerad hielt das Leben in der Armee nicht aus und wollte desertieren. Da Johannes Bex als einziger über die Pläne seines Freundes Bescheid wußte, und vielleicht zur Verantwortung gezogen worden wäre, verließ auch er die Armee und kehrte nach Deutschland zurück. Aber bald ging er zum zweiten Mal nach den USA und ist seitdem verschollen.

Wir waren damals eine glückliche Familie, meine Eltern besassen zwei Häuser mit einem riesigen Garten dahinter und einem Ziergarten davor. Die Häuser lagen außerhalb des Stadtkerns am Ostrand auf der Höhe, die sich unmittelbar hinter unserem Haus als reiches Frucht- und Obstland nach Osten zu erstreckte.

Meine Geburtsstunde ist unbekannt, ja ich habe sogar keinen originalen Geburtsschein, da im Zweiten Weltkrieg meine Papiere verbrannten. Kein Astrologe konnte mir infolgedessen mein Schicksal ausrechnen, und ich selbst hatte schon aus dem Unabhängigkeitsdrang, der die Familie auszeichnet, keinerlei Absicht, im voraus mein Schicksal bestimmen zu lassen. Es war auch ohne astrologische Bestimmungen bunt genug und hätte ich es vorausgewußt, so hätte ich mich höchstens mit mehr Geduld darauf vorbereiten können; denn so sehr mir die Dinge oft gegen den Strich gingen, so war ich doch immer darauf gefaßt, auf neue, unvermutete Lagen positiv zu reagieren und etwas Neues daraus zu machen. Wenn mir jemand sagte, diese Haltung sei ein bequemer Optimismus, so würde ich darauf antworten, Optimismus sei etwas Negatives und verhindere den Menschen am Tätigsein. Optimismus ist letzten Endes etwas

Ähnliches wie passiver Widerstand; was ich aber in jeder Lebenslage tat oder tun wollte, war Anerkennung neuer Tatsachen, die bewältigt werden mußten. Ich hielt es mehr mit jenen Leuten, die sagten: »Schau um dich und hüte dich vor dem Bösen!« Späterhin konnte ich feststellen, daß dieser Standpunkt positiven Vertrauens auf eigene Kraft und auf die geheime Führung eines höheren Wesens auch die Haltung meiner Mutter war. Sie hatte von den neunziger Jahren an viel zu leiden, aber nie kam eine Klage aus ihrem Mund, und trotz ihrer Schmerzen war sie stets für alle ihre Mitmenschen hilfsbereit und aufmerksam.

Solche Gedanken beschatteten aber das Leben unserer Familie damals in keiner Weise. Ich wuchs auf in jenem Haus am Stadtrand, halb auf dem Lande, weil unsere Kantstraße die letzte Staße außerhalb der Stadt war und sogar dem Lärm der Stadt gegenüber abgeschirmt wurde durch eine hohe Eisenbahnböschung, die von Süden her in einem weiten Bogen die Stadt umspannt und dann im nördlichen Stadtteil den Bahnhof erreicht. Wenn wir die Stadt sehen wollten, mußten wir den Bahndamm erklettern, und obwohl solches Klettern verboten war und jedes Verbot Kinderherzen zur Übertretung reizt, hatten wir Kinder doch kein Interesse, auf die Stadt hinunterzublicken. Wir waren glücklich in unserem Garten, der uns nicht nur Blumen spendete, sondern auch alle Lebensmittel reichlich zur Verfügung stellte, die die Erde liefert. Was der Garten nicht lieferte, brachte ein Bauer aus dem benachbarten Dorf Randersacker ins Haus, das heißt also Bauernbrot, Eier, Butter, alle Mehlarten, Milch und Hühner. Da gab es keine Konserven, keine durch Chemie verdorbenen Lebensmittel, die man mit Mißtrauen betrachtete, kurz der ganze Sektor des Lebensunterhalts war gesund und naturgemäß. Dazu war mein Vater Anhänger der Naturheilkunde und schwor vor allem auf Pfarrer Kneipps Wassermethode. Er ging selbst gelegentlich zur Kur nach Bad Wörishofen und pflegte regelmäßig das Wellenbad zu besuchen, das man in Würzburg neben der alten Mainbrücke eingerichtet hatte. Außerdem war er ein großer Wanderer und veranstaltete zur Freude seiner älteren Kinder in seinen Urlaubswochen lange Wanderungen, die uns durch alle Schönheiten der fränkischen Heimat führten.

An den Nachmittagen der Sonn- und Feiertage brach die ganze Familie nach dem Mittagessen auf und wanderte hinaus durch den Wald in eines der um Würzburg liegenden Dörfer. Diese langen Spaziergänge waren für uns Kinder zuerst eine Quelle natürlicher Freuden. Als wir aber heranwuchsen und auch die Leiden meiner Mutter begannen, mischten sich in diesen Trank der Natur manche bitteren Tropfen. Meine Mutter zum Beispiel wäre oft lieber zu Hause geblieben, und uns Kindern war die religiöse Beigabe der Spaziergänge eine gewisse Last. Die kleineren Wanderungen verliefen immer so, daß man zuerst der Kirche zustrebte und den nachmittäglichen Gottesdienst mitmachte. Die ganz Kleinen wurden dabei von einem der Größeren reihum gehütet, die übrigen Kinder aber mußten mit in der Kirche sitzen und die Wechselgesänge der Vesper anhören. Ich selber stahl mich manchmal hinaus und studierte die schönen Formen der Dorfkirchen; dies schien mir eine bessere Religionsübung zur Ehre Gottes zu sein als das unverständliche Latein der Vesper. Ich suchte Erbauung in den Wundern, die die Menschen aus ihrer schöpferischen Kraft gestalteten. Nach dem Gottesdienst kehrte man in eine Gastwirtschaft des Dorfes ein. Aber auch dies war kein reines Vergnügen, da mein Vater immer einen Tisch im Garten der Gastwirtschaft aufsuchte, an dem einige Männer saßen, und mit diesen knüpfte er sofort eine politische Diskussion an, die zwar nie in Tätlichkeiten ausartete, aber doch sehr hitzige Formen annahm; denn mein Vater war ein sehr fanatischer Anhänger der Zentrumspartei. Uns Kindern war dies gleichgültig; denn wenn wir unsere dicke Stulle mit Käse verzehrt hatten, konnten wir die Spielgeräte im Wirtsgarten benützen und die Männer diskutieren lassen, meine Mutter dagegen war dem ganzen Schwall dieser unfruchtbaren Diskussionen ausgesetzt. Sie dachte wohl in ihrem Herzen lieber an das Wort des Heiligen Johannes: »Kindlein, liebet einander« und gar nicht an das Schwert des Kirchenfürsten Petrus. Ich erinnere mich, daß mir dieser Zustand zwischen meiner Mutter und den diskutierenden Männern sehr unangenehm war, und ich konnte auch bald beobachten, daß keiner von den Männern irgendwie gebessert war, wenn sie sich von den Debatten endlich erhoben. Sowie wir aber den Wirtsgarten verlassen hatten, war die Einheit der Familie wiederhergestellt.

Mit diesen Ausführungen habe ich den Ereignissen schon vorausgegriffen und muß daher zurückkehren zu meinen ersten Lebensjahren. Sowie ich richtig laufen konnte, hatte ich die Gewohnheit, den Vater immer bis auf die Straße zu begleiten, wenn er in sein Geschäft ging. Die Eltern hatten in ihren ersten Jahren im Stadtinneren von Würzburg einen Laden für Feinkost, den sie manchmal beide zu gleicher Zeit oder reihum besorgten. Dabei stellte sich heraus, daß der Laden immer sehr gut besucht wurde, wenn meine Mutter allein darin war; denn die Kunden schätzten die verbindliche Art meiner Mutter sehr, da sie es großartig verstand, den Kunden anzusehen, in welcher inneren Verfassung sie waren und sie dementsprechend anzureden. Diese Haltung der Mutter stellte ein warmherziges soziales Verhältnis zwischen Käufer und Verkäufer her, ohne daß sie im Geringsten beim Verkauf ab- und zugegeben hätte. Mein Vater aber war nur in rein praktischer Haltung auf den reibungslosen Verkauf eingestellt, obwohl keineswegs rücksichtslos, war er in allen Dingen rein sachlich, wie man es eben dem Norddeutschen und vor allem dem kargen Niedersachsen nachsagt. Die Mutter hatte eine natürliche Beziehung zu den Menschen, und es mag sein, daß sie diese Seelenkraft der Abstammung ihrer eigenen Familie verdankte.

In der Abgeschlossenheit unserer Kantstraße hinter dem Bahndamm und außerhalb der Stadt gab es für spielende Kinder keinerlei Gefahren. Wir durften daher auf der Straße spielen, ohne daß die Eltern befürchten mußten, daß wir vom Durchgangsverkehr belästigt werden könnten. Das Automobil war noch kein Verkehrshindernis für Kinder geworden, und Industriefahrzeuge hatten in unserer Straße wenig zu suchen. Es war zwar ganz in der Nähe eine Schokoladenfabrik und ein großer Zimmerplatz, aus dem ab und zu Bretter und Balken geholt wurden, aber wir Kinder fügten diesen Zimmerplatz bald unseren Spielplätzen ein, da wir mit allen Zimmerleuten freundschaftlichst verbunden waren. Manchmal verdienten wir einige Pfennige auf diesem Zimmerplatz nicht aus Gewinnsucht, sondern aus einem gewissen Beschäftigungsdrang, aus dem wir den Zimmerleuten helfen wollten. Diese hatten eine Arbeit erfunden, die uns großen Spaß machte: wenn wir auftauchten und alle Arbeiter begrüßt hatten, pflegten sie uns an einen langen Balken zu setzen, und einen mittelgroßen Hammer und einen Haufen rostiger und krummer Nägel in die Hand zu drücken mit der Anweisung, diese Nägel gerade zu schlagen. Das war lustig und forderte zur Aufmerksamkeit auf, damit wir nicht statt der Nägel unsere Fingernägel gerade klopften. Ich kann mich nicht erinnern, daß wir uns jemals bei dieser »Arbeit« erheblich verletzt hätten. Ein »Arbeitssoll« oder ein »Arbeitsmuß« gab es dabei nicht, da wir unsere Tätigkeit als eine Auszeichnung anschauten, und wenn wir unseren Haufen gerader Nägel ablieferten, bekamen wir von dem gerade in Sicht befindlichen Arbeiter ein lachendes Lob und ein paar Kupferpfennige. Daß wir dadurch mit der Welt der Arbeit in eine natürliche und erfreuliche Verbindung kamen, war uns ein zusätzlicher Gewinn und wirkte sich sicher als Haltung bei unserer späteren ernsthaften Tätigkeit vorteilhaft aus.

Mit der Schokoladenfabrik waren unsere Beziehungen viel sachlicher. Auch dort waren die Angestellten der Verkaufsabteilung unsere Freunde, und wir gehörten zu den Kunden und Einkäufern; denn jeden Freitag abend, kurz vor Geschäftsschluß, mußte eines von uns Kindern dort Blockschokolade einkaufen, und mit dieser Schokolade wurde dann das Abendessen der Kinder bestritten. Unser kindlicher Eßbedarf wurde von den Verkäuferinnen durch ihre großzügigen Dreingaben freundlich gestillt. Diese Beziehung zur Welt der Arbeit wurde ergänzt durch unser Verhältnis zur »großen Welt«, da ja täglich auf dem Bahndamm Züge vorüberrasselten, die wir mit großer Aufmerksamkeit studierten. Das war ein reiner Anschauungsunterricht, der sich sehr lebendig gestaltete; denn er beruhte auf der Geschwindigkeit der Augen. Unser besonderes Interesse galt natürlich den Lokomotiven, die wir nach Gestalt und Verwendungsart bald genau kannten. Bald hatten wir herausgefunden, daß am Führerhäuschen jeder Lokomotive ein Kennzeichen angebracht war, zum Beispiel »S 2/5«. Das bedeutete Schnellzugmaschine und Verkuppelung der fünf Räderpaare. Die Personenwagen dieser Züge interessierten uns weniger; denn wir erkannten bald, daß nur gelangweilte Gesichter hinter den Scheiben vorschauten; eine Zeitlang bemühten wir uns, durch freundliches Geschrei und mit fuchtelnden Armen die Gesichter aufzuhellen, aber viel Erfolg hatten wir dabei nicht. Viel größere Anteilnahme fanden bei uns die Güterzüge mit den verschiedenartigsten Waren, die teils sichtbar wurden, wenn sie zum Beispiel aus Langhölzern oder nach oben offenen Kohlen- oder Maschinentransportwagen bestanden, aber selbst die geschlossenen Güterwagen erregten unsere Aufmerksamkeit nicht umsonst: wir rätselten an ihrem Inhalt herum und erkundigten uns und bekamen dadurch eine ganze Fülle von sachlichen und später nützlichen Erkenntnissen. Es war eine große Welt, die da an uns vorbeirollte, und ich glaube wirklich, daß wir die Gebrauchsgüter des großen Marktes aus unseren neugierigen und aufmerksamen Betrachtungen restlos kennenlernten.

Dies war also unsere kleine gernegroße Welt, die immerhin ziemlich weit ausgedehnt war, weil die Inschriften an den Güterwagen uns in die verschiedensten Richtungen der euorpäischen Welt führten. Die Namen, die wir da von Rußland, von

Frankreich, von Skandinavien, Italien in uns aufnahmen, wurden uns am Familientisch erklärt, und alles übrige leistete unsere zu den phantastischsten Bildern aufgelegte Phantasie. Daß diese Bilder aber auch einer Wirklichkeit entsprachen und gar nicht so schlecht ausgedacht waren, konnte ich im späteren Leben reichlich feststellen. Ich hätte mir aber damals nie träumen lassen, daß es mir einmal beschieden wäre, 55 Jahre später die nämliche Aufgabe der Aufnahme von Wirtschaftsgütern aus Güterzügen während meines Zwangsaufenthaltes in einem Naziarbeitslager schriftlich als eine mit neunundfünfzig Pfennigen für die Stunde bezahlte Arbeit zu tätigen. Ich mußte nämlich auf dem zu meinem Arbeitslager gehörigen Güterbahnhof die ankommenden Güterwagen mit Inhalt und sämtlichen Signaturen in eine Liste eintragen. Als ich diese Erfahrung meinem Arbeitgeber, einem Baurat der O.T. erzählte, lachten wir beide herzlich, und er meinte, diese Arbeit könne mir also nicht schwerfallen, da ich ja ein ausgebildeter Fachmann dafür sei.

Meine kindlichen Abenteuer mit meinem zwei Jahre älteren Bruder Joseph und den Kameraden von der Straße führten mich in die weitere Umgebung unseres Stadtviertels, wo ja keine Häuser standen, sondern nur die verschiedensten Felder sich ausdehnten. Da gab es allerlei interessante Landschaftsgliederungen. Am Ende unserer Straße war eine parkartige Erhöhung, die wohl schön angelegt war, aber unserem Abendteuerdrang nicht genügte. Dies war schon mehr der Fall bei einer etwa zwei Kilometer nach Osten zu gelegenen Anhöhe, der sogenannten »Sieboldshöhe«. Sie hatte einen reichen Baum- und Buschbestand und war daher für unsere Spiele sehr geeignet. Ich als der Jüngste unserer kleinen Kinderbande hatte manche Mühe mitzukommen, denn da war gar mancher Bach zu überspringen, was meinen kurzen Beinen nicht immer gelingen konnte, aber mein Bruder holte mich dann mitten aus dem Bach unter viel Schelten heraus. Eine andere, mehr persönliche Attraktion fand ich in einem schluchtartigen Seitental der großen Landstraße, die sich nicht weit von unserem Haus nach Osten zog. In diesem kleinen ganz für sich abgeschlossenen Tälchen, hatte sich aus dem Wasserlauf einer Quelle am Grunde des Tales allmählich ein tiefer Einschnitt gebildet. Die Quelle kam aus einer Höhlung, die sich an der linken Seite des Tälchens gebildet hatte und übte auf mich und meine Phantasie eine besondere Anziehungskraft aus. Oft war ich dort allein, oder ich nahm meine jüngeren Geschwister mit, denen ich gerne schon von meinem neunten Lebensjahr an Märchen erzählte. Ich hatte auch bald von meinen Eltern erfahren, daß dort vor langer, langer Zeit ein irischer Mönch gelebt hatte, der Aland hieß. Deshalb hieß die Schlucht der Alandsgrund. Das Bild des Mönchs, der vor seiner Klause sitzt und fromme Besucher berät oder tröstet, wurde mir auf diese Weise sehr vertraut. Wenn ich mit meinen älteren Kameraden in diesem Alandsgrund war, dann weniger in der Verfassung stiller Betrachtung als in der Haltung eines wissensdurstigen Kindes; denn an den steilen Halden der Schlucht war manch interessante Versteinerung zu finden, und eine besonders üppige Pflanzen- und Schmetterlingswelt hielt unsere Aufmerksamkeit der Natur gegenüber stets wach.

Auch im elterlichen Haus und Garten gab es manch interessante und auch lehrreiche Attraktion. Im Parterre des Hauses arbeitete ein Schuster, dessen Werkstatt ganz nach klassischer Schusterweise eingerichtet war, so daß es viele Dinge dort zu sehen gab. Der alte Schuster hockte auf seinem Einbein und schaffte, immer in guter, fröhlicher Laune, um seine Mitwelt stets auf »gutem Fuß« zu halten. Nach alter Weise zog er seine Pechdrähte selber, sogar die Holzstifte zur Vorschuhung seiner Fußbekleidung machte sein Lehrling selbst. Auf dem Schustertisch lagen in scheinbarer Unordnung allerlei Werkzeuge herum, von denen jedes seiner Form nach einem bestimmten Zweck diente. Da waren Ahlen jeder Länge, Vorstechgeräte, Zangen und Zängchen; ein kleines Spiritusflämmchen machte den ganzen Tisch etwas unheimlich und belebte ihn, vor allem durch seine Spiegelungen in der großen Glaskugel, die in der Schusterwerkstatt damals eine Art kultischer Bedeutung hatte.

Der Garten vor unserem Haus war für uns Kinder unantastbar. Gegen die Straße zu schlossen ihn Ziersträucher verschiedener Art ab, und der Gartenzaun war hauptsächlich dazu da, diesen Sträuchern im Wachstum Halt zu geben. Der Eingang von der Straße in das Haus war eine Allee von Jasmindüften. Der Garten selbst bestand hauptsächlich aus Rasen; nur in der Mitte stand ein riesengroßer Birnbaum, der mir nicht nur wegen seiner großen wohlschmeckenden Früchte, sondern vor allem auch wegen seines pyramidenförmigen harmonischen Wuchses in Erinnerung blieb. An der Hauswand wuchsen einige besonders edle Pfirsichbäume, deren Früchte wir im Sommer zwar bestaunen, aber nie anrühren durften. Es wuchs daran eine große und saftige Art von Pfirsichen, die in der Familie den Anlaß zu einer kleinen Festlichkeit boten. Das Erdreich, in dem diese Bäume standen, wurde sorgfältig und naturgemäß gedüngt, so daß die Früchte so ziemlich alle zur gleichen Zeit reif wurden. In der Erntezeit nahmen Vater und Mutter die Früchte eigenhändig ab, und es wurde am darauffolgenden Sonntag ein Pfirsichfest gefeiert, in dessen Mittelpunkt die Pfirsichbowle in einem gewaltigen Glasbehälter prangte. Das Fest wurde verschönert durch Erzählungen und durch Musik, die wir selbst machten. Diese Pfirsichbäume waren Gegenstand des einzigen Verbotes in unserem Garten, und ich kann mich wirklich nicht entsinnen, daß in diesem Garten ein Adam oder eine Eva gewesen wären.

Der große Garten hinter den zwei Häusern, die meine Eltern besaßen, war die Hauptquelle unserer gesunden Ernährung. Er war eingeteilt in einen Küchengarten für alle Arten von Gemüsen und Kräutern, auch Blumenbeete waren vorhanden, dann kamen die Beete für Beerenobst, Stachelbeeren, schwarze und rote Johannisbeeren und am Schluß ein umfangreicher Teil für die Obstbäume; auch Erdbeerbeete fehlten nicht. Der Gemüsegarten lieferte neben den verschiedenen Salaten und Kräutern zur täglichen Verwendung auch die Kürbisse, Gurken und Kohlköpfe, die wir alle in der Einmachzeit verarbeiteten. Als Kuriosum mag erwähnt werden, daß wir auch das Sauerkraut eigenfüßig stampften, und das war keineswegs eine unangenehme Tätigkeit, denn die Mutter sorgte dafür, daß viel Spaß mit Liedern und Erzählungen gemacht wurde. Wir hatten die sogenannten »Stämpfel« zum Einstampfen des Krautes, aber wir zogen der Handarbeit die Tätigkeit der frischgewaschenen Füße vor, und bei dieser feierlichen Fußwaschung war die Mutter sehr streng. Beim Einlegen des Krautes kam zuerst eine Schicht Kraut, eine Schicht Salz und wieder eine Schicht Kraut, darauf ein rundes Brett, dann wurde eine Zeitlang gestampft, dann wieder eine Schicht eingelegt und so weiter, bis der Kübel bis obenhin voll war – dann erst war die Stampferei lustig, und allzu lange dauerten die Gänge nicht, denn sonst hätte die Salzlake unsere Füße angegriffen. Wenn die Kürbisse verarbeitet wurden, blieben einige der Kürbisköpfe unzerschnitten. Sie wurden ihres Inhaltes entleert, dann schnitt man ein Gesicht hinein, eine große Kerze wurde hineingetan und das Ganze als Zierstück und Leuchte in die Ecke gestellt. Dabei wurde manche Gruselgeschichte von einem, der auszog, das Fürchten zu lernen, erzählt. Das Märchenerzählen wurde mehr und mehr meine Aufgabe, die sich allmählich auch auf die Kinder der Nachbarschaft erstreckte, denen ich den angesammelten Schatz von Geschichten gerne, am Eingang zum Haus sitzend, vermittelte.

Der Ehrgeiz meines Vaters, als selbständiger Unternehmer im Leben zu stehen, wurde der Anlaß zur Vertreibung aus unserem Paradies. Ich weiß nicht mehr genau, in welchem Jahr des zu Ende gehenden neunzehnten Jahrhunderts unser Auszug stattfand, aber ich mochte wohl zehn Jahre alt sein. In der deutschen Wirtschaft waren es die sogenannten »Gründerjahre«, die sowohl den Aufstieg des deutschen wirtschaftlichen Reiches zur Weltgeltung bedeuteten als auch den Untergang einzelner, unvorsichtiger Unternehmer. Mein Vater stand unter anderem mit

Immobilienhändlern in Verbindung, von denen ihm eines Tages ein verlockendes Angebot gemacht wurde. Er sollte im nördlichen Stadtteil von Würzburg eine Fabrik übernehmen, die aus zwei Abteilungen bestand, einer Färberei und einer Appretur-Abteilung, in der Stoffe mit Druckmustern versehen wurden. Er war wohl in dieser »Branche«, wie man damals zu sagen pflegte, in seinen früheren Jahren als Büroangestellter erfahren, aber die Fabrikationstechniken kannte er nicht aus der Praxis. Meine Mutter war lebhaft gegen diesen Kauf, das heißt es sollte kein Kauf, sondern ein Tausch stattfinden. Das ganze Vermögen meiner Eltern stak in den Häusern und im Garten, und das war die solideste Geldanlage, die man sich denken konnte; denn sie sicherte sowohl das Einkommen als auch die gesunde Ernährung der ganzen Familie. Mein Vater ließ sich nicht durch die Einwendungen meiner Mutter abhalten und unterschrieb den Tauschvertrag, der ihm als Kaufmann günstig erschien. Der Inhaber jener Fabrik hatte ihm auch genau dargestellt, wie groß die Einkünfte aus dem Unternehmen waren. Der Tausch wurde perfekt, aber die Arbeit unter dem neuen Besitzer der Fabrik hatte kaum begonnen, da steckte ein entlassener Werkmeister aus Rache, wie man sagte, das Werk in Brand; es war nicht versichert, so daß mein Vater den ganzen Schaden hatte und sein Vermögen in Flammen aufgegangen war. Ich erinnere mich noch an den Anblick des völlig zerstörten Gebäudes.

Die Umstellung unseres Lebens von dem Randbezirk der Stadt, das fast noch den Charakter des Landlebens hatte, in das Stadtzentrum war sehr beträchtlich und einschneidend. Wir zogen zunächst in die sogenannte Wöllergasse mitten in den handwerklichen Bezirk der Stadt. Für die Familie kann man die Veränderung im Bilde eines weit angelegten Fischernetzes sich vorstellen, in dem die Fische bisher fröhlich herumgeschwommen sind, ohne irgendwo eine Hemmung zu finden; das Netz wurde plötzlich zusammengezogen, und auf allen Seiten zeigten sich Entbehrungen und Einschränkungen der Freiheit. Mein Vater fand eine Stellung als Buchhalter in einem Notariat und war so dem Familienleben weitgehend entzogen. Sein Arbeitskreis hatte sich zwar auf ganz Unterfranken erweitert, da ihn die Geschäftstätigkeit des Notars immer wieder auf Fahrten in die weit im Umkreis liegenden Dörfer führte. Das war für ihn selbst sehr interessant und entsprach auch in der schönsten Weise seinem angeborenen Wandertrieb, aber es waren eben doch nur Berufsfahrten, die ihn in der Weite der Provinz mit den Bauern in Kontakt brachten. Ich selbst hatte einen beträchtlichen Vorteil von diesen Fahrten, denn sie fanden in ein- oder zweispännigen Kutschen statt, und mein Vater nahm mich häufig mit, da ich als Mittelpunkt der Kinderschar – ich hatte drei ältere Geschwister vor mir und drei jüngere nach mir – gerade das richtige Alter hatte und schon mit meinen bald zehn Jahren etwas selbständig war.

Ich saß bei diesen Fahrten meistens auf dem Kutschbock und schaute fröhlich in die fränkische Landschaft. Ich fühlte mich vollständig eins mit dieser heiteren Luft, und doch spürte ich einen ganz feinen Abstand, den ich auch schon immer im Verhältnis zu den Menschen und zu den Kameraden ganz leise, fast unbewußt, erlebt hatte. Diesen Eindruck konnte ich damals nicht in Worte oder Begriffe fassen, aber er war da und wurde mir erst viel später klar. Den ersten Schritt zu klarerer Erkenntnis lieferte mir bereits der Umzug in die dunkle Wöllergasse, aber ich will doch zuerst noch einiges von den Fahrten mit meinem Vater erzählen, da auch diese in gewisser Weise zur Klärung meiner Lebenslage beitrugen. Bei der Beschäftigung mit den Katastern der bäuerlichen Besitztümer, das heißt den Verzeichnissen ihrer Grundstücke in Bezug auf Feld und Wald, fand mein Vater einige Schwierigkeiten, die Besitzer genau festzustellen, da die Familiennamen häufig gleich waren und auch die Vornamen der Bauern sich in einem ganz engen Kreis um Joseph, Johannes und Michael bewegten. Er fing deshalb an, in den Bauernkalendern nach anderen Namen zu forschen, und er fand eine große

Auswahl der seltsamsten Namen. Um aber diese Namen den Bauern schmackhaft zu machen, brauchte er die Hilfe des Lehrers und des Pfarrers. Er schien aber Erfolg damit zu haben, zumal er das Beispiel seiner eigenen Familie anführen konnte, indem er einen meiner jüngeren Brüder Beda nannte und den jüngsten Wendelin. Beda war zwar kein fränkischer Heiliger, wohl aber Wendelin, der ein aus Irland stammender Schäfer im Steigerwald gewesen war und durch sein heiligmäßiges Leben im 7. und 8. Jahrhundert viel zur Verbreitung des irischen Christentums in Franken beigetragen hatte. Diese Tätigkeit meines Vaters war auch für mich interessant, denn ich hatte schon begonnen, mich mit dem Leben dieser heiligen Kelten zu beschäftigen, die so merkwürdige Namen wie Koloman, Totnan, Wendelin, Alan und Kilian trugen.

Die Wöllergasse lag ganz in der Nähe des Heiligen Bezirks von Würzburg. Mit ein paar hundert Schritten waren wir von unserer Wohnung aus in der Domstraße, die von Westen nach Osten die Stadt in zwei Hälften teilt; bevor ich von der Wöllergasse zum Dom am Ende der Domstraße gelangte, kam ich an der Gruft des Heiligen Kilian vorüber, von dem mir mein Vater bereits einiges erzählt hatte und den ich von nun an in seiner Gruft häufig besuchte. Mein Vater wußte wenig von dem Unterschied zwischen dem irischen Christentum, vertreten durch die erwähnten Heiligen, und dem römischen Christentum, das in der Stadt durch die früheren Fürstbischöfe Echter von Mespelbrunn und die jetzigen Bischöfe in der Residenz vertreten waren. Für mich wurde der Gegensatz dieser beiden Formen des Christentums nach einiger Zeit sehr sichtbar und wirkte sich in schicksalhafter Weise später auf mein inneres Leben aus. Die Iren, das hörte ich aus den wenigen Mitteilungen über ihre Lebensart heraus, legten den größten Wert auf christliche Lebensführung, während das römische Christentum der Bischöfe sich mehr auf die Lehren des Glaubens in Dogmen und Vorschriften stützte. Gewiß konnte ich diese Unterschiede noch nicht klar erfassen, aber es schien doch in mir ein unbewußter Drang zu sein, mich mehr nach der Seite irischen Wesens zu neigen. Dies zeigt sich mir im Nachdenken in der Tatsache, daß ich mich im Gegensatz zu meinen Brüdern und Kameraden entschieden weigerte, als Ministrant im Gottesdienst der Kirche tätig zu sein; einen Grund konnte ich aber nicht dafür anführen, und meine Eltern, vor allem die Mutter, waren einsichtig genug, mich gewähren zu lassen. Deutlicher wurde meine Neigung, ohne die dogmatischen Formen der Kirche zu leben, einige Jahre später, als die Vorbereitung zur Erstkommunion einsetzte. Ich war keineswegs in religiösen Dingen gleichgültig, aber mir schien, als ob ich den Christus und das Christentum besser und stärker in einer ganz innerlichen Weise erleben konnte, ohne die kirchlichen Gebräuche freiwillig mitzumachen. Die Heilige Kommunion empfand ich als ein ungeheuer tiefes Geheimnis, das man wohl in Gedanken und Empfindungen, aber schwer in Worten und Lehrsätzen ausdrücken konnte. Und als die kirchliche Feier der Erstkommunion in unserer sogenannten Neubaukirche stattfand und wir Erstkommunikanten mit unseren großen Kerzen uns im Kreis um den Hochaltar aufstellten, sah ich meine Kameraden in Rührung weinen, ich selbst aber mußte weinen, weil ich keine Rührung empfinden konnte. Als ich nach der Feier mit meiner Mutter einige Zeit allein war, war dies die eigentliche Kommunion, das heißt die Verbindung mit dem Christus, über das fromme Wesen der Mutter. Dunkel empfand ich, daß die Mutter Christi, die beim ersten Abendmahl nicht anwesend war, doch in geheimnisvoller Weise dazugehörte, und so wurde dieser Tag der Kommunion ein ganz persönlicher Feiertag für mich in der stillen Ergriffenheit des Herzens. Daß ich damit eigentlich einen schweren Schritt getan und mich vom amtlich genehmigten Christentum entfernt hatte, wurde mir erst nach vielen, vielen Jahren in der Rückschau auf die Vergangenheit bewußt. Da ich nicht gerade ein Revolutionär, wohl aber ein unabhängig denkender Mensch wurde, der ein Innenleben für sich führte, machte ich alle Sitten und Gebräuche des Daseins mit, ohne deswegen ein Heuchler zu sein; denn ich leugnete in keiner Weise die christlichen Glaubensartikel.

Das Leben in der Wöllergasse war naturgemäß ganz anders als in der Kantstraße, aber viel Interessantes, das ich begierig kennenlernte, war auch dort vorhanden. Wir wohnten in einem eigenartig gebauten Haus mit einer großen Hofeinfahrt, die auch größeren Fuhrwerken die Zufahrt ermöglichte. Nach der Gasse zu war nichts Auffälliges an diesem mehrstöckigen Hause; wir wohnten im zweiten Stockwerk und hatten die gegenüberliegende Fensterfront fast so nahe, daß wir die Fenstersimse der anderen Seite berühren konnten, der Hof aber war von einer offenen Galerie umgeben, und der Hintergrund des Hofes wurde durch Stallungen abgeschlossen. Überall betrat man hartes Steinpflaster, kein weicher Erdboden behielt den Eindruck der Füße, kaum war Gelegenheit zum Spielen im Freien, und wir Kinder konnten uns da nicht wohlfühlen. Es schien auch, als ob meine Eltern dies ebenfalls fühlten, so als ob sie diese Wohnung nur schnell gewählt hätten, um von da aus etwas Besseres zu suchen. Ein Bild von diesem Haus aber prägte sich mir tiefer ein, so daß es mir oft in der Phantasie wiedererscheint: das Haus gehörte einer jüdischen Familie, deren älterer Sohn Rabbiner werden wollte. Dieser junge Mann machte auf mich einen großen Eindruck, obwohl ich nicht näher mit ihm bekannt wurde. Er war ein schöner, ganz orientalisch aussehender Mensch und hatte etwas Geheimnisvolles um sich. Das Bild, das sich mir stark einprägte, zeigte ihn oft auf dem offenen Balkon, wo er seine Studien und Gebete verrichtete. Er war sonst sehr freundlich und umgänglich, aber wenn er auf seinem Balkon saß und ich ihn aus seiner Meditation herausrufen wollte, hob er nur mit einem ernsten Gesicht seine betenden Hände und zeigte damit an, daß er nicht gestört werden wollte. Dafür hatte ich volles Verständnis und ließ ihn in Ruhe. Ich selbst ging ja bereits seit einigen Jahren in die Schule, brauche aber davon nicht viel zu erzählen, denn es war von der öffentlichen Schule damals nicht viel Angenehmes zu berichten.

Auch die Lehrerpersönlichkeiten, die ich an der Volksschule kennenlernte, machten keinen besonders starken Eindruck auf mich. Es erschein mir nur damals schon spannungsreich, daß mein Lehrer in der ersten Volksschulklasse den Namen Wohlfahrth trug, aber die Aufgabe seines gutmütigen Namens darin sah, daß er uns mit reichlichen »Tatzen« wohl die Fahrt ins Leben energisch fördern wollte; denn der Tatzenstock, genannt das »spanische Rohr«, stand selten in der Ecke; er war durch häufigen Gebrauch in mehrere Teile gespalten und mit Draht umwickelt. Ich möchte jedoch nicht den Eindruck erwecken, als ob ich die ganze Volksschulbildung mit sämtlichen Lehrern in Grund und Boden verdammen möchte. Da ich selbst später Lehrer wurde, wird darüber noch manches zu berichten sein. Im Privatleben schienen die Lehrer übrigens viel umgänglicher zu sein, als sie es in der Schule waren.

Die erwähnte nächste Wohnung führte uns nach ungefähr einem Jahr Dunkelheit aus der Wöllergasse in das freie Licht der Frühlingstraße. Sie machte ihrem Namen alle Ehre und lag wiederum dicht am Stadtrand, aber diesmal nicht auf der östlichen Höhe der Stadt, sondern dicht am Ufer des Mains. Es war eine Gegend, in der es sich gut leben ließ, keinesweg vornehm, sondern gut bürgerlich und behaglich. Eine freie Atmosphäre herrschte auf unserer Straße, kein Mensch trat dem anderen zu nahe – soweit ich dies als Kind feststellen konnte. Sogar die lärmende Musik in der Form von Klavier-, Geige-, Trompete-Übungen, die aus den einzelnen Häusern drang, wurde nicht als störend empfunden. Das Zitat aus Wilhelm Busch war uns damals in seiner Wahrheit nicht geläufig. Wir hatten gar im unmittelbaren Gegenüber unserer Wohnung eine bedeutende Kapazität für alle klavierspielenden Jünglinge und Jungfrauen täglich üben hören können: der Professor an der Würzburger Musikhochschule und Mitverfasser des damals sehr bekannten Klavierunterrichtswerkes Lebert und Starck übte da nicht nur selbst, sondern gab auch Privatunterricht in seiner Wohnung. Dieser Professor Starck kam allerdings einmal in sehr unsanfte Berührung mit meinem älteren Bruder. Mein älterer Bruder Joseph war der einzige in der Familie, der Musik nur als Lärm empfand und die vom Vater verlangten Instrumentalübungen bald aufgab. Er war auch ein wilder Junge und spielte gerne Streiche, die offenbar sein Lebensgefühl erhöhen sollten und manche Nachbarn belästigten. Was den toleranten Mitbewohnern gleichgültig war, erschien meinem Bruder als schreiendes Unrecht, nämlich wenn Herr Starck bei offenem Fenster spielte oder Unterricht gab. Und da Herr Starck über die Straße hinweg auf dem gleichen Stock wohnte wie wir, es war der dritte, das heißt der oberste Stock des Hauses, dauerte es nicht lange, da flog gelegentlich ein Steinchen aus der Schleuder meines Bruders in das Zimmer des Professors. Natürlich wurde er dem Professor bald als Täter mißliebig, und so geschah es eines Tages, daß der Herr Professor den jugendlichen Sünder auf der Straße verhaften wollte. Er machte seinem Namen große Ehre, denn er war ein breitschultriger Riese, aber deshalb etwas schwerfällig im Laufen. Joseph entwischte ihm schnell in unser Haus, aber der Riese stürmte ihm nach die drei Treppen hoch durch die ganze Wohnung, wo an diesem Nachmittag Gott sei Dank kein Mensch zu Hause war, und so gelang es meinem Bruder, durch vieles Türenzuschlagen und Stühle in den Weg stellen, wieder aus der Wohnung zu entwischen und auf die Straße zu entkommen. Dies hatte eine verblüffende Wirkung: der Professor war aus der Puste geraten, aber er empfand die Komik der Situation sehr stark. Er stand auf der Treppe und schüttelte sich vor Lachen. Der Zweck war erreicht, die Schleuder stellte ihre Tätigkeit ein, und der Professor verfolgte den Attentäter nicht weiter, obwohl er vorher schon öfter wegen dieser Untaten bei den Eltern vorstellig geworden war.

EIN ZWÖLFJÄHRIGER ENTDECKT DIE KUNST

Es war etwa im Jahr 1898, daß ich meine Heimatstadt auf dem Heimweg von der Schule vom Main bis auf die östliche Höhe durchstreifen mußte. Auf diesem Weg mußte ich all die Straßen durchwandern, die mir täglich die Kunstschätze der Stadt im Querschnitt zeigten. In den Jahren vorher hatte ich wohl diese Dinge ebenfalls mit den Augen wahrgenommen, aber es war mir nicht eingefallen, ihre Unterschiede in der Form zu bemerken. Nach meinem Eintreten in mein zwölftes Lebensjahr wurde das anders, und jetzt im Nacherleben der daraus folgenden Erkenntnisse erscheint es mir merkwürdig, daß ich nun plötzlich anfing, ohne jede Anleitung einfach aus meinen Wahrnehmungen eine Art persönlicher Kunstgeschichte aufzubauen. Es mag sein, daß dieses Erwachen eines ursprünglichen Kunstsinnes durch meinen Eintritt in das humanistische Gymnasium ausgelöst wurde; denn wir lernten im Gymnasium zugleich mit der Sprache der Römer auch ihre Geschichte und erfuhren im Laufe der Jahre viel vom römischen Leben und den römischen Altertümern, von denen einige auch in Würzburg zu sehen waren. Auf jeden Fall lernte ich in meinen ersten Gymnasialjahren noch nichts von der deutschen Kunstgeschichte, deren verschiedene Epochen in Würzburg in so großartiger Weise in den Kunstdenkmälern vertreten waren.

Das alte Gymnasium, das ich besuchte, lag am Main mitten im Stadtzentrum und war rings umgeben von einer ganzen Reihe der bedeutendsten Kunstdenkmäler. Da war zum Beispiel in nächster Nähe die alte Mainbrücke, auf der die großen Barockstatuen der fränkischen Heiligen noch heute zu sehen sind. Von den Fenstern der Schulzimmer meines Gymnasiums erblickte ich sogar während des Unterrichts das älteste Gebäude der Stadt auf dem westlichen Ufer des Mains: das war die Festung Marienburg, der Sitz des ältesten fränkischen Grafengeschlechtes.

Diese stattliche Burg interessierte uns Jungen nicht nur wegen ihres Alters – sie reichte bis in die heidnische Zeit der Völkerwanderung zurück –, sondern sie reizte auch unsere Abenteuerlust; denn ich wußte, daß dort oben innerhalb der Burg der Eingang zu unterirdischen Gängen war, die von dort aus unter dem Main hinweg die ganze Stadt durchzogen. Am Karfreitag jedes Jahres wurden diese unterirdischen Gänge teilweise zugänglich gemacht, aber nicht so weit, wie unsere Neugierde verlangte. Immerhin lernten wir auf diese legale Weise, wie die Gänge in der Stadt selbst verliefen, und hatten auch bald herausgefunden, daß es in der Stadt an verschiedenen Stellen möglich war, durch verborgene Luftschächte in die Gänge zu gelangen. Dies war sowohl verlockend als auch gefährlich. Man brauchte ausreichend Lichter, um sich ohne Führung hineinzuwagen, und solche Lichter verschafften wir uns im Sommer mit den Resten von Fackeln, die die Studenten der Universität nach den alljährlich stattfindenden Fackelzügen zur Ehren der Professoren außerhalb der Stadt auf einem bestimmten Felde zusammenzuwerfen pflegten. Ein solcher Luftschacht befand sich ganz nahe bei meinem Gymnasium, und wir durchstöberten manches Mal die Gänge, nicht ohne Schaudern. Sogar Teile von Skeletten konnten wir finden; wir hüteten uns jedoch, sie mitzunehmen; das Vergnügen, auf verbotenen Wegen Forschungen anzustellen, war uns schon eine reiche Belohnung für unsere Mühen.

Unter den mächtigen Barockheiligen der alten Mainbrücke befanden sich auch die Statuen der ersten keltischen Missionare, die aus ihrer irischen Heimat das Christentum nach Franken brachten. Vor allem fesselte mich die Statue des Heiligen Kilian, der der Führer der irischen Mission in Franken war und im Verlauf seiner Tätigkeit am Hof des Frankenherzogs wegen seines Glaubens und seiner Sittenstrenge in Würzburg ermordet wurde. Obwohl diese Heiligenfiguren auf der alten Mainbrücke nicht zu den ältesten Kunstdenkmälern der Stadt gehören, begleiteten sie doch mein eben erwachtes Kunstinteresse in besonderer Weise durch meine ganze Schulzeit hindurch. Zunächst aber war ich zufrieden, das Bild dieser Heiligen in mich aufzunehmen und dann bei dem weiteren Gang durch die Stadt bei der Marienkirche am Marktplatz, wo einige der bedeutendsten Statuen Tilman Riemenschneiders standen, den Unterschied in der Form zwischen den lebendigen Figuren auf der alten Mainbrücke und den Kunstwerken Riemenschneiders festzustellen. Dieser Unterschied bedeutete für mich ein erstes Kunsturteil, das sich in meinen Gedanken in ganz naiver Weise festsetzte: Riemenschneiders Adam und Eva gefallen mir besser in der Form als die Heiligen auf der Brücke, die Heiligen aber reizen mein Interesse stärker, weil sie einen Teil des geschichtlichen Lebens in der Stadt darstellen.

Um nun gleich die dritte Komponente meines naiven Kunstinteresses zu erwähnen, muß ich bemerken, daß ich auch die gotischen Formen der Marienkirche am Marktplatz mit großer Freude in mich aufnahm. Aber von den romanischen Formen des Domes und der Neumünsterkirche wurde ich auf meinem weiteren Weg doch in einer größeren Tiefe ergriffen. Daraus entstand eine große Vorliebe für alles Romanische. Ich war mir zwar der Eingliederung in historische Maßstäbe noch nicht bewußt, aber bei allen weiteren Gängen durch die Stadt verweilte ich doch mit größerer Freude bei den romanischen Denkmälern, die in anderen Vierteln der Stadt vorhanden waren. Die Krypta der Neumünsterkirche verband mich wieder mit der Erscheinung des Heiligen Kilian, da die Gruft an der Stelle errichtet wurde, wo der Heilige Kilian im Jahr 689 ermordet worden war, weil er es gewagt hatte, den unsittlichen Lebenswandel der Herzogin öffentlich zu tadeln. Was wußte ich schon von unsittlichem Lebenswandel? Das war mir kein Begriff, aber daß ein so mächtiger Heiliger deshalb ermordet wurde, blieb als tiefer Eindruck in meiner Seele, und daher versäumte ich es nie, mit großer Ehrfurcht die Krypta zu besuchen, so oft ich dort vorbeikam, und das war in meiner ersten Schulzeit fast täglich. Was aus dem Grunde der Seele allmählich in meine Vorstellung und in mein Seelenleben eintrat, war die Überzeugung, daß es notwendiger sei, das Christentum darzuleben und die Gewissenhaftigkeit des Daseins zu pflegen, als an der Säule der Dogmen einen scheinbaren Trost und Halt zu finden. Wohl aus diesem Grunde fand ich es späterhin wichtiger, in der Krypta für den Heiligen Kilian ein Vaterunser zu beten, als im Beichtstuhl die Liste meiner vermeintlichen Sünden von einem hastig beschriebenen Papier abzulesen.

Einen weiteren Aspekt meines praktischen Kunstunterrichtes lieferte mein täglicher Besuch am Grab des mittelalterlichen Dichters Walther von der Vogelweide. Dieses Grab befand sich an einem Durchgang zwischen dem großen Dom, der die vom Main heraufführende Domstraße abschloß, und der Neumünsterkirche an einer Stelle, die heute etwas anders und sogar intimer gestaltet ist und den Namen »Lusamgärtlein« führt. Dort stand in meiner Knabenzeit neben weniger interessanten, aber prunkhafteren Grabsteinen der Domherren der einfache Steinblock, der das Grab Walthers von der Vogelweide darstellte. Den oberen Rand dieses Grabes zierte eine Inschrift in romanischen Buchstaben, die mitteilte, daß hier die sterblichen Überreste des Sängers und Dichters Walther von der Vogelweide ruhten. Den einzigen Schmuck der Oberseite des Steinblocks bildeten vier schüsselartige Vertiefungen an den vier Ecken des Steines. Ich war der Meinung, daß im Zusammenhang mit dem Namen Vogelweide in diesen Schüsselchen immer Wasser sein müsse für die Vögel, die an diesem stillen Ort der Stadt zwitscherten, und ich sorgte dafür, daß sie gefüllt blieben. Jedoch befand sich dort noch eine weitere kostbare Attraktion für mein Kunstempfinden: es wurde der Rest des alten romanischen Kreuzganges der Neumünsterkirche aufgestellt, dessen Formen ich mit großer Freude jedesmal von neuem betrachtete. Das irische Wesen schien sich überhaupt der Landschaft um Würzburg eingeprägt zu haben, denn in der Nähe der Stadt, abzweigend von der großen Landstraße, die nach dem Osten, vor allem nach Bamberg führte, lag eine romantische Schlucht, die für uns Kinder ein beliebter Spielplatz war: die schon beschriebene »Alandsquelle«.

Der Begriff Zeit spielte damals in unserem Leben keine besonders hemmende Rolle, wenigstens kann ich mich nicht erinnern, daß einer von uns Knaben jemals gesagt hätte: »Ich habe keine Zeit«. Wir hatten wirklich zu allem Zeit, was notwendig war: zu den kleinen Pflichten zu Hause und im Garten, zu der Arbeit in der Schule mitsamt der Vorbereitung durch zahlreiche Hausaufgaben, die in der Schule für jedes Fach laufend verlangt wurden, vor allem auch für unsere freien Spiele zu Hause und draußen in der Natur. Dazu kam noch unsere starke Neigung zur Musik, die von meinen Eltern ganz besonders in uns gepflegt wurde, obwohl sie selbst keinerlei Instrument spielten; aber meine Mutter zum Beispiel war voll von einem Riesenschatz an Volksliedern, die sie ganz nach dem Brauch eines Naturkindes bei ihrer Hausarbeit sang, ob sie nun alleine oder mit ihren Kindern zusammen war – und sie hatte eine schöne Stimme. Auf diese Weise umgab uns das Wesen Musik ständig und übte seine harmonische Wirkung aus. Ich sagte, meine Eltern spielten kein Instrument, aber sie hielten sehr darauf, daß jedes Kind mindestens ein Musikinstrument lernte. Meine älteste Schwester spielte Klavier und Violine und später auch Orgel, als sie Ordensschwester wurde, aber auch den Beruf einer Lehrerin an einer Volksschule ausübte. Meine zweitälteste Schwester war die beste Pianistin der Familie, die dritte lernte zwar auch etwas Klavier, hatte aber einen besonders starken Hang zum Malen und Zeichnen, so daß sie sich später nicht mehr mit Musik beschäftigte. Sie wurde dann eine begabte Malerin. Ich selbst pflegte die Musik sehr intensiv, sowohl in der Schule beim Singen als auch zu Hause beim Violinspielen. Ich hielt auch meine jüngeren Geschwister gerne zum Üben an und gründete ein

Familienstreichquartett, nachdem meine jüngeren Geschwister die genügende »Reife« erlangt hatten.

Obwohl ich mir von meinem dreizehnten Lebensjahr an auf die geschilderte Weise das Kunstleben der Stadt Würzburg als ein in Stein gehauenes und in großen Baulichkeiten dargestelltes Buch der Kunst aneignete, war ich doch sehr viel zu Hause. Das verlangte schon meine musikalische Tätigkeit; denn ich nahm es mit der Musikausbildung sehr ernst. Es war aber noch ein anderer Grund, der mich veranlaßte, viel zu Hause zu sein: meine Mutter war seit einigen Jahren bereits von einem schleichenden Leiden befallen, das ihr viel Schmerzen bereitete, und so dachte ich mir, sie brauche seelische Hilfe durch Ablenkung. Es war auch so, daß sie häufig sagte: »Wenn du in meiner Nähe bist und mir etwas aus eurem Schulleben erzählst, auch wenn du mir auf deiner Geige etwas vorspielst, sind meine Schmerzen geringer.«

LEBEN IN DER FAMILIE UND IN DER SCHULE

Unsere Familie erweiterte sich in rhythmischer Folge, indem alle zwei Jahre ein Kind zur Welt kam. Dieser Rhythmus war ganz regelmäßig bis zu meiner Geburt. Dann wurde er dadurch unterbrochen, daß schon nach einem Jahr wieder ein Bruder Richard geboren wurde, der aber nicht lange bei uns blieb. Meine Mutter scheint sich von dieser Geburt nicht recht erholt zu haben; denn als zwei Jahre danach der Bruder Beda zur Welt kam, zeigte sich eine leichte Verkrüppelung an seinem rechten Fuß, die durch ein eisernes Gestell reguliert werden mußte. Im übrigen war er sehr gesund und wurde später eines unserer kräftigsten Familienmitglieder. Im alten Rhythmus von zwei Jahren kamen noch ein Bruder und eine Schwester in die Familie. Ich selbst war als fünftes Kind der Mittelpunkt unserer kleinen Welt und hatte oft zwischen den verschiedenen Geschwistern eine ausgleichende Rolle zu spielen. Wir vertrugen uns im allgemeinen sehr gut, obwohl es unter den Brüdern naturgemäß häufig zu Temperamentsausbrüchen kam.

Solange die Familie in einem gewissen Wohlstand lebte, hatten die Familienfeste, die wir in sehr schöner Weise feierten, ein feines Gepräge von Menschlichkeit. Zur Kindstaufe waren immer zahlreiche Gäste vorhanden, und auch sonst war an den Feiertagen immer ein Gast zu Tisch gebeten worden. An einen dieser Gäste erinnere ich mich besonders gern, da er in ganz ausgeprägter Weise die gesellschaftliche Haltung der guten alten Zeit repräsentierte. Es war ein kleiner zierlicher Mann, den wir nur den »Herrn Baron« nannten, weil er stets in tadellos feiner Kleidung zu uns kam. Er trug dabei ein dünnes Stöckchen, das ihm weniger als Stütze denn als Schmuck diente; es hatte einen silbernen Knauf und war aus schwarzem Ebenholz. Seine Sprechweise war so, als ob er jedes Wort mit dem Zirkel ausmessen müßte; dies bewirkte jedoch in keiner Weise, daß wir uns über den Herrn Baron lustig gemacht hätten. Er war wirklich von einem Nimbus echten Adels umgeben. Er schien über keine eigenen Mittel zu verfügen, und ich hörte, daß er reihum in den Familien unserer Kirchengemeinde zu den Mahlzeiten eingeladen wurde. Bei uns erschien er meistens zu Mittag und saß mit uns Kindern noch einige Zeit nach dem Essen beisammen, was uns großen Spaß machte. Seine Ankunft und sein Abschied waren immer mit einem kleinen Zeremoniell von Kratzfüßen verbunden. Wir Kinder bedauerten sehr, daß er nach dem Zusammenbruch des elterlichen Vermögens nicht mehr bei uns erschien.

Die Geburtstage wurden bei uns weniger stark gefeiert als die Namenstage, die stets zu einem kleinen Kinderfest gestaltet wurden. Solange wir in unserem Paradies leben konnten, gab es dabei für die Älteren Kaffee, für die Jüngeren Schokolade und eine große Menge der besten Torten und Kuchen, die meine

Mutter selbst herstellte. Zum Namenstag war es auch üblich, daß die Kinder ihre Taufpaten mit einem Geschenk besuchten. Mein Taufpate war ein Juwelier aus dem Stadtinneren, der seinen Laden gegenüber dem Charcutierladen meiner Eltern hatte. Wenn ich mit meinem Blumenstrauß bei ihm erschien, ging es da zeremoniell, aber sehr warmherzig zu. Ich wurde hereingebeten in das beste Zimmer, am Fenster stand ein kleiner Tisch, an dem gerade zwei Personen Platz hatten. Da trank ich nun mit meinem Taufpaten, Herrn Zeiser, Schokolade mit Kuchen, und er verstand es, mich angenehm zu unterhalten, so wie wenn ich ein kleiner Erwachsener wäre. Ich ging jedesmal mit großem Vergnügen zu ihm, und sehe noch heute sein wohlwollendes, von einem grauen Spitzbart umrahmtes Gesicht vor mir, wie es sich beim Lachen in kleine Fältchen zog, und er lachte gerne und viel mit mir.

Die Weihnachtsfeste wurden in besonders feierlicher und geheimnisvoller Weise gestaltet. Da war ein eigenes Weihnachtszimmer, das vom November an kein Kind betreten durfte; denn dort hinein verschwanden im Laufe des Adventsmonats alle die kleinen und großen Pakete, die der Vater möglichst heimlich aus der Stadt mitbrachte, ohne sie vor unseren Augen auszupacken. Am Heiligen Abend stand dann in der Mitte des Weihnachtszimmers ein großer bis zur Decke reichender Tannenbaum, der wie durch einen Zauber zu erscheinen schien, denn wir merkten niemals, wann er hereingeschmuggelt wurde. Die jüngeren Geschwister wurden in ihrer Weihnachtserwartung von den älteren durch allerlei Spiele und Geschichten gezügelt. Die Ausschmückung des Weihnachtszimmers war das Geschäft meines Vaters, wir kleinen Kinder aber wurden langezeit in der Meinung gehalten, das ganze Fest sei vom Christkind in Person hergerichtet. Warum sollte es auch nicht vom Christkind hergerichtet worden sein? Meine Eltern lebten das Christentum in ganz lebendiger Weise, und was sie aus der Liebe des Herzens gestalteten, war das Werk des Christus, der als Geisteskind in ihrem

Herzen wohnte. Diese geistige Tatsache erlebten wir vielleicht nach dem Auszug aus unserem Paradies noch viel stärker als zuvor. Die Geschenke waren auf ein Minimum zusammengeschmolzen, aber die weihnachtliche Stimmung war trotzdem vorhanden. Die Bescherung im Weihnachtszimmer hatte einen ganz populär-kultischen Ablauf. Wir sangen die üblichen Weihnachtslieder, ein silbernes Glöckchen rief uns hinein, wir bildeten eine Kette, die sich um den Weihnachtsbaum zusammenschloß, und dann tanzten wir um den Baum, fortwährend singend. Das war eine fröhliche Art der Eröffnung, und zu diesem Zweck mußte eben der Weihnachtsbaum in der Mitte des Zimmers stehen. Dann sprach der Vater einige Worte, die aber keineswegs irgendwie frömmelnd waren, sondern ganz herzhaft das Lichtfest betonten, das für uns auch ein Christfest war, und dann suchte sich jeder seinen Geschenkplatz, den er jubelnd einnahm, bei dem er aber nicht lange blieb, denn die Freude an den Geschenken des einzelnen mußte von allen geteilt werden. In die Mitternachtsmesse, die darauf folgte, begleiteten wir Vater und Mutter je nach dem Alter. Die zu Hause bleibenden Jüngeren wurden von einem der Älteren gehütet.

Meine persönlichen Kunstwanderungen, von denen ich einen Teil bereits ausführlich dargestellt habe, erweiterte ich fortwährend. Nachdem ich in das alte Gymnasium, das am Main lag, eingetreten war, war mir auch die westliche Mainseite näher gerückt; das war die Seite, die von zwei ziemlich hohen und steilen Hügeln abgeschlossen wurde, dem Hügel der »Marienburg« oder auch »Festung« genannt, und dem Hügel des »Käppele«. Diese beiden Hügel waren nicht nur von wichtigen Kunstbauten gekrönt, sondern waren, wie die ganze Stadt Würzburg, für mich von musealem, aber ganz lebendigem Charakter. Am Fuße der Marienburg, dicht beim Main, liegt heute noch der bedeutende Bau des Burkhardklosters aus dem 12. bis 14. Jahrhundert, das aus romanischen und gotischen Teilen besteht und interessante plastisch-malerische Kunstwerke im Innern enthält.

Auf der anderen Seite der Marienburg, mehr nach Norden zu gelegen, standen ebenfalls zwei Kirchenbauten an der Straße zur Festung, von denen einer mich besonders interessierte, da er irgendwie mit der irischen Mission zusammenhing, das war die »Jakobskirche«, die heute nicht mehr existiert. Damals übte sie keine kirchliche Funktion mehr aus und wurde sogar stark vernachlässigt, da sie zu einer Art Zeughaus verwendet wurde. Ich erinnere mich lebhaft, daß diese Vernachlässigung mein künstlerisches und religiöses Gefühl schwer verletzte. Damals, vor 1900, war mir für die Jakobskirche der Name »Schottenkirche« geläufig und deshalb mit dem Wesen der irischen Mönche verbunden, deren Führer Kilian immer noch eine Art unbewußter Führer für mich war. Ich hatte mittlerweile meine selbsterworbenen Kunstkenntnisse vertieft, seitdem ich am Gymnasium Welt- und Landesgeschichte lernte. Unsere geschichtlichen Studien führten weit zurück in die keltische Vergangenheit.

An der Stelle der jetzigen Burg stand schon im Jahr 1000 vor Christus eine keltische »Fluchtburg«. Ich vermute sogar, daß der Name Würzburg weniger mit Gewürzkräutern – lateinisch heißt es »herbipolis« – zusammenhängt, sondern eher zu der Familie »Württemberg«, Verdun, Verden gehört und keltisch »Virodonum« heißen müßte. Die erste Erwähnung des Namens »Würzburg« könnte diese Meinung bestätigen; denn er wird in einer aus der Karolingerzeit stammenden Urkunde »Wirtsburg« geschrieben, und das erinnert mehr an unseren bei Stuttgart liegenden »Württemberg«. Im Jahr 689 war der Missionar Kilian auf Betreiben der Frankenherzogin Gailana ermordet worden, weil er mehr Wert auf christlich-moralischen Lebenswandel als auf die dogmatische Lehre legte. Er hatte die unsittliche Lebensführung der Herzogin öffentlich gerügt, und deshalb ließ sie ihn beseitigen. Bald darauf aber wurden sein Leichnam und die seiner Freunde Totnan und Kolonat in einer großen Gruft bestattet und als Heilige verehrt. Von Fulda aus organisierte Bonifatius im Jahre 748 die fränkische Kirche in römischem Sinn und führte den ersten Bischof Burkhard selbst in sein Amt ein. Daß dies Ereignis nur ein Glied in der großen Kette ist, durch die in ganz Bayern die römische Kirchenordnung eingeführt wurde, zeigt vor allem die geistige Auseinandersetzung, in deren Verlauf Bonifatius all diese keltischen Missionare angriff. Es kam dabei sogar zu blutigen Kämpfen, vor allem im südlichen Teil von Bayern. Diese ganze Politisierung der römischen Kirche hatte für die irische Mission die weittragendste Bedeutung. Die irischen Heiligen hatten in der ganzen Weite des westlichen europäischen Kontinents ihren starken, sehr in die Tiefe gehenden kulturellen Einfluß ausgeübt. Nachdem die römisch-hierarchische Kirchenordnung durch Bonifatius restlos durchgeführt war, wurde sie im 12. Jahrhundert durch die Romanisierung Irlands auf politisch-religiösem Gebiet gekrönt, indem ein Vertrag zwischen Rom und dem englischen König, Heinrich II., geschlossen wurde, in welchem der Papst dem englischen König erlaubte, Irland zu annektieren, und zwar unter der Bedingung, in Irland das römisch ausgerichtete Kloster- und Laienwesen zu fördern. Der Vermittler dieser Romanisierung war Bernhard von Clairvaux.

Dieser politische Feldzug gegen das Irentum hatte für das ganze Frankenland weittragende Bedeutung, da späterhin die Herrschaft des Landes den Fürstbischöfen von Würzburg und von Bamberg übertragen wurde. Die irische Strenge der Lebensführung, die in herbem Gegensatz zu der heiteren und üppigen fränkischen Landschaft stand, verlor sich allmählich immer mehr, obwohl gerade in der Bürgerschaft von Würzburg immer wieder heftige Gegensätze zu der bischöflichen Regierung aufwallten. Es fanden im späteren Mittelalter mehrere Aufstände der Bürgerschaft gegen den Bischof statt, wurden aber blutig unterdrückt und hatte nur zur Folge, daß die bischöfliche Strenge zunahm, und auch in den Bauernkriegen des 16. Jahrhunderts stand die Bürgerschaft auf der Seite der Bauern, erlitt aber dabei empfindliche Niederlagen.

Zu der Zeit, als ich meine Kunstwanderungen begann, und eine so große Bewunderung neben allen anderen für Tilman Riemenschneider empfand, wußte ich von solchen Gegnerschaften wenig, aber immerhin so viel, daß ich Partei ergriff für den fortschrittlichen damaligen Bürgermeister Tilman, der dadurch am Leben schwer geschädigt wurde und mehrere Jahre im Kerker auf der Marienburg saß. Die künstlerischen Veränderungen der Stadt, die die Fürstbischöfe in der Renaissance und im Barock durchführten, genoß ich trotz all meiner Vorliebe für das Romanisch-Gotische; denn eine eigentliche Stellungnahme nach Sympathie und Antipathie kannte ich bei diesem Wandel der Formen und Zeiten nicht. Mein Verhältnis zu allen Dingen der Welt entwickelte sich schon in leiser Ahnung in jener Zeit zu einer objektiven Bestandaufnahme. Es kam bei meinen späteren Kunststudien, die ich ja nie mit wissenschaftlicher Gründlichkeit betrieb, sondern mehr als allseitige Seelenbildung anschaute, wohl zu einer gewissen Ordnung, aber die Vielseitigkeit der Phänomene wurde immer mehr zu einem Reichtum ohne Einschränkung durch negative Urteile. Deshalb gesellte sich bald als weiterer Repräsentant der Würzburgischen Kunstgeschichte der Barockbaumeister Balthasar Neumann neben die anderen Großen. Balthasar Neumann bekam im 18. Jahrhundert die Aufgabe, das Innere vieler Kirchen zu »modernisieren« und dabei die Kirchenräume für die Chorherren heller und lichter zu machen, und auch für viele der vornehmen bürgerlichen und adeligen Einwohner Prachtbauten auszuführen, von denen trotz der Zerstörung der Stadt im Jahre 1945 doch heute noch eine ganze Anzahl vorhanden ist.

Auch andere Kirchen und bedeutende Bauten, die wir Balthasar Neumann verdanken, wurden von mir der Reihe nach immer wieder besucht. Dabei lernte ich auch bei den Kirchen, die in der Stadt selbst gelegen waren, die älteren Teile, auf denen ein neues Bauwerk errichtet wurde, mit besonderem Interesse kennen. Gegen Ende meines Aufenthaltes in Würzburg fand ich in der kleinen Bibliothek meines Vaters eine Kunstgeschichte der Stadt und begann mit der Hilfe dieses Buches, meine selbst erfundene »Kunstwissenschaft« in größerer Ordnung zusammenzuschließen. Eine besondere Bedeutung hatte für mich die vielleicht größte Schöpfung von Balthasar Neumann auf dem sogenannten »Käppele«. Dies ist eine noch heute vorhandene Wallfahrtskirche, die auf einem Hügel steht, der auf dem linken Mainufer gegenüber der Festung Marienburg sich erhebt. Der Bau der Kirche selbst hat die schönsten Maße, man konnte diese jedoch nicht besonders gut aufnehmen, weil im Inneren neben bedeutenden Plastiken und Bildwerken allzu viele Devotionalien den Raum füllten.

Der Prachtbau der fürstbischöflichen Residenz war zu bestimmten Tageszeiten zu besichtigen, aber da ich selber nie daran gedacht hätte, mich einer solchen Führung und kunstgeschichtlichen Fütterung anzuschließen, mußte ich bis zu meiner Firmung warten, um das Innere der Residenz zu sehen. Denn es war üblich, daß die Firmlinge von ihren Firmpaten in die Residenz geführt wurden, um dort die wunderbaren Fresken des italienischen Malers Tiepolo zu besichtigen, die wirklich in Europa einzigartig sind.

Es ist klar, daß mein Leben in der Natur reichlich Nahrung fand, und ich konnte auch beobachten, wie sich die fränkischen Bauern noch ganz naturhaft gaben. Der Mainfranke ist ein fröhlicher, sogar heiterer Mensch, der zu genießen gewillt ist, was der Tag ihm bietet. Er ist in etwas abergläubischer Weise fromm, aber auch wieder spottlustig und dabei weniger humorvoll als witzig. Im Umgang mit den Naturwesen hat sich mancher abergläubische Zug erhalten, zum Beispiel haben die Söhne meines Paten es niemals fertig gebracht, auf ihren Langholzfahrten in den Wald an einer harmlosen Blindschleiche vorüberzufahren, ohne sie mit Peitschenschlägen umzubringen. Als ich bei einer solchen Fahrt mit dem jüngsten dieser Söhne einmal dabei war, gelang es mir nur mit großem Geschrei und einem Zornanfall, den achtzehnjährigen Burschen von einem solchen Mord zurückzuhalten. Ich war bereits fünfzehn Jahre alt, als ich zum letzten Mal in Rüdern war. Ich wußte zwar noch nicht, daß es das letzte Mal sein sollte, aber ich nahm mit besonders schwerem Herzen Abschied von dieser schönen Landschaft und hatte auch einen besonderen Grund dazu, denn ich sollte in diesen Ferien eine lange Rolle in einem Theaterstück auswendig lernen, das wir Kinder nach den Ferien unseren Eltern zur Silbernen Hochzeit aufführen wollten. Als ich meiner Schwester Agathe, die bei all unseren Festen die Regisseurin war, mitteilte, daß ich nichts gelernt hatte, mußte ich eine lange Predigt über mich ergehen lassen. Dennoch wurde das Stück aufgeführt, und ich gab mir besondere Mühe, mir in der kurzen Zeit meine Rolle anzueignen. Ich hatte da einen Förster zu spielen, der ständig aus einer ganz langen Großvaterpfeife rauchen sollte, und hatte in den Ferien meine Förstertätigkeit eben nur im Wald praktiziert. Als ich nach dem Spiel die lange Pfeife füllte, und in einem stillen Winkel zu rauchen anfing, wurde mir die Strafe für meine Faulheit nachgeliefert; denn der Tobak, den ich da hineinstopfte, war nicht von der besten Sorte, und mir wurde gründlich schlecht.

Im Jahr der Silbernen Hochzeit meiner Eltern ereignete sich in meinem Schulleben etwas, was sich noch im Jahr darauf, als wir schon in München waren, für mich unheilvoll auswirkte. Ich hatte im Herbst dieses Jahres einen Ausflug mit meinen Kameraden gemacht, hinaus in den Wald hinter dem »Käppele«. Dort war ein Gasthaus außerhalb des Stadtbezirks auf der Höhe über den Weinbergen. Wir saßen im Freien unter einem Nußbaum, tranken unseren Most, verzehrten ein Butterbrot mit Limburger Käse und rauchten danach eine Zigarre. Dieser Tatbestand wurde von einem vorübergehenden früheren Volksschullehrer, den ich gehabt hatte, beobachtet und dem Rektoratsverweser meines eigenen Gymnasiums gemeldet. Der Direktor des Gymnasiums, der ein sehr wohlwollender wirklicher Erzieher war und unter dem Spitznamen »Ciconia« – der Storch – bei den Schülern in hohem Ansehen stand, war kurz vorher gestorben, und es war noch kein Nachfolger für ihn ernannt worden. Der führerlose Lehrerrat empfand unseren harmlosen Ausflug, der an sich erlaubt war, weil er außerhalb des Stadtgebietes stattfand, als ein schweres Verbrechen, offenbar erschwert dadurch, daß wir geraucht hatten, und unser Rauchen wurde mit einer Rektoratsstrafe von vierstündigem Karzer »belohnt«. Diese Strafe war für mich in keiner Weise deprimierend, meine Eltern dagegen empfanden sie vor allem deswegen sehr schwer, weil eine Rektoratsstrafe im Jahreszeugnis unter der Note im Betragen vermerkt werden mußte. Da eine Berufung gegen solche Urteile nicht möglich war, mußte ich meine Strafe absitzen. Es waren lediglich vier verlorene Stunden in meinem Leben, denn eine vernünftige Arbeit wurde mir in dieser Zeit nicht erlaubt. Nicht die Strafe ging mir in der Seele nach, sondern die Ungerechtigkeit, die damit verbunden war; denn gegen Ungerechtigkeit sind Kinder in so eklatanten Fällen besonders empfindlich. Es half mir auch nicht viel, daß der später ernannte Nachfolger unseres geliebten Ciconia mir bei meinem Abschied von der Schule versicherte, daß ich keine Strafe bekommen hätte, wenn er bereits Direktor gewesen wäre. Im ganzen gesehen habe ich an dieser Schule sehr viel gelernt und bin ihr deshalb immer noch dankbar, obwohl wir Schüler im allgemeinen kein besonders positives Verhältnis zu den Lehrern hatten. Es waren zwar manche seltsamen Originale darunter, die uns aber menschlich nicht nahe traten.

Ein besonderes Fest war es für uns in der Familie, wenn der Onkel Pastor aus Haren an der Ems zu Besuch kam. Er war der jüngere Bruder meines Vaters und Pfarrer der armen Gemeinde im Emsland. Er hatte stets eine lange Soutane mit sehr weiten Taschen an und erlaubte uns gleich bei seiner Ankunft, darin zu kramen und einige von den Kleinigkeiten, mit denen sie gefüllt waren, uns anzueignen. Wir staunten, wieviel verschiedenartige Dinge darin waren, die zeigten, daß er offenbar in seiner Seele nichts anderes zu tun hatte, als an die vielen Kinder zu denken, die er mit diesen kleinen Geschenken erfreute. Er war auch sonst ein humorvoller Mann und ein ausgesprochener Kinderfreund, so daß er oft lachend zu meinem Vater sagte: »Anton, du pflegst deine Kinder viel weniger als ich die Hunderte, die ich zu betreuen habe. Eigentlich hättest du Pfarrer werden sollen und ich Familienvater!« Diesen gutmütigen Spott pflegte er dann mit der Anregung zu beenden, einen Ausflug durch das Steinbachtal in den sogenannten Annagrund zu machen. Das war eine romantische Landschaft hinter dem Käppele. Dort waren einige tief eingerissene Schluchten, durch die man entweder auf einem Höhenweg oder auf einem schmalen Pfad in der Talsohle neben einem Bächlein wandern konnte. An einer Stelle befand sich eine riesengroße Buche, in die eine Art Kanzel mit Bänken eingebaut war. Er pflegte dann zu sagen, er wolle alleine den oberen Weg gehen, und wir sollten nach unten steigen, denn er müsse uns argen Sündern eine Predigt halten. Wenn er dort stand, fing er an: »Hochverehrtes Publikum, was nicht grad ist, das ist krumm. Hochverehrtes Publikat, was nicht krumm ist, das ist grad. Und da ich nicht mehr weiter kann, fang ich lieber wieder von vorne an. Hochverehrtes Publikum . . .« Diese Predigt hatte natürlich einen Bombenerfolg beim ersten Mal, und da zwischen seinen Reisen große Intervalle lagen, hatte sie doch immer wieder den gleichen Effekt. Ähnliche Späße wurden auf solchen Spaziergängen viele gemacht, und ihm fiel es bei den Ausflügen nicht ein, eine Kirche zu besuchen, wie unser guter Vater das tat. Für den Onkel Pastor waren diese Dinge reine Erholung von seiner Amtspflicht, und dafür waren wir ihm sehr dankbar. Man darf aber nicht meinen, daß der Unterschied zwischen dem weltfreundlichen Onkel Pastor und seinem ernsteren Bruder die Liebe zu unserem Vater beeinträchtigt hätte. Ich selbst ahnte damals schon etwas von dem Unterschied der Religiosität zwischen Vater und Onkel. Bei dem Onkel schien das religiöse Gefühl das ganze Leben dauernd zu durchkraften, während mein Vater im Alltagsleben nicht viel religiöse Stimmung entwickelte und häusliche Andachtsübungen wie auch Kirchenbesuche nur kontrapunktisch Akzente in das Alltagsleben setzten.

Sehr wichtige Anregungen für die Bildung meines Lebens fand ich unter den Büchern, die in der kleinen Bibliothek meines Vaters standen. Ich kann mich nicht erinnern, daß der Vater jemals eine Einschränkung verhängt hätte. Er ließ mich gewähren, ohne Rücksicht auf Alter oder Verständnis. Zuerst kümmerte ich mich naturgemäß nur um Geschichten. Die paar Märchenbücher, zum Beispiel eine vollständige Ausgabe der Märchen der Brüder Grimm und Bechstein, befriedigten meine Leselust einige Jahre lang. Ich ließ es nicht dabei bewenden, den Schatz von Märchen für mich zu behalten; denn ich erzählte nicht nur meinen jüngeren Geschwistern, was ich wußte, sondern es machte mir auch Vergnügen, den Kindern der Nachbarschaft etwas zu erzählen. Und als ich auf meiner Geige einige Melodien spielen konnte, entwickelte ich die Gewohnheit, die Kinder zu versammeln, ihnen zuerst etwas vorzuspielen und dann auf den Stufen sitzend, die zum Haus führten, zu erzählen. Genau weiß ich nicht mehr, wie alt ich damals war, aber es mochte von meinem neunten Lebensjahr an sein, da wir damals in der schon erwähnten Wöllergasse wohnten, wo sehr viele Kinder waren und alle einander kannten. Die Gasse war sehr dunkel, und meine Erzählungen mochten einiges Licht hineinbringen.

Es ist symptomatisch für meine Lebenshaltung, daß die Gewohnheit zu erzählen und vorzuspielen, nie mehr abgerissen ist, und so spielte das lebendige Wort in meinem Leben eine große Rolle und bewahrheitete meinen späteren Grundsatz als Sprachlehrer, daß die Sprache vom Sprechen und nicht vom Schreiben kommt. Ich fühlte mich immer mehr als Redner und nicht als Schreiber. Trotzdem hatte ich niemals eine besondere Begabung, die gewöhnliche Art der Konversation, wie man sie in Gesellschaft pflegt, zu üben. Im Familienkreis und später auch im Kreis der Freunde war ich in den geselligen Unterhaltungen keineswegs sehr gesprächig. Wenn kein besonderes Gesprächsthema in die Tiefe führte, saß ich schon in meiner Jugend meistens stumm dabei und übte das Wort meiner Mutter »Reden ist Silber, Schweigen ist Gold«. Auch bei einer Unterhaltung unter vier Augen konnte ich lange stumm sein, wenn uns kein besonderes Thema einfiel. Dann war es so, wie mir mein Freund Karl Schubert einmal erzählte. Der besuchte den Dichter Albert Steffen, und es fand sich bei dieser Gelegenheit kein besonderer Stoff zur Besprechung, so daß sie längere Zeit stumm einander gegenüber saßen. Schließlich öffnete Karl Schubert den Mund und sagte in seinem österreichischen Dialekt: »I spür koan Kontakt!« Worauf Steffen mit schweizerischer Betonung antwortete: »Es geht mir ähnlich!« Darauf erhoben sich beide, und die Begegnung war zu Ende.

Nachdem im Gymnasium der Geschichtsunterricht begonnen hatte, fesselten mich in meines Vaters Bücherei zwei große Werke, die ich immer wieder zu Rate zog und Zeit und Raum darüber vergaß. Es war die Weltgeschichte von Graf Adalbert von Stollberg in etwa fünfzig altertümlichen Bänden und die zwanzig dicken Bände Weiß' Weltgeschichte. Neben diesen großen Geschichtswerken stand da auch eine ausführliche Literaturgeschichte von Lindemann, die mir wegen ihres künstlerischen Stils besonders gefiel und die ich deshalb öfter durchstudierte. Da waren nun die großen Sagen des Mittelalters ausführlich zusammengefaßt, und dies war die Quelle meines Sinnes für Märchen und Sagengeschichte. Da ging mir das Wesen des Grals und des Gralsträgers Parzival als eine Sonne auf, die unbekümmert um Orthodoxie und Ketzerei oder Zänkerei der Theologen ihren Gang durch die Welt ging und mein eigenes Herz mit dem Glanz des Königs der Könige erfüllte, wie ich mir selbst den König Parzival ausdrückte. Ich ahnte allerdings damals noch nicht, wie sehr mich dieses Gralswesen später beschäftigen sollte. Meine Lektüre war eine reine Freude im Geiste und war nur fruchtbar für mich und meine Umgebung von Kameraden und Freunden, die etwas davon hören wollten. Es war mir ein besonderes Vergnügen, daß ich gerade in dieser deutschen Literaturgeschichte viel zu lesen bekam über Walter von der Vogelweide, dessen Grab und Namen mich auf meinen Streifzügen durch die Stadt fesselten. Das letzte Buch aus der Bibliothek meines Vaters, dessen ich mich erinnere, war eine Kunstgeschichte der Stadt Würzburg, die so von meinem vierzehnten Lebensjahr an meine Kunstkenntnisse in Ordnung brachte. Ich darf nicht verschweigen, daß gerade bei diesem Buch ein wenig von dem Duft verloren ging, den ich bei meinen lebendigen Gängen durch die Stadt an all den vielen Kunstwerken einatmete. Ich erinnere mich unbestimmt, daß diese Kunstgeschichte etwas trocken gehalten war, aber meine Kenntnisse wurden dadurch doch solider und vertieften sich.

Meine Eltern hatten keine besondere Beziehung zur großen Kunst der Architektur, der Malerei und der Plastik – die mußte ich mir auf die geschilderte Weise selbst erwerben, aber ihr Verhältnis zur Musik zeigte eine gewisse Richtung zur Größe und zum Geschmack an reinen Formen, und die zeigte sich auch in unseren abendlichen Unterhaltungen. Da pflegten wir all die schönen alten Volkslieder, die bei allem Reichtum der melodiösen Erfindung stark formbildend wirken. In protestantischen Familien wurden neben den Volksliedern hauptsächlich Choräle geübt und gesungen, aber in katholischen Familien war dies nicht üblich, gleichsam als ob eine Grenze wäre zwischen religiöser Musik und Profanmusik. Wenn dagegen meine Geschwister und ich selber Klavier und Geige spielten, so zogen wir fast immer die großen Komponisten den populären Gebrauchsmusikern vor. Vor allem lehnten wir alles übertrieben Sentimentale ab und hatten keinen Sinn für Kitsch. Wohl erklang manchmal auf dem Klavier das »Gebet einer Jungfrau« oder »La Paloma – die weiße Taube«, aber das geschah mehr, um uns darüber lustig zu machen, als um unsere Seele in Weltschmerz und Wehmut zerfließen zu lassen. Es ging alles mehr oder weniger nach dem Grundsatz, den meine Mutter gelegentlich äußerte und der lautete: »Wenn du etwas Gutes haben willst, so geh zum Schmied und nicht zum Schmiedle.« So herrschte bei aller Bescheidenheit, zu der wir durch unsere Verhältnisse gezwungen waren, in unserer Familie ein gewisser Sinn für Geschmack und Lebensbildung.

Ich habe bereits davon gesprochen, was ich zu meiner eigenen Bildung in der Bibliothek meines Vaters fand, und möchte das hier noch ein wenig erweitern. Was in der Bibliothek des Vaters stand, durfte ich auch benützen. Was aber nicht darin vorhanden war und was ich leihweise von Freunden mit nach Hause brachte, wurde, wenigstens in den Anfängen, von meinem Vater sorgfältig kontrolliert. Zum Beispiel brachte ich eines Tages den »Simplicius simplicissimus« von Grimmelshausen mit. Den nahm mir mein Vater weg und sagte: »Das kannst du später lesen, wenn du erwachsen bist; hier lies lieber einige Legenden in unserem Legendenbuch.« Da in diesem Legendenbuch auch die Geschichte von Kilian und anderen Heiligen, die ich schätzte, war, ließ ich es mir sogar gefallen. In komischer Weise aber verhielt sich der Vater, als ich eines Tages einen Band von Karl May mit nach Hause brachte. Auch diesen nahm er mir zunächst weg, sagte aber dazu, er werde ihn mir wiedergeben. Ich nahm auch dieses zeitlich begrenzte Verbot hin und erlebte am nächsten Tag zu meinem Vergnügen, daß mein Vater mit ganz rot umränderten Augen zum Frühstück kam, und die Mutter erzählte mir später, er habe fast die ganze Nacht im Karl May gelesen. Ich mußte einige Tage warten bis er diesen »Liebling« ausgelesen hatte; dann durfte ich ihn selbst auch genießen. Der Vater wußte aber nicht, daß ich die Karl-May-Schätze, die in einer Lattenkammer unter dem Dach verborgen waren, schon längst entdeckt hatte. Manchen Nachmittag lag ich auf dem staubigen Boden in jener Kammer und las in Zeitschriftenfolgen der großen Hefte »Von der alten und neuen Welt« die ganzen Abenteuer von »Kara Ben Nemsi in den Schluchten des Balkan«. Meine Brüder und ich hatten sogar in einem Verschlag, der sich im Dachgeschoß befand, einige Lebensmittel wie Äpfel, Birnen und Semmeln versteckt, um während unserer heimlichen Lektüre nicht zu verhungern. In jener Lattenkammer stand noch ein großes Regal, in welchem mein Vater die profanen Bücher seiner Bibliothek abgestellt hatte. Auch diese Bücher musterte ich neugierig und fand darunter drei Werke, die sozusagen zeichenhaft auf mich wirkten. Da war zunächst ein kleiner, aber sehr elegant gedruckter Band der Fabeln von La Fontaine. Sie waren auf Französisch, und ich hatte noch keine modernen Sprachen in der Schule gelernt, aber es fanden sich viele zierliche und künstlerisch hochstehende Kupferstiche darin, die mir zeigten, daß diese Fabeln einen mir wohlbekannten Inhalt darstellten. Mein Sprachgefühl war zwar noch nicht so weit gediehen, daß ich versucht hätte, die französischen Verse auf eigene Faust zu entziffern, aber es blieb mir davon eine große Vorliebe für die Fabelwelt des La Fontaine, die ich später während meiner romanistischen Studien sehr genau kennenlernte. Das zweite Schatzkästlein, das ich in dieser »profanen« Bibliothek fand, war ein Band der Erzählungen von Adalbert Stifter. Über diesen Kleinodien der deutschen Sprache vergaß ich manchmal Raum und Zeit. Es schien mir, als ob ich nicht nur eine tiefe Geschichte von Menschen genoß, die mir eine wohltuende Wärme vornehmen Lebens entgegenstrahlten, sondern ich hatte das Gefühl, daß mir die Worte selbst wie köstliches Backwerk auf der Zunge zerschmolzen, und ich nahm diese Welt des »stillen Gesetzes« in meiner Dachkammer bei den Strahlen des Sonnenlichtes auf, die zwischen den Latten durch ein schrägstehendes Dachfenster hereinfielen. Stifter war und blieb mein ständiger Begleiter durch das Leben.

Wenn Stifter seinen harmonischen Einfluß auf mich ausübte, blieb dieser keineswegs einseitig, da der dritte Sprachgewaltige, den ich in der Dachkammer fand, reichlich und verschwenderisch mir das brausende Leben der großen Welt vermittelte: ich fand auf den Brettern dieses einfachen Regals sowohl sämtliche Werke von Shakespeare in der ersten Übersetzung eines deutschen Dichters aus dem 18. Jahrhundert in zwölf Bänden als auch eine einbändige Ausgabe der Originalwerke Shakespeares. Diesen englischen Shakespearetext ließ ich zunächst unangetastet, aber von der deutschen Übersetzung kam ich nie mehr los, bis ich mein Shakespearestudium später in den englischen Originalen fortsetzen und vertiefen konnte. Ich muß wohl beim Mittagstisch meine Begeisterung für Shakespeare sehr lebendig geäußert haben, denn es fiel meinem Vater nie ein, mir einen Shakespeareband wegzunehmen, um ihn mit einer Legende auszutauschen. Ich entsinne mich genau, daß ich damals gleich nach der Entdeckung Shakespeares jede freie Minute benützte, um möglichst rasch und intensiv diese stürmische Welt der Bühne aufzunehmen. Ich sehe mich noch in der Erinnerung eines Sonntags von der Kirche nach Hause kommen und mit einem Band Shakespeare in meinen vor Kälte starrenden Fingern am Ofen stehen. Ohne Unterscheidung von Bedeutung und Vergleich der einzelnen Werke miteinander las ich die Dramen, Komödien wie Tragödien, und wenn ich fertig war, fing ich wieder von vorne an. Vielleicht trug sogar zu diesem gewaltigen Eindruck die Tatsache bei, daß ich den tragischen Erschütterungen durch Hamlet, Othello, ja sogar Titus Andronicus gewachsen war. Als ich später während meines Studiums lernte, daß alle diese großen Rollen in den Shakespeare-Dramen ohne Ausnahme nur von ganz jugendlichen männlichen Schaupspielern dargestellt wurden, mußte ich feststellen, daß alles, was ich selbst nur ahnungsweise aufnehmen konnte, in der Shakespearezeit viel tiefer erfaßt worden sein mußte. Zwölf- bis vierzehnjährige Knaben gestalteten Desdemona, Cordelia, Ophelia und alle die anderen großen Dulderinnen der Shakespare-Dramen aus der Fülle ihrer Herzkraft. Was ich selbst nur passiv in meine Seele aufnahm, obwohl ich tief erschüttert war, lebte damals aktiv in den Gliedern und in der Phantasie kaum erwachsener Schauspieler. Schiller und Goethe und alle anderen großen aus dem Protestantismus erstandenen Dichter und Schriftsteller lernte ich im wesentlichen erst viel später kennen, da der Katholizismus in so strengen Familien, wie es die meiner Eltern war, bis in die Literatur hinein Grenzen der Bildung zog. Wir durften zwar die Balladen von Schiller auswendig lernen und zu den großen Festen aufsagen, aber die Dramen und anderen Schriften von Schiller und Goethe wären nicht gerne in unseren Händen gesehen worden; deshalb lernte ich sie erst in meiner Münchner Zeit genau aufnehmen. Die katholische Welt war ja schließlich so reich, daß ich kaum etwas zu entbehren schien. Daß mein Vater die Werke des Protestanten Shakespeare duldete, hing wohl damit zusammen, daß er selbst nach dem deutsch-französischen Krieg einige Jahre in England verbrachte; aus dieser Zeit stammte auch die einbändige englische Shakespeare-Ausgabe.

Aus der Zusammenstellung der Bibliothek meines Vaters ergibt sich wohl der Eindruck, daß mein Vater im großen und ganzen seine Welt der Bildung nicht systematisch aufbaute. Der Aufbau, wenn überhaupt die Idee davon bei ihm lebte, wurde durchaus von seiner Vorliebe für gewisse Erscheinungen der Welt des Geistes bestimmt. Ob meine Mutter mit ihren Anschauungen da hinein wirkte, weiß ich nicht zu sagen. Ich erinnere mich nur gut, daß sie es war, die uns anhielt, Gedichte auswendig zu lernen, ohne Rücksicht auf Schwierigkeit und Länge. Balladen zum Beispiel waren sehr beliebt bei ihr. Ich glaube, es gibt keine Ballade von Schiller, die wir damals nicht gelernt haben. Noch klingt mir in den Ohren der Anfang des »Gang nach dem Eisenhammer«:

Ein frommer Knecht war Fridolin
und in der Furcht des Herrn
ergeben der Gebieterin,
der Gräfin von Savern.

Daß Fridolin in der Furcht des Herrn ergeben war, verstand ich zunächst nicht ganz genau, da ich den Herrn auf den Grafen von Savern bezog und keineswegs auf Gott den Herrn; deshalb klang mir dieser Vers immer komisch in den Ohren und ist so geblieben. Soweit Goethe Balladen schrieb, drang auch der zauberische Klang der Goetheschen Sprache in unsere Familie ein, und »Die wandelnde Glocke«, »Der getreue Eckhart«, »Der Schatzgräber« und der »Zauberlehrling« mußten immer wieder aufgesagt werden. Auch Dialektdichtungen spielten eine große Rolle bei uns. Meine Eltern besaßen einen dicken Band solcher Dichtungen aus allen Teilen Deutschlands, aber unsere Vorliebe ging auf die Heimatdichtungen meiner Eltern, die in ihrer Kindheit plattdeutsch gesprochen hatten. Da für mich auch im Deutschen die Sprache vom Sprechen und nicht vom Schreiben kam, machte es mir ein großes Vergnügen, wenn meine Mutter an stillen Sonntagen Prosastücke aus Fritz Reuters Werken vorlas oder plattdeutsche Gedichte auswendig sprach. Zu Hause in der Familie sprachen wir nach dem Beispiel der Eltern ein reines Hochdeutsch in der Klangfarbe von Osnabrück, aber nicht so extrem, daß wir »spitze Steine« nur mit st oder sp, anstatt mit »schp« gesprochen hätten. Auf jeden Fall war unsere eigene Aussprache vom Fränkischen geprägt, da wir mit unseren Kameraden und Freunden in der Schule und der Straße dieses würzburgerische Fränkisch sprachen. Dieser Dialekt drang aber doch nicht so tief in mich ein, daß er für die ganze Lebenszeit mein Sprechen bestimmt hätte. Als wir nach München kamen, war es mir nicht schwer, das Münchnerische zu übernehmen, aber auch nur als Umgangssprache mit den Kameraden; denn zu Hause pflegten wir das Hochdeutsche weiter. Daß aber die Klangfarbe meiner Sprechweise am Anfang meines Münchner Aufenthaltes fränkisch war, wurde mir von meinem ersten Klassenlehrer in München mit beißendem und sogar bissigem Spott zum Bewußtsein gebracht, und dies Erlebnis trübte meine erste Zeit in München.

MÜNCHEN

UMZUG NACH MÜNCHEN

In meinem fünfzehnten Lebensjahr verließen wir Würzburg. Die Stadt war mir eine Lehrmeisterin gewesen, und alles darin war mir lieb und vertraut, und deshalb blieb für alle Zeiten dieser Ort ein Gegenstand leuchtender, verehrungswürdiger Erinnerung. Ich lebte in einem kleinen Kreis, aber ich glaube, ich hatte ihn ganz durchschritten. Was die Stadt an Kostbarkeiten enthielt, hatte ich in dem bewußten Drang eines lernbegierigen Jungen mir angeeignet. In meinem Gedächtnis bleibt mir das Bild der Stadt als das eines großen Buches, von dem ich mir von Tag zu Tag einige Seiten abgeschrieben hatte, und dieses Schreiben hatte Jahre gedauert, ohne daß ich bei solcher Tätigkeit versauert wäre, wie die alten Mönche des Mittelalters, die über ihre Manuskripte gebeugt lebten. In meiner Kindheit hatte ich unbeschwert die heitere Sinnenlust, die in Franken die Luft beschwingt, eingesogen. Als die Zeit der Erdenreife herankam, die beim Verlassen der Stadt für mich noch nicht abgeschlossen war, lernte ich vor allem an meinem älteren Bruder, der damals eine Schreinerlehre durchmachte, auch die Dinge ungehemmter Triebhaftigkeit kennen, die eine weniger heitere Seite des fränkischen Lebens darstellt. Mein älterer Bruder war ganz darin untergetaucht und quälte damit sich und andere. Seine weitere Lebensentwicklung zeigt, daß er bis zu einem hohen Grade darin untergesunken war und sich nie mehr ganz daraus befreien konnte. Er war ganz unbeherrscht allen wilden Trieben des Lebens ausgesetzt, und er konnte daher auch seine Schreinerlehre nicht vollenden, sondern zog es vor, mit einigen Freunden das Leben eines Handlungsreisenden zu führen. Auch dieses hätte er in eine richtige Form bringen können, aber das konnte er nicht durchführen. Er blieb niemals bei einer Firma für lange Zeit, obwohl er sehr geschickt war als Kundenwerber. Deshalb wurde er auch in keiner Firma besonders angesehen. Als wir nach München zogen, blieb er wohl im Verband der Familie, war aber selten zu Hause.

Es war meinen Eltern anfänglich nicht gelungen, unserem Hunger nach frischer Luft selbst in einer Stadtwohnung ein entsprechendes Heim zu finden. Wir wohnten zuerst in der Heustraße, einer ziemlich dunklen Straße in der Nähe des Bahnhofs und fühlten uns da auch nicht besonders glücklich. Aber es dauerte nicht lange, bis wir eine helle und luftige Wohnung in der Vorstadt Haidhausen fanden. Damals war dieser Stadtteil noch ganz am Rande der Großstadt jenseits der Isar, und unsere Metzstraße war eine der letzten, bevor man hinter dem Ostbahnhof in die freien Felder gelangte. Da mein Vater noch keine Stellung hatte, übernahm meine Mutter im Vorderhaus eine Art Frühstücksstube, die nur in aller Morgenfrühe von jungen Leuten besucht wurde, bevor sie an die Arbeit gingen. Da wurde Bohnenkaffe und Kathreiner's Malzkaffe ausgeschenkt, und dazu aßen die Kunden eine Art Münchner Spezialität, die sogenannten »Ausziehnudeln«, die jeden Morgen frisch gebacken werden mußten. Ein Stück Teig wurde mit der Hand so bearbeitet, daß ein dicker runder Wulst entstand und in der Mitte nur eine dünne Haut übrig blieb. Dieses Gebäck war ziemlich nahrhaft, und wenn es die Bäckerin in der Mischung der Gewürze gut abschmecken konnte, auch sehr schmackhaft. Es schien, daß die Erzeugnisse meiner Mutter bei den Kunden recht beliebt waren; denn ihre »Ausziehstube«, wie man das nannte, war jeden Morgen zwischen sechs und acht Uhr gut besucht. Trotzdem behielt meine Mutter diese Stube nicht lange bei, da ihre Gesundheit um diese Zeit anfing, sehr bedenklich zu werden, und als mein Vater in der königlichen Versicherungsanstalt eine Arbeit gefunden hatte, wurde die kleine Bäckerei wieder aufgegeben.

Auch diese Wohnung in der Metzstraße entsprach noch nicht unserem Ideal, und nachdem wir es mit verschiedenen anderen Straßen mit patriotischen Namen versucht hatten, fanden wir endlich in der Berg-am-Laim-Straße eine befriedigende Lösung für unseren Lufthunger. Diese Berg-am-Laim-Straße war damals noch nicht sehr lang, und unser Haus war eines der letzten Häuser am Stadtrand. Dort lebten wir in ähnlicher Weise wie in der Frühlingstraße von Würzburg den freien Feldern nahe. Allerdings blieben wir nicht auf sehr lange Dauer in der Berg-am-Laim-Straße, denn es schien meine Eltern bei ihrer Wohnungssuche nach der Isar zu locken. Dort gibt es eine Straße, die von der Maximiliansbrücke bis zur Prinzregentenbrücke sich erstreckt und in ihrem Anfang lauter hochherrschaftliche Wohnkästen zeigte. Das war nichts für meine Eltern. Aber am Ende der Bogenstraße, in der Nähe der Prinzregentenbrücke und mit schöner Sicht nach Osten auf die Isar und die Isar-Anlagen, standen einige kleine Häuser, die noch nicht den Bodenspekulanten zum Opfer gefallen waren. In einem dieser Häuser fanden wir eine gemütliche Wohnung im Parterre, und dort blieben wir während meines ganzen Studiums an der Universität. Das Haus hatte eine ideale Lage für Menschen, die nicht sehr viel Wohnkultur brauchten und dafür mehr Sinn für die weitere Umgebung ihres Hauses hatten. Unsere Straße war breit, nur auf der einen Seite bebaut, der Blick auf die Isar und die Anlagen war sehr angenehm, und der Friedensengel auf seiner hohen Säule jenseits der Prinzregentenbrücke war ein schöner Abschluß unserer Aussicht. Auch mein Weg zur Universität führte mich jeden Tag durch den Englischen Garten und war eher ein erholsamer Spaziergang als ein langweiliger Schulweg.

In jenem Sommer des Jahres 1902, in dem wir nach München kamen, und in dem wir mit der dunklen Wohnung in der Heustraße am Bahnhof zufrieden sein mußten, waren meine jüngeren Geschwister und ich selten untertags zu Hause. Es war ein sehr heißer Sommer, aber weder Hitze noch Gewitter konnten uns abhalten, die Stadt in ähnlicher Weise in Besitz zu nehmen, wie ich Würzburg als Kunststadt mir erobert hatte. Aber ein Lesebuch, wie es Würzburg für mich war, wurde München nicht. Wir besuchten zunächst sehr häufig den Englischen Garten, vor allem wenn es sehr heiß war, und fühlten uns dort ebenso wohl wie in den Auen am Main. Ein großer Gewinn war besonders für mich der Besuch der vielen Museen, die beiden Pinakotheken, die Glyptothek, die Schackgalerie und das Nationalmuseum. Ich glaube, es gab damals wenige junge Münchner, die so häufig diese Schätze der Kunst besuchten, wie ich das immer tat.

Da wir im Juli nach München gekommen waren, hatte ich ungefähr zwei Monate Zeit, die Stadt zu erobern. Ich konnte bereits unterscheiden, was in dieser merkwürdigen Hauptstadt von Bayern im Mittelalter und bis in die Barockzeit hinein gewachsen war und das, was die bayerischen Könige im 19. Jahrhundert hinzugefügt hatten. So stellte ich denn fest, daß alle die großen Museen, die München auszeichnen, mehr durch den Sammlerwillen der kulturtragenden Könige als durch die naturgemäße Entwicklung der Einwohner der Stadt zustandegekommen waren. Es kam mir so vor, als ob der ins Weite und Kosmopolitische gehende Kunstwille der Könige von der bodenständigen Bevölkerung Münchens nicht ganz geteilt wurde und daß die Stadt sozusagen in zwei Schichten lebte: die Schicht der altbayerischen, gemütlichen Altmünchner und die Schicht des vom 19. Jahrhundert an zugereisten Volkes der Künstler, der Literaten und Gelehrten. Diese beiden Schichten verbanden sich nie vollständig. Dies war mein damaliges naives Urteil, das sich mit der Zeit verstärkte und vertiefte. Meine Liebe gehörte dem Münchnerischen Volk, meine Sympathie aber gehörte beiden Schichten.

Nach diesen langen Ferien begann das Schulleben in der fünften Klasse des Gymnasiums. Wir wohnten damals bereits in Haidhausen; daher war das vornehme Wilhelmsgymnasium für mich zuständig, das in der Nähe der Maximiliansbrücke lag. In dieser Stadtgegend waren wesentliche Bildungselemente beisammen, in denen ich mich von da an zu Hause fühlten sollte. Das Wilhelmsgymnasium selbst schaute nach Osten hin über die Isar hinweg zum Maximilianeum, das seine Entstehung dem König Maximilian I. verdankte und dem Zweck diente, eine Elite von Staatsbeamten und Offizieren heranzubilden. Dieser König Maximilian hatte eine staatliche Stiftung gegründet, deren Teilnehmer und Nutznießer durch Stipendien aus allen Schulen Bayerns ausgewählt wurden, um frei an der Universität München zu studieren und später in den bayerischen Staatsdienst einzutreten. In ähnlicher Weise waren die sogenannten königlichen »Edelknaben« dort untergebracht. Diese rekrutierten sich aus den Adelsfamilien des Landes und waren dazu bestimmt, dem bayrischen Heer den Offiziersnachwuchs zu liefern. Mit diesen Edelknaben war ich während meiner Schulzeit täglich zusammen, weil sie wie ich das Wilhelmsgymnasium besuchten. Sie trugen eine einfache Uniform und am Sonntag auch einen Degen. Sie hatten einen Hofmeister, der sie zur Schule begleitete. Ihr Schulweg war keineswegs lang, da sie nur über die Brücke zu gehen brauchten, um zu Hause oder in der Schule zu sein, aber weil sie am Sonntag bei Hofe zu dienen hatten, sollten sie ständig der Zucht der Etikette unterliegen. Einige dieser Edelknaben waren meine Klassenkameraden, jedoch konnte keiner mit ihnen so recht in Kontakt kommen, weil sie das Zeremoniell doch etwas von uns anderen trennte. Einer von diesen

Edelknaben, der einige Jahre älter war als ich, begegnete mir kurz nach Beendigung meines Studiums, als ich während meines Seminarjahres einmal eine Abteilung der bayrischen Pfadfinder zu führen hatte. Das war im Jahr 1911/12. Die bayerischen Pfadfinder waren in lockerer Weise mit dem bayerischen Heer verbunden, und in diesem Frühjahr 1911 wurde eine Heerschau sämtlicher Pfadfinder von Bayern veranstaltet. In den südlich von München gelegenen Isarauen wurden »Truppenübungen« abgehalten; die Pfadfinder hatten Feldkessel, Spaten und alles andere Gerät, das nötig war, in der Kaserne des Königlichen Leibregiments in der Türkenstraße gefaßt; man kochte ab und verzehrte ein einfaches Mittagessen. Die ganze Veranstaltung wurde abgeschlossen mit einem Parademarsch am Feldherrnhügel vorbei, und da erblickte ich meinen älteren Schulkameraden Fritz Graf von Bothmer als »Generalfeldmarschall der Pfadfinder«, und ich wurde wie alle anderen Abteilungsleiter mit Handschlag begrüßt. Als ich viele Jahre später, im Jahr 1925, an der Erziehungstagung der Waldorfschule in Stuttgart teilnahm, war es »zufällig« wiederum Graf Bothmer, den ich beim Betreten des Vortragssaales begrüßte. Unsere Wege trennten sich von da an nicht mehr, wir wurden Kollegen und Feunde bis zu seinem Tod im Jahre 1941.

Das Königliche Wilhelmsgymnasium in München galt als eine vornehme Schule, sozusagen die führende Anstalt der Stadt. Die Lehrer waren nach den Grundsätzen einer Elite ausgewählt, so daß jeder wirklich in seinem Fach ein tüchtiger Vertreter war. Daher kam es, daß neben hochgebildeten und vornehm aussehenden »Professoren« – so nannten die Schüler alle Lehrer – auch eine Anzahl tüchtiger, aber auch sehr gemütlicher Münchner Originale vorhanden waren.

Der Klassenlehrer, Professor Hoferer, den ich in der fünften Klasse hatte, machte mir, dem zugereisten Franken, aus verschiedenen Gründen das Leben schwer. So leicht mir die Mitarbeit in den verschiedenen Fächern fiel, so wenig konnte ich mich an diesen Lehrer gewöhnen. Er schien eine Abneigung gegen die fränkische Mundart zu haben; denn diese war der Anlaß zu einem ersten Zusammenstoß. Wir hatten in den ersten Stunden nach den Ferien ein Gedicht auswendig zu lernen, das mit den Worten begann:

Muttersprache, Mutterlaut,
wie so wonnesam, so traut.

Der Professor rief mich als ersten vor die Klasse und ließ mich das Gedicht aufsagen. Schon nach den zwei ersten Zeilen unterbrach er mich, stellte sich neben mich und wiederholte in Nachahmung meiner Aussprache diese zwei Zeilen. Das hieß dann so:

Muttesprache, Muttelaut,

weil der Franke das Zäpfchen-R spricht und kein R rollen kann. Er hatte natürlich einen Bombenerfolg bei der Klasse, der noch durch eine Eigenheit erhöht wurde, die dieser Professor hatte: er begleitete nämlich, wenn er selbst sprach, jeden vollendeten Satzteil mit einer komischen Gebärde, indem er seinen Kneifer fortwährend auf die Nase schlug und wieder abnahm. Ich reagierte auf diesen Spott damit, daß ich stumm mich an meinen Platz setzte und mich von da an weigerte, jemals wieder etwas aufzusagen. Die Kameraden aber waren toleranter als der Professor; mit ihnen mich anzufreunden, hatte ich keine Mühe. Professor Hoferer hatte noch andere Gewohnheiten, die der ganzen Klasse zugutekamen. Er erfand im Laufe des Jahres eine ganze Reihe von komischen Bezeichnungen der Schüler, die er bald »du Schiff der Wüste«, bald »du Holzfuchs« oder »du Hornochs« nannte. Für mich hatte er eine besonders lustige Bezeichnung gewählt: er hatte in meinem Entlassungszeugnis von Würzburg gelesen, daß ich wegen verbotenen Wirtshausbesuchs eine Strafe bekommen hatte; deshalb sagte er gelegentlich zu mir: »Du wirst einmal ein versoffener Student«. Ich nahm ihm das keineswegs übel, obwohl es vor den Augen der Klasse eine Taktlosigkeit war, aber es sollte sich nach einigen Jahren eine Gelegenheit ergeben, durch die ich ihm seine Taktlosigkeit vergelten konnte. Er war im Zuge der Bayerischen Beamtenhierarchie ein Jahr später Direktor eines Gymnasiums in der Provinz geworden und hatte unter anderem die Aufgabe, Seminarkandidaten für das Lehramt zu betreuen. Zu diesem Zweck mußten diese Kandidaten an unserem Wilhelmsgymnasium Lehrproben abhalten. Ich war damals bereits in der Abiturklasse, die aus einem A- und einen B-Zug Bestand. Aus diesen beiden Klassen wurde eine Gruppe zusammengestellt, vor der dann Lehrproben stattfanden. Ich gehörte zu dieser Gruppe und sah nun den Herrn Direktor Hoferer mit seiner Schar das Klassenzimmer betreten. Er stellte die Kandidaten vor, und einer derselben übernahm den Unterricht. Der Direktor selbst durchschritt unsere Reihen, um sich einen Platz in der hinteren Bank zu suchen. Dabei kam er an meinem Platz vorbei, blieb stehen und sagte fragend: »So, sind Sie auch hier?« – »Ja, Herr Direktor, ich bin auch hier und bin noch kein versoffener Student geworden.« Meine Kameraden lachten laut, und der Direktor sprach kein Wort mehr. Solche Vorfälle waren jedoch verhältnismäßig selten, obgleich naturgemäß das Verhältnis zwischen Schülern und Lehrern im ganzen mehr oder weniger distanziert war. Es gab Lehrer, die wir ohne Einschränkung verehrten, es gab solche, die merkwürdige Gewohnheiten hatten, die ihnen einen gewissen Anstrich von Gutmütigkeit verliehen und ihr Ansehen eher erhöhten als minderten. Sie alle waren in ihren Fächern sehr gebildet und tüchtig, wir bekamen von ihnen eine gründliche Bildung in all den Dingen, die das Gymnasium damals zu bieten hatte. Es war ja eine rein humanistische Bildungsstätte auf der Grundlage der antiken Sprachen Latein und Griechisch. Das Lateinische beherrschten wir wirklich so gründlich, daß es uns Spaß machte, bei den erlaubten abendlichen Zusammenkünften und vor allem auf dem Nachhauseweg in der Nacht lateinische Gespräche zu führen. Cicero hätte sich wohl gewundert und hätte vielleicht den Kopf geschüttelt, wenn er unsere wohlgedrechselten Phrasen gehört hätte. Besaßen wir doch eine große Menge von Aussprüchen aus der sogenannten »Phraseologie«, einer Sammlung von stehenden Redensarten, die wir nun für jede Situation des Lebens benützten. Wir mußten sogar gelegentlich Zeitungsartikel ins Lateinische übersetzen. Das Griechische beherrschten wir nicht in der gleichen Weise, aber wir liebten diese Sprache mit dem Gemüt und dem Herzen, und so erschien uns das Lateinische mehr banal und alltäglich, durch das Griechische fühlten wir uns selbst erhöht und geehrt. Dies wurde mir besonders deutlich in der achten Klasse, in der wir als Klassenlehrer einen merkwürdigen Mann hatten, der, wie ich glaube, nur in Deutschland wachsen kann. Er war Offizier gewesen, wurde aber an der sogenannten »Majorsecke« nicht weiter befördert, gab den Militärdienst auf und studierte klassische Philologie. Er machte auf uns Schüler und besonders auf mich einen tiefen Eindruck. Den Offier konnte er nicht ganz ablegen und kommandierte häufig in militärischem Ton die Dinge, die wir zu tun hatten, aber es war etwas Vornehmes in seiner Haltung, und vor allem strömte aus ihm eine ungeheure Liebe zu all den Dingen, die er uns lehrte. Der Eindruck, den ich damals von ihm hatte, summiert sich in meiner Erinnerung zu folgendem Bild: die klassische Kultur war ihm nicht nur eine Summe von Wissen, sondern eine echte Lebenshaltung geworden, und alles, was er tat, atmete Begeisterung für seinen Stoff und für seinen Unterricht. Ich sage nicht zu viel, wenn ich die Stimmung während seines Unterrichts als andächtig charakterisiere. Da fast alle Fächer in dieser Klasse in seiner Hand lagen, wurden wir wirkliche Freunde, und jeder fühlte sich geehrt, wenn er diesem Lehrer einen kleinen Dienst tun konnte. Seine Liebe zu den Dingen zeigte sich insbesondere in der Art, wie er die griechischen Dramatiker und Homer uns nahe brachte, aber auch durch den nicht im Programm vorgesehenen zusätzlichen Kunstunterricht, den er uns gab. Er pflegte in ständiger Abwechslung das Klassenzimmer mit großen Fotografien der antiken Kunstdenkmäler, später der Romanik, der Gotik und der Renaissance zu schmücken und daran seine Begeisterung zu enthüllen. Er hieß »Wunderer«, und wir gaben ihm einen Spitznamen, der das, was sein Name enthielt, sogar noch verstärkte: er hieß bei uns ohne Spott »Staunerer«; denn wir staunten immer, wenn er in Begeisterung seine Bilder vorführte.

Im Laufe der fünf Jahre, die ich am Wilhelmsgymnasium zubrachte, hatten wir jedes Jahr einen anderen Klassenlehrer. Dieses System des Lehrerwechsels hatte nach meiner damaligen Anschauung nur Nachteile. Es war unmöglich, in einem einzigen Schuljahr, das noch dazu durch verhältnismäßig lange Ferien weiter verkürzt war, einen richtigen Kontakt zwischen Lehrern und Schülern herzustellen. Deshalb beschränkten sich die Beziehungen zwischen Lehrern und Schülern auf den im ganzen intellektuell gefärbten Plan des Wissens. Als ich später selbst als Lehramtskandidat in die Geheimnisse des Lehrerberufs eingeführt wurde und erfuhr, warum dieser ständige Lehrerwechsel nach der Meinung der Behörden notwendig war, konnte ich meine Meinung nicht ändern. Die amtliche Begründung ging dahin, daß es gute und weniger gute Lehrer gäbe, und die Schüler hätten das Recht, durch den ständigen Lehrerwechsel die guten und die weniger guten Lehrer im Laufe der Zeit alle kennenzulernen. Dies mochte vom Standpunkt der Minsterialbeamten richtig sein, weil diese selbst nie Unterricht gegeben hatten und somit nur aus abstrakten Erwägungen handeln konnten. Damals gab es im Unterrichtsministerium in der Hauptsache nur juristisch geschulte Beamte, die über das Wohl und Wehe der Lehrer und Schüler zu entscheiden hatten. Die Einrichtung der Fachberater des Ministeriums war noch nicht eingeführt und kam erst einige Zeit später. Aber es gab, wie ich während meiner Seminarausbildung erfuhr, für jeden Lehrer eine Geheimakte am Ministerium, deren Inhalt von dem Direktor des Gymnasiums oder der jeweiligen Schule abhing. Es entzieht sich meiner Kenntnis, nach welchen Gesichtspunkten solche

Geheimakten abgefaßt wurden, aber die Tatache, daß kein Lehrer jemals erfuhr, was über ihn berichtet wurde, zeigt, daß die Abfassung solcher Berichte der mehr oder weniger wohltätigen Willkür der Direktoren ausgesetzt war. Ich will damit gar nicht bezweifeln, daß die Direktoren nur gute und positive Absichten hatten, doch bestimmt auch den Auftrag, der Wahrheit gemäß zu berichten. Meine Beobachtungen und Erfahrungen sowohl als Schüler wie später auch als Lehrer zeigten mir, wie subjektiv die Persönlichkeiten der Unterrichtenden zueinander standen. Da gab es, wie es unter Menschen natürlich ist, Freunde und sogar Lieblinge, aber auch unbeliebte Persönlichkeiten, zum Beispiel solche, die ihre Wahrheiten gerne mit einer gewissen Schärfe aussprachen, und dementsprechend waren die Beziehungen zwischen Lehrern und Lehrern sowie zwischen Direktoren und ihrem Kollegium sehr unterschiedlich.

Es liegt nicht in meiner Absicht, hier eine lange Abhandlung über den sozial richtigen Aufbau von Schulen zu schreiben, jedoch möchte ich noch einige Bemerkungen aussprechen, die meine eigenen Erfahrungen betreffen. Auf dem Dorf hat der Lehrer die Stellung einer Vertrauensperson, und die Bauern sind ganz positiv bereit, jedem neuen Lehrer wirkliches Vertrauen entgegenzubringen. Das scheint mir ein allgemein gesunder Zug der Menschheit zu sein. Auf den höheren Schulen dagegen ging unter den Schülern das Schlagwort um: »Der Lehrer ist kein Freund der Schüler, sondern eine Art Gegner, den man auch betrügen darf.« Und gewiß haben die Lehrer selbst in ihrem Bewußtsein keine Anschauung gehabt, daß der Schüler ihr geborener Feind sei, wohl aber begegnete man in der Haltung der Lehrer und entsprechend in der Reaktion der Schüler der Meinung, der Schüler sei ein minderwertiger Mensch, da er noch nicht erwachsen sei; denn die Erwachsenen allein sind in ihrem ganzen Wesen und ihrer Erscheinung erkennbar und urteilsfähig. Deshalb wurden die Schüler häufig mit Mißtrauen angesehen, und man behandelte sie entsprechend, wenn irgendeine »Untat« aufzudecken war. Da ging es nicht nach dem alten römischen Rechtsgrundsatz: »In dubio pro reo« (in Zweifelsfällen für den Angeklagten), sondern es war von vornherein eine Meinung vorhanden, weil man ja seine »Pappenheimer« genau kannte, und das Urteil war häufig schon gesprochen, bevor ein Fall untersucht worden war.

Oft beschäftigen sich unsere Gespräche während der Schulzeit mit solchen Fragen. Als junger heranwachsender Mensch ist man berechtigt, die in der Reifezeit erwachende Intelligenz in aller Schärfe und auf alle Erscheinungen anzuwenden, aber unsere Meinungen klärten sich auch im Laufe der fünf Jahre an der Oberstufe des Gymnasiums, und wir kamen zu objektiveren Urteilen und zu gerechteren Haltungen. Gewiß spielten die Schulerfahrungen der einzelnen ihre Rolle bei der Beurteilung der Schule im allgemeinen, nachdem wir die Schule verlassen hatten. Ich erinnere mich zum Beispiel an manches Gespräch, das ich mit einem etwas älteren Freund hatte. Ich war damals etwa neunzehn Jahre alt und hatte mich an diesen vielleicht zwanzigjährigen Kameraden angeschlossen, weil er sehr intelligent, aber auch, weil er ein unglücklicher Mensch war. Wir wollten beide Lehrer werden. Ihn zog es zur klassischen Philologie, mich zu neueren Sprachen, aber auch zur Mathematik. Er selbst sprach immer über Schule und Leben äußerst bitter, oft sogar ganz zynisch. Ich bemühte mich, seinen düsteren Lebensanschauungen eine andere, freundlichere Meinung entgegenzusetzen, hatte aber dabei wenig Glück. Deshalb dachte ich, der Lehrerberuf sei für ihn durchaus unmöglich, er aber blieb bei seinem Vorsatz und offenbarte mir schließlich seine Begründung, indem er sagte: »Wenn ich einmal Lehrer bin, denen werde ich's zeigen!« Ich fragte verwundert: »Wem, den Lehrern?« – »Nein, den Schülern, die sollen entgelten, was für bittere Erlebnisse ich als Schüler gehabt habe.« Damit war unsere Diskussionsbasis verloren, und ich konnte nur noch sagen: »Und wenn ich Lehrer bin, will ich meinen zukünftigen Schülern zeigen, wie man's machen muß, soweit ich der Meinung bin, meine Lehrer hätten es falsch gemacht.«

Im ganzen gesehen hatten wir am Wilhelmsgymnasium in München ein ganz gutes Verhältnis zu unseren Lehrern, und mit nicht wenigen kam ich später immer wieder einmal freundschaftlich zusammen. Da waren zum Beispiel meine zwei Mathematiklehrer. Der eine hieß »Dicknether«, den ich in den Klassen fünf bis sieben hatte – die Mathematiklehrer und ähnliche Fachlehrer wechselten nicht so häufig wie die Klassenlehrer – und der zweite, den ich auf der Oberstufe hatte, hieß »Waldvogel«. Dicknether machte auf uns Schüler den Eindruck eines freundlichen und zuverlässigen Großvaters. Er war ein tüchtiger Mann und in seinem Verhalten uns gegenüber sogar etwas ängstlich, aber wir achteten ihn und wurden von ihm sehr gut in die Geheimnisse der Logarithmen eingeführt. Waldvogel dagegen war im Vergleich zu ihm ein gemütvolles Original. Er war bei aller Strenge in seinen Anforderungen ein echter Freund der Jugend, und wir konnten uns bei ihm manche gutmütigen Späße erlauben. Er hatte die Gewohnheit, die Namen seiner »Untertanen« zu verdrehen. Zum Beispiel nannte er einen, der »Feldbausch« hieß, »Feldhuhn«. Solche Verdrehungen schufen immer eine humorvolle Stimmung im Klassenzimmer, und wir gingen gerne darauf ein, dies auch etwas auszunützen. Mich nannte er meistens »Sandhas«. Einmal äußerte ich zu meinem Nachbarn ein scheinbares Mißfallen über diese Verdrehung meines Namens; er merkte das und kam heran und sagte in seinem gemütlichen Schwäbisch – er stammte aus Mindelheim –: »Des derfen's mir net übelnehmen, i bin bei euch der Zeisig (das war sein Spitzname) und Sie sind bei mir der ›Sandhas‹, worauf ich antwortete: »Das ist mir auch ganz recht, ich hab ja nur Spaß gemacht.«

Mein letzter Klassenlehrer in der Abiturklasse wurde von uns in besonderer Weise geschätzt. Er war ein sehr kluger Mann, schien aber unter seinen privaten Verhältnissen zu leiden. Wir merkten das öfters an den Montagen, weil er häufig in nicht ganz nüchternem Zustand in die Klasse kam. Er war nicht etwa betrunken, aber er stand dann mit hochgerötetem Gesicht zur Seite des Ofens und sprach eine kleine Weile kein Wort. Wenn er sich so wieder auf sich selbst und die Situation besonnen hatte, war sein Unterricht stets besonders anregend. Wir ahnten aber, daß ihn irgendein geheimer Kummer quälte, und diese Ahnung erhöhte nur unsere Hochachtung vor ihm, und eines Tages bestätigte sich, was wir dachten, als es während des Unterrichts die Gelegenheit mit sich brachte, daß er im allgemeinen über Menschenschicksale sprach, und er nannte sich selber als ein Beispiel, indem er mehr zu sich selbst als zur Klasse äußerte: »Ich glaubte, eine reiche Frau geheiratet zu haben und erfuhr bald nach der Hochzeit, daß mein Schwiegervater Bankrott machte und völlig verarmt war.« Darunter litt also unser guter Ordinarius. Dieser Ausspruch brachte ihn unserem Mitgefühl um so näher.

Ich selbst hatte mit ihm ein Erlebnis, das ganz und gar aus den Schulverhältnissen herausfiel. Bei ihm gab es keine Unterscheidung von Lieblingen und Bösewichtern. Er ließ es auch keinen Schüler entgelten, wenn dieser manche Dinge des Unterrichts nicht aufnehmen konnte, andererseits stellte er uns manchmal auf die Probe. Es war eine Einrichtung im Klassenleben, daß jeder Schüler mindestens einmal ein Referat halten mußte. Die Themen zu den Referaten wurden vom Lehrer aus seinen Unterrichtsfächern ausgewählt, und Professor Döll, so hieß unser Ordinarius in der Abiturklasse, versuchte, die Aufgaben je nach den Wünschen und Begabungen seiner Schüler zu verteilen. So kam es, da ich mich besonders für Literatur und Sprache interessierte, daß ich jenes lange Gedicht von Goethe mit dem Titel »Ilmenau« zu besprechen hatte, in welchem Goethe so ausführlich eine Art Rückschau auf seine Vergangenheit darstellte. Die Schüler präparierten ihren Vortrag schriftlich und hielten ihr Referat in der Hauptsache so, daß sie ihre Aufzeichnungen mehr oder weniger vorlasen. Darauf war ich auch eingestellt, stieg also mit dem Papier in der Hand auf das Katheder, aber bevor ich anfangen konnte, kam Professor Döll mit einigen Schritten heran, nahm mir schnell meine Aufzeichnungen weg und sagte mit seiner tiefen Baßstimme: »Nun, Sandkühler, Sie können Ihren Vortrag auch ohne Papier halten!« Meine innere Reaktion war keineswegs freundlich, es schien mir eine Zumutung zu sein, so etwas Ausgefallenes von mir zu verlangen, das noch von keinem meiner Kameraden verlangt worden war; aber ich blieb auf meinem Podium stehen, beherrschte meine innere Wut und sprach frei, was ich zu sagen mir vorgenommen hatte. Das Referat fiel nur ein wenig kürzer als sonst aus, aber jetzt, da ich diese Aufzeichnungen schreibe, erscheint mir der Vorfall wie eine Hindeutung auf die vielen freien Vorträge, die ich später zu halten hatte. Daß ein freier Vortrag mehr freies Bewußtsein verlangt, erfuhr ich einmal am Ende meiner Studienzeit an der Universität München, als ich für das Romanistische Seminar die Grabrede für unseren verstorbenen Ordinarius Professor Breymann zu halten hatte. Die Aufgabe fiel mir zu, weil ich Seminarassistent war und auch ein recht freundschaftliches Verhältnis zu unserem Romanisten hatte. Obwohl auch bei dieser Gelegenheit die professoralen Redner ihr Manuskript in der Hand hielten, fand ich selbst das unmöglich und hatte meine Ansprache sorgfältig vorbereitet. Ich geriet aber in einige Verlegenheit, als ich da, wo ich gar keine Gefahr vermutete, nämlich in der Ansprache an die anwesende Trauergesellschaft, nur sagte: »Hochverehrte Gesellschaft« anstatt »Hochverehrte Trauerversammlung«. Die anwesenden Freunde unterdrückten ein Lächeln, die versammelten Professoren dagegen blieben hochernst. Ich rätselte danach, wie das wohl geschehen konnte, und fand als einzige Erklärung die Tatsache, daß ich am Tag vorher in einer Aufführung der »Meistersinger« war, worin ein Vers vorkommt:

»Hochverehrte Gesellschaft,
vernehmt, was mich hier zur Stell' schafft.«

Aber niemand nahm mir meinen Fehler übel außer ich mir selbst. Es sollten noch sechzehn Jahre vergehen, ehe ich wirklich freie Vorträge zu halten hatte, aber die Tendenz dazu lag schon in meinen Unterrichtsgewohnheiten; denn ich konnte nie mit einem Grammatikbuch in der Hand unterrichten. Ich hatte sogar meine ganze Ausbildung an der Universität darauf abgestellt, die Dinge, die ich später als Lehrer zu sagen hatte, so gründlich vorzubereiten, daß ich von Texten unabhängig war.

So verlief meine Schulzeit reibungslos in den fünf ersten Jahren meines Aufenthaltes in München und schloß in normaler Weise mit dem Abitur ab. Diese Prüfung enthielt in jener Zeit gar keine Probleme. Keiner von uns Schülern hätte daran gedacht, sich über so etwas aufzuregen oder gar Angst zu haben. Denn wenn man es recht betrachtet, sind die Prüfungsarbeiten des Abiturs lediglich die letzten in einer endlosen Reihe von Klassenarbeiten, und es galt bei uns die Erfahrung: »Im Abitur fällt niemand durch.« Wohl aber fielen in den Klassen vorher, also in den Gymnasialklassen eins bis acht, Schüler durch, und in der Rückschau kommt es mir so vor, als ob der Prozentsatz der Durchfallenden konstant gewesen sei. Immer wieder veränderte sich der Klassenspiegel durch das Hinzukommen von drei neuen Schülern, um die Zahl von Dreißig aufzufüllen, die wir vorher hatten. Und so war es jedes Jahr. In der neunten Klasse waren von der fünften Klasse, in die ich eingetreten war, noch achtzehn vorhanden. Zehn Prozent blieben jeweils hängen, aber das Abitur bestand jeder, obwohl in Bayern seit jeher das Zentralabitur als Form besteht. Das hieß, daß jedes Jahr je zwei Lehrer irgend einer Schule vom Ministerium bestimmt wurden, für ihr Fach Prüfungsvorschläge zu machen, die so abgefaßt sein mußten, daß alle Schüler des Landes sie lösen konnten.

Spezialistentum begabter Lehrer war dadurch völlig ausgeschlossen. Dies aber lernte ich mit all seinen sozialen Schäden später in Württemberg kennen. Als ich vom Jahr 1925 an in der Stuttgarter Waldorfschule die Schüler zum Abitur vorzubereiten hatte, besuchte ich am Anfang des Schuljahres die jeweiligen Lehrer der Prüfungskommission, um festzustellen, nach welchen Grundsätzen sie ihre eigene Arbeit einrichteten. Daraus konnte ich etwa schließen, was meine Schüler an Aufgaben zu erwarten hatten. Die Lehrer von zwei Schulen Stuttgarts kamen für unsere Prüfungskommission in Betracht. Ich machte bei meinen Besuchen vor allem bei den Mathematikern seltsame Erfahrungen. Der eine unterrichtete am Karlsgymnasium und teilte mir mit, daß Württemberg den Beinamen »das goldene Land der Geometrie« habe und daß jeder Mathematiker, der etwas leisten wollte, bestrebt war, ein Spezialist in einem ganz bestimmten Gebiet der Mathematik zu werden. Er selbst sei ein Spezialist für bestimmte Probleme, die er mir nannte, und die würde er auch von seinen Schülern im Abitur verlangen, so daß, wie er mir lachend versicherte, die mathematischen Schüler seines Kollegen an der Wilhelmsrealschule bei ihm alle durchfallen würden und umgekehrt seine eigenen Schüler bei jenem. Das hielt ich für einen guten Witz, war aber doch etwas verblüfft, als ein Kollege von der Wilhelmsrealschule mir das in einem anderen Gespräch bestätigte.

An meinem Gymnasium in München hatte ich auch Geigenunterricht, der zwar sehr einfach und kurz ablief, aber doch genügend war, um mich weiter zu fördern, da wir zu Hause unsere musikalischen Übungen fortsetzten. Ein alter, schon im Ruhestand befindlicher Kammermusiker der Bayerischen Staatskapelle unterrichtete die Schüler klassenweise, nahm aber jeden einzeln vor, so daß auf jeden Schüler etwa fünf Minuten zu berechnen waren. Man spielte seine Etüde, der Lehrer spielte mit, war aber sehr bewußt und aufmerksam dabei, gab eine kurze Anweisung für die Weiterarbeit, und das war alles. Es war auch ein Schulorchester vorhanden, in welchem ich mitspielte. Es trat einmal im Schuljahr zum Jahresende auf, versah aber jeden Sonntag in der Kirche den Dienst zur Begleitung der gesungenen Messen. Das war eine praktische Ausbildung, die mir später noch zugutekam. Während meines Studiums, das im Oktober 1906 an der Universität München begann, setzte ich in der Hauptsache meine musikalischen Studien selbständig fort, da ich mir damals keinen Lehrer leisten konnte. Ich hatte aber von der Schule her musikalische Freunde, vor allem zwei Brüder, die eine Klasse unter mir waren und mit denen ich während der ganzen Studienzeit regelmäßig zusammenkam, um Streichquartett zu spielen. Der ältere dieser Brüder wurde Geiger und war später Solobratscher im Münchner Philharmonischen Orchester, der jüngere Bruder spielte Cello und studierte Medizin. Diese beiden hatten mit einem Mathematiklehrer eines Gymnasiums ein ständiges Streichtrio und holten mich dazu, um Quartett zu spielen. Ich erinnere mich genau, was wir da spielten: Beethoven Opus 18 Nr. 1. Das war für mich sehr schwer, denn es war das erstemal, daß ich vom Blatt die Schwierigkeiten eines solchen Werkes bewältigen sollte. Mein Erfolg war dabei auch nicht sehr groß, und die drei ausgezeichneten Spieler erklärten mir danach, sie wollten lieber noch eine Zeitlang Trio spielen. Das war in meinem ersten Studienjahr, und die beiden Brüder hatten unterdessen selbst das Abitur bestanden.

Ich war mittlerweile in das Studentenorchester der Universität eingetreten und spielte da die zweite Geige. Meine Freunde holten mich zu einem zweiten Versuch zurück, und wir blieben die ganzen Jahre zusammen, die ich in München zubrachte. Wir pflegten einmal in der Woche abends zu spielen, kamen auch regelmäßig an Sonntagnachmittagen zusammen, um bei einem ihrer musikalischen Freunde unsere Übungen zu betreiben und setzten diese auch am Abend bis weit in die Nacht hinein fort. Die Tätigkeit mit diesen Freunden war meine eigentliche Schule der Musik, und wir waren bald eine wirkliche Herzensgemeinschaft, die einen stark bildenden Charakter hatte. Viel Humor wurde da entwickelt, aber unsere Gespräche waren auf einer großen Höhe, und jeder trug aus seinem Wesen alles bei, was ihn besonders beschäftigte, und alles war interessant. Der mathematische Bratscher hieß Käsbohrer und wurde von uns in einen Borghese verwandelt. Er blieb aber ein echter prächtiger Münchner von weiter Bildung bei aller populären Haltung.

Der Mann aber, in dessen Haus wir musizierten, war ein Mensch von ganz besonderer Qualität und gehört zu den wenigen wirklich genialen Menschen, die ich kennenlernte. Auch er besaß eine sehr hohe Bildung. Er stammte aus einem reichen jüdischen Hause und war blind, nicht von Geburt an, er war mit etwa zwölf Jahren nach einer Scharlachkrankheit blind geworden. Als ich später die tragische Persönlichkeit von Jacques Lusseyran kennenlernte, erinnerte ich mich an diesen alten Freund, der seine Blindheit in ähnlicher Weise trug, aber auf eine noch viel tragischere Weise im Zweiten Weltkrieg den Tod fand: er kam in Theresienstadt ums Leben.

Mit diesem Mann verband uns eine tiefe Freundschaft. Er war Pianist und Komponist und gab ausgezeichneten theoretischen Musikunterricht. An ihm hatten wir nicht nur einen ausgezeichneten Förderer unseres Spiels, es erweiterte sich auch unser Programm, da wir mit ihm immer wieder Klaviertrio, Klavierquartett oder Klavierquintett übten. Er nahm das Einstudieren der Werke sehr genau und kannte die Partitur jedes dieser Werke schnell auswendig, nachdem man sie ihm einige Male vorgespielt und dann genau diktiert hatte. Das war für uns und seine übrigen Freunde, die ihm halfen, sehr anregend. Dieses Leben mit Hans Neumeyer, so hieß unser Freund, war für uns alle und insbesondere für mich sehr fördernd. Verehrung seiner Persönlichkeit und sachliche Gründlichkeit in unserer Arbeit waren die Grundpfeiler unserer Freundschaft. In diesem Hause herrschte bestes münchnerisches Leben, und alle guten Eigenschaften, die Menschen dieser Stadt auszeichnen, waren dort am Werk, um jeden, der hinkam, zu einem guten Menschen zu machen. Von dort aus lernte ich auch viele der musikalischen Persönlichkeiten kennen, die damals in München wirkten. So spielten wir einige Male, wenn größere Werke, zum Beispiel Streichsextette geübt werden sollten, im Hause des Verlegers Ernst Heimeran, der sowohl ein vortrefflicher Geiger als auch ein hochgebildeter Kenner der gesamten Musikliteratur war und einige Werke über Musik und das Musizieren schrieb, die bei allen musizierenden Menschen der ganzen Welt bekannt wurden. Solche Bekanntschaften waren für mich ein großer Gewinn. Sie wurden im Verlauf meines Studiums verstärkt und erweitert, da ich im studentischen Neuphilologenverein in Hans Werner einen Freund fand, der neben Romanistik hauptsächlich Musik studierte und später Dirigent wurde. Dieser Mann kannte persönlich alle Großen der Musik der damaligen Zeit, Richard Strauß, Gustav Mahler, die großen Dirigenten, Mottl, Nikisch, Ferdinand Löwe, den Freund Bruckners, und viele andere. Mit ihm besuchte ich viele Konzerte, vor allem die großen Symphoniekonzerte und die Aufführungen neuer Orchesterwerke oder Opern. Wir studierten Richard Wagners Gesamtwerk, so oft ein Musikdrama von ihm aufgeführt wurde. Dabei eröffnete sich die Welt der Musik in tiefster Weise; denn Hans Werner machte die Arbeit mit mir zu einem großen Vergnügen. Auch die symphonischen Dichtungen von Richard Strauß, Mahler und anderen Persönlichkeiten haben wir auf diese Weise kennengelernt. Die ganze Musikgeschichte wurde mir aus dieser Tätigkeit sehr lebendig. Dabei versäumte ich keineswegs mein Studium, obwohl mich diese gründliche musikalische Tätigkeit viel Zeit kostete. Aber hinter allem, was ich tat, wirkte ein sehr starkes Interesse für alle Dinge der Bildung, und dieses Interesse ist die beste Stütze für ein gutes Gedächtnis. Es war sozusagen ein musikalischer Rhythmus tätig, und dieser Rhythmus ersetzte das, was mir an eigener Kraft fehlte.

Hans Neumeyer war mir ein wichtiger Helfer in der musikalischen Erzhiehung meines jüngeren Bruders Wendelin, die ich übernommen hatte. Dieser Bruder war vierzehn Jahre alt, als ich in meinem ersten Semester (1908) an die Universität kam. Er hatte bis dahin keinerlei Beziehung zur Musik geäußert und sich sogar geweigert, ein Instrument zu lernen. Er war überhaupt in eigenartiger Weise in sich verschlossen, sprach nicht viel und schien so sehr verkapselt zu sein, daß man nicht wußte, was in ihm eigentlich vorging. Er wollte nicht nur von der Musik nichts wissen, sondern erklärte auch zu einer Zeit, da normale Kinder von der Volksschule in eine höhere Schule übertreten, er wolle an der Volksschule bleiben, und war durch nichts zu bestimmen, auf die Wünsche meiner Eltern einzugehen. Er machte also tatsächlich die Volksschule bis zum Ende durch, dann aber war er plötzlich bereit, alles nachzuholen und doch den Anschluß an das Gymnasium zu finden, da mein Vater ihm erklärt hatte, er könne jetzt nur ein Handwerk erlernen. Das wollte er nun auch nicht, und so trat ich für ihn ein und setzte den Wunsch auch mit Hilfe eines Benediktinerpaters durch: Wendelin sollte in privater Vorbereitung die Aufnahmeprüfung in die dritte Klasse des Gymnasiums machen. Er stürzte sich dann mit einem wahren Feuereifer auf diese harte Paukerei; denn es handelte sich darum, das ganze Programm der ersten zwei Gymnasialjahre in einem halben Jahr durchzuarbeiten. Mit vereinten Kräften gelang dies, und die harte Kapsel seines Seelenlebens schien plötzlich aufzuspringen und eine echte Begabung zu enthüllen. Von Musik war aber noch keine Rede, solange die intellektuelle Tätigkeit seine ganze Zeit in Anspruch nahm.

Den Ausnahmefall gymnasialer Bildung, den er darstellte, konnten wir an unserem anspruchsvollen Wilhelmsgymnasium nicht unterbringen. Er fand daher Aufnahme in dem Progymnasium der Benediktinerabtei von Schäftlarn, das südlich von München im Isartal liegt und im Mittelalter eine Art Blütezeit hatte; denn dort waren damals die Bedingungen zur Bildung einer großen Stadt viel günstiger, als sie es später waren. Da aber an der Stelle, wo dann München entstand, ebenfalls ein guter Übergang über die Isar vorhanden war, blieb Schäftlarn in seiner einsamen Lage erhalten, und das »Münchner Kindl« wählte sich jene Stelle, wo die Mönche der neuen Abtei eine bereits vorhandene Fähre zu einer Brücke erweiterten, über die von da an die Straße von Osten nach Westen ihren Verlauf nahm. Schäftlarn blieb ein kleiner unbedeutsamer Ort, die Benediktinerarbeit jedoch arbeitete weiter und pflegte vor allem die gelehrte Bildung unter den Mönchen.

Diese Atmosphäre nahm also meinen Bruder Wendelin auf, und in ihr gedieh er in harmonischer Weise und entwickelte seine Begabung. Ich pflegte ihn mittwochs und samstags nachmittags zu besuchen und erhielt bei dieser Gelegenheit von dem benediktinischen Leiter der Anstalt sehr gute Auskünfte über seine Entwicklung. Bei unseren brüderlichen Unterhaltungen verhielt er selbst sich noch durchaus passiv, er nahm meine Berichte über meine musikalischen Erlebnisse aufmerksam hin, und es schien, als wenn er selbst gar kein Interesse an Musik hätte. So vergingen drei Jahre. Dann kam er eines Tages in den Osterferien zu uns nach Hause und hatte zwei Paukenschlegel dabei. Ich fragte ihn, was er damit mache, und er sagte lachend: »Ja, ich bin jetzt Paukist in unserem Schulorchester. Ich habe während der Proben immer zugehört, und eines Tages meinte der Musiklehrer, ich könnte doch auch mitarbeiten und die Pauke spielen. Er richtete mich ein wenig ab und brachte mir die Rhythmen bei, und jetzt bin ich Paukist, und es macht mir großen Spaß.« Mein Bruder war auch sonst viel zugänglicher und gesprächiger geworden. Die Musik schien die verschlossene Kapsel seiner Seele geöffnet zu haben, und er erzählte weiter, er habe dort in Schäftlarn einen gleichaltrigen Freund gefunden namens von Dall-Armi, der sehr musikalisch sei und Klavier spiele. Mit diesem Freund hatte er bereits begonnen, Klavier zu lernen. Er spielte mir auch auf unserem alten Tafelklavier während der Osterferien vor, und es enthüllte sich mir jene echte Begabung, von der ich oben gesprochen habe. Ich war natürlich darüber sehr erfreut und nahm von da an meinen Bruder in alle Konzerte und alle anderen musikalischen Veranstaltung mit, auch an unseren Quartettproben nahm er teil, und so entwickelte sich ein Talent, das in der Stille von Schäftlarn begonnen hatte. In diesem Jahr war auch seine Schulzeit in Schäftlarn zu Ende, da diese Schule nur ein sechsklassiges Progymnasium war, und nun mußte er nach München an unser Wilhelmsgymnasium übergehen. Da begann nun ein reiches musikalisches Lernen für meinen Bruder, und das Lernen in der siebten Klasse des Gymnasiums trat sehr in den Hintergrund. Als wir eines Nachts von einer Aufführung des Oratoriums »Elisabeth« von Liszt nach Hause gingen, eröffnete er mir seinen Wunsch, Musik zu studieren. Das war Wasser auf die Mühle meiner Erwartungen. Mir war es schon aus anderen Gründen seit einiger Zeit klar, daß er ein echter Musiker werden würde und die intellektuelle Ausbildung des Gymnasiums und der Universität seiner Entwicklung nicht förderlich wäre. Ich sprach mit dem Vater über Wendelins Wunsch, Musik zu studieren, und der Vater leistete heftigen Widerstand. Er meinte, Musik sei ja etwas Schönes, und er habe jedes seiner Kinder ein Musikinstrument lernen lassen, aber die Musik sei doch eine brotlose Kunst, und er könne nicht verstehen, daß ein junger Mensch Musik als Beruf ausüben wolle. Ich konnte aber einen gewichtigen Trumpf ausspielen, weil ich in meiner Studienzeit sehr viel Privatunterricht gab und dadurch auch zu einem großen Teil zum Unterhalt der Familie beitragen konnte. Ich äußerte daher meinem Vater gegenüber, daß ich die finanzielle Seite der Ausbildung meines Bruders selbst übernehmen könne, ohne daß die Familie darunter zu leiden hätte.

Nun war mein Vater einverstanden, und der Musikweg meines Bruders war frei. Am Gymnasium waren einige Schwierigkeiten dadurch entstanden, daß mein Bruder Wendelin einen stark ausgeprägten Sinn für Gerechtigkeit hatte und auch den Lehrern gegenüber seinen bescheidenen, aber entschiedenen Protest ausdrückte, wenn einer seiner Kameraden offensichtlich ungerecht behandelt wurde. Diese heute hingenommene freimütige Haltung erschien damals allen Lehrern unverständlich und, wie sie sagten, »tadelnswert«. Es war ungehörig, daß ein

Schüler seine Meinung frei äußerte, zumal bei solchen Äußerungen die Form nicht gerade vorsichtig und höflich war. Aber das Schuljahr ging in dieser siebten Klasse damit zu Ende, daß mein Bruder die Aufnahmeprüfung in die staatliche Musikhochschule bestand. Dazu hatte mein Freund Hans Neumeyer einen erheblichen Beitrag geleistet, denn er hatte meinem Bruder Klavier- und Theorieunterricht gegeben und war selbst erstaunt, mit welcher Kraft die musikalische Begabung aus diesem Felsen hervorbrach.

Die Rückkehr meines Bruders von Schäftlarn nach München war auch für unser Familienleben ein großer Gewinn, denn Wendelin begann, auch Cello zu spielen und machte so schnelle Fortschritte, daß er bald im Streichquartett das Cello übernehmen konnte. Die Studien meines Bruders an der Hochschule für Musik gingen glänzend vorwärts, er war sehr beliebt bei den Lehrern und den Kameraden. Da er Dirigent werden wollte, wurde er bald in die Meisterklasse für Dirigenten von Felix Mottl aufgenommen und bekam sogar den ehrenvollen Auftrag, im Namen seiner Klasse am Grabe von Felix Mottl zu sprechen, als dieser große Dirigent während einer Aufführung des »Tristan« von Richard Wagner einem Herzinfarkt erlag. Mein Bruder war ein ausgesprochener Praktiker in der Musik, und dem entsprach er dadurch, daß er einen kleinen Kirchenchor übernahm und diesen dirigierte für die Gottesdienste in der Gasteigkapelle am Isarufer, in der Nähe der Ludwigbrücke. Für diesen Kirchenchor setzte er auch vierstimmige Choräle, die er in sehr begabter Weise bearbeitete. Diese Seite seiner Tätigkeit konnte ich selbst nur finanziell unterstützen. Die Ausbildung meines Bruders wurde durch den Weltkrieg unterbrochen. Er wurde Infanterist bei einem der Infanterieregimenter von München und machte sich dort unbeliebt bei seinen Unteroffizieren, die ihre Rekruten häufig unsanft, aber auch sehr ungerecht behandelten. Und wie das System es so mit sich brachte, der unbeliebte Meckerer wurde durch den Einfluß des allmächtigen Unteroffiziers frühzeitig an die Front geschickt. Er hatte ziemlich bald eine Verwundung, die sein Gehör stark beeinträchtigte und fiel im Oktober 1915 an der Front in Nordfrankreich. Er wurde in dem kleinen flandrischen Dorf Wavrin beerdigt. Ich selbst war um diese Zeit ebenfalls in Frankreich, aber im äußersten Westen der Bretagne in Brest und erfuhr von diesem plötzlichen Tod meines Bruders erst sehr viel später. Eine vielversprechende Laufbahn hatte ihr Ende gefunden.

STUDIENZEIT

Die Erinnerung an meine Aufnahme in die Ludwig-Maximilians-Universität von München zwingt mich zu einem Vergleich mit den Zuständen an unseren deutschen Universitäten der heutigen Zeit. Es fallen mir dabei zunächst die großen Zahlenunterschiede ins Auge. Ich weiß nicht mehr genau, wieviele Studenten in München im Jahr 1906 studierten. München war sowohl im Sommersemester als auch im Wintersemester sehr beliebt, nicht so sehr wegen der günstigen Studienbedingungen, sondern hauptsächlich wegen der Verlockungen der Landschaft. Im Sommer machte man Wochenendtouren und im Winter Skiausflüge in die Berge. Es ist klar, daß diese Wochenendausflüge für viele Studenten wichtiger waren als ihr Studium. Das mag zu allen Zeiten so sein und ist wohl auch so geblieben, aber die Maßstäbe haben sich sehr verschoben. Heute tönt von allen Seiten der Kampfschrei um den Numerus clausus; 1906 war dieser mit Recht berüchtigte Numerus unbekannt, aber die Stimmung der Professoren entsprach damals schon auch einer Art von Numerus clausus; denn sie fanden, daß der Zustrom der Studenten an die Universitäten bereits allzu sehr angeschwollen war. Es herrschte damals noch ein Rest der mittelalterlichen Freizügigkeit, die es den Studenten gestattete, von einer Hochschule zur anderen zu ziehen, wie die alten Scholaren. Diese Freizügigkeit der wandernden Studenten machte den Professoren wenig Pein, wohl aber der Stamm der örtlich Gebundenen, die dann am Ende ihres Studiums Prüfungen machen mußten. Die Anzahl erschien den Professoren schon damals viel zu hoch. Dabei war diese Zahl durchaus übersehbar; denn als ich zum Studium antrat, wurde uns Neuphilologen von dem romanistischen Ordinarius ein Einführungsvortrag gehalten, zu dem etwa siebzig bis achtzig Studenten erschienen waren.

Dieser Ordinarius, Professor Breymann, machte uns mit den Einrichtungen der Universität bekannt, wies auf die Stufenleiter der Dozenten hin, vom Privatdozenten bis zum Ordinarius, vom Proseminar bis zur Prüfungskommisssion, und erklärte am Schluß, daß er keinem der anwesenden Studenten eine Aussicht machen könne, durch das vollendete Studium einen sicheren Weg ins Leben zu bekommen, er könne keinem dazu raten, dieses Studium zu beginnen oder gar abzuschließen. Wenn diese kleine Zahl von achtzig Studenten bereits so pessimistische Sorgen in den Herzen der Professoren erregte, so kann ich mir nicht vorstellen, daß die Professoren von heute vor lauter Sorgen um die Sintflut der Studierenden jemals einen ruhigen Schlaf finden, zumal die heutigen Hochschulen durch ihren Charakter als staatliche Institutionen kaum noch den Anspruch erheben können, freie Stätten der großen Forschung zu sein. Allerdings waren die Anforderungen an die Universitäten, die Studenten als Beamte oder Lehrer auszubilden, bereits in der Freiheit der Forschung sehr eingeschränkt; jedoch redete ihnen die staatliche Behörde kaum in die Gestaltung der Vorlesungen und Seminare hinein. Nach dem Ersten Weltkrieg dagegen änderte sich dieser Zustand beträchtlich zu Ungunsten der akademischen Freiheit. Vor dem Krieg konnte ich noch den Eindruck haben, daß meine Dozenten wirklich ausgedehnte und freie Forschung betrieben. Das konnte ich schon aus den Büchern ersehen, welche die

Hochschullehrer schrieben. Große, in ihrem Fach weltbekannte Namen waren auf allen Gebieten in München vertreten. Deshalb machten wir neusprachlichen Studenten gerne von dem Recht Gebrauch, Vorlesungen anderer Dozenten zu besuchen und unser Weltbild dadurch zu erweitern. Dies betraf unseren Besuch in allen Fakultäten, am wenigsten vielleicht in der theologischen Fakultät, obwohl damals kurz nach meinem Eintritt in die Hochschule der Theologie große Beachtung geschenkt wurde durch die sogenannte »Modernisten«-Bewegung, die bereits etwa fünfzig Jahre vor meiner Zeit aus dem Streit über die Unfehlbarkeit des Papstes in der Katholischen Kirche ausgebrochen war. Diese Modernistenbewegung sollte durch einen Eid gebrochen werden, den die Kurie von den katholischen Theologen gegen den Modernismus verlangte. Es war nun ein solcher Modernist, der sich wie viele andere in anderen Ländern geweigert hatte, den Eid zu leisten. Er blieb bei seiner Weigerung und mußte aus der theologischen Fakultät ausscheiden. Es kam bei dieser Gelegenheit zu Krawallen unter den Studenten für oder wider diesen Dozenten Schmitz. Die Polizei mußte dabei einschreiten, aber verglichen mit ähnlichen heutigen Erscheinungen waren die Demonstrationen der Studenten nur mit einem Sturm im Wasserglas zu vergleichen. Professor Schmitz trat aus der theologischen Fakultät in die philologische über, und die Aufregung legte sich nach kurzer Zeit. Immerhin war das für uns Studenten ein Anlaß, einige Male die Vorlesungen dieses interessanten und sehr tüchtigen Theologen zu besuchen. Wegen des allgemeinen Interesses für die Kunst wurden naturgemäß auch die Vorlesungen der großen Gelehrten Furtwängler und später Wölflin eifrig besucht, aber auch der bedeutende Professor für Sozialrecht, was man heute Soziologie nennt, Lujo Brentano, wurde gerne besucht, so daß diese beliebten Professoren ihre Vorlesungen oft in der großen Aula abhalten mußten.

Damals folgte ich meinem Drang, mit den Professoren in engeren Kontakt zu kommen, und besuchte sie deshalb. Dieser

Drang erschien natürlich und war auch keineswegs vereinzelt, es war auch keine egoistische Absicht dahinter, die eine ungehörige Streberei verraten hätte, sondern entsprach durchaus den Wünschen der Professoren selbst; denn die Besuche waren geradezu notwendig, um eine Brücke zu schlagen von dem Inhalt der Vorlesungen zu den erweiterten Studien, die jeder einzelne betrieb, der es mit seinem Studium und mit seiner Bildung ernst nahm. Ich selbst und eine Reihe anderer Kameraden wurden auch zu dieser Kontaktnahme dadurch veranlaßt, daß wir unseren Professoren in jenem oben erwähnten neuphilologischen Verein begegneten, dem ich beigetreten war. Dieser Verein hatte den lockeren Charakter einer Studentenverbindung, die aber keine Mensuren schlug. Wir kamen regelmäßig an einem Wochentag zu einer Kneipe zusammen, während der zuerst ohne Bierkonsum ein Vortrag mit anschließender Diskussion gehalten wurde und die mit einer maßvollen Trinkerei endete. Auf der Antrittskneipe zu einem neuen Semester erschienen auch unsere Dozenten als Ehrengäste und bereicherten uns bei festlichen Gelegenheiten auch mit Vorträgen. Der Ordinarius für Romanistik hatte sogar die Gewohnheit, in jedem Semester einmal die Vereinsmitglieder zu einem Frühschoppen am Chinesischen Turm einzuladen. Dabei erzählte er uns auf unsere Bitten aus seinem Hochschulleben und seinen Erfahrungen an den verschiedenen Universitäten, an denen er früher doziert hatte, bevor er Ordinarius für klassische und moderne Philologie wurde. Auf diese Weise erfuhr ich, daß in München die moderne Philologie erst in den Neunziger Jahren des vergangenen Jahrhunderts selbständig geworden war und sich von der altehrwürdigen antiken Philologie trennte. In unserem neuphilologischen Verein spielte diese Trennung keine große Rolle; denn wir hielten den Kontakt zu der älteren altphilologischen Verbindung »Palladia« aufrecht. Auch an den übrigen deutschen Universitäten, an denen es ebenfalls Palladias oder neuphilologische Vereine gab, blieb dieser traditionelle Kontakt bestehen. Alle diese

Vereine, alt und neu, waren zu einem großen Ganzen in ganz Deutschland zusammengeschlossen. Unser Romanist Breymann hatte auch das anglistische Ordinariat in den Neunziger Jahren inne, hatte es aber seit dem Anfang des 20. Jahrhunderts abgegeben, dem allgemeinen Zug der Zeit folgend, die einzelnen Sparten der Philologie kräftiger und selbständiger zu machen.

Der Romanist Breymann war bei meinem Eintritt an die Hochschule bereits ziemlich alt, und es kam einige Male vor, daß er bei den Nachmittagsvorlesungen von zwei bis drei Uhr nicht gerade einschlief, aber die Blätter seines Manuskripts in Unordnung brachte. Er gab das aber ganz freimütig bekannt und stellte die Ordnung in seinen Blättern ohne weitere Entschuldigung wieder her. Ich fand sogar, daß diese kleinen Vorfälle die Aufmerksamkeit seiner Studenten steigerten und den menschlichen Kontakt zu ihm förderten. Er sorgte auch außerhalb der Vorlesungen wirklich wie ein Vater für seine Studenten, und man nahm ihm seine kleinen Versehen nicht weiter übel. Er starb aber bald, nachdem ich Seminarassistent geworden war.

Unser Anglist, Professor Joseph Schick, war als Dozent viel anregender und begeisternder als Breymann. Er hatte vor allem die Fähigkeit, die sprachliche Erscheinung oder den Dichter der Vergangenheit, von dem er gerade vortrug, als das Bedeutendste hinzustellen, das die Welt je gesehen hatte. Das war nicht etwa ein lächerlicher Trick eines Dozenten, der Eindruck machen wollte, sondern entsprach durchaus der Begeisterung, die er auch sonst für die Erscheinungen des Lebens hatte. Er war ein weltoffener Mann, obwohl er nie die Verwurzelung in seiner alten schwäbischen Heimat verhehlen wollte. Er war dazu durchaus universell gelehrt, die Begeisterung für alles Große und Schöne entsprach seinem Temperament.

Was mich mit Professor Schick besonders verband, war mein Interesse für Volkskunde und Märchenforschnung. Ich wählte ja schon als kleiner Schüler die Aufgabe, den jüngeren Geschwistern und Kindern auf der Straße Märchen zu erzählen. Und nun während meines Studiums wurde die Märchenforschung ein Teil meiner Arbeit. Deshalb wählte ich auch als Thema meiner Zulassungsarbeit zum Staatsexamen die Erforschung von »Drachensagen« und Märchen-, Mythen- und Sagenliteratur aller Völker der Welt. Ich hatte zwar keine so umfangreichen Kenntnisse wie Professor Schick, der neben Griechisch, Lateinisch, Sanskrit, Persisch und Altägyptisch ungefähr zwanzig moderne Sprachen beherrschte. Aber für meine Zwecke konnte ich wenigstens die von mir nicht beherrschten europäischen Sprachen mit Hilfe einer Grammatik und eines Wörterbuchs leicht entziffern.

Alle diese Dinge konnte ich mit Professor Schick laufend besprechen, und manche meiner Funde konnte er für sein »Corpus Hamleticum« verwerten.

An die Stelle von Professor Breymann trat der bedeutendste Romanist unserer Zeit, Professor Karl Voßler. Seine Vorlesungen konnte ich nicht mehr hören; ich stand bereits im Staatsexamen und hatte die erste französiche Dienstprüfung schon abgelegt. Ich sah ihn jedoch häufig bei den Studienabenden meiner neuphilologischen Verbindung und hatte guten Kontakt mit ihm im Doktorexamen, das ich bei ihm ablegte, mit Romanistik als zweitem Fach. Außerdem trat besonders hervor Professor Leo Jordan für Sprachgeschichte, Professor Hartmann für Literatur; auch Professor Sieper, bei dem ich vor allem englische Literaturgeschichte hörte. Alle diese Dozenten kümmerten sich damals auch menschlich um die Entwicklung ihrer Studenten und sorgten dafür, daß ich immer genügend Privatunterricht zu geben hatte, der mir eine Menge interessanter Bekanntschaften vermittelte. Mit meinen Studienfreunden älterer und jüngerer Semester, mit denen ich im neuphilologischen Verein zusammenkam, verband mich die treueste Freundschaft. Mit einigen von ihnen kam ich auch sehr häufig außerhalb unserer wissenschaftlichen Abende zusammen. In dieser Hinsicht muß ich meinen viel zu früh verstorbenen Freund Treu erwähnen, in dessen Familie ich häufig zu Gast war, da er in der gleichen Vorstadt Haidhausen wohnte wie ich. Er war bereits Studienrat an einer Oberrealschule, war verheiratet und hatte zwei kleine Kinder, denen ich viele Märchen zu erzählen hatte. Jakob Treu war es auch, der mir während des Seminarjahres einige Unterrichtsstunden für Französisch am Progymnasium Pasing und dem Volksschulseminar verschaffte, was mir sehr nützlich war, weil dieser Unterricht im Seminar als Lehrprobe angerechnet wurde.

Einer der Schüler dieser Zeit, Ludwig Schauer war später ein in München sehr bekannter Arzt geworden und leitete nach dem Krieg das Homöopathische Krankenhaus in Pullach im Isartal. Wir wurden nach dem Zweiten Weltkrieg wieder gut miteinander bekannt, nachdem seine Kinder Bernhard und Cornelia meine Schüler an der Waldorfschule wurden. Zum erstenmal nach unserer gemeinsamen Schulzeit hatte ich ihn in Dresden während des Krieges getroffen, als dort die Rudolf-Steiner-Schule noch bestand. Er hatte damals den Auftrag, einen Psychologieprofessor von der Universität zu begleiten, der die Waldorfschule kennenzulernen wünschte. Diese Schule war damals die einzige Waldorfschule, die in Deutschland noch existierte. Frau Dr. Elisabeth Klein arrangierte einen festlichen Empfang für die beiden mit einer Art Monatsfeier, wobei auch das Schulorchester auftrat. Ich hatte im Orchester als Bratschist mitgespielt, und als ich mit meiner Bratsche unter dem Arm aus dem Saal herauskam, wußte ich noch nicht, wie die beiden Besucher hießen. Ein kleiner Mann trat mir entgegen und fragte mich lächelnd: »Kennen Sie mich noch? Es ist lange her, daß wir uns gesehen haben.« Ich schaute ihn an und meinte dann lachend: »Entweder kenne ich Sie nicht, oder Sie sind der Ludwig Schauer.« Und so war es, und wir kamen wieder öfters zusammen, nachdem der Krieg vorüber war, entweder in München, wo ich manchmal einen Vortrag zu halten hatte, oder in Söcking bei Starnberg im Hause Freudenberg, oder auch in Stuttgart, als seine Kinder an der Waldorfschule waren. Es mag im Jahr 1955 gewesen sein, als ich hörte, daß Cornelia Schauer verheiratet sei mit einem jungen Herrn von Nöth aus Graz. Dieser junge Mann sei auf eine wunderbare Weise von einer schweren Krankheit genesen, in der er von seinen Ärzten schon aufgegeben war. Er war damals einundzwanzig Jahre alt. In einer Neujahrsnacht sei er im Nachthemd aus dem Bett gesprungen, durch die Stadt gerast wie ein Wahnsinniger, und als er nach Hause zurückgebracht worden war, sei er nicht nur völlig gesund gewesen, sondern habe von dieser Zeit an bedeutende Schauungen gehabt. Er gründete dann eine okkulte Gesellschaft, deren Mitglieder von ihrer internen Tätigkeit nichts aussagen durften. Es wurde mir auch nie etwas mitgeteilt, obwohl einige meiner besten Freunde dabei sind. Sie erklärten mir nur, daß seine Erlebnisse der geistigen Welt viel bedeutsamer seien als die von Rudolf Steiner. Ich verbinde mit dieser Tatsache keinerlei Urteil und lasse diese Aussage stehen, wie sie mir mitgeteilt wurde. Es wurde mir nur noch gesagt, daß der Gründer dieser geheimen Gesellschaft der Meinung sei, daß es ein Fehler wäre, die Weltgeheimnisse in der Weise zu veröffentlichen, wie es Rudolf Steiner getan hat. In dieser Meinung ist mir klar, daß eine solche Geheimhaltung von Weltgeheimnissen nicht mehr zeitgemäß ist, so wie Rudolf Steiner nach der Weihnachtstagung erklärt hat. Gegen Ende der Fünfziger Jahre wanderte Herr von Nöth mit seiner ganzen Gesellschaft nach Sao Paulo aus, weil er der Meinung war, Europa werde bald ganz und gar zugrundegehen und das einzige Land, wo geistige Bestrebungen noch gedeihen können, eben Brasilien sei. Es schien aber nach mehreren Jahren, daß Herr von Nöth seine Meinung gewechselt hatte, denn die Gesellschaft kehrte wieder nach Europa, das heißt nach München und Graz zurück. Aber auch nach ihrer Rückkehr hörte ich nichts mehr von den Bestrebungen dieser Gruppe.

ESTLAND

EIN JAHR IN REVAL

Nachdem ich alle meine Staatsprüfungen hinter mir hatte, stand ich vor der Frage, was ich nun beginnen sollte. Ich hatte während meiner Studienzeit durch meinen umfänglichen Privatunterricht viel zum Lebensunterhalt unserer ganzen Familie beitragen können. Diese Tatsache spielte in meinen Überlegungen eine große Rolle; denn wenn ich als Lehramtsassistent, wie man damals die erste Amtsstufe des zukünftigen Lehrers in den höheren Schulen nannte, die Aussichten betrachtete, so mußte ich mir sagen, daß ich für meine Eltern und Geschwister nicht mehr viel tun konnte. Beide Eltern waren krank und sehr gebrechlich, zwei meiner Geschwister noch in der Schulausbildung, für die ich ebenfalls weitgehend zu sorgen hatte, und die Tätigkeit als Schulamtsassistent brachte nicht viel ein. Das Gehalt von 150 Mark pro Monat war gerade für eine Person knapp ausreichend. Ich machte also einen offiziellen Besuch im Ministerium mit Zylinder und Gehrock – das war damals üblich und fast befohlen –, um mit unserem Referenten meine Zukunft zu besprechen. Einige Jahre vor dieser Besprechung waren gerade im Ministerium Fachreferenten an die Stelle der juristischen Berater des Ministers getreten. Ich kannte Herrn Lindner recht gut und konnte mit ihm freundschaftlich sprechen. Deshalb fragte ich ihn, was für Aussichten ich nun im bayerischen Staatsdienst hätte. Er erklärte mir, ich könne damit rechnen, in etwas fünf Jahren meine erste Anstellung zu bekommen, da ich gute Examina gemacht hätte. Ich würde dann mit einem Gehalt von 150 Mark angestellt, um nach der vorgeschriebenen Wartezeit als Studienrat befördert zu werden. Ich meinerseits erklärte ihm daraufhin, das seien sehr magere und für meinen Fall unmögliche Angebote. Man könne mir nach einer so langen Studienzeit nicht zumuten, ein solch ärmliches Leben zu führen, obwohl ich selbst keineswegs anspruchsvoll war. Ich wollte nur bei dieser Gelegenheit »amtlich« meine Meinung sagen, daß das Leben in einem Staat nie recht gedeihen könne, wenn die Anfänger zu schlecht behandelt würden. Da er selbst meiner Meinung war, es aber nicht aussprach, fragte er mich, was ich wohl stattdessen zu tun gedächte. Ich antwortete: »Wenn Sie eine gut bezahlte Stellung im Ausland für mich haben, bitte ich Sie, an mich zu denken; denn um meine Familie richtig durchs Leben zu bringen, muß ich so handeln.« Er hielt diese Anschauung für sehr vernünftig und versprach, mir zu helfen.

Nun entwickelten sich meine Aussichten in ganz ungeahnter Weise. Meine Schwester Agathe war damals Oberschwester in dem Kinderspital der Prinzessin Gisela und ihr Chefarzt ein naher Verwandter der türkischen Sultansfamilie, Professor Ibrahim Pascha. Seine Schwester hatte zwei Söhne von ungefähr zwölf Jahren und befand sich damals in Deutschland, um einen Lehrer für ihre Kinder zu finden. Agathe hörte davon und schlug mich dem Professor Ibrahim vor. Es war um die Zeit, als der erste Balkankrieg eben zu Ende war. Das Angebot war sehr verlockend. Ein halbes Jahr in einem Palast am Goldenen Horn, ein halbes Jahr in Kairo, wo die Prinzessin große Güter hatte und die Familie meistens den Winter verbrachte. Kaum hatte ich das Angebot angenommen, wurde es von der Prinzessin wieder abgesagt: es war der Zweite Balkankrieg ausgebrochen. Nach dieser betrüblichen Mitteilung vergingen nur einige Tage, und ich erhielt eine Postkarte von dem Referenten Lindner, die mich zum Ministerium bestellte. Als ich hinkam, fragte er mich, ob ich wisse, wo Reval liege; von dort habe er ein verlockendes Angebot. Ich mußte ihm auf der Landkarte meine Ortskenntnis nachweisen, und dann gab er mir einen Brief zu lesen, den das Kuratorium der alten Domschule in Reval an das bayerische Ministerium geschrieben hatte: sie wollten einen Lehrer aus Süddeutschland, der den gesamten Französischunterricht an dieser Domschule übernehmen könne. Der Name der Domschule war mir sogar von meinen Geschichtsstudien her bekannt, weil Reval im Mittelalter ein Stützpunkt des deutschen Ritterordens gewesen war. Man zog dort einen süddeutschen Lehrer vor, weil man mit norddeutschen Lehrern früher zu »schneidige« Erfahrungen gemacht hatte. Als einzige Bedingung wurde angegeben, er müsse die Sprache fließend beherrschen und solle kein Gelehrtenfranzösisch sprechen. Da ich im Jahr 1908 vier Monate als Hauslehrer in Belgien gewesen war und in dieser Zeit kein Wort Deutsch gesprochen hatte, dort mit sehr gebildeten Adeligen zusammengekommen war und nur französische Bücher gelesen hatte, fühlte ich mich dieser Anforderung gewachsen. Schon nach einigen Tagen bekam ich vom Direktor der Revaler Domschule die Mitteilung, daß ein Herr des Kuratoriums, der ehemalige Zeremonienmeister am Zarenhof, Herr von Dellingshausen, auf einer Reise nach Italien durch München komme und mich bitte, ihn im Hotel »Vier Jahreszeiten« aufzusuchen. Noch in der gleichen Woche lernte ich da einen eleganten, sehr gebildeten und höflichen weißhaarigen alten Herrn kennen. Die Gemahlin dieses ehemaligen Zeremonienmeisters war ebenfalls bei unserem Gespräch anwesend. Wir unterhielten uns auf Französisch einen ganzen Vormittag lang, worauf mir der alte Herr erklärte, ich könne mich als angestellt betrachten. Kaum war dies geschehen und der Vertrag unterschrieben, erhielt ich einen neuen Brief von der Prinzessin mit der Frage, ob ich noch frei sei. Ich mußte absagen, und es dauerte fünfzig Jahre, ehe ich mit meinem Sohn Bruno nach Kairo kam und dort sogar von Kurt Falk, dem Gutsverwalter der Söhne der Prinzessin durch Kairo geführt wurde. Es war im Jahr 1963, und Kurt Falk hatte im Jahre 1923 die Waldorfschule absolviert.

Ende August 1913 verließ ich München, fuhr nach Stettin, und von dort mit dem Schiff einer finnischen Ostseelinie nach Reval. Die Fahrt dauerte einen Tag und eine Nacht und war recht abwechslungsreich; denn es war sehr bewegtes Wetter, die Nacht war stürmisch und regnerisch, viele Passagiere waren seekrank und lagen in ihren Kojen. Ich selbst aber stand die meiste Zeit oben beim Steuermann und genoß die unruhige Fahrt; denn dies war meine erste längere Seefahrt, und Sturm auf dem Meer hatte ich noch nicht erlebt. Auf der weiten Fläche war kaum ein Schiff zu sehen, und ich hatte ein eigenartiges Gefühl bei dieser Fahrt und erlebte stark den Gegensatz zwischen der Ruhe, mit der das Schiff von dem wortkargen Steuermann geleitet wurde, und den dunkelgrünen Wellen, die in der Abenddämmerung über den Bordrand des Schiffes heraufschlugen. Die Nacht war recht dunkel. Wir sahen nur die Lichter von Bornholm in der Ferne und fuhren schließlich gegen Morgen in den Hafen von Reval ein. Da baute sich über dem Hafen die mittelalterliche Stadt auf, die von den Esten »Talinn« genannt wird, die deutsch-baltischen Bewohner der Stadt nennen es »Refall«; ich konnte aber nicht ergründen, was dieser Name bedeutet. Ich blieb zunächst noch an Bord, um zu frühstücken, denn es war früh am Tag, so daß ich in der Schule noch keinen Besuch machen konnte. Um zehn Uhr morgens lud man mein Gepäck aus, es wurde auf einen »Wurimees« verfrachtet, das heißt auf Deutsch »Fuhrmann« und ist eine kleine zweisitzige offene Droschke mit einem hohen Kutschbock an der Vorderseite. Die Esten haben kein »F« in ihrem Lautbestand für den Anfang von Fremdwörtern und verwandeln deshalb jedes anlautende F in ein W. So las ich unterwegs an einem Fabrikgebäude den Namen »Wilifabrik«, was Feilenfabrik bedeutet. Die Domschule befand sich oben auf dem Domberg, der im Mittelalter die Hochburg des Deutschherren-Ordens war. Der Domberg war noch von einer Mauer umgeben, malerische, gewundene Gäßchen führten hinauf, einige Tore erinnerten an die alte Herrlichkeit der Ritter, und das Ganze machte den geschlossenen Eindruck mittelalterlichen Lebens. Der erste Turm, an dem ich vorbeifuhr, lag noch in der Ebene am Fuß des Domberges und hieß die »dicke Margarete«, ein behäbiger Rundturm, der aber im Inneren keineswegs behaglich war; denn er diente als Gefängnis für politische Gefangene des russischen Reiches, dem damals Estland gehörte. Die Gefangenen hielt man dort einige Tage in Gewahrsam, bevor sie nach Petersburg transportiert wurden, um von dort aus ihre Fahrt nach Sibirien anzutreten. Das erfuhr ich sofort von meinem Wurimees, der ein Este war, aber sehr gut Deutsch sprach. Auch in der Dommauer erblickte ich einige Türme, die interessante Namen trugen: einer hieß der »lange Hermann« und war der eigentliche Schloßturm, ein anderer hatte den Namen »Kik-in-die-Köck«, weil er den Bewohnern der Häuser an der Mauer tatsächlich in die Küche gucken konnte.

In einem schmalen Gäßchen auf der Höhe des Domberges und in der Nähe der Domkirche stand die Domschule. Der Wurimees lud mein Gepäck ab und klapperte mit seinem Vehikel davon, ich zog die Glocke. Ein ziegenbärtiger Hausmeister antwortete und schloß die Türe auf. Er wies mich in das Lehrerzimmer, nachdem er meinen Koffer in den Hausgang geschleppt hatte, und verschwand wieder im Souterrain.

Ich klopfte an der Türe des Lehrerzimmers, und ein elegant aussehender, dunkel gekleideter junger Mann öffnete mir die Tür und ließ mich ein. Ich begrüßte ihn freundlich und stellte mich vor, er aber verzog keine Miene und sprach auch kaum ein Wort, nachdem er erfahren hatte, daß ich der neue Französischlehrer sei. Es sah wirklich so aus, als ob er mit meiner Anwesenheit unzufrieden sei, ja als ob er überhaupt kein Deutsch verstehen wolle; denn ich konnte mir kaum vorstellen, daß an einer deutschen Domschule im Baltikum ein Lehrer arbeite, der nicht Deutsch könnte. In der Tat merkte ich später, daß er sehr gut Deutsch sprach, aber er war ein russischer Nationalist und wirklich unzufrieden damit, daß man einen Französischlehrer aus Deutschland angestellt hatte, da es doch so viele Russen gab, die sehr gut Französisch sprachen. Ich blieb unbekümmert vor diesem finsteren Mann stehen und versuchte trotzdem, mit ihm in Kontakt zu kommen, hatte aber kein Glück damit; denn er ging wortlos hinaus auf den Hausgang, bis zu der Treppe, die nach unten führte, rief einen Namen hinunter, den ich nicht verstand, kehrte an den Platz zurück, an dem er vorher gearbeitet hatte, und ließ mich stehen, bis der Hausmeister wieder erschien.

Dieser war ein Nachkomme jener Wolga-Deutschen, die vor einigen Jahrhunderten aus Württemberg nach Rußland ausgewandert waren. Er führte mich in sein dunkles Wohnzimmer, das etwas grau und trübselig aussah, und bestätigte mir auf meine Frage, daß dieser elegante Russe kein Freund der Deutschen sei.

Ich war müde von der Fahrt und nahm deshalb die Einladung des Hausmeisters an, die erste Nacht in seinem Gastzimmer zu verbringen. Das bereute ich jedoch sehr bald, denn das Gastzimmer wimmelte von Wanzen, die mich in der Nacht am Schlafen hinderten. Der Empfang in Reval war also wenig freundlich für mich, aber nach meiner alten Gewohnheit deutete ich diesen unschönen Empfang ins Gegenteil um: mein Leben in Reval würde um so schöner sein, je fragwürdiger es anging – und dies bestätigte sich vollauf. Der Direktor, Baron Stromberg, der mich am nächsten Morgen in der freundlichsten Weise empfing, war entsetzt, als er meinen Bericht über den Empfang in der Schule entgegennahm. Auch er sagte, Herr Potopow sei kein Freund der Deutschen, aber er sei doch ein Mann von Welt und werde mir gewiß keine Schwierigkeiten machen. In seinem Fach habe er etwas Geniales, er sei Mathematiker und korrespondiere wissenschaftlich mit Kollegen der ganzen Welt. Der Empfang, den mir Herr Potopow bereitet hatte, machte ihn mir keineswegs weniger sympathisch; er kam sogar öfter während dieses Jahres zu mir, um sich seine deutschen Sätze von mir ins Französische übersetzen zu lassen. Er sprach gut Französisch, wußte aber, daß er dabei viele Fehler machte, und die korrigierte ich ihm, so oft es nötig war.

Direktor Stromberg, ein noch junger Theologe von feiner Bildung, war bei Schülern und Lehrern sehr beliebt und hatte eine außerordentlich feine Menschenkenntnis. In seinem eigenen Wesen fiel mir eine gewisse Melancholie auf, die immer wieder durchbrach, deren Urgrund ich aber nicht durchschauen konnte. Erst lange nach dem Ersten Weltkrieg erfuhr ich, daß er heftig an den Gegensätzen zwischen Deutschland und Rußland litt. Er liebte Rußland und Deutschland in gleicher Weise, hatte in Deutschland studiert und zerbrach schließlich an dieser Zeitkrankheit. Als die Russen auf dem Vormarsch die Deutschbalten grausam verfolgten, gelang es ihm, nach Deutschland zu fliehen, aber er hielt das Leben nicht mehr lange aus und wählte in einem Anfall von Melancholie den Freitod.

In diesem Jahr 1913/14, das ich unter seiner Führung der Schule in Reval verbrachte, hatten wir ein sehr herzliches Verhältnis zueinander. An dem ersten Morgen nach meiner Ankunft teilte er mir alles Nötige von dem Leben an der Domschule mit und sorgte dann persönlich dafür, daß ich eine gute Unterkunft fand. Er brachte mich zu einer Baronin Keyserlingk, die eine große Wohnung am Fuße des Domberges hatte. Dorthin brachte mir dann der Hausmeister der Schule meinen Koffer. Ich hatte noch einige Tage frei, da die Schule erst ganz zu Ende des Monats August begann, und ließ mich von der Baronin und ihren beiden Söhnen gerne in der Stadt herumführen. Die Wohnung der Baronin Keyerlingk bestand aus mehreren Einzelzimmern, die an der Rückseite des Hauses lagen, die Straßenseite bestand eigentlich nur aus einem großen Saal, der aber durch eingezogene Wände in mehrere Zimmer unterteilt war, in denen Gäste wohnten. Dieser große Raum wurde von einem riesenhaften Kachelofen erwärmt, und es brannten darin lange Scheiter Holz, die von der estnischen Dienerin mit Hilfe eines langen Schiebers bald nach der einen Seite des Ofenraumes, bald nach der anderen geschoben wurden, um bald dem einen, bald dem anderen Gast in seinem Zimmer Wärme zu spenden oder mehr dem Vorderraum zu dienen, der eine Art allgemeines Wohnzimmer war. Ich konnte mir nicht denken, daß ein kalter nordischer Winter von dem Ofen sehr gemütlich gemacht würde, und ließ mir auch vom Oktober an einen Petroleumofen als zusätzliche Wärmequelle in mein Zimmer stellen, obwohl mein Zimmer das kleinste war.

Die verschiedenen Schichten der Einwohner von Reval pflegten ihr geselliges Leben in den Clubhäusern. Da waren Clubs für die Adelsfamilien, die Kaufmannschaft hatte ihren eigenen, den Schwarzhäupter-Club, und die bürgerlichen deutschen Schichten kamen im Revaler Club zusammen, in dem auch ich gleich nach Schulbeginn eingeführt wurde. Der Club war kein Restaurant im üblichen Sinn, sondern mehr ein Gesellschaftshaus, in dem alle Mitglieder sich kannten und in zwanglosem Verkehr zusammenkamen. Ich wurde gleich am ersten Abend mit vielen Mitgliedern bekannt und fühlte mich zu einem gleichaltrigen Kollegen hingezogen, der an einer Realschule in der Stadt tätig war und Steinberg hieß. Wir trafen uns in der Folgezeit sehr häufig, sowohl im Club als in der Familie von Ernst Petersen oder auf Fahrten durch die Provinz des Landes. Wir saßen an diesem ersten Abend lange beisammen und waren gerade im Aufbruch, als Feueralarm gegeben wurde. Petersen und Steinberg erklärten mir, sie müßten als freiwillige Feuerwehrleute an den Brandort eilen; denn die ganze Feuerwehr bestand aus Freiwilligen. Wir eilten zu dritt an den Brandort, konnten aber wenig beim Löschen helfen, weil das Feuer in dem leichten Datschenhaus schon recht weit fortgeschritten war, aber wir mußten das Nachbarhaus räumen und verhindern, daß das Feuer um sich griff. Um drei Uhr morgens kamen wir nach Hause, um halb neun Uhr vormittags begann die Schule. Gottseidank war ich von meiner Studentenzeit her an lange Nächte und kurzen Schlaf gewöhnt und konnte einigermaßen frisch meinen Unterricht beginnen. Überhaupt hatte man in dieser Stadt die Gewohnheit, lange aufzubleiben, und da ich rasch bei den bürgerlichen und auch in einem Teil der adeligen Familien bekannt wurde und viele Einladungen erhielt, kam ich selten vor Mitternacht zum Schlafen.

Mit der Zeit kam ich immer weniger in den Club, um nur mit ein paar Freunden einen fröhlichen Abend zu verbringen, wohl aber trafen wir uns einige Male in der Woche zu bestimmten Zwecken; denn ich war bald Mitglied verschiedener Gesellschaften geworden. Das war nach guter deutscher Sitte dort allgemein üblich: ich war im Verein für das Deutschtum im Ausland, im Tierschutzverein, in einem Kollegenkegelclub (zur Erinnerung an die Münchner Zeit, wo ich mit meinen Kameraden in der Schule gerne gekegelt hatte), ich wurde auch Mitglied in der estnischen literarischen Gesellschaft und in der Bibliotheksgesellschaft. Das wichtigste war aber für mich die Mitgliedschaft in einem Streichquartett und in einem Liebhaberorchester, das regelmäßige Konzerte gab und viele gute Musiker als Mitglieder hatte. Zu dem Streichquartett wurde ich sehr bald eingeladen von Herrn Blosfeld, einer der wichtigsten Persönlichkeiten im Lehrerkollegium. Er hatte die Stellung eines Inspektors der Schule, das heißt er war der Stellvertreter des Direktors und für die Finanzen der Schule verantwortlich. Er war ein vorzüglicher Cellist, ich wurde der zweite Geiger, ein russischer Marineoffizier namens Jaron spielte die Bratsche, und geleitet wurde unser Quartett von einem ausgezeichneten finnischen Virtuosen, einem Joachimschüler namens Hurstinen. Der geistige Leiter des Quartetts aber war der Inspektor Blosfeld. Unsere Übungsabende fanden manchmal im Club statt, aber meistens entweder in der Familie von Herrn Blosfeld oder von Herrn Jaron, die beide ein ganzes Haus zur Verfügung hatten. Samstagabends pflegten wir bei Jaron zusammenzukommen, und da verliefen unsere Abende folgendermaßen: man kam um acht Uhr abends zusammen, übte ohne Unterbrechnung bis zwölf Uhr, dann erfolgte das russische Abendessen, das ungefähr anderthalb Stunden dauerte und mehrere schwere Gänge umfaßte, und nach diesem Abendessen übten wir zwar nicht mehr, aber wir spielten weiter, um die Quartettliteratur kennenzulernen. Wenn dann morgens zwischen drei und vier Uhr die Fensterläden geöffnet wurden, war heller Tag; denn die hellen Nächte machten sich bemerkbar. Auf diese Weise war mein Leben in Reval sehr ausgefüllt, interessant und lehrreich, und ich lernte viele Menschen in diesem Jahr kennen, zumal nach unseren Konzerten, die uns ungefähr sechsmal im Jahr durch die ganze Provinz führten. Es war auch üblich, daß entweder unser Orchester oder das Streichquartett oder beide den musikalischen Teil der zahlreichen Festlichkeiten bestritten, die die deutsche Gesellschaft abhielt. Die Schule umfaßte neun Klassen wie jedes unserer Gymnasien. Die kleinen Zehnjährigen hatten vorher eine sogenannte Vorschule besucht, die drei bis vier Jahre dauerte. Dann erfolgte die Aufnahmeprüfung in die Domschule. Von der ersten Klasse an war die Schule in zwei Züge eingeteilt, einen mehr humanistischen mit Latein und Griechisch und einen mehr naturwissenschaftlichen mit Latein und Französisch. Die Eltern der Neueintretenden wählten Griechisch oder Französisch, und damit war der Studiengang für die Kinder bestimmt. Sie waren deshalb jedoch nicht in verschiedenen Klassen, sondern der ganze Unterricht war für alle gleich außer im Griechischen und im Französischen. Es konnte kein Schüler Griechisch oder Französisch als dritte Fremdsprache nehmen, denn der Unterricht in diesen beiden Sprachen wurde zu gleicher Zeit gegeben. Die »Griechen« hatten aber in der Oberstufe weniger Mathematik-

und Physikunterricht, und auch da war der zusätzliche Unterricht für die »Franzosen« mit Mathematik ausgefüllt und für die »Griechen« mit abwechselnd Lateinisch und Griechisch. Das schien mir eine gute Lösung für die Gestaltung der einzelnen Lehrzüge zu sein, und ich glaube, daß diese Einrichtung von dem vortrefflichen Planer, Inspektor Blosfeld, getroffen worden war. Er war ein ausgezeichneter Organisator, und wo er erschien, herrschten Ordnung und Gesetz, was aber niemals mit Zwangsmaßnahmen oder harten Vorschriften verbunden war. Durch ihn, den Direktor Stromberg und einige der älteren Lehrer herrschte ein leicht familiärer und sehr wohltuender und gebildeter Geist in der ganzen Schule. Dadurch wurde das Verhältnis zwischen Lehrern und Schülern außerordentlich gut. Das zeigte sich vor allem im Leben der Pausen, die im Freien auf einer Art Grasanger verbracht wurden, einige Schritte von der Schule entfernt. Die Schüler durften dort im Winter auch Schneeballschlachten veranstalten, die niemals ausarteten. Die Atmosphäre der Schule garantierte ein richtiges Maß des freien Verhaltens.

Am nächsten standen mir persönlich in der Schule natürlicherweise die deutsch-baltischen Kollegen. Unter ihnen fand ich einen echten Freund, Ernst Petersen, der die naturwissenschaftlichen Fächer Biologie, Anthropologie und Chemie vertrat und ungefähr mit mir gleichaltrig war. Er nahm sich meiner in der liebevollsten Weise von Anfang an an, führte mich in den Revaler Club ein, und häufig war ich auch bei ihm in seiner Familie zu Gast. Er hatte eine sehr liebenswürdige Schwedin zur Frau und einen kleinen Sohn Björn, dem ich viele Geschichten erzählen mußte. Bei ihnen fand ich einen vollwertigen Ersatz für das Familienleben, das ich in München zurückgelassen hatte. Er war ein ebenso tüchtiger Gelehrter wie weltoffener Mensch und Familienvater und stimmte in so vielen Dingen charakterlich und weltanschaulich mit mir überein, daß ich ihn und seine Gemahlin als richtige Geschwister empfand. Ich lernte durch ihn auch den sowohl wissenschaftlich als künstlerisch hochgebildeten Familienkreis seiner Eltern kennen, und dort war ich ebenfalls häufig zu Gast, zumal man sich in dieser Familie auch sehr viel musikalisch betätigte.

Durch Ernst Petersen lernte ich die nähere und fernere Umgebung von Reval gut kennen, teils durch die wissenschaftlichen Forschungsausflüge, die uns durch ganz Estland führten und die mich in das Spezialgebiet meines Freundes, die Entomologie, etwas einweihte. Ernst Petersen betreute zwei Arbeitsgruppen, die unter seiner Leitung naturwissenschaftliche Gebiete pflegten. Sie bildeten in zwangloser Weise zwei Vereine, einen botanisch gerichteten, genannt die »Pflanzen«, und einen zoologischen, genannt die »Wanzen«. Das waren muntere Gesellschaften, die mir viel Spaß machten und mir das Einleben in die Klasse sehr erleichterten. Es waren die zehn- bis fünfzehnjährigen Schüler, die sich in ihrer originellen Zusammengehörigkeit wie eine große Familie fühlten. Die deutsche Gesellschaft in Reval bestand mit wenigen Ausnahmen aus wohlhabenden Kaufmanns- und Adelsfamilien. Die Adelsfamilien, unter denen wohlbekannte Namen aus der Geschichte waren, bildeten den seit dem Mittelalter eingesessenen Grundbestandteil der deutschen Bevölkerung. Von ihren Ahnen wurde auch vor etwa siebenhundert Jahren die Domschule gegründet, die damals den Kindern der Deutschordensritter offenstand, zu unserer Zeit aber von Kindern aus allen Schichten der Bevölkerung besucht werden konnte. Auch die bürgerlich-kaufmännische Schicht war im Lauf der Jahrhunderte hauptsächlich aus Norddeutschland und den deutschen Hansestädten in die Ordensgründungen hinzugekommen. Die eingeborene estnische Bevölkerung hatte sich allmählich friedlich unter die deutschen Herren gefügt und nannte sie »Saxas«. Leider hatte ich keine Gelegenheit und Zeit, das Estnische gründlich kennenzulernen: ich konnte nur auf der Straße von den Droschkenkutschern und zu Hause von der Magd einige Brocken aufschnappen. Die Umgangssprache der Masse der Bevölkerung ist wie die von allen anderen Völkern vergröbert; wenn man aber Gelegenheit hat, diese Sprache von Gebildeten sprechen zu hören, so hat man geradezu einen künstlerischen Eindruck davon. Da ich gegenüber der Olafkirche und im Parterre wohnte, sammelten sich häufig die estnischen Kirchenbesucher vor meinem Fenster, und ich konnte oft mit großer Bewunderung die estnische Unterhaltung der auf dem kleinen Platz vor der Kirche stehenden Herren und Damen mit anhören. Ich verstand kein Wort von ihrer Unterhaltung, aber um so stärker blieb der musikalische Eindruck dieser reinen Laute im Ohr. Ihre Grußformel zum Beispiel hatte geradezu einen religiös kultischen Klang: »Ju malaga« oder »Ju malkasi« heißt »Gott schütze dich« oder »Gott behüte dich«. Das Rückgrat des Lautbestandes der finnisch-ugrischen Sprachen, zu denen das Estnische gehört, unterliegt der sogenannten Vokalharmonie, die aus zwei Reihen von Vokalen besteht, von denen die eine Reihe dunkel, die andere hell getönt ist. Die Laute dieser zwei Reihen können nicht in einem Wort gemischt auftreten, so daß man weiß, wie die Laute ausgesprochen werden müssen, wenn die erste Silbe eines Wortes dunkel oder hell ist. An dem »Malkasi« entsprechenden ungarischen Grußwort wird diese Erscheinung besonders klar: »Jŏ regelt« heißt ebenfalls »Gott grüße dich«, alle Laute sind offen, das heißt nach Auffassung der Sprache dunkel; »Ki wanok« heißt »wünsche ich«; diese drei Laute I, A, O sind hier hell; es treten also diese zwei Wörter »Jŏ regelt« und »Ki wanok« nacheinander, aber nicht miteinander in einem Wort zusammen. Die Bezeichnung für den »Ungarn« macht dieses Klangsystem noch deutlicher; denn in dem Wort »Magyar ember« »Ungar-Mensch«, sind lauter dunkle Laute, da das a in diesem Wort wie ein offenes o gesprochen wird. Im Estnischen ist die gewöhnliche Grußformel auf der Straße weniger musikalisch; sie heißt »Tere-tere« und wird ausgesprochen »Tärä-tärä«. Die Esten verstanden in der damaligen Zeit natürlich alle Deutsch. Heute hat sich unter ihnen diese Kenntnis weitgehend verloren. In der Öffentlichkeit hörte man in Reval und auch sonst in den baltischen Provinzen freizügig die drei Sprachen Estnisch, Deutsch und Russisch, in allen amtlichen Einrichtungen dagegen verlangte die russische Regierung, daß die Beamten zu den Kunden russisch sprachen, und die Kunden waren darauf angewiesen, ihre Anliegen ebenfalls auf Russisch vorzubringen. In Reval verstanden natürlich alle Beamten die drei Landessprachen sehr gut, es gab aber immer wieder solche wie meinen Kollegen Potopow unter ihnen, die ihre Abneigung gegenüber dem Deutschen deutlich zeigten. An der Post zum Beispiel konnte ich meine Marken nur auf Russisch lösen. Infolge dieser Verhältnisse hatten wir an meiner Domschule zwei Unterrichtssprachen: die Unterstufe, Klasse eins bis fünf inklusive, wurde deutsch geführt, natürlich ausgenommen die Sprachstunden Russisch und Französisch. Die Unterrichtsstunden für das Russische waren sehr zahlreich. Französisch war in der Unterstufe mit vier bis drei, in der Oberstufe mit drei bis zwei Unterrichtsstunden bedacht, und es wurde vorausgesetzt, daß die Unterrichtssprache durchaus französisch sei. Deshalb war ich um so mehr erstaunt, daß sowohl die französische Grammatik wie die Übungsbücher von der alten Plötz-Methode bestritten wurden, wo alles auf Deutsch erklärt war. Das war um so mehr verwunderlich, als mein Vorgänger ein Schweizer Franzose gewesen war. Ich hatte also als erste »Amtshandlung« französisch geschriebene Lehrbücher einzuführen und hatte damit bei den Schülern großen Erfolg. Mein Vorgänger hatte seinen französischen Unterricht hauptsächlich auf schauspielerische Leistung angelegt, und die Schüler erzählten mir ergötzliche Anekdoten von seiner Methode, den Unterricht bildhaft zu gestalten. Er agierte vor der Klasse mit großem Temperament die Geschichten, die er seinen Schülern beibringen wollte; das war für sie zwar sehr unterhaltend, aber die Kenntnisse der Schüler in allen Klassen waren sehr mager. Leider konnte ich den Erfolg meiner eigenen Bemühungen niemals feststellen, da im Jahr darauf der Erste Weltkrieg ausbrach und ich bei seinem Beginn bereits in französischer Gefangenschaft war.

In der Abiturklasse hatte ich in den ersten Wochen einen schweren Stand. Als ich ihnen vom Direktor vorgestellt worden war, verhielten sich die Schüler, hauptsächlich adelige, sehr zurückhaltend. Ich fragte sie, welche Art von Prüfungsarbeiten sie im Abitur zu leisten hätten, und einer von ihnen erzählte mir auf Französisch, es wäre sehr einfach gewesen. Mein Vorgänger Vautier habe mit ihnen eine recht amüsante Lektüre gelesen, an der sie übrigens immer noch arbeiteten, – es war der Roman »Clérambault« von Romain Rolland, eine humoristische und manchmal etwas derbe Geschichte aus dem Leben der Weinbauern. – Man habe sie einfach gelesen und auf Französisch nacherzählt. Grammatik habe man nicht getrieben, und sie könnten auch nicht viel. Für die Prüfung aber habe er ihnen drei französische Nacherzählungen eingepaukt und diese der Prüfungskommission zur Auswahl vorgelegt. Eine von diesen Geschichten wurde dann zweimal vorgelesen – jeder der Schüler blieb bei dieser Vorlesung ganz ernst –, und die Schüler mußten sich hauptsächlich Mühe geben, einige Schreibfehler zu machen und mit den Ausdrücken abzuwechseln. Als ich daraufhin lächelnd erklärte, das könne ich nicht mitmachen, gab es lange Gesichter, und ich merkte, daß sie von mir abrückten und passiven Widerstand leisten wollten. Ich reagierte in keiner Weise darauf, aber unangenehm war es mir doch.

Ein Todesfall in der Klasse half mir, diesen Widerstand der Klasse zu überwinden und in eine echte Freundschaft umzuwandeln. Einer der begabtesten Schüler namens Hörschelmann war kurz nach meinem Eintritt in die Schule gestorben. Ich war bei der Beerdigung anwesend und sprach am anderen Tag in der Klasse über die Bedeutung dieses Todesfalles für die Kameraden. Meine wenigen Worte konnten den Schülern zeigen, daß meine Anteilnahme an diesem Verlust im Klassenleben echt und ernst war, und so geschah wirklich das kleine Wunder, daß die Schüler ihren passiven Widerstand völlig aufgaben und auch bald merken konnten, daß meine Haltung richtig war. Es waren nicht sehr viele Schüler in der Klasse, zumal ein Teil Griechisch statt Französisch hatte, und wir wurden gute Freunde. Alle bestanden die Prüfung mühelos. Dieser Todesfall war für mich ein schwerwiegendes Erlebnis, weil ich bei der Totenfeier, die in der Schule gehalten wurde, mir sehr deutlich bewußt wurde, wie wichtig es ist, daß der Tod als positiv zu nehmendes Ereignis als Verbindung zum Geistigen hin in das Schulleben einbezogen wird. Als ich mich nach dem Ersten Weltkrieg in den verschiedenen Reformbewegungen der Pädagogik orientieren wollte, wurde mir die Frage nach dem Verhältnis einer Schule zum Tod Richtung- und maßgebend und einer der Gründe, der mich zur Waldorfschule führte.

Meine Unterrichtsstunden an der Domschule hatten ein vernünftiges Maß und setzten sich zusammen aus achtzehn Pflichtstunden und etwa sechs Überstunden. Mit dieser Zahl von vierundzwanzig Stunden konnte ich den gesamten Französischunterricht an der Domschule bestreiten. Die Umgestaltung des Unterrichts vom alten Plötz zu den moderneren Hilfsmitteln des neusprachlichen Unterrichts verschafften mir einige Mühe und zusätzliche Arbeit, vollzog sich jedoch im ganzen reibungslos. Ich hätte diese Arbeit zeitlich recht gut bewältigt, wenn nicht noch einige Stunden an anderen Schulen dazugekommen wären. Ich wurde gebeten, an der Städtischen Oberrealschule, die unter staatlicher Aufsicht stand, den französischen Unterricht in der Abiturklasse zu übernehmen, um den dortigen Französischlehrer, Monsieur Sigier, einen Elsäßer, zu entlasten.

Mein Arbeitsprogramm wurde durch eine dritte Schule bereichert, als man mir mitteilte, es sei üblich, daß der Lehrer für Französisch an der Domschule auch die Mädchen der Abiturklasse der sogenannten »Henriettenschule« auf die französische Abiturprüfung vorbereite. Auf diese Weise brachte ich es auf zweiunddreißig Stunden in der Woche, und mein Tageslauf war wahrlich reich ausgelastet; denn mit den Unterrichtsstunden allein war es nicht getan. Ich mußte mich vorbereiten und vor allem Schularbeiten korrigieren. Es war ein schwacher Trost für mich, daß das Korrigieren der Schularbeiten an allen drei Schulen extra honoriert wurde.

Mein Unterricht in der Henriettenschule machte mir viel Vergnügen und bedeutete für mich mehr eine Erholung als eine Anstrengung. Wir saßen in einem kleinen Schulzimmer, das mehr den Eindruck einer guten Wohnstube machte. Ich hatte ein kleines Tischchen vor mir, und im Halbkreis um mich saßen sechs junge Damen, die ein gewisser Querschnitt durch die gute Gesellschaft von Reval waren. Adelige und Bürgerliche, und zum großen Teil sehr intelligent, und es war keine darunter, die die Prüfung nicht hätte bestehen können. Die jungen Damen sprachen recht gut Französisch, so daß meine Aufgabe lediglich darin bestand, ihre sprachlichen Kenntnisse auf grammatischer Höhe zu halten, wobei es nur nötig war, die grammatischen Kenntnisse nebenbei im Anschluß an die schriftlichen Arbeiten zu pflegen. Wir behandelten die neuere französische Literatur im Gespräch und in kleinen Referaten, und so herrschte in unserem kleinen bescheidenen Kreis ein gewisses sokratisches Element. Als das Schuljahr zu Ende und die Prüfung bestanden war, bedauerten wir alle sieben »Kameraden« – ich war ja selbst noch sehr jung –, daß wir nichs mehr miteinander zu tun hatten, wenigstens nicht in solcher Schularbeit.

Ich weiß wirklich nicht recht zu erklären, woher ich die Kraft hatte, dieses anstrengende Jahr in Reval gesund zu bestehen. Die Arbeit hatte mich wohl etwas ausgeschöpft, aber ich fühlte mich am Ende viel wohler als zu der Zeit, da ich gekommen war. Einige Gründe dafür kann ich mir schon zurechtlegen. Alles, was ich zu tun hatte, ob es nun die Schularbeit war oder die musikalische Tätigkeit im Quartett, im Orchester und in den Konzertreisen, die wir einige Male im Jahr zu unternehmen hatten, oder Einladungen in der deutschen Gesellschaft oder in den Wochenendfahrten mit den Schülern unter der Führung meines Freundes Petersen, unterlagen einem regelmäßigen Rhythmus. Ich empfinde, daß dieser Rhythmus mir die fehlende Kraft ersetzte. Dazu kam aber noch ein zweiter gewichtiger Grund, den ich allmählich spürte: es schien mir, als ob in dieser estländischen, nordischen Luft starke ätherische Kräfte lebten. Die Landschaft stand noch unter natürlichen Entwicklungsgesetzen, sie wurde noch nicht durch zu viel Industrie ausgelaugt. Diese starken ätherischen Kräfte waren es, wie ich glaube, die mich aufrecht erhielten und mir erlaubten, bis zum Schluß des Schuljahres durchzuhalten. Diese Kräfte belebten mich auch auf unseren Wochenendfahrten und vor allem auf einer großen Wanderung, die uns gegen Schluß des Schuljahres durch die livländische Schweiz führte. Das war ein sehr schöner Abschluß des Schuljahres, zumal es Ernst Petersen sehr gut verstand, ohne viel aufdringliche Lehrhaftigkeit seinen Schülern die Schönheiten der Natur nahezubringen. Wir waren, wie es damals üblich war, keineswegs in gut eingerichteten Jugendherbergen untergebracht, sondern begnügten uns mit Scheunen oder leerstehenden Pferdeställen auf den verschiedenen Gütern der baltischen Adeligen. Wir machten unterwegs auch einen Besuch in dem stattlichen Schloß der Fürstin Lieven, die Petersen kannte und die ihre Enkelkinder in der Domschule hatte. Für mich war alles, was ich in diesem Jahr erleben konnte, eine Quelle lebendiger Erfahrung. Ich kam wirklich in diesem Grenzgebiet des ehemaligen deutschen Ordens durch alle wichtigen Punkte ihrer Herrschaft. Zum Beispiel gaben wir mit unserem Streichquartett auch einmal ein Konzert in Narwa, der früheren Grenzfestung zwischen der Einflußsphäre des Ordens und dem russischen Reich. Die Grenze bildete der Fluß Narowa. Unser Erfolg in Narwa war besonders groß und zeigte mir, wie stark der Zusammenhalt war unter den baltischen Deutschen im ganzen Bereich von Estland. Damals konnte sich keiner von uns denken, daß kurz darauf diese ganze Herrlichkeit ein grausames Ende finden mußte, als am Schluß des Ersten Weltkrieges die Sowjetarmee vorrückte. Eines allerdings war uns klar, und es wurde mir in einem Gespräch bewußt, bei dem ich in dem sogenannten »Schwarzhäupterclub« in Reval anwesend war. Einige der führenden Kaufleute von Reval hatten mich und meinen Freund Petersen zu einem geselligen Abend in der Kaufmannschaft eingeladen und sprachen spät am Abend von den politischen Aussichten der Zeit. Es mag um Ostern 1913 gewesen sein, und einer der Herren meinte ganz sachlich, man müsse damit rechnen, daß es in Kürze zu einem europäischen Krieg kommen werde. Die übrigen Herren bestätigten seine Meinung und führten zum Beweis manche Gespräche an, die sie da und dort auf ihren Reisen geführt hatten. Wenn ich bedenke, daß diese Herren zum Teil Beziehungen bis in die höchsten Kreise der Politik hatten, so muß ich mir sagen, daß das Attentat von Sarajewo, das damals noch im Schoß der Zukunft lag, nur die Zeitbombe des Weltkrieges auslöste und keineswegs die einzige Ursache dafür war. Es ist aber charakteristisch für die Natur des Menschen, daß keiner von den Anwesenden daran dachte, sich vor der herannahenden Katastrophe in Sicherheit zu bringen. Ich selbst war einige Monate später in französischer Gefangenschaft, und über meinen Freund Ernst Petersen erfuhr ich nach dem Krieg, daß er sich im estnischen Grenzschutz gegen Sowjetrußland einen schweren Gelenkrheumatismus zugezogen hatte und daran gestorben war. Immerhin gingen wir damals von dieser kaufmännischen Einladung mit etwas belastetem Gemüt nach Hause.

Bevor ich dieses Kapitel über meinen Aufenthalt in Reval abschließe, möchte ich gerne meine Erinnerung an Feste beschreiben, die ein charakteristisches Bild ergeben von der tiefen Verwurzelung uralter Gebräuche im Volksleben. Ich wurde zum 9. November zur Feier des sogenannten »Gänsequartals« in den Revaler Club eingeladen. Es war eine Feierlichkeit, an der nur Männer teilnahmen. Man erzählte mir, der historische Anlaß zu diesem großen Fest, dessen Mittelpunkt ein üppiges Festmahl bildete, führe in das 18. Jahrhundert zurück. Estland stand unter russischer Herrschaft, während der die Beamten nicht immer regelmäßig ihre Gehälter bezogen, nach mehreren Monaten einer bitteren Entbehrung seien die rückständigen Gehälter Anfang November den Beamten auf einmal ausgezahlt worden, und zur Erinnerung daran hätten sie das »Gänsequartalfest« eingerichtet. Ich sagte mir, dieser Grund käme mir an den Haaren herbeigezogen vor; denn der Anfang November sei doch zu allen Zeiten in Europa eine Zeit sowohl der Freude als der Tauer gewesen und führe in mythische Verhältnisse zurück. Auch heute noch ist in der katholischen Kirche nebeneinander das Fest »Allerheiligen« und das Fest »Allerseelen« am 1. und 2. November. Allerheiligen ist das Fest des Jubels über das Licht, das die Heiligen in das Leben durch ihr Dasein gebracht haben, und der darauffolgende Allerseelentag feiert das Andenken an die Verstorbenen, die in das Dunkel der Todesnacht eingegangen sind. Da zündet man allenthalben in den katholischen Ländern Kerzen auf den Gräbern an und spricht Gebete für die Dahingegangen. In den keltischen Gebieten Europas herrscht heute noch teilweise – hauptsächlich in der Bretagne und in Irland – der Glaube, daß Anfang November die Wohnungen der seligen Geister sich auftun und die Menschen in Verkehr mit ihnen treten können, und auch die Geister selbst erscheinen unter den Menschen, zum Guten und auch zum Bösen, je nachdem, wie die Menschen sich verhalten. Bei den Esten und Slawen ist es nicht anders gewesen. Deshalb möchte ich meinen, daß dieses »Gänsequartal« in Wirklichkeit ein Freudenfest zwischen Licht und Finsternis war.

Zum »Gänsequartal« versammelten sich die Herren bereits um zehn Uhr morgens. Der Festleiter, ein humorvoller Dichter namens Minkwitz, strahlend von Fröhlichkeit und Beliebtheit, eröffnete das Fest mit einer Ansprache, und man nahm zuerst als Frühschoppen die »Sakuska« ein, und zwar zwanglos stehend an der Theke, die mit allerhand schwedischen und russischen Leckerbissen reich besetzt war. Der Genuß dieser Leckerbissen wurde in der Hauptsache mit Schnäpsen erhöht, da gab es allerlei Mischungen, die sogenannten »Angespritzten«, das heißt Wodka mit je einem Schuß irgendeines süßen Likörs. Allerhand Späße würzten die Unterhaltung. Dann ertönte eine Glocke, die der Festleiter Minkwitz schwang, und es ordnete sich der Festzug in den Speisesaal. Die Tafel war reich geschmückt, und wieder begann das Festmahl mit einer Rede des Festleiters, die durch allerlei Anspielungen auf Ereignisse des Jahres unter den Anwesenden sehr zur Erheiterung beitrug. Während des Essens wurden kurze Ansprachen gehalten, der Dichter Minkwitz trug seine neuesten Gedichte vor, und so dauerte das Fest bis in den Abend. Es schloß mit einer Aufführung im deutschen Theater ab.

Ich muß aber nun zum Abschluß berichten, wodurch ich zu meiner Reise nach Paris veranlaßt wurde. Als ich am Anfang des Schuljahres in Reval ankam, mußte ich meine Papiere und Zeugnisse vorlegen, die von den staatlichen Behörden genau geprüft wurden. Erst gegen Schluß des Jahres wurde mir mitgeteilt, daß ich in der staatlich geleiteten Realschule in Reval im darauffolgenden Schuljahr nur dann weiterarbeiten könne, wenn ich entweder eine russische Staatsprüfung nachholte oder mir an einer französischen Institution die Berechtigung holte, im Ausland Französisch zu unterrichten. Es wurde mir bei dieser Gelegenheit gesagt, die russische Regierung anerkenne deutsche Staatszeugnisse bei Lehrern nicht. Diese Mitteilung störte meine eigenen Ferienpläne; denn ich wollte die sehr langen Sommerferien dazu benützen, eine Reise nach England zu machen, die ich mir schon lange vorgenommen hatte. Statt dessen mußte ich nach Paris fahren und dort an der »Alliance Française« einen Ferienkurs mitmachen. Ich war fest überzeugt, daß ich meine Tätigkeit in Reval fortsetzen würde; denn die Domschule war mir ans Herz gewachsen und erfüllte alle Vorstellungen, die ich mir damals von einer echten Schule bilden konnte. In der Absicht, nach drei Monaten wiederzukommen, ließ ich meine Habseligkeiten in der Pension zurück, in der ich gewohnt hatte, vor allem meine Winterkleider und meine Bücher, aber ich sah nur einen kleinen Teil der Bücher wieder, die mir lange nach dem Krieg einige Freunde von der Schule schicken konnten. Den größten Teil meines Besitzes aber hatten die Sowjetsoldaten brauchen können.

Ich fuhr zunächst nach München zu meinen Eltern, konnte aber dort nur einige Tage bleiben, weil die Kurse an der Alliance Française pünktlich am 1. Juli begannen. Die Vorbereitungen dazu hatte ich bereits von Reval aus durch Anmeldung an der Alliance getroffen und nahm deshalb von zu Hause leichten Abschied, in der Meinung, nach der bestandenen Prüfung noch einige Tage in München sein zu können. Ein Zimmer hatte ich von Reval aus in Paris vorbestellt in einem von einer Schweizer Dame geleiteten Fremdenheim in der Nähe des gotischen Tour Saint-Jacques.

FRANKREICH

PARIS UND DER BEGINN DES ERSTEN WELTKRIEGES

Das Heim der Madame X. machte auf mich einen guten Eindruck, vor allem schienen die dort versammelten jungen Ausländer gut und harmonisch zusammenzustimmen. Wir waren ungefähr eine Tafelrunde von zwölf Menschen, die Inhaberin und ihr Mann mit einer Tochter und deren Bräutigam und dazu acht Gäste aus mehreren Ländern Europas; Italiener, Polen, Russen und Schweizer. Ich war der einzige Deutsche. Die Umgangssprache in der Pension sollte nur Französisch sein, und als Anreiz wurde ausgemacht, daß jeder, der ein Wort in seiner Muttersprache äußere, einen Sous in eine gemeinsame Sparbüchse werfen müsse, und aus dem Inhalt der Sparbüchse solle am Schluß des Aufenthaltes, also am Ende des Monats, eine kleine Eismaschine gekauft werden, die den französischen Namen »une Sorbetière« hatte. Die Spendenverpflichtung erstreckte sich auf alle nur möglichen Veranlassungen, zum Beispiel sollte es nicht als Entschuldigung gelten, wenn einer den anderen listig fragte, was dieses oder jenes französische Wort in seiner Muttersprache heiße; es dürfe aber auch keiner die Auskunft verweigern. Die Sparbüchse wurde deshalb sehr voll, und das Eis, das ich aus der Sorbetière Ende Juli genoß, war ungefähr die letzte Speise, die ich in Freiheit zu mir nehmen konnte. Unser Pensionsvölkchen schloß sich auch gelegentlich zu Ausflügen zusammen, nach Sèvres, zur Porzellanfabrik oder in die Villa Rodin, in den Bois de Boulogne oder in die verschiedenen Parks und Museen der Stadt. Paris hat einen so organischen Aufbau, daß man sich dort bald im Plan auskennt und sich eigentlich nie verirren kann, wenn man die verschiedenen Gürtel im Auge behält, die die Stadt im Laufe der Jahrhunderte umgeben haben. Paris hat den Beinamen »Die Lichtstadt«, die Römer aber nannten es »Lutetia«, die Schlammstadt, weil es aus einem Sumpf erstanden ist. Beide Pole, Licht und Schlamm, kann man in dieser Stadt erleben, je nach Einstellung und Erwartung, je nach Bildung und moralischer Gesinnung.

In diesen ersten Julitagen 1914 war das Wetter durchwegs heiß und sogar oft schwül, und ich merkte, daß mich das vergangene Jahr in Reval doch sehr angestrengt hatte. Sonst hätte ich wohl viel intensiver Leben und Bild der Stadt in mich aufgenommen. Nach meiner alten Gewohnheit studierte ich die Museen, die alten und neuen Denkmäler dieser reichen Kunststadt und war glücklich, da zu sein. Nachdem ich mich an der Schule der Alliance Française gemeldet und das Studienprogramm des Monats kennengelernt hatte, sah ich, daß immerhin genügend Zeit übrig war, um das Wesentliche der Stadt aufzunehmen. Auf meinem Weg von der Wohnung zur Alliance Française am Boulevard St. Germain kam ich täglich am Louvre vorbei. Zur Abwechslung wählte ich auch häufig den Weg über die Ile de la Cité. Auf diesem Weg lag Notre Dame, das Palais de Justice mit der Sainte-Chapelle, und ich ahnte nicht, daß sich in dem großen Gebäude des Palais de Justice in einem Monat die Tore hinter mir schließen sollten.

Die Arbeit an der Alliance Française, die der eigentliche Zweck meines Dortseins war, machte mir keine Beschwerden; denn was dort in den Schulstunden dargeboten wurde, war mir durch meine Universitätsstunden längst bekannt, aber es wurde alles, was ich in München theoretisch studiert hatte, nun äußerst lebendig, zumal die Lehrer und Lehrerinnen sehr anregend waren und ihren Unterrichtsstoff in einer künstlerischen Lebendigkeit darboten. Eine blonde, temperamentvolle junge Dame leitete die Lektürestunden. Sie hatte zu Beginn des Kurses eine Komödie von Labiche, »Monsieur Pérochon au voyage«, gewählt und war in der ersten Stunde ohne lange Einleitung gleich in einer lustigen Weise zur Verteilung der Rollen übergegangen. Die Schüler, ein internationales Publikum von meistens jüngeren Leuten, zeigten sich bei dieser Tätigkeit sehr zurückhaltend und trauten sich nicht, bei der Auswahl der Rollen zuzugreifen. Als die Kursleiterin ausrief: »Un jeune homme timide«, meldete ich mich sofort, und das machte die Zuhörer lebendig. Man lachte, und die Verteilung der Rollen ging von da an schnell vorwärts, und auch die weitere Arbeit an dem Text gestaltete sich in der heitersten Weise. Nach dieser moderneren Komödie las man »Iphigénie« von Racine, und zum Schluß »Le Misanthrope« von Molière.

Der interessanteste Lehrer an der Alliance Française, auch der bedeutendste, war offensichtlich Daniel Mornet, der zugleich Professor an der Sorbonne war. Er hielt Vorträge über die klassische Literatur, das heißt ungefähr von 1500 bis 1800. Aufsätze, die wir bei der blonden Kursleiterin zu schreiben hatten, bereiteten uns ausgezeichnet auf die schriftlichen Prüfungsarbeiten vor, die wir am Ende des Monats zu leisten hatten.

Interessant aber war für mich die mündliche Prüfung am Ende dieses Monats Juli. In dem langgestreckten Saal der Allicance Française war in großen Abständen eine Reihe von viereckigen Tischchen aufgestellt. An jedem dieser Tischchen saß einer der Dozenten. Ihm gegenüber stand ein leerer Stuhl, der von den verschiedenen Kandidaten der Reihe nach eingenommen wurde. Das Tischchen war mit kleinen Zetteln bedeckt, und der Kandidat wurde angewiesen, einen solchen Zettel aufzudecken und die auf der unsichtbaren Seite des Zettels geschriebenen

Fragen vorzulesen. Nachdem ich die Prüfung über historische Grammatik an einem der Tischchen absolviert hatte, muße ich bei Professor Mornet antreten, der über Literatur prüfte. Die Prüfung fand öffentlich statt, und es schien, als ob sie auch öffentliches Interesse erregte; denn um die Tische drängte sich eine verhältnismäßig große Zahl von elegant gekleideten, hauptsächlich weiblichen Zuhörern. Die historische Grammatik hatte nicht viele Zuhörer angelockt; um diesen Tisch standen kaum vier oder fünf Zuschauer. Bei Professor Mornet dagegen ging es sehr lebhaft zu. Ich nahm Platz, zog meinen Zettel und las vor: Erste Frage: Marivaux et le Marivaudage. Zweite Frage: Michelet historien. Professor Mornet sagte lakonisch: »Parlez, Monsieur!« Ich erzählte, was ich wußte, und am Schluß sollte ich den Inhalt eines Dramas von Marivaux erzählen. Anstatt dies zu tun, machte ich mir den Spaß, in die Tasche zu greifen und ein Theaterbillet hervorzuziehen; denn ich wollte am Tag darauf zufällig in ein Drama von Marivaux an der Comédie Française gehen. Ich zeigte ihm diese Eintrittskarte und sagte: »Es ist schade, daß ich nicht übermorgen geprüft werde, da könnte ich Ihnen noch mehr Einzelheiten erzählen.« Er und das Publikum lachten herzlich, und er verzichtete auf die Inhaltsangabe. Das Stück hieß »Le Jeu de l'amour et du hasard«. Er forderte mich dann auf, noch etwas mehr von Michelet zu erzählen. Ich sagte einiges und meinte dann aber lächelnd: »Interessanter ist für mich der historische Gegenspieler von Michelet. Michelet ist Romantiker. Ich selbst schätze mehr Hippolyte Taine, den ich schon als Gymnasiast gelesen habe.« Wiederum mußte Mornet über meinen Freimut lachen und brach die Prüfung bald ab. Ich berichtete diese Anekdote gewiß nicht, um mich irgendwie zu brüsten, sondern nur als ein Beispiel für die Haltung, die jeder in einer Prüfung einnehmen sollte, wenn er sich von Befangenheit freimachen will. Man muß über der Sache stehen und gleichsam selbst den Verlauf der Handlung dirigieren, anstatt dirigiert zu werden. Dies wird gewiß nicht immer gelingen, denn viele Prüfer verstehen keinen Spaß, aber jeder Prüfer sieht es gerne, wenn der Prüfling sich freimütig verhält.

Der interessanteste Teil der Arbeit an der Alliance Française spielte sich nicht in einem Klassenzimmer ab, sondern bestand aus Führungen durch die Stadt, die im Auftrag der Schule von einem Bildhauer namens Carl, einem Elsäßer, geleitet wurden. Dieser Mann war ein wirklicher Freund der Studenten und ein großartiger und ganz künstlerisch denkender Sachkenner. Er sprach nicht professoral, gab keine Theorien zum besten, sondern stellte alle Kunstwerke in den Museen und vor Kirchen und Palästen so dar, als ob er sie selbst geschaffen habe und nun zu gleichgebildeten Kunstkennern spreche. Nach einer Führung durch Rouen fuhren wir in der Nacht zurück nach Paris, es war ein Freitag, und der Tag darauf war der Tag der beginnenden Mobilisation. Jedermann wußte, daß eine solche Mobilisation nicht aufgehalten werden konnte, und daß der Ausbruch des Krieges unmittelbar bevorstand.

Die Drohung solcher Feindseligkeiten zwischen den Völkern schwelte schon seit einiger Zeit; denn das Attentat von Sarajewo war schon einige Wochen alt, und in eingeweihten Kreisen konnte man wohl wissen, daß die Lage überaus ernst war. In Paris allein hatten mehrere Ereignisse stattgefunden, die zeigten, was auf dem Spiel stand. Das erste Zeichen war der Prozeß gegen den Außenminister Caillaux, der unter der Anklage stand, seine Frau ermordet zu haben. Der Prozeß wurde tagtäglich begleitet von den Demonstrationen der Studenten auf den Boulevards des Zentrums der Stadt. Sie deklamierten mit einem unheimlichen Rhythmus: »Assassin Caillaux!« Es war nicht der »Assassin«, gegen den sie krakeelten, es war der Außenminiser, der als Freund Deutschlands galt. Ein zweites Zeichen, die Ermordung des Sozialistenführers Jean Jaurès, zeigte noch deutlicher, daß das Urteil zum Ausbruch des Krieges bereits gefällt war; denn Jaurès, der über eine große Macht und tiefgreifendes Ansehen beim Volk verfügte, wurde von den Nationalisten für fähig gehalten, ganz allein vielleicht den Krieg aufhalten zu können. Er wurde in der Woche, an deren Ende die Mobilisation verhängt wurde, in einem Boulevardcafé erschossen. Als diese drohenden Ereignisse begannen, fragte ich mehrere Male an der bayrischen Botschaft – Bayern hatte damals noch eine eigene Vertretung in Paris – ob es geraten sei, nach Hause zurückzukehren. Ein Botschaftsrat meinte aber, das sei nicht nötig, denn man hoffe immer noch, die Gefahr zu meistern. Zur Begründung teilte er mir sogar mit, die Stimmung in der Stadt Paris sei im Jahr 1909 bei der Agadir-Angelegenheit wesentlich bedrohlicher gewesen. Ich wußte aber nicht, daß man einem meiner Freunde an der Deutschen Botschaft geraten hatte, nach Hause zurückzukehren, da er Reserveoffizier sei.

Wenn ich mich recht entsinne, war es Montag der 3. August. Die Untergrundbahn war noch in Betrieb; deshalb schleppte ich meinen von Büchern schweren Koffer zur Métro-Station; denn auf der Straße gab es kaum öffentliche Transportmittel mehr; diese waren alle von Mobilisierten beschlagnahmt. Ich gelangte auf den Platz vor dem Gare de Lyon und fand da eine unabsehbare Menge von Menschen. Man wurde angewiesen, in einem Büro im Bahnhof seinen Paß abstempeln zu lassen und Hinweise auf die möglichen Züge entgegenzunehmen, aber soweit ich feststellen konnte, gelang es keinem Zivilisten, einen Zug zu besteigen. Man wartete, man saß in der brütenden Sonne auf dem ungeschützten Platz. Man ließ seinen Koffer irgendwo stehen und ging dort herum. Ich begegnete einem alten Studienfreund, der eben mit einer Schulklasse von einer Ferienfahrt in die Bretagne bis nach Paris gelangt war. Auch er konnte nicht weiterreisen. Nachdem wir den ganzen Tag auf diesem Platz zugebracht hatten, wurde angesagt, jede weitere Möglichkeit sei vorbei. Ich schleppte schwitzend und keuchend meinen Koffer wieder in die Rue St. Jacques und wartete auf die weiteren Ereignisse. Sie ließen nicht auf sich warten. Der Krieg war ausgebrochen, in Paris setzten Plünderungen in allen deutschen Geschäften ein oder in solchen, die die unwissende Masse für deutsche hielt. Es stand zum Beispiel fast die ganze Milchversorgung von Paris unter der Leitung der Schweizer Firma Maggi. Diese Milchgeschäfte wurden systematisch geplündert, obwohl die Polizei rasch zugriff und viele Plünderer festnahm. Die Deutschen und alle anderen feindlichen Ausländer wurden angewiesen, sich auf ihrem Revier in schnell eingerichteten Büros zu melden und ihre Papiere vorzulegen. Nach dieser Kontrolle sollten sie in aller Ruhe in ihre Wohnungen zurückkehren und weitere Weisungen abwarten, bis man sie auf Umwegen über Belgien, Holland und die Südschweiz nach Hause geleiten könne.

Ich meldete mich in dem mir angegeben Büro, ohne Gepäck und nur in meinen Sommerkleidern, da ich nicht ahnen konnte, daß ich nicht mehr nach Hause zurückkehren durfte. Als man dort meinen Paß konrollierte, vermißte man das sogenannte »Pièce d'identité,« das heißt eine Ausländerkennkarte, die für einen längeren Aufenthalt in Frankreich nötig war. Mir aber hatte meine Hausfrau gesagt, dieses Papier brauche ich nicht, da ich nicht länger als einen Monat in Frankreich bleiben wollte.

INTERNIERUNG IN FRANKREICH

Es ist merkwürdig: diese über vier Jahre dauernde Internierung im Ersten Weltkrieg hat in meinem Gedächtnis ein unveränderliches Gepräge, und wenn ich daran denke, laufen die Erinnerungen ab wie ein Tonband, zwar lebendig, aber immer gleich, so als ob ich persönlich mit meinem Willen gar nicht dabei beteiligt wäre. Und dennoch sind die Erlebnisse, die ich dabei hatte, sehr wichtig und lehrreich für mich gewesen. Die vielen Menschen, die ich während dieser Zeit kennenlernte, traten in mein Leben ein wie Statisten auf einer Bühne und schieden am Ende wieder aus ohne Wiederkehr. Ein einziger von diesen vielen Internierten blieb mir im Leben verbunden, ein zweiter starb am Ende dieser Gefangenschaft, bevor wir noch der Freiheit zurückgegeben wurden, und ist mir seitdem unvergeßlich. Mit diesen beiden Menschen schließt das Abenteuer ab und setzt sich in das Leben wie in einem Traum fort.

Das Meldebüro, in dem ich mich stellen mußte, um meine Papiere kontrollieren zu lassen, war nicht allzu weit entfernt von meiner Wohnung. Ich konnte es zu Fuß erreichen. Ein kurzes Verhör ging voraus. Man fragte mich, wo ich dieses Papier d'identité habe. Ich erklärte, daß ich es nicht gebraucht habe, da ich schon wieder auf dem Sprung war, nach Hause zurückzukehren. Man fragte mich, wo ich vor meiner Fahrt nach Paris gewesen sei und wo ich so gut Französisch gelernt hätte. Ich sagte, der Wahrheit gemäß, hier in Paris und während meiner Studienzeit in München. Ich sei dann ein Jahr lang in Reval in Rußland gewesen, und damit schien der Verdacht, den der verhörende Kommissar offenbar hatte, bestätigt. Ein eleganter alter Herr mit weißem Spitzbart kam dazu und teilte mir mit, ich stehe im Verdacht, ein Spion zu sein; man könne mich nicht mehr freilassen. Ich entgegnete gelassen, es würde sich wohl bald herausstellen, daß ich kein Spion sei. Dem alten Herrn schien es zu gefallen, daß ich diesem Schicksal ohne Erregung entgegenschaute. Er sprach dann weiter, er wolle mich auf das Polizeikommissariat zum Verhör schicken; das einzige, was er für mich tun könne, sei, mich durch einen Beamten in Zivil zum Kommissar geleiten zu lassen, anstatt mir einen uniformierten Polizisten mitzugeben. Dies war eine bedeutende Schutzmaßnahme, wie ich bald merkte. Denn als wir auf die Straße kamen, liefen die Menschen voll Aufregung durcheinander, und wenn sie einen Ausländer erkannten, fragten sie ihn, woher er sei, und wenn er deutsch oder österreichisch war, wurde er schwer mißhandelt. Mich und meinen zivilen Begleiter ließen sie in Ruhe.

Während der folgenden Verhöre war es spätabends geworden, die Schlange auf dem Gang hatte sich aufgelöst; wir mußten aber bis Mitternacht warten, und da nun unser Käfig, ein mit Gitter abgetrenntes Gangstück, vollgefüllt war, mußten wir alle aufrecht stehen und warten, bis der »Salatkorb« unten auf der Straße vorfuhr – »le panier à salade« – wie man in Paris die grüne Minna nennt. Dieser »Salatkorb« war ein boshaft ausgeklügelter langgestreckter Möbelwagen, der wie ein Pariser Omnibus von der Rückseite aus zu betreten war. Ein Mittelgang führte durch das ganze Vehikel und zeigte rechts und links eine Reihe schmaler Türen, die sich in Zellen nach beiden Seiten öffneten. Ein paar Luftschlitze in der Nähe der Decke sorgten für frische Luft, aber sitzen konnte man in dieser Zelle nicht, und da die Luftzufuhr sehr spärlich war, versuchte man, die Nase möglichst in der Nähe der Schlitze zu halten. Da stand ich nun in gekrümmter Körperhaltung und erinnerte mich voll Humor an jene steinernen Statuen aus dem Kloster in Moissac in Südfrankreich, die ich im Musée de scultures comparées vor kurzem gesehen hatte. Der grüne Möbelwagen holperte durch die stillen Straßen und hielt schließlich vor der Polizeiwache, wo wir notdürftig für den Rest der Nacht untergebracht werden sollten. Die Polizisten auf der Wache kümmerten sich nicht weiter um uns, sondern verfrachteten uns in einige der dunklen Zellen, die sich bei jeder Polizeiwache befinden. Licht gab es darin nicht. Nur einige Strahlen drangen durch ein kleines Guckfensterchen in der Türe unserer Zelle, vor der ein Polizist Wache hielt, in unser Kerkerloch herein. Allmählich erkannte ich einige der Gestalten, die da waren. Es war eine gemischte Gesellschaft von Ausländern, hauptsächlich Österreicher, Ungarn und Deutsche. Ein Däne war auch dabei. Ich konnte ihm nur einigen Trost zusprechen, denn zu betreuen gab es nichts. Er hatte in seiner Angst schweren Durchfall bekommen und sorgte für »gute Luft«. Da man ihm aber auf der Wache gesagt hatte, er werde bei Tagesanbruch freigelassen, hockte er still in seinem jämmerlichen Zustand auf einer Bank, die an der Längsseite der Zelle angebracht war. Auch unter den übrigen Gefangenen gab es einige trostbedürftige Leute.

Bevor noch der Tag völlig erwacht war, stopfte man uns wieder in den »Salatkorb«, der Däne aber blieb auf der Wache zurück und wurde von da an höflicher behandelt. Was aus dem armen Kerl weiter geworden ist, weiß ich nicht. In der langgestreckten dunklen Conciergerie wurden wir wie Strafgefangene behandelt. Es scheint, daß auf der ganzen Welt ein Untersuchungsgefangener schon halb als Verurteilter gilt und dementsprechend wie verfaulte Ware behandelt wird. Man kommandierte uns herum, und wenn einer nur eine falsche Bewegung machte, wurden ihm Schläge angedroht. Jeder mußte seine Taschen ausleeren. Der Inhalt wurde sorgfältig in einer Liste registriert. Schuhsenkel, Hosenträger und Krawatten wurden abgenommen und zu dem Häuflein der Habseligkeiten gelegt. Ich begriff nicht gleich, wozu das nützlich war und fragte einen der Wärter nach dem Grund, und er antwortete: »Ach, Sie sind nicht im Bilde? Sie sind zum erstenmal hier? Nun, mit einem Schnürsenkel oder einem Hosenträger zum Beispiel könnten Sie sich doch aufhängen, und das hieße doch, daß Sie sich dem berechtigten Zugriff der Justiz in unberechtigter Weise entziehen könnten. Das ist der Grund. Aber es gibt noch einen zweiten: Sie müssen die Schnallen ihrer Hose aufmachen; damit sind Sie gezwungen, die Hose festzuhalten, damit sie nicht herunterfällt. Also können Sie schlecht laufen und nicht entfliehen.« Der nämliche Mann befahl uns nach dem Ende dieser Prozeduren, uns in Reih und Glied aufzustellen, und führte uns in unseren Gewahrsam. Wir wurden auf dem Marsch durch die Gänge des Gefängnisses zu zwei und zwei in die Zellen verteilt. Später hörte ich, daß eine große Anzahl der Verhafteten übrigblieb, für die keine Zellen mehr vorhanden waren. Die wurden im sogenannten »Grande salle« untergebracht, bis ihr Schicksal geklärt war.

Die einzige Möglichkeit zur Unterhaltung, die uns verblieb,

war ein notdürftig hergestelltes Schachspiel, das wir aus kleinen glitschigen Brotkrumen kneteten, das Schachbrett machte ich aus einem Fetzen Papier, der mir bei der Einlieferung, vielleicht versehentlich, gelassen wurde. Allzu viel konnten wir nicht spielen, denn nach zehn Tagen wurden wir aus dem Gefängnis entlassen. Wir bekamen unsere winzigen Siebensachen wieder, und nachdem wir unsere Schuhlitzen und Hosenträger wieder angelegt hatten, wurden wir in den Gefängnishof geführt, soweit wir Deutsche oder Österreicher waren. Da war nun eine große Menge versammelt. Wie zu einem feiertäglichen Ausflug standen da eine Reihe von Autobussen, die wir tatsächlich besteigen sollten, aber nicht zu einem Ausflug, sondern zu einer Fahrt an einen Güterbahnhof. Paris aber war wirklich feiertäglich geschmückt. Die ganze Stadt sah aus wie bei einer Sonderschau auf einem Jahrmarkt. In allen Straßen, durch die wir fuhren hingen Fahnen aus den Fenstern, viele Leute liefen mit kleinen Fähnchen herum. Es war die große Siegesfeier der gewonnenen Schlacht an der Marne, wie uns die Busfahrer strahlend mitteilten. Viele Einzelheiten konnten wir nicht erfahren, aber es schien in diesem Augenblick, als ob Frankreich den Krieg bereits gewonnen hätte.

Wir gelangten schließlich zu einem ausgedehnten ehemaligen Flugplatz, der mit Stacheldraht eingezäunt war. Innerhalb des Flugplatzes standen langgestreckte Zelte, die offenbar zur Aufnahme von Flugzeugen gedient hatten. Da stand nun zunächst ein wirrer Haufen von Menschen, Familien, Männer und Frauen, viele Kinder. Zunächst wurden die Familien von den einzelstehenden Personen getrennt, dann sonderte man die Frauen von den Männern. Die Familien und Frauen wurden auf einige der Zelte verteilt, und die Männer mußten sich in Reih und Glied aufstellen. Ein Reserveleutnant hatte die Führung des Lagers und war von mehreren Unteroffizieren begleitet. Eine Wachmannschaft stand in einiger Entfernung, offenbar lauter Landsturmsoldaten, die nicht gerade martialisch aussahen. Der

Leutnant stellte den versammelten Männern einen ehemaligen Fremdenlegionär als Chefkoch vor und forderte uns andere auf, eine Reihe von Unterköchen freiwillig anzubieten. Keiner meldete sich. Ich dachte mir, das Kochen für so viel tausend Leute könne unter der Leitung eines solchen Chefkochs nicht schwer sein. Ein Unterkoch brauche bestimmt keine große Erfahrung in einer Küche zu haben. Ich dachte weiter: wenn ein Schaf sich meldet, kommen andere nach. Ich trat also vor und stellte mich neben den Chefkoch, und die erwartete Wirkung trat sofort ein. Man brauchte etwa 32 Unterköche, und die waren rasch beisammen.

Nun wurden alle Männer ebenfalls in Zelte verteilt, ich wurde in ein Zelt verwiesen, in dem sich lauter Familien befanden. Es war mir angenehm, daß mein Platz direkt am Eingang des Zeltes lag, wo die Luft besser war. Es wurden Schütten Stroh verteilt, welche dann jeder selbst zu einem mehr oder weniger bequemen Lager verarbeiten konnte. Auf dem Küchenplatz standen bereits etwa fünfzehn große Kessel in einer Reihe, in einer langgestreckten Bretterbude waren Vorräte aufgestapelt, hauptsächlich Reis, Brot und Kartoffeln nebst Gemüse und Zwiebeln. In einer Ecke standen Fäßchen mit Fett. Jedem der Unterköche wurde Material für die Abendsuppe zugeteilt, bald brannte ein Feuer unter jedem Kessel, die Kessel wurden mit Wasser gefüllt, jeder Kessel wurde von zwei Unterköchen bedient. Mein Mitkoch war ein kleingewachsener ungarischer Schuster, mit dem ich mich sowohl französisch als auch deutsch verständigen konnte. Er war ein kluger, witziger und weitgereister Mann, mit dem ich mich sehr gut verstand. Obwohl nicht viel Zeit zur Verbesserung der Suppe war, brachte es mein Schuster doch fertig, unsere Suppe schmackhafter als die der anderen zu machen, indem er die uns zugeteilten Zwiebeln mit mir zusammen ganz klein schnitt, um sie in dem großen langstieligen Schöpflöffel, der etwa einen Liter Flüssigkeit fassen konnte, braun zu rösten. Die übrigen Köche hatten uns beobachtet und ahmten uns bald nach. Nach etwa einer Stunde war die Mahlzeit fertig, und die Brotsuppe wurde in kleine Tragkessel verteilt und in die Zelte getragen. Dort waren mittlerweile Blechteller, Gabeln und Löffel verteilt worden, und jeder bekam seine Zuteilung. Auf diese Weise begann also unser primitives Lagerleben. Es mochten etwa zweitausend Menschen auf diesem Flugplatz anwesend sein. Man lernte die primitiven Wasch- und Toilettenanstalten kennen, und solange das Wetter gut war, war auch das Leben erträglich. In einem etwas kleineren Zelt hatte sich offenbar eine Schar von reichen Leuten zusammengefunden, die von der übrigen »Masse« keine Notiz nahmen, und ich lernte sie zunächst auch nicht kennen. Meine eigene Lage war mehr als bescheiden für die Nacht: ich hatte nichts zum Zudecken außer den Kleidern, die ich anhatte. Im Nachbarzelt waren lauter alleinstehende Frauen untergebracht, die sich bald hilfsbereit erwiesen. Da war eine sehr muntere und umsichtige Frau mittleren Alters, die sich meiner annahm, als sie merkte, daß ich nicht einmal eine Decke hatte. Sie bot mir lachend eine Reihe von ihren eigenen Kleidern an, hatte aber selbst nicht viel bei sich, da auch sie von den Umständen überrascht worden war. Sie war eine muntere Elsäßerin und wurde von anderen »Tante Anne« genannt. Sie schickte mir jeden Abend einige Kleidungsstücke zum Zudekken, und am Morgen gab ich sie wieder zurück. Einige Tage später aber bekam unser Lager Besuch aus der Stadt Angers, und der Lagerleiter stellte uns einen Herrn als Doktor Maisonneuve vor, der das Lager medizinisch betreuen sollte. Ich weiß nicht mehr genau, wieso ich diesem Arzt auffiel; er hatte offenbar den Lagerleiter gefragt, ob sich bedürftige Intellektuelle in dem Lager befänden, und der Leutnant hatte vielleicht mich als einen seiner Unterköche vorgestellt. Der Arzt erkundigte sich nach meiner Lage, und als er hörte, daß ich ohne jedes Gepäck da sei, bot er mir dreißig Franken an, um mir wenigstens eine Decke kaufen zu können. Auch sonst war dieser Arzt sehr freundlich und hilfsbereit zu den Lagerinsassen; er hatte jedoch nicht viel zu tun, da das Wetter weiterhin sonnig und nicht allzu heiß blieb, und so sah ich ihn selten und konnte mich am Ende nicht einmal von ihm verabschieden; denn wir waren nur zwei Monate in diesem Zeltlager, da es für die kalte Jahreszeit nicht ausreichte.

An diese Zeit erinnere ich mich mit großem Vergnügen: ich hatte eine nützliche Beschäftigung und fand unter den jüngeren Frauen und Männern der benachbarten Zelte gute Kameraden. Da war zum Beispiel eine junge Schweizerin, die in Paris studiert hatte und sozusagen nur »aus Versehen« in das Lager gekommen war. Sie wurde auch bald nach Hause in die Schweiz entlassen und leistete danach vielen von uns gute Dienste, da sie von der Schweiz aus unseren Angehörigen in Deutschland Nachricht geben konnte; denn die Verbindung mit Deutschland war zunächst völlig abgeschnitten, bis der Postverkehr zwischen den verschiedenen kriegführenden Ländern durch die Zentralstelle des Roten Kreuzes in Lausanne eingerichtet war. Diese junge Dame schickte mir auch regelmäßig Päckchen und Briefe, da sie mit meinen Eltern Briefverkehr pflegte, und als die Operationen an der Westfront zum Stillstand gekommen waren, konnte sie meine Eltern auch in München besuchen. Die Elsäßerin »Tante Anne« dagegen mußte im Lager bleiben, da das Elsaß durch die Front abgeschnitten war.

Das Leben im Lager war naturgemäß ziemlich eintönig, weniger für mich, den Koch, als für die Menge einfacher Leute, die nicht auf Lesen eingestellt waren. Unterbrochen wurde unsere Eintönigkeit nur einmal durch den Besuch des Generals Mordacq aus Nancy, der diese Region als Oberbefehlshaber unter sich hatte. Er fuhr eines Tages in einem eleganten Auto vor und trat, begleitet von seinem kleinen Stab, an den Stacheldraht und schrie in das Lager hinein: »Deutschland, Deutschland unter alles.« Einige der Lagergenossen kannten diesen General als einen rechten Deutschenfresser, und ich selbst hatte manchen Hetzartikel in seiner Provinzzeitung gelesen, hier aber an unserem Stacheldraht machte er sich nur lächerlich. Es war gerade Mittagszeit, als er das Lager besichtigte, und ich hatte den Suppenkessel mit Brotsuppe in mein Zelt zu befördern, als der General vorbeikam. Er trat an meinen Kessel heran und sagte: »Ich will sehen, wie die Internierten verköstigt sind,« und ließ sich einen Löffel geben. Er kostete die Suppe und verzog sein Gesicht, wie wenn er Gift eingenommen hätte, sagte aber dann: »Hmm, nicht schlecht, eine gute Suppe,« und ging weiter. Ich ging auch weiter und ahnte nichts Böses. Als ich aber in mein Zelt kam und die Suppe verteilt wurde, ertönte die Stimme eines Jungen: »Da ist ja Seefe drin!« »Wieso Seife?« sagte ich. »Ja,« fragte der Junge, »haben Sie die Suppe nicht abgeschmeckt?« – »Doch, natürlich!« – »Probieren Sie sie nur noch einmal!« Die Suppe schmeckte tatsächlich richtig nach Seife. Ich konnte mir das nicht erklären und ging schnell zu meinem Feldkessel zurück, wo auch schon mein Schuster mit kläglichem Gesicht stand und ebenso ratlos war wie ich. Die Suppe war verdorben, und woher kam die Seife? Wir fanden des Rätsels Lösung im Vorratsschuppen: da lagen die Brotstangen auf den unteren Brettern und darüber Würfel von Marseiller Seife, direkt unter dem Dach der Hütte. Es war ein heißer Tag, einige Seifenwürfel waren geschmolzen und auf einige der Brotstangen geträufelt. Die Farbe der Seife war die gleiche wie die des Brotes, gelblich, und nun erinnerten wir uns, daß uns unsere Suppe zu dünn geraten war, wir hatten in aller Eile einige Stangen Brot nachgeschnitten, und so war die auf das Brot getropfte Seife in unseren Kessel gelangt, ohne daß wir es merkten. Die Suppe war ungenießbar, das war ein Faktum, und wir machten schnell zum Trost und als Ersatz für das Mittagessen eine neue Suppe, so gut es möglich war mit den uns zur Verfügung stehenden Zutaten. Die Leute waren meistens mit ihrer Ernährung zufrieden, da jedermann in der Feldküche offen sehen konnte, daß die Köche ihr Bestes taten, obwohl die Möglichkeiten zur Abwechslung nicht groß waren. Nur wenn es Fleisch gab, war die Unzufriedenheit groß, obwohl der Chefkoch persönlich den »Zuschnitt« der Fleischportionen vornahm, eine Arbeit, zu welcher er ein paar erfahrene Hausfrauen zu Hilfe holte, aber wer kann Rindfleisch zur Zufriedenheit von zweitausend Menschen verteilen, ohne daß viele Knorpel und Häute dazwischenkommen; denn ohne diese Teile wären die Rationen noch kleiner gewesen, als sie sowieso schon waren, und die besten Fleischsorten wurden uns während des Krieges bestimmt nicht geliefert.

Ende Oktober des Jahres 1914 teilte uns der Lagerleutnant mit, das Lager würde aufgelöst und die einzelnen Gruppen nach Südfrankreich oder in die Bretagne verschickt. Die Gruppeneinteilung wurde nach verschiedenen Gesichtspunkten vorgenommen. In erster Linie wurden die Familien berücksichtigt, die zum größten Teil in die südlichen Provinzen verschickt wurden. Die alleinstehenden Männer kamen in der Hauptsache nach der Bretagne, nach dem äußersten Finistère an der Bucht von Brest. Eine kleine Gruppe von etwa hundert Menschen bestand hauptsächlich aus Intellektuellen und Kaufleuten von jenem Sonderzelt, das ich oben erwähnte. Ein eleganter hochgewachsener Herr fiel mir auf, der wie ein ehemaliger Kavallerieoffizier aussah. Es war Herr von Mumm, der Leiter der französischen Besitzungen, die die bekannte Frankfurter Sektfirma in der Champagne hatte. Ihm war es nicht gelungen, trotz seiner internationalen Verbindungen, rechtzeitig nach der Schweiz zu entkommen. Es war ihm sogar vorgeworfen worden, er habe schon sehr früh vor Ausbruch des Krieges gewußt, daß ein Krieg kommen werde, und habe in seinen Weinbergen Betonplatten herrichten lassen, die zur Aufstellung von Artilleriegeschützen dienen sollten. Das war aber nur eine jener zahlreichen Kriegsenten, die in allen Ländern auftauchten und die Volksstimmung verpesteten und verhetzten. Man ließ auch bald die Anklage gegen ihn fallen und bot ihm sogar Vergünstigungen an. Er aber wies alles von sich und lebte auch während der ganzen Kriegszeit ebenso einfach wie jeder andere. Da ich zu seiner Gruppe gehörte, lernte ich ihn in dem Lager, das uns für die ganze Dauer des Krieges aufnehmen sollte, gut kennen und schätzen. Der Aufenthalt in diesem Lager war für ihn sehr anstrengend und setzte ihm so sehr zu, daß er etwas früher als wir anderen nach der Schweiz entlassen wurde. Bevor wir wieder in unserem Viehwagen verstaut waren, fragte ich unseren Lagerkommandanten, der seine untergebenen Internierten wirklich liebgewonnen hatte und sehr freundlich war, was für ein Schicksal uns Zivilisten erwarte. Es sei doch nicht üblich, daß man in einem Krieg Zivilisten als Gefangene behandle. Er antwortete, daß die Engländer im Burenkrieg vor zwölf Jahren einen großen Teil der aufsässigen Zivilbevölkerung in Südafrika in sogenannte Konzentrationslager zusammengetrieben habe, und daß sie in diesem Krieg ebenfalls die sich in England aufhaltenden Deutschen auf ähnliche Weise festhielten. Daraufhin habe Deutschland ebenfalls solche Lager errichtet, und Frankreich sehe sich gezwungen, als Gegenmaßnahme dasselbe zu tun. Wir müßten also damit rechnen, während der ganzen Kriegsdauer mit dem Titel »Zivilinternierte« in unseren Lagern bleiben zu müssen, es sei denn, daß die kriegführenden Länder durch Vermittlung des Roten Kreuzes zu einem Vertrag kommen und die Zivilisten wieder freigeben. Es sei aber sehr fraglich, ob ein solches Abkommen vereinbart werde, da sich unter den Zivilisten so viele militärpflichtige Männer befänden. Alleinstehende Frauen hätten eher Aussicht, nach einer gewissen Zeit in ihre Heimat entlassen zu werden, die Frauen und Kinder von ganzen internierten Familien würden vor die Wahl gestellt werden, ob sie bei ihren Männern bleiben oder nach Hause geschickt werden wollten. Ich war froh, daß ich diese Auskunft bekommen hatte, und konnte auch nach einiger Zeit dies meinen Angehörigen mitteilen.

Das Lager, das wir nun verließen, war dicht bei dem Dorf Avrillé und nicht weit von der Loire entfernt. Der Ort war mir liebgeworden, nicht nur durch seine schöne Lage in der harmonischen Landschaft von Angers, sondern vor allem durch die vielen hilfsbereiten und freundlichen Menschen, mit denen ich da zusammen war. Gerne hätte ich die Bekanntschaft mancher dieser Leidensgenossen nach dem Krieg fortgesetzt, da aber über vier Jahre darüber hingingen, bis wir wieder in Freiheit waren, hatte sich viel in unserem Leben verändert, und es drängten sich nach dem Krieg so viel neue Aufgaben zusammen, daß ich keinen dieser Menschen mehr sah.

Die Fahrt von Angers nach der äußersten Bretagne führte uns über Rennes durch die nicht sehr hohen, aber sehr romantischen Hügelketten der östlichen Bretagne. Die Fahrt hatte schon bei Einbrechen der Dunkelheit begonnen und setzte sich den größeren Teil des nächsten Tages fort, so daß wir mehrere Male das Spiel der aufgehenden Sonne mit starker Abwechslung von Licht und Dunkel erlebten. Der Endpunkt unserer Fahrt war der Bahnhof am Hafen von Brest. Nachdem wir ausgeladen waren, wurden wir sofort in Reih und Glied aufgestellt. Vor uns breitete sich der Hafen von Brest und darüber hinaus die malerische Bucht aus, die an ihrem südlichen Ende von blau verdämmernden Hügeln abgeschlossen war. Die Tätigkeit unseres Lagerkommandanten war abgeschlossen, als er uns unserem neuen Kommandanten übergab mit den Worten: »Ich bitte Sie, diese Internierten freundlich zu behandeln, sie haben mir nie Schwierigkeiten gemacht und verdienen auch Ihre Achtung.« Der neue Lagerkommandant war Elsäßer und hieß Pfeiler. Unser Kommandant hatte ihn uns regelrecht vorgestellt. Hauptmann Pfeiler aber machte seinem Namen bald Ehre. Er beantwortete die Empfehlung unseres bisherigen Kommandanten mit den Worten: »Des égards? Des coups de pied, oui.« Das war alles, was er sagte und erweckte in uns trübe Aussichten. Zum Glück hatte er aber nur das Kommando hier im Hafen von Brest, und seine »Betreuung« war zu Ende, als er uns am Ziel unserer Fahrt durch den Hafen in unserem endgültigen Lager wieder einem neuen Kommandanten abgeliefert hatte. Unser alter Freund wollte uns zusammen mit diesem Herrn Pfeiler bis zum Ende unserer Fahrt begleiten und bestieg daher mit uns das Motorboot, das uns aus dem Hafen hinausfuhr und die ganze Breite der Bucht von Brest durchquerte. Diese Bucht ist wohl eine der schönsten Landschaften, die ich jemals kennengelernt habe. Die wunderbare, heroisch anmutende Landschaft entsprach ganz dem Geschehen, das eben in der Welt sich abspielte. Man sagt, diese Bucht könne die Kriegsflotten aller Länder der Erde aufnehmen, und es wäre noch genügend Platz für andere Schiffe vorhanden. Gewiß wünscht niemand, ein solches Schauspiel vor sich zu haben, sollte aber der Augenblick einmal eintreten, in welchem die Kriegsflotten aller Welt zu einer friedlichen Demonstration zusammenkämen, so wäre das sicherlich ein erhabenes Schauspiel vor Gott und den Menschen. In dem Augenblick aber, in welchem wir in unserem Motorboot über die glatte Fläche der Bucht fuhren, machte sie auf mich den Eindruck eines stillen Winkels, in dem man sich wohlfühlen konnte. Die blaue Fläche lag regungslos da, hie und da setzte ein Fischerboot einen farbigen Fleck in das Bild, kurz, es war ein Frieden, von dem man glauben konnte, er werde niemals unterbrochen. Die Zufahrt zu diesem herrlichen Fleck Erde war gebildet von einer ziemlich langen Meerenge, die man den »Flaschenhals« nannte (le boulot). Nur ein einziges Mal während des langen Krieges gelang es einem deutschen Unterseeboot, diesen gut gesicherten Flaschenhals zu durchfahren und einige Zerstörung anzurichten.

Wir landeten schließlich in einem kleinen Hafen am südlichen Ufer der Bucht. Wiederum formierten wir einen langen Zug und mußten nun einen steilen, felsigen Hügel hinaufmarschieren, um in unser neues Quartier zu gelangen. Nachdem wir ein Vorwerk durchmessen hatten, das sich vom Hafen bis zum Festungsbau selbst hinaufzog, tat sich ein Tor auf, und wir standen in einem verhältnismäßig wenig geräumigen Hof, der auf der einen Seite von dem Hauptgebäude und auf den drei anderen Seiten von den Kasematten umschlossen wurde. Wir waren von der Westseite in den Hof eingetreten und schauten durch eine Unterführung unter dem Festungswall nach Osten zu auf andere Vorwerke, die das Ganze nach der freien Landschaft hin abschlossen. Wir wurden in drei Kasematten verteilt. Die erste davon nahm die zahlreichen Ungarn auf, die ungefähr ein Drittel unserer Mannschaft bildeten. In der zweiten wohnten die Intellektuellen, zu denen auch ich gehörte. Der Rest der versammelten Deutschen bezog die dritte Kasematte. Die Kasematten sind dunkle, etwa fünfzehn Meter tiefe Gänge in den Wald, der die eine Seite des Hofes bildete. Die Gänge waren etwa fünf Meter breit, so daß zwischen den Betten ein Mittelgang von einem Meter übrigblieb. Man lieferte jedem der Internierten eine Pritsche, dazu je einen Strohsack, und in der Mitte des Hofes lag ein riesenhafter Haufen Stroh, von dem man sich zum Stopfen des Strohsackes bedienen konnte, solange der Vorrat reichte. Der Strohhaufen schien gut bemessen zu sein, denn jeder der Anwesenden hatte schließlich einen wurstartigen Sack vor sich, den er im Laufe der Zeit plattliegen mußte. Das war nun über vier Jahre lang unser gesamtes Mobiliar; denn der Strohsack diente als Tisch, als Stuhl und als Bett. Was im Lauf der vier Jahre dazukam, mußte jeder der Insassen selbst besorgen. In dem Hauptgebäude war auf der einen Seite das Wachlokal für die Soldaten, auf der anderen Seite die geräumige Küche und ein Raum für die Kantine, die nach einigen Tagen eingerichtet wurde. Neben dem Wachlokal war noch ein ähnlicher Raum wie die Kantine, der, ebenfalls nach einigen Tagen, von einem neuen Schub Internierter bezogen wurde. Wir waren schließlich eine Gruppe von etwa hundertzwanzig Mann, die bis zum Kriegsende konstant blieb. Es war ein Querschnitt durch verschiedene Gesellschaftsschichten; er ging vom Arbeiter bis zum Fabrikanten und Gelehrten. Es gab unter uns eine ganze Reihe von tüchtigen Malern und Lehrern. Die Maler zeigten sich allmählich in sozialer Weise sehr hilfreich, da in allen Schichten dieser kleinen Bevölkerung sich allerlei Triebe regten, um die Eintönigkeit und Langeweile des Daseins ohne Schaden zu bestehen. Das war ein interessantes psychologisches Phänomen. Außer den Malern hatte wohl keiner dieser kleinen Mannschaft je einen Zeichenstift in die Hand genommen, aber bald kauften sich viele in der Kantine einen Zeichenblock, und Malstifte, Pinsel und Farben in Tuben wurden angeschafft, und wahre Talente entwickelten sich unter der Anleitung einiger dieser Maler, zum Beispiel meines Freundes Fisser.

Die reichen Leute hatten am wenigsten Interesse für solche Zerstreuungen. Sie blieben meistens unter sich und bildeten jeden Morgen einen Kriegsrat, der so gut Bescheid wußte, daß sicherlich die Schlacht an der Marne nicht für Deutschland verloren gegangen wäre, wenn diese Herren im Generalstab gesessen hätten. Es waren auch einige Studenten unter uns, deren sich die Lehrer besonders annahmen, um mit ihnen hauptsächlich Sprachen zu studieren. Auch die Musik war so weit vertreten, daß wir bald ein Streichquartett gründen konnten. Bei den Ungarn befand sich ein sehr tüchtiger Violinvirtuose namens Rigo Batschi, auf Deutsch Onkelchen Amsel. Dieser Mann war ein echter Künstler und hatte beim Ausbruch des Krieges in einem der feinen Kaffeehäuser in Paris eine Kapelle geleitet. Ein junger Frankfurter Student spielte die zweite Geige, ich die Bratsche, und ein junger Studienassessor spielte recht gut Cello. Zunächst hatten aber nur der Virtuose und der Frankfurter ihre Instrumente bei sich. Die Ortsgruppe Paris des internationalen Christlichen Vereins Junger Männer hatte ihre Hilfe angeboten; deshalb wandten wir uns an sie, wenn wir Bücher oder Kleider brauchten, und nun baten wir auch um eine Bratsche und ein Cello. Es dauerte nicht lange, da kamen die zwei Instrumente an, dazu auch einige Quartettnoten von Haydn, Mozart, Schubert, Beethoven und Dittersdorf, und wir konnten mit unseren Übungen anfangen. Das war nicht ganz leicht zu organisieren, denn wir hatten nur unsere Wohnräume, die mit Pritschen vollgelegt waren, so daß kein Platz war für Pulte oder Sitzgelegenheiten. Der Lagerkommandant fand aber allmählich, daß die Kasematten zu eng belegt waren, und stellte uns einen weiteren Raum zur Verfügung, der im Hauptgebäude unter dem Dach lag und rießengroß war. Da hinein meldete sich nun eine Gruppe aus allen vier Kasematten, was nicht ohne Reibung vor sich ging, es fanden aber schnell ziemlich viele die großen Vorteile des großen Raumes unter dem Dach heraus, und so wurde der ganze neue Raum belegt, und jedermann war zufrieden. Die Gründe für die Wahl dieses neuen Raumes waren sehr verschieden. Unter den Ungarn waren einige, die miteinander befreundet waren und den lärmenden Unterhaltungen ihrer Landsleute entkommen wollten; da war zum Beispiel ein Rechtsanwalt, ein sehr stiller Mensch, der immer über Büchern saß, ein Hochschulprofessor und ein Diplomat, die sich eng aneinandergeschlossen hatten, ein paar Arbeiter, die die frische Luft in dem hohen Raum unterm Dach schätzten.

In der Kasematte der Reichen waren auch einige Arbeiter, die dort als Störenfriede empfunden wurden. Deshalb hatten die Reichen untereinander ausgemacht, eine Stimmzettelwahl vorzunehmen, durch die jeder Beteiligte seine Wünsche ausdrükken sollte. Die Wahl sollte geheim sein, aber jeder sollte auf seinem Stimmzettel angeben, wer nach seiner Meinung unterm Dach besser untergebracht wäre. Ich fand dieses Verfahren nicht sehr anständig und meldete mich als erster freiwillig, obwohl ich wußte, daß ich nicht hinausgewählt werden sollte. Das machte einigen Eindruck, die Wahl fand nicht statt, und diejenigen, die wußten, daß sie wahrscheinlich hinausgewählt werden sollten, schlossen sich mir an. Es zeigte sich allmählich, daß die Belegschaft des neuen Raumes denkbar harmonisch war und blieb. In dem Raum unter dem Dach war es leicht möglich, unsere Quartettübungen abzuhalten; denn es fanden sich immer mehrere Stunden, in denen der Raum vollkommem leer war und wir deshalb niemand störten. Wir hatten unter uns einen originellen Kauz namens Bacher, der aus einer reichen Familie in Breslau stammte und von dieser nach Paris abgeschoben worden war, weil er in seine reiche Familie nicht paßte. Er war etwas gestört in seinem Seelenleben, aber sehr friedlich und harmlos, mich erfreute er häufig durch seine originellen Bemerkungen. Er war in der Porzellanfabrik von Sèvres als Maler angestellt gewesen und fand im Malen auch die notwendige Zerstreuung für das Gefangenendasein. Er saß meistens in seinem dunklen Winkel in unserem Raum, verließ aber sofort das Zimmer, wenn wir zu spielen anfingen, und wollte uns nicht stören, wie er sagte. Zu mir aber meinte er: »Wissen Sie, die Malerei ist doch eine sozialere Kunst als die Musik. Kaum haben Sie angefangen zu stimmen, laufen die Mäuse und Ratten davon. Vor einem Maler aber ist noch keine Maus davongelaufen.« Und trotzdem ist es eines Nachts passiert, daß eine Ratte vor ihm davongelaufen ist. Wir hatten immer einige als Miteinwohner, da sie an unseren Lebensmitteln genug Nahrung fanden. Eines Nachts nun wachte ich auf, da ich neben Max Bacher lag. Er war schon mehrere Nächte von einer Ratte gestört worden und hatte sich daher einen Stock zurechtgelegt, um die Ratte zu vertreiben. Diesmal nun saß er in seinem Bett und schlug kräftig auf einen hellen Punkt zu seinen Füßen ein, da sich offenbar die Ratte dort bemerkbar gemacht hatte. Er stöhnte laut vor sich hin, und das war kein Wunder, denn was er da vertreiben wollte, war sein eigener großer Zeh. Ich sagte zu ihm: »Aber Max, da ist ja gar keine Ratte, du triffst ja nur deine große Zehe!« Daraufhin legte er seinen Stock weg und schlief weiter. Am nächsten Tag besorgte ich mir von den Soldaten eine Rattenfalle und fing auch den Störenfried bald. Mir selbst passierte ebenfalls ein Abenteuer mit einem solchen Tier. Ich hatte in einer kubusförmigen Schachtel, die auf einem Brett über meinem Bett stand, einen Kuchen, den mir meine Geschwister geschickt hatten. In diese Schachtel hatte die Ratte ein Loch gefressen, und das ging nicht ohne Geräusch ab. Daraufhin hatte ich mir einen kleinen Verschluß dieses Loches konstruiert und wollte die Ratte lebendig fangen. An dem Verschluß hing eine Schnur, und als ich merkte, daß die Ratte im Kasten war, zog ich mitten in der Nacht an meiner Schnur, riß aber zugleich den ganzen Kasten herunter, und die Ratte entkam. Den Kuchen hatte ich natürlich mittlerweile durch eine harte Brotrinde ersetzt. In der nächsten Nacht war ich vorsichtiger. Ich fing die Ratte, wie ich mir's gedacht hatte und ertränkte sie mitsamt dem Kasten.

Nachdem unsere Übungszeiten für das Streichquartett eingerichtet waren, veranstalteten wir auch Konzerte im Hof und schufen damit eine schöne Abwechslung für unser Dasein. Allmählich hatte sich unser bescheidenes Leben in eine ordentliche Gemeinde zusammengefügt. Wir gründeten eine Zeitschrift mit malerischen und literarischen Beiträgen über unser »Hof- und Dorfleben«, und da wir unter uns eine Reihe begabter Literaten und Künstler hatten, stand unsere Zeitschrift in großem Ansehen und wurde von allen gern gelesen. Die Auflage war nicht umfangreich. Wir konnten mit Hilfe einiger Lichtpausblätter für den literarischen Teil einige Kopien machen, den künstlerischen Teil vervielfältigten die Maler und Zeichner mit der Hand. Leider ist kein Exemplar davon auf die Nachwelt gekommen. Sie trug den Namen »Die graue Mütze« in der ersten Nummer, und jede Nummer wechselte die Farbe der Mütze; das hatte seinen Grund darin, daß der Name nach meiner eigenen wollenen Mütze geschaffen wurde. Ich hatte mir eine sehr schmerzhafte Gesichtsneuralgie zugezogen und trug deshalb untertags eine dikke Wollmütze aus alten Strümpfen, und da ich der Inaugurator dieser Zeitschrift war, nannten wir sie nach meiner Kopfbedekkung, die ebenfalls manchmal die Farbe wechselte. Es ist nicht mehr viel Interessantes zu berichten. Die Jahre gingen dahin, ohne daß bei uns etwas Welterregendes geschah, aber das kleinste Ereignis war für unsere Gesellschaft wichtig. Einige dieser Ereignisse will ich berichten. Es hatte sich mit der Zeit eine Katze zu uns gesellt, auch ein nächtlich herumstreichender Kater blieb nicht aus, und die Katze bekam Junge, die ebenfalls wieder Junge bekommen hätten, wenn nicht der Lagerleutnant den Katzen den Krieg erklärt hätte. Unsere Urkatze hielt sich gern in der Küche auf, weil es dort immer etwas zu fressen gab.

Eines Tages kam unser Leutnant mit einem echten Dackel an. Der Dackel schlich sich sofort in die Küche, weil er dort Fleisch witterte, wurde aber von der Katze übel empfangen, denn sie hatte gerade Junge. Der Dackel wurde schwer mißhandelt und trug einige Verletzungen davon. Die Wunden seines Hundes verletzten den militärischen Stolz des Offiziers. Er ließ die Wache antreten und wollte sämtliche Katzen des Lagers vernichten, da neben der Stammkatze noch einige größere Katzen von einem früheren Wurf in den Zimmern waren. Der Leutnant zog mit einem Soldaten mit aufgepflanztem Bajonett und einem zweiten Soldaten, der einen Sack trug, von Zimmer zu Zimmer und sammelte die Katzen ein. In die Küche aber traute er sich nicht hinein, weil da der Koch stand und mit seiner langen Fleischgabel jeden bedrohte, der in feindlicher Absicht seine Küche betreten wollte. Vor ihm hatte tatsächlich der Leutnant Angst, da der Koch ein ehemaliger Fremdenlegionär und sehr rabiat war. Dieser neue Wurf der Mutterkatze blieb also noch einige Zeit am Leben, wurde aber ebenfalls vertilgt, nachdem die Kätzchen größer geworden waren und die Küche verlassen hatten. Auf die Dauer konnte der Leutnant jedoch nicht verhindern, daß wir Katzen als liebe Hausgenossen hatten. Die jungen Katzen wanderten von Zimmer zu Zimmer und siedelten sich nach einem unbestimmbaren Gesetz bald da, bald dort an. So hatte ich einige Zeitlang eine besonders schön gezeichnete Katze, die auf dem Gang vor dem Zimmer unter dem Dach Mäuse zu fangen pflegte. Sie schlief lange Zeit auf meinem Bett. Eines Morgens wachte ich von einem überlauten Schnurren auf, das wie ein Röcheln klang. Die Katze lag da und war völlig durchnäßt. Ich konnte mir das sofort erklären, da ich wußte, daß auf dem Gang ein großes, mit Wasser gefülltes Faß stand, das für gewöhnlich mit einem Sack zugedeckt war. Auf diesen Sack war offenbar die Katze während der Jagd nach einer Maus gesprungen und mitsamt dem Sack eingesunken. An dem Sack konnte sie aber auch wieder hochklettern und war irgendwie wieder auf mein Bett zurückgelangt. Ich deckte sie mit irgendeinem Fetzen zu, und dieser Fall ins Wasser schadete ihr weiter nicht. Ich glaubte natürlich, die Katze habe sich an mich gewöhnt und sei gerne bei mir, aber eines Tages wurde ich belehrt. Ich hatte mit einem Kameraden den Platz getauscht und war von der einen Seite des Zimmers an die andere gezogen, wo ich sogar mehr Platz hatte. In der darauffolgenden Nacht kam meine Katze nicht mehr, und am Morgen lag sie an der Stelle, wo mein Bett gewesen war und war durch nichts zu bewegen, wieder zu mir zurückzukommen. Sie hatte sich also an den Platz gewöhnt, aber aus mir machte sie sich nichts weiter. Das war immerhin enttäuschend.

Ein anderes Abenteuer hatte schwerere Folgen. Unsere Kantine wurde von einem Südfranzosen bedient, der klein und dick war und uns versicherte, er würde uns alles besorgen, was wir nur wünschten. Er hatte sich vorher seinen Lebensunterhalt in Paris als »Fliegender Händler«, wie er sagte, verdient, das heißt, er hatte Ansichtskarten und Schnürsenkel verkauft. Eine Zeitlang war er auch Statist im Theater gewesen und hatte in einem Opernchor mitgesungen. Als wir Mozart spielten, wollte er mir zeigen, daß er großes Musikverständnis habe, und sagte: »Mozart, Mozart, c'est admirable. C'est plein de solfèges. Du reste, il est mon compatriote. Il est né au Midi de la France.« Als ich ihm das bestritt, nahm er das gleichmütig hin und sagte nur noch:

»Mais il a beaucoup voyagé en France.« Er war ein sehr eitler, aufgeblasener Mensch und imitierte den Soupréfet unserer Gegend, der gelegentlich das Lager besuchte. Nun war der Winter 1916 sehr kalt, und wir hatten Schnee, der längere Zeit liegenblieb. Im Hof entspann sich eine Schneeballschlacht, an der alle Insassen der Kasematten sich beteiligten. Der Kantinier kam aus seinem Lager, stand vor seiner Türe und schaute dem lustigen Treiben zu. Da landete ein dicker Schneeball auf seinem Bauch, und das verletzte seine nationale Ehre. Er ging buchstäblich vor Wut mit allen Vieren in die Luft, ließ die Wache antreten und trieb alle Kasemattenbewohner in ihre Behausungen zurück, die Türen wurden verschlossen, und vor jeder Tür hielt ein Soldat Wache. Er rannte zum Telegrafisten, der im Hauptgebäude ein Zimmer hatte und bestellte den Soupréfet mit der Begründung: Revolte unter den Gefangenen. Nach kurzer Zeit war der Präfekt da und hörte sich die Schilderungen seines Untergebenen an, der behauptete, man habe ihn absichtlich mit Schneebällen beschossen. Ohne weiter die Gefangenen zu verhören, fällte der Unterpräfekt sein Urteil: die Stubenältesten der unteren Kasematten wurden für einige Zeit strafversetzt und kamen erst nach einigen Wochen wieder aus einem anderen Lager zurück, und die Gefangenen hatten einige Tage Stubenarrest. Der Hauptschuldige aber, der den Schneeball geworfen hatte, war der Stubenälteste des Zimmers neben dem Wachlokal. Dieser blieb straffrei, weil durch ihn alle Bestellungen in der Kantine gemacht wurden und er deshalb dem Kantinier unentbehrlich war. Ein kleines Bild alltäglicher Rechtspflege.

Eines Tages hatten wir hohen Besuch vom Präfekten des Départements du Finistère, der einigen Akademikern der Légion d'Honneur unser kleines »Musterlager« zeigen wollte. Er ging von Zimmer zu Zimmer und kam zuletzt auch in unseren Raum unter dem Dach, wo ich Stubenältester war. Er hatte in allen Räumen gefragt, ob die Gefangenen Wünsche hätten. Es war ihm auch einiges genannt worden, man hatte ihn um die Erleichterung der Korrespondenz gebeten, die nur jeden Monat einen Brief erlaubte. Einiges andere war ihm vorgetragen worden, das er sich notiert hatte, aber da dieser Besuch uns überraschend ohne vorherige Anmeldung gekommen war, hatten wir nur kurze Zeit gehabt, uns zu verständigen. Ich wußte, daß der Stubenälteste des Zimmers neben dem Wachlokal ihm bereits unsere wesentlichen Wünsche vorgetragen hatte, und konnte von mir aus nichts mehr hinzufügen. Als er mich daher fragte, ob wir einen Wunsch hätten, machte ich mir den Spaß, uns aus dem benachbarten größeren Lager Crozon einen der dort lebenden Türken herüberzuwünschen, damit wir von unseren Alliierten Türkisch lernen könnten. Der Präfekt lachte und meinte zu seinem Begleiter: »Die Deutschen sind doch praktische Leute und studieren, wo immer sie sich befinden.« Einen Türken aber schickte er mir nicht. Ich selbst hätte einen solchen Mann gerne gehabt, denn ich hatte angefangen, Türkisch zu lernen. Das war ein Fehler, ich hätte eher Bretonisch lernen sollen, denn das hätte ich im späteren Leben für meine Arbeiten brauchen können, und meine türkischen Studien konnte ich nach dem Krieg nicht fortsetzen. Das Bretonische zu erlernen hätte ich reichlich Gelegenheit gehabt durch die täglich eintreffenden Lieferanten, die Fleisch, Brot, Butter, Käse, Eier und Gemüse brachten. Auch unter den Soldaten befanden sich solche, die nicht Französisch konnten. Diese Gelegenheit hatte ich auch deswegen nicht benützt, weil meine Kameraden und ich aus der Lagerperspektive heraus das Ende des Krieges nicht in so ferner Zukunft sehen konnten. Wir glaubten auch an die Möglichkeit eines Austausches der Zivilinternierten durch die Bemühungen des Roten Kreuzes, aber in dieser Hinsicht wurde nichts erreicht, und so verpaßten wir manche Gelegenheit, unsere Zeit nützlicher anzuwenden als wir es taten.

Schon in unserem ersten Jahr, das heißt im Frühjahr 1915, bekam meine kleine Bibliothek überraschenden und wertvollen Zuwachs durch verschiedene Spenden. Eines Tages erhielt ich nämlich von einer Buchhändlerin, in deren Laden in Paris ich täglich einige Stunden zugebracht hatte, als ich an der Alliance Française studierte, einen Brief aus Lausanne. Sie hatte mich in Paris schon auf die Werke von Romain Rolland aufmerksam gemacht, und ich hatte mir auch einige Werke dieses Schriftstellers bei ihr gekauft. Diese Bücher waren aber in Paris bei meinen Sachen zurückgeblieben. Ich antwortete der Buchhändlerin und bekam als zweite Sendung eine Postkarte, in der sie schrieb, daß im gleichen Postaustauschbüro für Kriegsgefangene, in dem sie Dienste tat, auch Romain Rolland selbst arbeite. Da ich nun im Lager keine Bücher kaufen konnte, fragte ich sie in meinem Antwortbrief, ob sie vielleicht Romain Rolland bitten könne, einiges zu spenden. Postwendend kam ein Brieflein von Romain Rolland selber, er habe meinen Brief gelesen und bereits seinen Buchhändler in Paris angewiesen, mir drei seiner Werke zu schicken. Bald darauf bekam ich tatsächlich die drei Biographien: »La vie de Michelange«, »La vie de Beethoven« und »La vie de Tolstoi«. Das war für alle Lagergenossen und vor allem für mich ein großer Gewinn. Ich selbst bedankte mich bei dem Spender und schickte ihm nach dem Krieg eine Totenmaske von Beethoven – nicht die bekannte, die durch den um sie herumkomponierten Lorbeerkranz verniedlicht ist. Einen anderen Bücherzuwachs bekamen wir durch Thomas Mann. Es waren unter meinen Freunden einige Thomas-Mann-Verehrer, die bereits Werke von ihm bei sich hatten. Unsere täglichen Gespräche handelten sehr häufig von den Werken, die wir gemeinsam studieren konnten. Ich wußte nun, daß Thomas Mann in München wohnte und daß er ebenfalls, ähnlich wie Romain Rolland, für das Rote Kreuz arbeitete. Ich schrieb ihm über das Rote Kreuz und teilte ihm mit, welche Werke von ihm wir im Lager hätten, und fragte an, ob er uns einige weitere zur Verfügung stellen könne. Auch diese Bitte wurde erfüllt, und nachdem seine Sendung mit einigen Romanen und Novellen eingetroffen war, hatte ich die wesentlichen, damals von ihm vorhandenen Werke zur Verfügung und machte mich daran, eine Studie über diesen Schriftsteller zu schreiben. Leider konnte ich sie nach dem Krieg nicht verwerten; denn in dem Kasten, in dem ich meine Papiere aufhob, hatte sich eine Mäusefamilie eingenistet, und als ich mehrere Wochen im Krankenzimmer zubringen mußte, hatten die Mäuse mein ganzes Opus in lauter kleine Schnipsel verwandelt und die Thomas-Mann-Studie als Kindbett benützt.

Ich hatte auch an meinen letzten Lehrer in München, Professor Karl Vossler, geschrieben und ihn gefragt, ob er mir ein Werk der französischen Litaratur empfehlen könne, das noch nicht übersetzt sei. Er nannte mir daraufhin umgehend »Les souvenirs d'enfance« von Rolland und »Le rire« von Henri Bergson. Beide Werke waren im Lager vorhanden, und ich machte mich daran, »Le rire« zu übersetzen, konnte aber nach dem Krieg feststellen, daß es bereits auf Deutsch erschienen war. Immerhin hatte ich viel dabei gelernt und bei diesen Gelegenheiten Bergsons philosophische Gedanken auch aus anderen seiner Werke kennengelernt. Es fehlte mir niemals an nützlicher Beschäftigung, und Langeweile kannten wir in keiner Weise, da wir täglich unsere Bewegungsübungen im inneren und äußeren Hof herum anstellten und Gedanken austauschten. Ich hatte mich vor allem zusammengefunden mit einem ungarischen Kunstgelehrten, Istvan Lehel, der ungefähr meines Alters war und in der künstlerischen ungarischen Öffentlichkeit bereits eine bedeutende Rolle spielte. An uns schloß sich dann noch ein jüngerer Lehrer an, Oskar Dycke, der ein hochbegabter Dichter war. Wir drei bildeten ein richtiges Studienkollegium und diskutierten täglich mehrere Stunden, schließlich wohnten wir auch im gleichen Raum unter dem Dach nebeneinander und konnten unsere fruchtbaren Studien bis in die Nacht hinein fortsetzen. Es schloß sich uns dann auch ein junger Maler aus Bremen an, der ebenso intelligent wie malerisch begabt war. Durch solche anregenden und angeregten Unterhaltungen verging uns die Zeit sehr rasch.

Eine sehr wesentliche und gesund wirkende Zerstreuung fanden alle Lagergenossen in dem Schauspiel der täglich wechselnden Landschaftsbilder, die unser Erdenbewußtsein in ungeahnter Weise ausweiteten. Ich könnte mir ohne diese vier Jahre des Lebens in einer so großartigen heroischen Landschaft niemals recht vorstellen, wie tief solche Landschaftsbilder die Seele formen und beeinflussen. Es gab unter uns hundert Internierten viele Gelegenheiten zu Ärger und Verdruß, aber man brauchte nur an einen einsamen Punkt unseres Lagerraumes zu gehen und sich in den Anblick der Landschaft zu versenken, und die kleinlichen Alltagsnöte der Seele waren verflogen. Ich habe in meinen Briefen viele solche Landschaftsbilder, die ich mit den Augen aufnahm, in Worte zu fassen versucht, andere hat mir mein Freund Fisser, der Maler, geschenkt, die aber leider im Zweiten Weltkrieg verlorengingen. Meine Wortmalereien sind ein schwacher Ersatz dafür. Diese Bucht von Brest ist eine typisch keltische Gegend und enthüllte mir in den vier Jahren des Aufenthaltes die ganze Tiefe des keltischen Volksgeistes, die ich ja aus der reichen irisch-bretonischen Sagenwelt schon so gut kannte. Was Edouard Schuré in seinen Büchern über das keltische Volk schreibt – zum Beispiel »Les grandes Légendes de France« –, erlebte ich hier in all den Stimmungen von Meeresstille und Sonntagsfeierlichkeit bis zu den wilden Sturmlandschaften des Frühjahrs und des Herbstes. Die reale Phantasie konnte die alten Heldengestalten der irisch-bretonischen Sagen in diese ihnen ebenbürtigen Landschaftsbilder hineinkomponieren. Bald waren es die Gestalten des Artushofes, bald Gestalten aus den bretonischen Märchen wie Peronnik, bald Tristan und bald Perceval, die mir da erschienen. Dieser Schatz innerer Erlebnisse konnte durch nichts ausgelöscht werden. Er war vielmehr ein Trost für die Verluste von Menschen, die mir von meinen Freunden oder von meiner Familie im Laufe der Zeit mitgeteilt wurden. Gewiß waren die Seelen gerade durch diese Landschaft für geistige Dinge viel aufnahmefähiger geworden, so daß ich manchen Verlust in meiner Familie, zum Beispiel den Tod meiner Mutter, vorausahnte. Ich wußte wohl vorher schon, daß die Mutter schwer leidend war und kein hohes Alter erreichen konnte, aber eines ist dieses Wissen, ein anderes das Ahnen des Todes. So saß ich eines Nachmittags bei schönem, aber sehr frischem Wetter und schaute dem Spiel von drei fliegenden Raben zu, die fortwährend krächzend um einen Felsen kreisten. Es war ein schönes Schauspiel, wie sie da auf und ab, hin und her durch die Luft segelten, bald verschwanden und bald wieder steil in die Höhe schossen, und es war keineswegs irgendein schwermütiges Empfinden, das ich dabei hatte, und dennoch setzte sich allmählich in mir der Gedanke fest, es müsse die Mutter gestorben sein. Nach etwa acht Tagen – so lange dauerte ein Brief aus Deutschland – kam die Mitteilung zu mir, daß an eben diesem Tag zur selben Stunde die Mutter gestorben war. So hatte sich beim Anblick dieser dunklen Tiere meine Ahnung bestätigt. Es ist nichts Sentimentales dabei, wenn ich sage, daß dieser Ort der Landschaft in mir von da an eine besondere Stimmung auslöste.

Je länger der Krieg dauerte, desto mehr zeigte sich, daß unsere anfänglich sehr friedliche nachbarliche Bevölkerung gegen uns feindseliger und zurückhaltender wurde. Wir hatten wohl keine Zeitungen zur Verfügung, es wurden jedoch immer wieder Exemplare des Lokalanzeigers »Courrier de Brest« hereingeschmuggelt, und so erfuhren wir, daß die Zeitungen systematisch die Bevölkerung gegen uns aufhetzten. Zum Beispiel hatte unser Küchenchef eines Tages ein Paket mit Tranchiermessern bestellt und bekommen. Am Tag darauf stand ein kurzer Artikel in der Zeitung, der besagte, daß die Gefangenen im Lager von Lanvéoc sich mit großen Messern ausrüsteten, und es sei bekannt, daß sie einen Fluchtversuch und Angriff auf die Bevölkerung planten. Dieses Gerücht wurde noch bestärkt dadurch, daß wieder nach einigen Tagen ein zweiter Artikel in der Zeitung erschien, der der ängstlichen Bevölkerung versicherte, das

Gerücht über den Fluchtversuch sei buchstäblich wahr, denn die »Boches« machten jeden Tag militärische Übungen mit hölzernen bajonettartigen Stäben, die sie dann bei ihrem Ausbruch aus dem Lager durch wirksamere Waffen ersetzen würden. Die Bevölkerung sei gewarnt und hiermit vorbereitet. Tatsache war, daß wir unter Führung des oben erwähnten Geometers einen harmlosen Turnverein gegründet hatten, der täglich einige Freiübungen mit den Stäben machte und im Freien ein Reck, in einem Zimmer ein fliegendes Trapez, angebracht hatte. Das waren unsere »militärischen Übungen«. Einen Fluchtversuch hatten wir natürlich nie geplant, wohl aber war es einem einzelnen Mann aus dem benachbarten viel größeren Lager von Crozon gelungen, zu fliehen und mit einem Fischerboot bis in die Bucht von Biscaya zu gelangen. Dort wurde er wieder eingefangen und zurückgebracht. Der »Courrier de Brest« machte daraus einen Gott sei dank! mißlungenen Vorversuch für den Plan eines Gesamtausbruchs aus den beiden Lagern Lanvéoc und Crozon.

Als Italien in den Krieg eintrat, wurden die italienischen Kriegsgefangenen und Internierten, die im Österreichischen Reich wohnten, freigelassen. Soweit es Seeleute und Mannschaften von gekaperten österreichischen Schiffen waren, wurden auch diese freigegeben. Dies bedeutete nun für uns die Freilassung von sechs Schiffsoffizieren eines österreichischen Handelsschiffes, die im Lauf des Jahres 1915 bei uns einquartiert worden waren. Es waren teilweise Italiener und teilweise Dalmatiner. Diese sechs Offiziere hatten viel interessantes Leben in unser Lager gebracht. Sie waren alle sechs in den großen Raum unter dem Dach gelegt worden und hatten sich dort richtig schiffsmäßig eingerichtet, indem sie eine Reihe von Balken organisierten, mit denen sie eine Art Schiffsverdeck über unserem Stubenboden bauten und ringsum mit ihrer mitgebrachten Zeltleinwand jeden Abend abschlossen. Bei Tag war ihr Zelt offen, abends aber wollten sie unter sich sein. Ihre Unterhaltungen wurden auf Italienisch geführt, einer von ihnen spielte gut Gitarre und hatte eine sehr schöne Stimme. Er war auch untertags bereit, alle die vielen italienischen Volkslieder, die er kannte, uns vorzusingen. Sie hatten wohl untereinander manchmal Schwierigkeiten, weil sich die Slawen mit den Italienern jederzeit schlecht vertragen, blieben aber, mit geringen Ausnahmen, friedlich. Ihr verschiedenartiger Nationalcharakter und Rassenstolz zeigte sich deutlich im Winter 1915/16, der sehr hart und kalt war. Wochenlang war unser Berg buchstäblich eingefroren und von Glatteis überzogen. Die Brunnen auf dem Gelände versagten, und wir mußten einen täglichen Wasserdienst einrichten, der nur dadurch möglich war, daß wir unsere Holzschuhe irgendwie mit Nägeln aufrauhten, um nicht auf dem Glatteis wie die Heinzelmännchen von Köln auf den Erbsen immer wieder auszurutschen und den Berg hinunter zu purzeln. Man hatte uns einen Schlitten zur Verfügung gestellt mit einem Holzfaß für das Wasser, das wir an einer Quelle unten in der Nähe des Strandes vollschöpfen mußten. Es war ein schwerer Dienst, und es waren sechs Mann notwendig bei jeder Fahrt, um den Schlitten mit Schieben und Ziehen den Berg hinaufzubringen. Für uns war es jedoch auch ein Vergnügen und eine Abwechslung, und jedesmal, wenn es gelungen war, das Faß in den Hof zu bringen, wurde es mit lautem Hallo begrüßt. Wir hatten einen Dienst von je sechs Mann eingerichtet und machten unsere »Corvée« anstandslos, da wir uns der Verordnung unserer Gefangenenwärter beugten. Nicht so unsere Italiener, unsere Seeleute. Als diese sechs den Wasserdienst versehen sollten, weigerten sie sich und erklärten, sie seien nicht durch eigene Schuld in diese Gefangenschaft geraten, und die Behörde, die sie eingesperrt hatte, sei auch verpflichtet, sie mit Wasser zu versorgen. Es gehe sie nichts an, woher das Wasser komme, ob aus einem Brunnen oder aus einer Quelle. Nach dem Kriegsgesetz sei Frankreich verpflichtet, die Gefangenen mit Nahrung zu versorgen und in dem jetzigen Fall auch mit Wasser. Sie würden also den Schlitten nicht anfassen. Sie blieben bei ihrem Beschluß, wir übernahmen ihren Dienst, und sie benützten das Wasser mit, das wir holten. Seitdem war eine gewisse Verstimmung unter uns. Ich weiß nicht, ob aus ihrem schlechten Gewissen, oder weil sie sich ärgerten, daß wir nicht auf ihrem Standpunkt standen. Schließlich legte sich die Verstimmung wieder, wir waren weiterhin gute Kameraden, und als sie durch den oben erwähnen Eintritt Italiens in den Krieg abzogen, bedauerten wir den Verlust ihrer Gesellschaft aufrichtig.

Im allgemeinen herrschte recht gute Kameradschaft unter uns. Immerhin zeigten sich allmählich schwerwiegende Unterschiede in mehr oder weniger feiner Charakterbildung der einzelnen, und dies führte gelegentlich zu sehr schmerzlichen Zwischenfällen. In einer der Kasematten befand sich ein sehr robuster und außerordentlich starker, cholerischer Badener aus dem Südschwarzwald. Er hieß Steiner, wurde aber allgemein nur mit seinem Dialektnamen Stiiner gerufen. Dieser Stiiner war den ganzen Tag über in der Küche beschäftigt als Hilfe des Kochs, und wurde von diesem reichlich mit Wein versorgt. Deshalb kam er öfter schwer angetrunken abends in seine Kasematte zurück, und es war dann gefährlich, ihn anzusprechen: er nahm jedes ungute Wort sehr ingrimmig auf. Seine Kameraden aber hatten kein Verständnis für diese cholerische Psyche und neckten ihn gerne. Eines Samstagabends hatte er besonders schwer geladen und wurde besonders heftig gehänselt. Da sprang er plötzlich von seinem Bett auf und hatte ein langes Messer in der Hand, mit dem er wild umherfuchtelte. Es gelang keinem, ihn zu beschwichtigen, er wurde zwar mit viel Geschrei vor die Türe gedrängt, schwang aber sein Messer immer weiter bedrohlich. Dies beobachteten die Soldaten vom Wachlokal, ihr Unteroffizier, der die Wachmannschaft befehligte, ließ seine Soldaten mit aufgepflanztem Bajonett antreten und vor der Kasematte sich aufstellen. Stiiner ließ sich dadurch keineswegs beeindrucken, sondern schrie immer weiter: »Wer mir nahekommt, kriegt das Messer in den Bauch!«

Eine bedrohliche Szene, die vielleicht tragisch ausgegangen wäre, wenn nicht der Lageradjutant dazugekommen wäre, der unter dem Dach sein Zimmer hatte. Er kam langsam über den Hof, trat in aller Ruhe zu seiner Mannschaft und befahl ihr, die Bajonette einzustecken. Diese Handlung machte den richtigen Eindruck auf Stiiner, der nun bereitwillig sein Messer ablieferte und ruhig wurde, da er etwas ernüchtert war und einsah, daß man ihn nicht weiter bedrohte. Dieser Adjutant, ein hochgewachsener alter Bretone von über 65 Jahren, der, wie ich bald erfuhr, sich freiwillig zum Kriegsdienst gemeldet hatte, nachdem alle seine Söhne gefallen waren, machte auf alle Herumstehenden einen charaktervollen Eindruck. Er stand mit seinem langen Bart wie die Ruhe selbst da und machte den Zimmergenossen Stiiners heftige Vorwürfe über ihre Haltung. Am Schluß sagte er mit ungefähr folgenden Worten: »Sehen Sie, Sie sind dieser Lage keineswegs in kameradschaftlicher Weise gewachsen gewesen. Sie sollten wissen, daß man einen Mann in diesem Zustand in Ruhe lassen muß. Er arbeitet Tag für Tag für euch und bekommt kaum einen anderen Lohn als eure Hänselei. Ich finde das abscheulich, und es macht euch keine Ehre. Wie oft bin ich in meiner Jugend betrunken gewesen und war froh, wenn man mir Verständnis entgegenbrachte. Ich bitte Sie in aller Form, seien Sie von nun an Ihrer Gefangenenlage ehrlicher gewachsen.« Nach diesen Worten ließ er die Wachtmannschaft kehrtmachen und wieder in ihr Lokal marschieren. Er selbst grüßte in aller Form und ging in sein Zimmer zurück. Ich brauche nicht weiter zu betonen, daß sowohl dieser Adjutant als auch Stiiner mit ehrfürchtigeren Augen angeschaut wurden.

Die endgültige Aufforderung an die Lagergenossen, sich zum Start nach Deutschland und zum Austausch mit französischen Kriegsgefangenen bereit zu machen, kam etwa Mitte Oktober 1918. Die Niederlage des deutschen Heeres und das Ende des Krieges zeichneten sich schon deutlich ab, und wir waren nicht erstaunt, als wir hörten, daß unser Zug der letzte Austauschzug sei und daß alle Gefangenen, die mit diesem Zug nicht mitkommen könnten, bis zum Friedensschluß in Frankreich zurückbleiben müßten. Nun, unser Zug setzte sich ungefähr am 25. Oktober 1918 von Brest aus in Bewegung. Die Fahrt dauerte etwa fünf Tage und führte uns durch wechselnde Landschaften bis nach Viviers in Südfrankreich. Ich erinnere mich besonders deutlich an eine melancholische Herbstbirkenlandschaft in der Tourraine, als wir an Angers vorbeirollten. Ich dachte an den Sommer 1914 und an den ersten Lagerplatz in Avrillié an der Loire. Damals herrschte dumpfe brütende Sommerhitze, die den Menschen nicht recht froh werden ließ, jetzt umfing mein Blick die Melancholie der lieblichen Tourraine. Was uns aber am Ende unserer Fahrt in dem alten Lehrerseminar von Viviers erwartete, überstieg alle Szenen des Grauens, die wir uns im Krieg vorstellen konnten. Wir waren während dieser fünf Tage auch einmal von amerikanischen Truppen verpflegt worden, hatten dort ankommende Verwundetenzüge beobachtet, die von der Front zurückkamen. Wir hatten gesehen, wie Schwerverwundete aus den Zügen heraustransportiert wurden, die sich vor Schmerzen krümmten, aber Viviers wurde für uns ein Ort des Entsetzens. Das Riesengebäude des Lehrerseminars, das uns aufnahm und bereits mehreren Zügen unserer Art als Durchgangsstation gedient hatte, war im Laufe der Zeit nahezu unbewohnbar geworden, weil alle Fenster und Türstöcke fehlten und kalter Wind durch alle Gänge pfiff. Das Haus war völlig verseucht durch die sogenannte Lungengrippe. Das war eine Art galoppierender schwindsuchtartiger Seuche, die damals in ganz Europa wütete und besonders junge kräftige Männer gefährdete. Wir waren etwa acht Tage dort. Das Krankenzimmer war überfüllt, die Toiletten nicht sehr zahlreich, und die Zimmer für die Transporte unheizbar. Am zweiten Tag nach unserer Ankunft wurde mein Freund Dycke von der Krankheit ergriffen und sofort so schwach, daß ich ihn bei jedem Gang zur Toilette fast tragen mußte. Dycke fand in der kleinen Krankenstation endlich Aufnahme, aber der amtierende Arzt konnte nur feststellen, daß mein Freund nicht mit dem Leben davonkommen würde. Ich war entschlossen, ihn in diesem Zustand nicht allein zu lassen und lieber den Zug zu verlassen, der zwei Tage danach abgehen sollte. Ein junger katholischer Kaplan namens Jung, der mit einem anderen Zug in dieses Seminar gekommen war und der sich uns angeschlossen hatte, – wir lagen im gleichen Zimmer – schlug mir eine andere Lösung vor, die ich schließlich schweren Herzens annahm. Er sagte: »Ich stehe ganz allein ohne Familienanhang, mir kommt es nicht darauf an, wann ich nach Deutschland zurückkomme, niemand erwartet mich, auf Sie aber warten Eltern und Geschwister. Es ist bei all unserer Liebe zu dem jungen Freund, der im Sterben liegt, besser wenn ich als Priester bei ihm bleibe, Sie aber nach Deutschland fahren und seine Eltern benachrichtigen.« Dieser Vorschlag war in jedem Sinne menschlich und seelisch richtig. Der Vater meines jungen Freundes hatte eine angesehene Landarztpraxis im Hegau, in Worblingen bei Singen, und da wir einige Zeit nach dem Überschreiten der Grenze aus Gesundheitsgründen bei Singen interniert wurden, bevor man uns in die Freiheit entließ, konnte ich den traurigen Gang nach Worblingen, wo die Eltern wohnten, von meinem Lager aus antreten. Ich lernte dort eine sehr sympathische glückliche und gesunde Familie kennen und hatte nun die Aufgabe, über den Tod ihres Sohnes zu berichten. Es war ein schwerer Gang; er dauerte nicht lange, aber ich könnte keine Einzelheit dieses Erlebnisses vergessen. Zumal der Vater, der erfahrene Arzt, war untröstlich und sagte immer wieder: »Man hätte ihn so leicht retten können mit Kampferspritzen!« Ich aber konnte nur die trostlose Stimmung in jenem Seminarhaus schildern, es war herbstlich kalt. Vor dem gefährlichen Südwind, dem Mistral, konnte man sich nicht schützen. In dem von Mauern umgebenen Seminarhof rauschten die Platanen unter diesem Wind, und in allen Zimmern lagen Kranke. Ich hatte wohl den Schmerz über diesen unerwarteten Tod während der Fahrt von Viviers nach Singen einigermaßen überwinden können, aber nun überfiel mich dieses traurige Ereignis noch einmal beim Anblick seiner Familie. Viviers, dessen Name »Ort des Lebens« bedeutet, war für viele ein Ort des Todes geworden, und in dieser Stimmung kam ich schließlich, aus der Quarantäne von Singen entlassen, nach München zu meinem Vater und den Geschwistern.

WIEDER IN MÜNCHEN

Ich brauchte mehrere Tage, um mich wieder an das Leben in Freiheit und in eigener Verantwortung zu gewöhnen. Meine Brüder Joseph und Beda waren noch nicht vom Militär entlassen, die Mutter bereits im Jahr 1915 gestorben, und mein Vater wurde um diese Zeit von Therese, der dritten meiner Schwestern versorgt. Die zwei älteren Schwestern versahen ihren Dienst, Maria Luzia in der Schule in Aschaffenburg, Agatha im Kinderkrankenhaus in Jena als Oberschwester. Es war der 1. November 1918, als ich zu Hause ankam – ein denkwürdiger Tag, der Beginn der Revolution. In München wurde noch gekämpft um die Macht, Ausgangsverbot beherrschte das Stadtbild, und es war gefährlich, das Haus zu verlassen. Allmählich bildete sich die revolutionäre Regierung, das äußere Leben stabilisierte sich, Lebensmittel waren knapp, und wer etwas zu vertauschen hatte, mußte versuchen, durch Hamsterei auf dem Land seine Vorräte zu vermehren. Für uns war das ziemlich schwer, da wir nicht viel vertauschbare Schätze hatten. Mein Vater hatte zwar seine kleine Rente, die aber nicht weit reichte, wenigstens in den ersten Monaten, in denen ich noch keine Arbeit hatte. Meine Schwester Therese, die den Haushalt führte, war bis dahin Malerin gewesen, mußte aber nun eine Stelle in der städtischen Fürsorge annehmen. Meine Freunde, die mir während der Gefangenschaft so aufopfernd geholfen hatten, waren zum größten Teil noch nicht vom Militär entlassen, ich selbst hatte noch keinen Anspruch auf öffentliche Hilfe, da ich vor dem Krieg keine beamtete Stelle in Deutschland gehabt hatte. Mein blinder Freund Hans Neumeyer versuchte mir zu helfen und schlug mir vor, eine Stelle an einem Privatgymnasium in Garmisch-Partenkirchen anzunehmen. Er hatte davon gehört durch den Schriftsteller Fritz Müller-Partenkirchen, der mit ihm befreundet war und selbst an diesem Privatgymnasium unterrichtete. Zunächst aber wurde ich mit der kleinen Gruppe von Schülern bekannt, die Hans Neumeyer in Musiktheorie unterwies. Nachdem Hans Neumeyer mit Fritz Müller korrespondiert hatte, lud er mich ein, mit ihm eine Fahrt nach Garmisch-Partenkirchen zu machen. Er brauchte ja einen Begleiter auf allen seinen Wegen. Wir hatten schon manchen Ausflug ins Isartal gemacht, bevor wir Anfang Januar 1919 die Fahrt nach Garmisch antraten. Auf diesen kurzen Ausflügen war schon einige Male eine der Schülerinnen von Hans Neumeyer dabei gewesen, und so fand ich es ganz natürlich, daß diese Schülerin uns auch nach Garmisch begleitete. Hans Neumeyer hatte in Garmisch ein Haus, das wir nun für einige Tage bezogen. Fräulein Kronecker, so hieß die Schülerin, war bei Freunden Neumeyers in einem anderen Hause untergebracht. Viel Haushaltsarbeit war nicht zu verrichten, weil wir mit unseren Lebensmittelkarten lieber im Gasthaus aßen, als unsere Mahlzeiten im Hause einzunehmen. Von Fritz Müller, bei dem wir einige Male eingeladen waren, erfuhr ich bald, daß die Lehrerstelle an dem Privatgymnasium für mich nicht in Betracht kam und deshalb die Fahrt nach Garmisch in dieser Hinsicht keinen Erfolg hatte. Wohl aber führte der Aufenthalt in Hans Neumeyers Haus späterhin zu einer dauernden Freundschaft mit Jutta Kronecker. Sie mußte bald wieder nach München zurück, ich aber blieb mit Hans Neumeyer noch einige Zeit in Garmisch und genoß mit ihm die Gänge durch die schöne

Winterlandschaft. Nach meiner Rückkehr nach München, es war kurz nach Dreikönig, meldete ich mich beim bayerischen Unterrichtsministerium und wurde auch bald an der Theresien-Realschule in der Vorstadt Giesing als Lehrer für Französisch und Englisch angestellt. Diese Anstellung als Assistent war von vornherein gedacht als Übergang zur planmäßigen Anstellung als Studienrat. Wo ich aber diese erste planmäßige Stellung finden sollte, konnte man mir noch nicht mitteilen. Ich fand angenehme Kollegen. Unter ihnen war auch der bekannte Schriftsteller Josef Hofmiller, den ich wegen seines hervorragenden Stils im Deutschen sehr schätzte. Leider waren für mich der Aufenthalt und die Arbeit an der Theresienrealschule nur kurz, so daß sich aus meiner Bekanntschaft mit Josef Hofmiller keine Freundschaft entwickeln konnte. Er war mir aber sympathisch durch sein natürliches münchnerisches Auftreten, hinter dem man keineswegs einen Sprachkünstler vermutet hätte. Er hatte zum Beispiel die Gewohnheit, in der Pause im Lehrerzimmer einen Pfannkuchen aus seinem Rock hervorzuziehen und gemütlich aus der Hand zu verzehren, während er sich mit einem Kollegen unterhielt.

Seine natürliche, etwas ungeformte Lebensführung erinnerte mich an einen Ausspruch der Madame de Staël, die in ihrem Buch »De l'Allemagne« geniale deutsche Professoren der Goethezeit charakterisiert, die in ihren Hörsälen echte Genies waren. In ihrem Heim und in ihren Familien dagegen machten sie den Eindruck biederer Bürger ohne geniale Züge. Diese Beschreibung der kritischen Französin ist zwar übertrieben, aber an Josef Hofmiller und ähnlichen begabten Professoren unseres Gymnasiums konnte man noch ähnliche Beobachtungen machen. Ich erinnere mich bei dieser Gelegenheit gerne an jenen bekannten Mitarbeiter des Archäologen Furtwängler – des Vaters des berühmten Dirigenten –. Dieser Mitarbeiter, Urlichs, war auch eine Zeitlang mein Klassenlehrer gewesen und hat sich während seiner Betätigung als Ausgräber in Griechenland durch manchen klugen Aufsatz in Büchern und Zeitschriften ausgezeichnet. Wir Schüler aber kannten ihn als einen merkwürdigen Sonderling, der oft das Ziel unserer Späße und Witze war. Wir trafen ihn manchmal bei seinen abendlichen Spaziergängen in der Stadt und stellten an ihm eine merkwürdige Neigung zum Verfolgungswahn fest, der sich darin äußerte, daß er jedesmal stehenblieb, wenn er Schritte hinter sich hörte. Er pflegte sich dann umzudrehen und dem harmlosen Passanten ins Gesicht zu schauen und erst weiterzugehen, wenn das betreffende Opfer seines Argwohns vorübergegangen war.

Ähnliche Originale lernte ich noch mehr kennen, die ich in den folgenden Seiten beschreiben möchte. Die Zeit der Räteregierung mit ihren Schrecken ging vorüber, Ostern 1919 brachte einen Umschwung in der Politik, durch den die kommunistische Räterepublik unter Kurt Eisner von einer stabileren bürgerlichen Regierung ersetzt wurde. Diese sogenannte »weiße Regierung« zeichnete sich in ihren Anfängen ebenso durch Bluttaten aus, wie es die Kommunisten getan hatten. So erschoß ein Graf Arco von Zinneberg Kurt Eisner, den damaligen kommunistischen Staatspräsidenten um die Osterzeit, ein Schriftsteller Landauer wurde aus seiner Wohnung geholt und wegen »kommunistischer Umtriebe« hingerichtet. Sogar die Maria-Theresien-Schule, an der ich angestellt war, war dadurch in Mitleidenschaft gezogen worden, daß einer der beliebtesten Professoren meiner Schule namens Horn unter dem Verdacht, Kommunist zu sein, verhaftet wurde. Kurz darauf hörten wir, daß er während des Transports nach dem Gefängnis Stadelheim »auf der Flucht« erschossen wurde. Ich erinnere mich gut an die durchaus vornehme, innerlich durchgeistigte Gestalt dieses Kollegen, der stets einen sehr ernsten Eindruck machte, aber für jeden hilfsbereit und auch bei den Schülern sehr beliebt war. Ich hatte keine weiteren Beziehungen zu ihm, hörte aber später in Stuttgart, daß er nicht nur Goetheanist, sondern auch Mitglied der Anthroposophischen Gesellschaft war und ernsthafte Arbeiten über Goethes Farbenlehre veröffentlicht hatte. Alle diese politischen Ereignisse verdüsterten unser öffentliches Leben in jener Zeit und ließen keine echte Lebensfreude aufkommen. Man hatte doch mehr oder weniger bewußt den Eindruck, daß noch viele dunkle Wolken am Himmel der Zukunft hingen und die gesamte Menschheit bedrohten. Im ganzen gesehen hinterließ das Leben an der Schule in München keine besonders tiefgehenden Eindrücke in mir. Es war von mir aus nur als Übergang gedacht zu neuen pädagogischen Ereignissen; denn ich war schon damals keineswegs gesonnen, mein Leben im Staatsdienst zu beenden. Immer noch schwebte mir das Ideal der Domschule in Reval vor, die mir noch als eine Lebensschule galt, die das Wesen des Todes, das heißt die Einbeziehung des irdischen Lebens in das geistige zu würdigen und zu feiern verstand. An der Maria-Theresien-Schule hatte man den tragischen Tod des Kollegen Horn kaum zur Kenntnis genommen. Ich selbst versuchte meine Lehrertätigkeit in jener Zeit so gut es ging als väterlicher Berater und Erzieher meiner Schüler durchzuführen und trat deshalb gerne mit den Eltern meiner Schüler in Verbindung; dieser Versuch wurde mir jedoch öfter als Übergriff angekreidet. Die Kollegen erblickten darin eine Art stillen Vorwurfs. Deshalb hatte das Jahr 1919 ein viel größeres Gewicht für mein Privatleben als für mein Schulleben; denn durch meine privaten Verbindungen mit Freunden und neuen Bekannten weitete sich mein Horizont über das bürgerliche Maß hinaus.

Meine zukünftige Frau wohnte damals in der Königinstraße in der sogenannten Pension »Fortuna«, und dort verkehrten zahlreiche interessante Persönlichkeiten, wie zum Beispiel der damals bekannte Regisseur und Schriftsteller Forster-Larrinaga, der eben in einem der kleineren Schauspielhäuser in München das antike Drama »Amphytrion« einstudierte. Eine Freundin meiner Frau war bei ihm als Schauspielerin tätig und verkehrte ebenfalls in der Pension. Dann kam aus Berlin der später als Filmregisseur berühmte Schauspieler Wilhelm Dieterle an das

Schauspielhaus in München, wo er zum Beispiel in Tolstois »Das Licht scheint in die Finsternis« die Hauptrolle spielte. Er wohnte ebenfalls in der Pension »Fortuna« und interessierte mich besonders, weil er durch seine außerordentliche Begabung aus eigener Kraft sich zu einem großen Schauspieler entwickelte. In der Familie Kronecker hatte er vielfältige Betreuung und Förderung auf seinem Weg erfahren. Überhaupt lernte ich durch die Erzählungen meiner Frau und Dieterles viel wichtige Dinge aus dem Berliner Gesellschaftsleben kennen. Im Hause Kronecker verkehrten damals hauptsächlich bedeutende Musiker und Schauspieler, aber auch Gelehrte von großem Ruf. Denn mein späterer Schwiegervater, Ernst Kronecker, war in Berlin ein bekannter Jurist, der einen großen Freundeskreis nach der erwähnten Richtung hin pflegte. Erweitert wurde dieser Freundeskreis noch durch Lisbeth, die Schwester von Ernst Kronecker, die eine tüchtige Pianistin war. Sie trat zwar nicht öffentlich auf, aber auch in ihrem Haus verkehrten vor allem die Spitzen der musikalischen Gesellschaft. Durch sie lernte ich zum Beispiel Edwin Fischer kennen, der in den beiden Häusern Kronecker aus- und einging. Man sagte mir, seine rasche Berühmtheit sei durch diese gesellschaftlichen Beziehungen sehr erleichtert worden. Ich merkte auch bald selbst, wie freundschaftlich Edwin Fischer zu der Familie Kronecker stand, als er in München und später in Nürnberg Konzerte gab. Er vergaß niemals, für »seine Jutta« gute Plätze zu besorgen und ihr die Karten persönlich zu überbringen. So oft ich späterhin nach Berlin kam und bei Kroneckers wohnte, lernte ich immer wieder neue Berühmtheiten kennen. Zumal meine Beziehungen zu Tante Lisbeth setzten sich auch nach meiner Nürnberger Zeit fort, weil sie in Pura bei Lugano ein Haus besaß, das immer wieder gerne von ihren Freunden besucht wurde.

Während meiner häufigen Besuche in der Pension Fortuna kam ich auch mit anderen Künstlern zusammen. So besuchte ich zum Beispiel mit meiner zukünftigen Frau gerne das Atelier des

Graphikers Willi Geiger oder die Dachwohnung des Malers Hans Reinhardt, der in Schwabing eine sehr originelle Künstlerbude bewohnte. Einmal waren wir dort zu einem kleinen Fest eingeladen, und als wir etwas zu früh hinkamen, sahen wir den Gastgeber und seine bereits erwachsenen Söhne damit beschäftigt, den mehrere Meter langen Brettertisch zu »decken«. Das geschah auf die Weise, daß eine lange Papierrolle über den Tisch gebreitet wurde und an jedem der etwa zwölf Plätze eine Kohlezeichnung entstand, die dann um Mitternacht von jedem Gast ausgeschnitten und als Erinnerung mitgenommen wurde. Als die Gäste versammelt waren, wurde Musik gemacht, bei der ich mich ebenfalls beteiligen konnte, es wurde gesungen, und vor allem verstand es der Gastgeber Reinhardt, seine Gäste mit Erzählungen aus seinem Künstlerleben zu unterhalten.

Mein wichtigster Lebenskreis war und blieb jedoch der um meinen alten Freund Hans Neumeyer. Dieser Kreis hatte sich nun sehr erweitert. Bereits bei meinem ersten Besuch hatte ich zwei junge Damen kennengelernt, die zu seinem Schülerkreis gehörten. Die jüngere wurde später meine Frau und war die Freundin der um einige Jahre älteren Organistin und Pianistin Gretel von Kap-Herr. Die Familie der letzteren lernte ich alsbald in Kempfenhausen bei Starnberg kennen, wo die Eltern wohnten. Der Vater, Hans von Kap-Herr war in dem Landerziehungsheim von Lietz Lehrer für Geschichte und Deutsch gewesen und lebte im Ruhestand. Seine Gemahlin, die ebenfalls schon in hohem Alter und etwas gebrechlich war, machte auf mich den Eindruck einer hochgeistigen Persönlichkeit, und die Gespräche, die ich mit beiden Eltern führen konnte, bestätigten mir diesen Eindruck. Da war noch ein älterer Bruder von Gretel Kap-Herr im Hause, der ein stilles zurückgezogenes Leben führte und sich in etwas beschränkter Weise mit Lektüre in mehreren Sprachen beschäftigte. Diese Tätigkeit füllte ihn völlig aus. Wenn wir zu Besuch dort waren, zeigte er sich kurz beim Teetisch, beteiligte sich in harmloser Weise an der Unterhaltung, verschwand aber bald wieder in seinem Zimmer. Wichtiger war der jüngere Bruder Jörg, der mit einer sehr vornehmen und schönen Korsikanerin verheiratet war und zwei ebenso schöne kleine Töchter hatte. Leider kam ich mit dieser zweiten Generation wenig zusammen, um so mehr aber mit Gretel von Kap-Herr, da sie immer wieder für längere Zeit in München wohnte und bei Hans Neumeyer Unterricht hatte. So oft sie in München war, musizierten wir viel miteinander, vor allem studierten wir zusammen die Sonaten von Bach, Händel, Mozart und Beethoven. Meine alten Musikfreunde, die Geschwister Schöpperl, und unser alter Bratscher Käsbohrer, fanden auch bald wieder zu uns nach dem Krieg, und wir setzten unsere Quartettstudien fort. Es war aber eine neue wichtige Persönlichkeit dazugekommen: Willi Schmid, ein junger Neuphilologe, der eine Zeitlang in Rom studiert hatte und in Neapel mit der Arztfamilie Gräser befreundet war. Dr. Gräser war bis zum Ende des Krieges Chefarzt eines Spitals in Neapel gewesen, mußte nach dem Krieg Italien verlassen und ließ sich in München nieder. Durch Willi Schmid wurde der Sohn dieser sehr gebildeten Familie Gräser bei Hans Neumeyer eingeführt. Wolfgang Gräser war damals etwa zwölf Jahre alt, ein ebenso begabter Musiker wie Maler. Der Vater Gräser wünschte nicht, daß das malerische Talent seines Sohnes durch den banalen Kunstunterricht am Gymnasium gehemmt wurde und hatte am Ministerium in München den Antrag gestellt, daß sein Sohn vom Kunstunterricht befreit würde. Dieser Antrag war abgelehnt worden, und daraufhin hatte der Vater das Urteil des Publikums angerufen, indem er eine Ausstellung der feinen Aquarellmalereien seines Sohnes machte, die viel Beachtung fand und auch in den Zeitungen besprochen wurde. Ich weiß nicht mehr, ob seinem Antrag auf Befreiung seines Sohnes vom Ministerium dann stattgegeben wurde. Auf jeden Fall wurde Wolfgang Gräser der Schüler von Hans Neumeyer in Musiktheorie und beschäftigte sich vor allem mit dem Studium der Bachschen Fugenkunst. Dies entsprach durchaus der musikalischen Gepflogenheit unseres Kreises, Bachsche Fugen für Streichquartett zu setzen. Daran beteiligte sich Wolfgang Gräser sehr intensiv und schloß sich dadurch vor allem mit Willi Schmid zu einer tiefen Freundschaft zusammen, die auch in einem Briefwechsel einen dauernden Ausdruck fand. Ich selbst konnte mich zwar nicht mehr aktiv an solchen Arbeiten beteiligen, da ich nach den Sommerferien 1919 als Studienrat an das Reformrealgymnasium in Nürnberg versetzt wurde. Aber mit meinen Freunden in München blieb ich in ständiger Verbindung, vor allem durch Willi Schmid und Max Schöpperl.

Willi Schmid war überzeugter Katholik und praktizierte sein Bekenntnis in vornehmster Weise, ohne jedoch auch nur im geringsten anderen Weltanschauungen zu nahe zu treten. Wolfgang Gräser entstammte ebenfalls einer katholischen Familie, hatte aber ein viel freieres Verhältnis zum Katholizismus als sein Freund Willi. Die Familie Gräser war einige Jahre nach dem Krieg nach Berlin übergesiedelt. Wolfgang hatte dort das Abitur gemacht und begonnen, Mathematik und Philosophie zu studieren. Ein großer Teil seiner Zeit war jedoch immer der Musik gewidmet. Schließlich hatte er sich sehr eingehend mit der Kunst der Fuge von Bach beschäftigt, und seine Studien schloß er damit ab, daß er die Kunst der Fuge für großes Orchester instrumentierte. Dies wurde sein Lebenswerk und sein Hauptverdienst für die Menschheit. Es wurde in der Öffentlichkeit nach seiner ersten Aufführung in Berlin sehr beachtet und verschiedentlich aufgeführt. Ich glaubte, die Instrumentation für großes Orchester von Gräser sei eine endgültige Form, die Bach vorgeschwebt haben müsse. Um so mehr war ich erschüttert, als ich bald darauf vernahm, daß Wolfgang Gräser keinen Sinn mehr im Leben finden konnte und es selbst beendet hatte.

An Ostern 1934 befand ich mich mit meiner Familie in Warngau. Willi Schmid war um diese Zeit als Musikberichterstatter der »Münchner Neuesten Nachrichten« eine weltberühmte Persönlichkeit geworden. Ständige Konzertreisen mit einem von ihm gegründeten Violenquartett trugen dazu bei. Er war eben von einer solchen Reise zurückgekehrt und benutzte diese »Kunstpause«, um mich in Warngau zu besuchen. Auf einem Spaziergang über die Felder sprachen wir über Wolfgang Gräser. Willi Schmid erzählte mir, daß sich Wolfgang in seiner letzten Lebenszeit hauptsächlich mit dem philosophischen Werk des Grafen Keyserling beschäftigt habe. Mit einer großen Begeisterung habe Gräser ihm in mehreren Briefen darüber geschrieben, aber auch zum Ausdruck gebracht, daß ihm bei dieser Lektüre Sinn und Wert des Lebens abhanden gekommen seien. Da ich selbst die Werke Keyserlings kannte, konnte ich nur bestätigen, daß einem dafür anfälligen Leser, der auch sonst eine labile Seele hatte, sehr wohl die Lust am Leben getrübt werden könne. Vor allem ströme einem aus dem »Fernöstlichen Tagebuch« von Keyserling eine nihilistische Stimmung entgegen. Willi Schmid ergänzte dazu, daß Wolfgang Gräser gar kein Verhältnis zum Religiösen gehabt habe. Er selbst habe das häufig bedauert und immer wieder versucht, mit Wolfgang Gräser vom Wesen der Religion zu sprechen und etwas Verschüttetes in ihm zu wekken. Mir selbst wurde klar, daß der von Graf Keyserling positiv genährte und von dem fehlenden religiösen Leben negativ unterstützte Nihilismus das tragische Ende unseres Freundes herbeigeführt hatte.

Einige Monate darauf las ich im »Manchester Guardian«, daß bei Gelegenheit der Röhm-Affäre Willi Schmid ermordet worden sei. Diese Mitteilung im »Manchester Guardian« sprach ebenso erschüttert von der großen Bedeutung, die man Willi Schmid im Ausland zumaß, als auch von dem Entsetzen über diese sinnlose Tat der politischen Polizei Heinrich Himmlers. Bald darauf erfuhr ich nähere Einzelheiten über die Umstände bei Willi Schmids Tod durch seine Frau. Er saß gerade in seiner Wohnung und spielte Cello, da erschienen zwei Männer in Zivil und forderten ihn auf, mitzukommen. Er konnte nur sagen, es müsse ein Mißverständnis und eine Verwechslung seiner Person vorliegen, und wollte von seinem Schreibtisch seinen Paß greifen, da er zufällig wußte, daß ein anderer Willi Schmid eine angesehene Stellung in der Partei hatte. Die Männer verhinderten das und nahmen ihn mit. Am nächsten Tag wurde Frau Schmid mitgeteilt, ihr Mann sei tot, und sie solle sich nicht weiter darum kümmern. Auf diese Weise konnten im Dritten Reich Menschen verschwinden. Willi Schmid aber hatte durch seine Tätigkeit als Musiker und Schriftsteller weitreichende Verbindungen. Vor allem war er mit dem rheinischen Industriellen Thyssen befreundet, und dieser ging der Affäre nach, zumal Frau Schmid selbst gefährdet sein mußte. Thyssen hatte bei den Parteispitzen, vor allem auch bei Rudolf Heß, sehr großes Ansehen und ruhte nicht, bis er die Wahrheit erfahren hatte. Es lag wirklich eine Verwechslung mit jenem Parteigenossen vor, der in die Röhm-Affäre verwickelt war, aber die Ermordung Willi Schmids wurde auch gefördert durch die Tatsache, daß er bei den »Münchner Neueste Nachrichten« einen rabiaten Parteirivalen hatte, der ihn wegen seines Katholizismus schon bei der Partei angeschwärzt hatte. Frau Schmid war durch Thyssen bei Rudolf Heß eingeführt worden, und dieser hatte alles getan, um sie und ihre Kinder zu schützen. Er ermöglichte ihr schließlich, nach Amerika überzusiedeln und dort während des Krieges zu leben. Frau Schmid ihrerseits hatte vorher geglaubt, sie könnte ihre Kinder vielleicht bei uns in der Waldorfschule unterbringen, aber das konnte man nicht für einen genügenden Schutz für diese gefährdete Familie halten, so gern ich die Kinder an unserer Schule gesehen hätte. Der Vorschlag von Rudolf Heß, daß sie unser Land verlassen solle, zeigte bereits deutlich, daß er sie in Deutschland nicht genügend sicher sah. Frau Schmid mußte einsehen, daß dies richtig war, und nahm den Vorschlag von Rudolf Heß an. Der Zweite Weltkrieg und die darauffolgenden turbulenten Jahre der Nachkriegszeit verhinderten, daß ich mich weiter um die Schicksale dieser unglücklichen Familie kümmern konnte. Nach seinem Tode brachten die Münchner

Freunde von Willi Schmid ein Werk der Erinnerung an ihn heraus, das sie »Unvollende Symphonie« nannten. Dieses Buch zeigt, welch große Begabung mit diesem Freund und Musiker ein jähes Ende gefunden hat. Es enthält eine Biographie, eine kleine Auswahl von Besprechungen aus seiner Tätigkeit als Musikreferent an der Zeitung, seinen Briefwechsel mit Wolfgang Gräser und anderen Freunden, sowie eine kleine Anzahl von literarischen Skizzen, die zum Teil aus seiner Tätigkeit als Volksschullehrer entstanden waren. Alles, was er darin schrieb, zeigt ihn als einen vornehm denkenden und geistig hochstehenden Frühvollendeten.

Im Nachkriegs-München traf ich eine damalige Freundin meiner Frau, Sophie van Leer, die vielleicht die interessanteste von all den Persönlichkeiten war, die mir nach meiner Rückkehr im November 1918 bekannt wurden. Sie entstammte einer in Holland sehr angesehenen jüdischen Familie, die in der Geschichte des Zionismus eine gewisse Rolle spielte. Sophie van Leer hatte sich jedoch niemals für den Zionismus eingesetzt, sondern hatte sich an eine Gruppe von Künstlern angeschlossen, die in Berlin sich in der Gruppe des »Sturm« einen Namen gemacht hatten. Sie war als Dichterin ebenso begabt wie als Musikerin, spielte sehr gut Klavier; vor allem zeigte sich ihre musikalische Begabung in der Kunst der Improvisation. Als ich sie kennenlernte, hatte sie schon mehrere Bändchen Gedichte, Novellen und kleine Dramen geschrieben, die aber mit Ausnahme einiger Gedichte im »Sturm« noch nicht veröffentlicht waren. Als sie von Berlin nach München kam, hatte sich rasch ein Kreis von jungen Menschen um sie gesammelt, von denen einige mehr oder weniger links gerichtet waren. Sie selbst beteiligte sich wenig am politischen Leben, wurde aber nach der Ablösung der Räteregierung verdächtigt, weil sie mit Kommunisten verkehrt habe. Deshalb war sie auch eine Zeitlang in Untersuchungshaft, wurde aber bald wieder freigelassen. Da sie aber ihre kommunistischen Freunde aus reiner Menschlichkeit nicht im

Stich lassen wollte, wurde sie schließlich doch aus Bayern ausgewiesen und mußte nach Holland zurückkehren, wo ihre Familie wohnte.

Meine Bekanntschaft mit ihr dauerte daher nicht allzu lange, hatte aber doch für uns beide wichtige Folgen. Sie huldigte einer tiefgründigen freien Geistigkeit, die ihren Quellpunkt in dem Passionserlebnis von Golgatha hatte. Sie hatte starke übersinnliche Fähigkeiten, die sich vor allem darin äußerten, daß sie die Ereignisse der Karwoche in einem Zustand höherer Entrücktheit erlebte. Diese Fähigkeiten waren aber gepaart mit einer gewissen seelischen Härte, die sie gelegentlich in Ausbrüchen moralischer Forderungen an ihre Freunde äußerte. In solchen Situationen zeigte sie auch einen gewissen Hang zum Dogmatismus, der manchmal unsere Freundschaft trübte, so daß ich ihr einmal vorhielt: »Wenn du dich so weiter entwickelst, wirst du bald katholisch werden.« Denn in bezug auf Dogmatismus war ich selbst immer sehr empfindlich gewesen, zumal damals erschien mir jede Art Dogmatismus als Rückschritt zur Intoleranz. Auf dieses Wort von mir antwortete Sophie van Leer in keiner Weise, widersprach mir aber auch nicht. Gerade um diese Zeit ergab es sich, daß ich sie mit meiner malenden Schwester Therese bekanntmachte. Die beiden schlossen sich eng aneinander an, meine Schwester stellte Sophie dem damals bekannten Franziskanerpater Heribert Holtzapfel vor, der in München lebte und schon manche bedeutende Pesönlichkeit zum Katholizismus bekehrt hatte. Kurz vor ihrer Ausweisung nach Holland trat Sophie zum Katholizismus über. Ich schenkte ihr zu ihrer Taufe mein altes Exemplar der »Nachfolge Christi« von Thomas a Kempis und schrieb ihr als Widmung ein Wort des Heiligen Augustinus auf die Vorderseite: »Unruhig, o Herr, ist meine Seele, bis sie ruhet in dir.« Die Wirkung dieses Wortes auf Sophie war unerwartet, entsprach aber jener gewissen Härte ihrer Seele; denn sie wurde richtig zornig und schrie: »Ich will doch gar nicht ruhig werden.« Und es fehlte wenig, so hätte sie mir das

Buch an den Kopf geworfen. Ich aber riß die Widmung aus dem Buch heraus, hielt es ihr wieder hin und meinte, jetzt könne sie es unbesorgt mitnehmen, aber sie wollte es nicht mehr haben. Wir blieben trotzdem Freunde, da ich wußte, daß sie mir doch im Grunde recht gab. Wenige Tage später nahmen wir herzlich für immer voneinander Abschied, und ich hörte nur noch einige Male von ihr brieflich, wie dramatisch sich ihr Schicksal weiter entwickelt hatte.

Die Zionistenführer trafen sich in ihrem Hause in Amsterdam, der führende Rabbiner, der in London lebte, besuchte sie regelmäßig, und so konnte es nicht ausbleiben, daß nach ihrer Rückkehr Versuche unternommen wurden, sie wiederum in den Schoß des Judentums zurückzuführen. Der Versuch mußte an ihrem starken Charakter erfolglos bleiben. Sie trat in die Laiengemeinschaft des dritten Ordens der Franziskaner ein und war während des Krieges in der Ordensmission in Palästina tätig. Wie es ihr und ihrer Familie während des Naziregimes erging, konnte ich leider nicht feststellen, hoffe aber, daß sie selbst wenigstens in Palästina bleiben konnte und weder in Deutschland noch in Holland von den Verfolgungen erfaßt wurde.

Ich hatte in dieser ersten Nachkriegszeit sehr viele bedeutende Menschen kennengelernt und war, auch durch die aufregenden politischen Ereignisse, ganz nach außen gewendet, so daß ich die seelischen Erlebnisse kaum in mir ordnen konnte. Dies vermochte ich erst nach mehreren Jahren zu tun, nachdem sich die politischen und sozialen Gestaltungskräfte gefestigt hatten. Deshalb nahm ich meine Ernennung zum Studienrat am Reformrealgymnasium in Nürnberg ziemlich gleichmütig hin und machte mir keine weiteren Gedanken über die Folgen meines Abschieds von München. Die Verbindung mit meinen alten Freunden brauchte ich durch die Übersiedelung nach Nürnberg nicht abreißen zu lassen, da ich ja die Familie meines älteren Bruders immer wieder aufsuchte, in der auch mein Vater lebte. Die Verbindungen aber, die ich gerade durch Sophie van Leer angeknüpft hatte, traten zurück und rissen schließlich ab. Mit Vergnügen erinnere ich mich an einen der letzten Besuche, die ich mit ihr bei dem Prinzen Ferdinand von Wittelsbach gemacht hatte. Sie war nach ihrem Übertritt zum Katholizismus durch Pater Heribert Holtzapfel mit diesem Prinzen und seiner Schwägerin Maria de la Paz bekanntgeworden und öfter bei ihm eingeladen. Eines Nachmittags nahm sie mich mit auf Bitten des Prinzen, und wir verbrachten dort eine wirklich vergnügte Stunde. Die Angehörigen des Hauses Wittelsbach waren schon immer sehr populär, und Prinz Ferdinand war eine der beliebtesten Gestalten im Leben von München. So verlief auch unser Besuch bei ihm ganz zwanglos, er trat uns im bequemen Hausrock entgegen und gab sich als Hausherr mit einer gewissen bayerischen Bonhomie. Seine Schwägerin schenkte den Kaffee ein, den er selbst zubereitet hatte, man unterhielt sich zwanglos über die Lage der Zeit, ohne besonders in die Tiefe zu gehen. Ich weiß auch nicht mehr genau, was wir im einzelnen besprochen haben, erinnere mich aber noch gut daran, wie am Schluß der Kaffeestunde der Prinz verschwand und mit einem großen Bauchladen von Tabakwaren wiederkam. Er benahm sich dabei ein wenig wie ein würdevoller Verkäufer am Bahnhof, der umherging und fortwährend ausrief: »Zigarren, Zigaretten, Virginia!«, und damit lockerte sich unsere Begegnung noch mehr, und wir hatten viel Spaß miteinander, an dem auch die Prinzessin in etwas distanzierter Weise teilnahm. Kurz nach diesem Gespräch wurde Sophie van Leer aus Bayern ausgewiesen, und der Prinz konnte es nicht verhindern.

Erwähnen muß ich noch, daß Sopie in ihrer äußeren Erscheinung wie eine Weltreformerin aufgetreten war. Sie trug Sommer wie Winter das gleiche Hängekleid, auch niemals einen Mantel und fiel in Schwabing, wo sie wohnte, sowohl durch ihre Kleidung als durch ihren charaktervollen Kopf auf. Es machte ihr durchaus nichts aus, daß man ihr deshalb gelegentlich spöttische Bemerkungen nachschickte. Sie hatte auch Beziehungen zu den entschiedenen Bodenreformern, vor allem zu Silvio Gesell, hatte eine Zeitlang in Gärtnereien gearbeitet wie eine gewöhnliche Gartenarbeiterin, und hatte sogar meine zukünftige Frau so sehr beeindruckt, daß diese nach Abschluß ihres Musikkurses bei Hans Neumeyer ebenfalls einige Monate in einer Gärtnerei in Schleißheim arbeitete, bevor sie die Sommerferien bei ihren Eltern verbrachte.

Ich selbst wußte noch nicht, daß ich zum Studienrat befördert werden sollte, und hatte mir vorgenommen, in den Ferien einige Besuche zu machen. Die Familie Dycke hatte mich nach Worblingen bei Singen eingeladen, und so fuhr ich zuerst in den Hegau. Es war ein sehr musikalisches Landarzthaus, das mich da aufnahm. Doktor Dycke, der Familienvater, war selbst ein guter Klavierspieler, die zwei Töchter des Hauses spielten Geige, ich selbst hatte meine Geige ebenfalls mitgebracht, und so verliefen die zwei Wochen meines dortigen Aufenthaltes mit viel Musik und schönen menschlichen Begegnungen.

Eine zweite Einladung führte mich in den mittleren Schwarzwald, wo die Eltern meiner zukünftigen Frau ein Haus besaßen, den sogenannten »Leinshof« in Heselbach bei Kloster Reichenbach. Dieser Leinshof war ein geräumiges Landhaus an der Murgtalstraße, die von Freudenstadt nach Baden-Baden führt. Der Leinshof hatte seinen Namen von dem Großvater meiner Frau, der bis zum Ende des 19. Jahrhunderts Architekt, Baudirektor und Professor an der späteren Technischen Hochschule in Stuttgart war (1814–1892). Drei seiner Töchter bewohnten dieses 1907 erbaute Haus reihum oder auch im Sommer gemeinsam. Es war mit der Zeit ein sozialer Treffpunkt für die Familie geworden und hatte auch Platz genug, um gleichzeitig eine Reihe von Freunden der Familie aufzunehmen. Da nun die sieben Kinder des Baudirektors von Leins sehr wohlhabend waren und viele Beziehungen hatten, verkehrten dort im Leinshof im Laufe der Zeit viele bedeutende Menschen, sowohl Wirtschaftler als auch Künstler aller Art und Gelehrte. Marie, die älteste Tochter von Leins, ein echtes schwäbisches Original, war zu der Zeit bereits Witwe; ihr Mann, ein wohlhabender Landwirt, der aus Ungarn stammte, war gestorben. Von ihren beiden erwachsenen Söhnen lebte der Jüngere noch mit seiner Mutter zusammen. Tante Marie hatte, wie man so zu sagen pflegt, in allen Lebenslagen das Herz und die Zunge am rechten Fleck. Wenn sie an einer Leinsversammlung teilnahm, ging es immer lebendig und anregend zu. Sie spielte daher auch in der sogenannten »Leinshofchronik«, einem Erinnerungsbuch an den Großvater Leins und seine Gemahlin, eine große Rolle. Da der Baudirektor von Leins in Stuttgart eine sehr bekannte Persönlichkeit gewesen war, zeigte sich mir diese Chronik wie ein Kompendium des Stuttgarter Lebens am Ende des 19. Jahrhunderts.

Es war Hochsommer, ich lernte in diesen Wochen meines Aufenthaltes den mittleren Schwarzwald gründlich kennen und schloß mich dabei am liebsten meinem zukünftigen Schwiegervater an, der sich mir als ein echter Repräsentant der klassischen Bildung des 19. Jahrhunderts zeigte. Wir hatten viele gemeinsamen Interessen. Er konnte mir zum Beispiel ganze Seiten aus Homer, Virgil, Horaz, Ovid und den griechischen Dramatikern rezitieren. Ich bewunderte sein unerschöpfliches Gedächtnis, das ihn in seinem hohen Alter – er war bereits fast siebzig Jahre alt – niemals im Stich ließ. Als völliges Gegenteil zu dieser klassischen Bildung erlebte ich Tante Maries Sohn Rudi. Mein zukünftiger Schwiegervater Ernst Kronecker war in seiner Erscheinung ganz das Bild eines westlichen Menschen. Er zeigte mir jene kräftige Intellektualität eines Westmenschen, die durch die hohe klassische Bildung erweitert und menschlich genießbar gemacht wurde. Dazu gehörte auch seine großzügige liberale Weltanschauung. Rudi Formis aber, der damals dreiundzwanzigjährige Sohn von Tante Marie, war für mich ein ganz neuer Typ, der gar nichts eigentlich Europäisches hatte, und wäre er nicht in seiner Ausdrucksweise wie seine Mutter ein Schwob gewesen, so hätte ich ihn für einen Vertreter des fernen Ostens halten können.

Und fernöstlich war auch seine seelische Haltung. Er hatte sogar als Begleiter einen jungen Prinzen aus Siam mitgebracht, den er während seiner Kriegsgefangenschaft kennengelernt hatte. Wenn diese beiden jungen Menschen nebeneinander saßen, hätte man sie für Landsleute oder gar für Brüder halten können.

Rudi Formis hatte ein breites Gesicht, das jene gelbliche Färbung hatte, wie es die Asiaten auszeichnet. Obwohl er auch schwäbische Gemütlichkeit entwickeln konnte, ging doch eine gewisse stille Beschaulichkeit von ihm aus, und wenn er gelegentlich mit untergeschlagenen Beinen dasaß, konnte man ihn für einen buddhistischen Priester halten. Daher war es schicksalsmäßig seltsam, daß er während des Ersten Weltkrieges auf dem türkischen Kriegsschauplatz als Lastwagenfahrer Dienste tat, in englische Gefangenschaft kam und einige Jahre in einem Lager in Siam zubrachte. Er genoß dort ziemliche Freiheit und konnte mit dem siamesischen Fürstenhaus in Verbindung treten, bei dem er sich durch seine technischen Fähigkeiten großes Ansehen erwarb. Er hatte zum Beispiel für das Fürstenhaus eine einträgliche Seifenfabrikation aufgebaut. Nun sollte er den jungen siamesischen Prinzen durch Deutschland führen. Ich war später in Stuttgart häufig mit ihm zusammen und lernte ihn genauer kennen. Er machte nicht den Eindruck eines durch die westliche Schule gebildeten Menschen, sondern alles, was seinen inneren Reichtum ausmachte, schien ihm aus der geistigen Umwelt zugeflogen zu sein, in der er lebte. Es schien mir jedoch, als ob seine Seele nicht in die höheren Regionen der östlichen Geistigkeit eingedrungen sei, so als ob er mit seinem Gemüt ein Ostmensch, mit seinem Verstand ein skeptischer Westmensch wäre. Von Religion hielt er nicht viel und war ganz der modernen Technik ergeben, zumal ihn beruflich die Radiotechnik beschäftigte, die ihm sogar schließlich zum Verhängnis wurde. Er hatte auf der Solitude mit staatlicher Genehmigung das erste Radiosendestudio des Süddeutschen Rundfunks eingerichtet. Bald nachdem das Dritte Reich »ausgebrochen« war, wurde er trotz früher Anhängerschaft allmählich zum Gegner und schloß sich Otto Strasser an. Er verließ Deutschland 1934 und ging in die Tschechoslowakei. Schließlich betrieb er in Dobris bei Prag einen Schwarzsender gegen den Nationalsozialismus. Die Gestapo konnte ihn nach Peilung aufspüren und durch den Agenten Naujocks am 24. 1. 1935 ermorden lassen. Interessant ist es, daß ich die Einzelheiten nicht von seiner Mutter erfahren konnte, sondern im »Manchester Guardian« las, ähnlich wie das bei Willi Schmid der Fall war. Seiner Mutter wurde lediglich eines Tages von der Geheimen Staatspolizei mitgeteilt, daß ihr Sohn tot sei, und sie solle sich nie nach den näheren Umständen erkundigen.

NÜRNBERG

LEHRTÄTIGKEIT IN NÜRNBERG

Ich war ungefähr um die Mitte des August 1919 im Leinshof und wurde eines Morgens von meinem zukünftigen Schwiegervater mit der Mitteilung überrascht, daß ich zusammen mit einer Gruppe meiner früheren Schulkameraden als Studienrat in Nürnberg angestellt worden sei. Meine zukünftige Frau hatte beschlossen, einen Wirtschaftskurs mitzumachen bei einem Apotheker in Zwiefalten, der ein umfangreiches Fremdenheim mit einer Haushaltsschule verbunden hatte. Töchter aus bürgerlichen Kreisen konnten sich dort auf eine Hausfrauentätigkeit vorbereiten. Wir planten, im Herbst dieses Jahres in Nürnberg zu heiraten. Ich kehrte nach München zurück, um meine Übersiedlung vorzubereiten, unterbrach aber meine Fahrt in Stuttgart, weil ich die Stadt, aus der meine zukünftige Schwiegermutter stammte, kennenlernen wollte. Meine Verlobte und ich fuhren daher bis Stuttgart zusammen.

Am Abend dieses Tages machten wir eine Fahrt mit der Straßenbahn und stiegen an deren Station Gerokstraße aus, um die abendliche Stadt zu betrachten. Wir gingen den Kanonenweg entlang und machten an der Stelle halt, wo damals noch das Café Uhlandshöhe stand, weil von dort aus die Stadt am schönsten zu überblicken war. Ich sagte zu meiner Begleiterin: »Die Stadt sieht von hier so schön aus, wir brauchen nicht weiter zu gehn.« Dieser Spaziergang war zeichenhaft. Ohne daß ich etwas davon wußte, war damals schon das Café Uhlandshöhe als Waldorfschule ausersehen, und die vorbereitenden pädagogischen Kurse für die künftigen Lehrer hatten unter Rudolf Steiner bereits begonnen.

Eine gewisse Unruhe in meiner damaligen Gesamtverfassung mag mit dem Einstieg in ein Beamtendasein zusammenhängen. Solche Erwägungen waren mir in der damaligen Zeit nicht so klar, wie ich sie heute sehe. Ich mußte im Laufe meines Lebens erkennen, daß in bezug auf bewußte Entwicklung des menschlichen Individuums das Leben eines Staatsbeamten eher gehemmt als gefördert wird. Schon die äußere Gestaltung des Daseins wird ihm mehr oder weniger aus der Hand genommen, er hat – Ausnahmen sind natürlich vorhanden – im allgemeinen keinen Einfluß darauf, an welchem Ort des Staates er tätig sein soll. Er wird »versetzt« und liest eines Tages, so wie ich, in der Zeitung, daß er dann und dann da und da zu seiner neuen Tätigkeit anzutreten habe. Diese anonymen Versetzungen allein schon erzeugen im einzelnen Beamten eine gewisse Gleichgültigkeit. Das Leben nach Wahl und eigener Entscheidung wird dadurch eingeschränkt. Aus diesem Grund sah ich meiner Tätigkeit in Nürnberg ohne wesentliche Spannung entgegen, so daß der Aufbau eines neuen Lebens mit Gründung einer Familie und Wünschen nach eigener Gestaltung außerhalb des Schullebens vor sich ging. Es war das erste Mal, daß ich Aussicht hatte, mehrere Jahre hintereinander am gleichen Ort zu bleiben und mit dem gleichen Kollegium von Lehrern zusammenzuarbeiten. Dennoch bildete sich keine besonders innige Verbindung mit den neuen Kollegen.

Mit mir zusammen waren zwei Studienfreunde aus München versetzt worden. Mit einem dieser Freunde, einem Mathematiker, kam ich in einer echt menschlichen Freundschaft häufig außerhalb der Schule zusammen. Die übrigen Kollegen, sogar die Fachkollegen, nahmen mich mit der unter Staatsbeamten üblichen Gleichgültigkeit auf. Wohl bildeten sich mit der Zeit einige engere Beziehungen, die aber nicht sehr tief in unsere Lebensführung eingriffen und die mir sogar den Krebsschaden des Beamtentums offenbarten. Ein Beispiel kann klar machen, was ich meine. Ich hatte mit einem dieser Kollegen, einem Germanisten, den gleichen Schulweg, und wir hatten unterwegs auch Gelegenheit, unsere Meinung über das Leben an der Schule auszutauschen. Ich sprach von meiner Absicht, in meinen Klassen eine Art väterlicher Autorität zu pflegen, die wohl strenge Formen haben durfte, aber immer auf der Basis menschlichen Verständnisses der Kinderseele verlaufen sollte. Auf solche Äußerungen antwortete mein Kollege, der übrigens bei seinen Schülern ganz beliebt war, weil er aus der Fülle einer großen Belesenheit seinen Unterricht phantasievoll gestalten konnte: »Oh, Herr Kollege, das sind Ideale, die Sie sich bald abgewöhnen werden. Die hatte ich auch, aber das sind Wünsche eines Anfängers. Der Unterricht läuft ab nach den Notwendigkeiten des Stoffes, den man seinen Schülern so gut wie möglich beizubringen hat. Die Schüler müssen eben etwas lernen, und wer gut lernt, kommt gut durch. Wie er sich menschlich entwickelt, geht uns Lehrer im allgemeinen nichts an. Wenn ich meine Klassenzimmertüre am Nachmittag hinter mir zumache und nach Hause gehe, beginne ich Mensch zu sein.« Ich antwortete: »Es ist bei mir nicht wesentlich anders, nur habe ich eine umgekehrte Richtung vor mir. Wenn ich am Morgen meine Klassenzimmertür zumache und mit meinen Schülern zusammen bin, fühle ich mich als Mensch, der für andere Menschen zu sorgen hat. In meiner Familie soll es natürlich ebenso sein.« Dann fragte ich ihn: »Wie sieht aber die Menschlichkeit aus, die Sie dann zu Hause pflegen?« Er entgegnete, etwas schmunzelnd: »Nun, dann mache ich mir's zuerst bequem, dann speisen wir zu Abend, und bald nach dem Abendessen treffe ich mich irgendwo mit Freunden, um Skat zu spielen.« Ich antwortete darauf mit keinem Wort. Ich dachte mir nur im stillen, daß meine Ideale wohl kaum im Sumpf dieses Alltags ersticken würden. Er aber wurde zu gebührender Zeit nach der Nummer der Beförderungsliste Oberstudienrat und starb schließlich als Oberstudiendirektor und Leiter einer größeren Anstalt. Er war jedoch nicht der einzige gute Staatsbeamte dieser Art, der mir auf meinem Lebensweg begegnete.

Die Kollegen in der Schule schienen mir tüchtige Lehrer zu sein, so daß auf dem Gebiet des Lernens alles in Ordnung war, aber die Schüler waren doch mehr oder weniger im Gesicht veränderliche, aber in der Potenz gleichbleibende Nummern, und die Schule blieb im ganzen das, was sie schon im 19. Jahrhundert geworden war, eine Lernschule, in der Lehrer und Schüler etwas zu leisten hatten. Daß eine solche höhere Schule eine Bildungsstätte sein sollte, wurde wenigen bewußt, mir aber schwebte dieses Ideal einer echten Erziehungsstätte vor, die als lebendiger Organismus im Leben der Öffentlichkeit stehen sollte. Es blieb zunächst ein Ziel ohne Inhalt und war nur ein Wunsch oder eine Sehnsucht. Schon damals erlebte ich an Nürnberger Familien, was heute so sehr überhandgenommen hat, den Leerlauf des Familienlebens: die Eltern veranstalteten Parties ihrer Kinder mit Musik, Tanz und Alkohol, ließen die Kinder allein in ihren Häusern und gingen selbst ihren Vergnügungen außerhalb des Hauses nach. Die Kinder machten diese Parties mit allen Folgeerscheinungen mit, weil es so üblich war, wie man sagte, waren in ihren Urteilen aber keineswegs zufrieden, sondern empfanden diese Dinge als unverantwortlich.

Zunächst aber muß ich hier schildern, wie sich mein eigenes Leben in Nürnberg gestaltete. Ich war, als ich im Sommer 1919 nach Nürnberg versetzt wurde, dreiundreißig Jahre alt, und es schien sich alles nach dem Gesetz, nach dem ich ins Leben getreten war, zu erfüllen. Ich war Lehrer in einer großen öffentlichen Anstalt, konnte mein Leben mit meinen Klassen aufbauen, wie ich es in eigener Verantwortung verstand. Der Rahmen der

Schule schien mir nicht genügend zu sein, ich konnte ihn jedoch nicht aus eigener Kraft verändern und mußte ihn hinnehmen wie er war. Der Leiter des Reformrealgymnasiums am Ägydienberg, wo ich arbeitete, kam mir mit sehr großem Wohlwollen entgegen. Ich hatte die denkbar besten Unterrichtsaussichten und konnte die vierzehn Unterrichtsstunden in der Woche, die zwei Jahre lang zu meinem großen Erstaunen mein ausreichendes Unterrichtsdeputat zu sein schienen, selbst gestalten, wie ich wollte, und meine Sehnsucht nach neuen pädagogischen Ideen erhielten von den gelegentlichen Vorträgen, die in der Stadt gehalten wurden, einige, wenn auch kümmerliche Nahrung. Da war zum Beispiel die Gesellschaft der entschiedenen Schulreformer, die auch ganze Tagungen veranstalteten. Ich machte eine solche Tagung in Berlin Ende Oktober 1919 mit, kam aber unbefriedigt nach Hause, da die sogenannten Reformen nur die Oberfläche des Daseins berührten und absolut theoretisch blieben, also nicht verändernd in das Leben eingriffen. In dieser Zeit kam auch meine zukünftige Frau nach Nürnberg, wir heirateten gegen Ende des Jahres. Obwohl die Wohnungsnot wie überall sehr groß war, fanden wir doch schließlich zwei Zimmer in einer größeren Wohnung, in denen wir uns wohlfühlten. Meine Frau hatte eine vollständige Ausbildung in künstlerischer Fotografie durchgemacht, und ich hatte deshalb auch angefangen, mich mit Fotografie zu beschäftigen. Wir studierten mit unserer Kamera systematisch die Kunststadt Nürnberg mit ihren schönen, aber oft etwas vernachlässigten Höfen, und wenn auch nicht wie damals während meiner Kinderzeit in Würzburg die Stadt Nürnberg »mein Bilderbuch« wurde, so lernte ich sie doch gründlich kennen. Mein Schulgebäude war ein bedeutender Ausgangspunkt für unsere fotografischen Kunststudien. Es stammte aus dem Ende des Mittelalters und war ein sogenanntes »Zwölfbrüderhaus« mit einer spätgotischen Kapelle, die vor allem mit herrlichen Glasfenstern ausgestattet war. Unser Lieferant für fotografische Bedarfsartikel war

– das sei nebenbei bemerkt – ein bescheidener junger Mann namens Porst, der in der Nähe meiner Schule einen kleinen Laden hatte, den wir häufig besuchten, um Fachgespräche mit ihm zu führen. Es gab damals keine Anzeichen dafür, daß sich aus diesem kleinen Laden ein weltberühmtes Fotoindustrieunternehmen entwickeln würde. Für uns war dieser Ladeninhaber ein tüchtiger Fachmann, der auch dem kleinsten Kunden freundlich zur Verfügung stand. Unsere Zeit in Nürnberg war unter anderem auch dadurch bemerkenswert, daß meine Frau Gelegenheit bekam, mit der Naturwissenschaftlichen Gesellschaft bekannt zu werden. Wir hatten ein Mitglied dieser Gesellschaft, den Mathematiker Franz Ostermeyer kennengelernt, und dieser Mann bewunderte bei einem Besuch bei uns die umfangreichen Kenntnisse meiner Frau vom Wesen und der Bedeutung des Fotografierens. Vor allem war es ihm wichtig, etwas von ihren psychologischen Anschauungen über Fotografenmoral zu hören. Aus diesem Gespräch entstand eine Einladung der Naturwissenschaftlichen Gesellschaft zu einem Vortrag über Fotografenmoral, den sie auch öffentlich hielt und der mit großem Beifall aufgenommen wurde.

An den Wochenenden machte ich gerne Ausflüge mit den oben erwähnten Schulkameraden, die mit mir nach Nürnberg versetzt worden waren. Wir kamen dabei bis nach Erlangen, in die Fränkische Schweiz bis nach Altdorf, dessen ehemaligen Universitätsglanz wir besonders bewunderten. Auch mit meinen Schülern machte ich Klassenausflüge in die Umgebung und erinnere mich mit besonderem Vergnügen eines Pfingstausfluges auf die Burg Rotenberg bei Nürnberg. Ich hatte den Ausflug mit meinen Schülern nur für den Pfingstnachmittag geplant, aber weil uns ein so wunderbares Wetter begünstigte, beschloß ich, ihn auf drei Tage zu erweitern. Da Ferien waren, brauchte ich meine Schule nicht zu verständigen und mußte nur mit den Eltern in Verbindung kommen. Ich wußte wohl, daß dies ein großes Wagnis war, aber meine begeisterten Schüler brachten es fertig, daß mit Telefonanrufen sämtliche Eltern verständigt wurden. Der Gastwirt eines Dorfes in der Nähe half mir, genügend Stroh für die Übernachtung zu besorgen, er stellte uns zwei große Zimmer zur Verfügung, in denen es besonders in der ersten Nacht einigermaßen turbulent zuging; denn die Aufregung des ungewohnten Abenteuers verscheuchte jeden Schlaf bei den Kindern. Aber da meine Klasse ein besonders vertrauensvolles Verhältnis zu mir hatte, verlief unser Unternehmen durchaus harmonisch und wirkte sich für die ganze Folgezeit fruchtbar auf die Lernbegeisterung meiner Schüler aus. Dies war meine erste Erfahrung einer echten Klassengemeinschaft zwischen Lehrer und Schülern, aus der sogar die Eltern in aktiver Anteilnahme an unserem Schulleben Nutzen zogen.

Ich möchte jedoch als Bild der Zeit wieder einmal in die Zukunft meines Lebens vorgreifen und berichten, wie sich gerade diese Schüler und diese Klasse späterhin entwickelt haben. Es war die vierte Gymnasialklasse, die ich eben übernommen hatte und im Französischen und Englischen unterrichtete. Ich hatte mit diesen Kindern keinerlei Schwierigkeiten und kann sagen, daß sie mir mit einem ungewöhnlichen Maß an Vertrauen entgegenkamen. Dieses Vertrauen konnte im Verlauf dieses vierten Schuljahres nur wachsen. Ich brachte es sogar fertig, mit Hilfe eines Tricks, den mir meine Kollegen verraten hatten, diese Klasse noch ein weiteres Schuljahr behalten zu dürfen. Es war Sitte an unserer Schule, daß man am Ende des Schuljahres Wünsche äußern durfte in bezug auf die Klasse, die man gern behalten hätte, aber die Kollegen hatten mir verraten, daß der Schulleiter die Gewohnheit hatte, besonders stark betonte Wünsche nicht zu erfüllen. Wenn man also eine Klasse gern weiter haben wolle, müsse man auf seinen Wunschzettel schreiben, man möchte diese Klasse nicht behalten. Das schrieb ich also auf und erreichte mein Ziel. Ich hatte daher diese Klasse zwei Jahre lang zu meiner großen Freude und glaubte, einen dauernden Einfluß auf diese Kinder gewonnen zu haben, wurde aber schwer enttäuscht, als ich diese nämliche Klasse zu ihrem achten Schuljahr am Gymnasium wieder erhielt. Es war eine vollständig verwandelte Masse von jungen Männern geworden, die mit einigen Ausnahmen offenbar gar keinen Bildungstrieb hatten. Sie waren in ihrem Benehmen roh und verwildert und in ihrer Mitarbeit gelangweilt. Was war geschehen? In der Zeit zwischen 1920 und 1925 hatte sich in Nürnberg wie überall in den deutschen Städten die völkische Jugendvereinigung gebildet, und meine Schüler gehörten fast vollzählig dem von Julius Streicher geführten Jugendbund an, und ich sah das Ergebnis der politischen Erziehung in meiner Klasse in Reinkultur vor mir und erlebte sogar den Höhepunkt dieser Entwicklung auf einem »Bildungsausflug« in das Hüttenwerk der bei Amberg befindlichen Maximilianshütte, deren Generaldirektor seinen Sohn in meiner Klasse hatte. Die Besichtigung des Hüttenwerkes war tatsächlich Nebensache, und ein Biergelage, das sich an die reichliche Bewirtung anschloß, offenbarte die Formlosigkeit zukünftiger SS-Gruppen in aller Deutlichkeit. Bei der Heimfahrt waren sie alle betrunken und der Kontakt mit diesen ehemaligen Kindern völlig zerbrochen.

Das Musikleben im Reformrealgymnasium war nicht besonders förderlich für die Schüler. Es gab zwar ein Orchester, für das jedoch unter den Schülern keine große Begeisterung herrschte. Das bedeutete aber keineswegs, daß die Schüler keinen Sinn für Musik hatten oder sich überhaupt nicht musikalisch betätigen wollten. Das Schulorchester wurde zeitweise von dem Turnlehrer geleitet, und es ergab sich, daß ich ihn einige Male vertreten sollte, als er krank war. Bei dieser Gelegenheit baten mich die Schüler, mit ihnen ein Streichquartett zu bilden. Ich ging gerne darauf ein, und es meldeten sich zu kammermusikalischen Übungen eine ganze Reihe von Schülern, darunter auch solche, die nicht im Orchester mitspielten. Das wollte der wiedergenesene Turnlehrer nicht erlauben. Ich brachte es fertig, daß diese Schüler ins Orchester eintraten, und wir konnten

Streichquartett spielen, hätte ich aber Zeit gehabt, so wären angesichts der Anmeldungen wohl acht Streichquartette möglich gewesen. Es war das alte Lied der Schulmisere: der Turnlehrer betrachtete seine Tätigkeit als Dirigent lediglich als einen Teil des Unterrichts, und das genügte nicht, die Begeisterung der Schüler zu wecken: sie wollten menschliches Interesse an der Sache erleben, hier aber erlebten sie nur Arbeit aus Pflicht.

Da ich in meinen ersten zwei Schuljahren in Nürnberg genügend Zeit hatte, um meine private Musiktätigkeit fortzusetzen, fand ich bald Anschluß an einen Kollegen einer unserer Realschulen in der Stadt. Dieser Kollege hatte in seiner Schule eine rege Musiktätigkeit unter den Schülern aufgebaut. Sein Unterricht in den Klassen war sehr anregend, und das von ihm geleitete Schülerorchester mit dem Schülerchor stand auf einer hohen Stufe der Leistung. Er wirkte auch sonst sehr stark in der Öffentlichkeit und hatte gerade in dem Jahr, als ich ankam, einen Madrigalchor gegründet, der bald ein wesentlicher Faktor im öffentlichen Musikleben Nürnbergs war. Im Jahr darauf fügte er seinem Madrigalchor auch ein Kammerorchester bei und machte mit diesen beiden Institutionen Konzertreisen im ganzen Frankenland. Er stammte aus dem Städtchen Wunsidel im Fichtelgebirge, wo seine Familie, die Sippe Döbereiner, seit vielen Generationen angesehen war. Dieser Kollege Döbereiner hatte einen Bruder in München, der an der Münchner Hochschule für Musik als Professor für Cello und Gambe tätig war. Professor Döbereiner trat in der von seinem Bruder in Nürnberg gegründeten Gesellschaft für Kammermusik und Madrigalchor häufig solistisch auf. Ich wurde bald Mitglied des Döbereinerschen Kammerorchesters und traf dort einige andere Kollegen, die mir sonst im Schulleben nicht aufgefallen wären. Ich stellte dabei fest, daß unsere höheren Schulen eine Kulturaufgabe brach liegenließen, die die Stellung der Schulen im öffentlichen Leben wesentlich erweitert hätte, wenn sie aufgegriffen worden wäre.

Um meine eigene Geigentechnik zu erweitern, suchte ich nach einem tüchtigen Geigenlehrer. Die Tochter meines ersten Hausherrn studierte an der Stuttgarter Musikhochschule und machte mich mit einer ihrer älteren Freundinnen, Anita Portner, bekannt, die in Stuttgart die beste Schülerein von Karl Wendling gewesen war. Sie wohnte damals in Fürth, war häufig auf Konzertreisen und hatte schon einen sehr guten Namen als Künstlerin, nahm aber auch Privatschüler an. Bei ihr nahm ich Unterricht und wurde durch sie mit mehreren, gebildeten Familien der Stadt bekannt. Unter anderem führte sie mich in der Familie Bernhard ein, wo sie zu regelmäßigen Quartettabenden spielte. Herr Bernhard spielte die zweite Geige, ich selbst die Bratsche und der Konzertmeister für Cello im Stadttheater war von Herrn Bernhard als Cellist geworben worden. Wir kamen regelmäßig mindestens einmal in der Woche zusammen und konnten auch recht anspruchsvolle Werke der neueren Zeit, wie zum Beispiel Brahms, Hugo Wolf und Pfitzner, in recht beachtlicher Weise gestalten. An die Stelle des Konzertmeisters trat bald ein Liebhaber aus dem Freundeskreis des Herrn Bernhard, ein Oberstaatsanwalt Aschenbrenner, der in unserer Gesellschaft ein sehr anregender und gebildeter Freund wurde. Er war zwar ein Laie, beherrschte aber das Cello wie ein geborener Künstler und hätte sogar als Solist auftreten können, wenn er das gewollt hätte. In dieser Zusammensetzung arbeiteten wir während der ganzen Zeit, die ich in Nürnberg verbrachte, zusammen und hatten viel Freude an unserer musikalischen Betätigung. Ich merkte bald, wie große Fortschritte ich unter der Leitung von Anita Portner machte, und sie benützte mich sogar gelegentlich bei der Einstudierung des d-moll-Konzerts von Bach für zwei Geigen. Zum Beispiel spielte sie einmal bei den Donaueschinger Musiktagen dieses Konzert und ersparte sich mit meiner Hilfe längere Proben mit ihrem Partner, der nicht nach Nürnberg kommen konnte. Sie war auch befreundet mit der bekannten Pianistin Maria Kal-Decker, die in diesen Zwanziger Jahren eine der bedeutendsten Künstlerinnen in Deutschland war. Mit Frau Kal-Decker studierte Anita Portner Klavierquartette und -quintette ein und holte mich zum Beginn ihrer Arbeiten als Bratschenersatz heran, bevor sie die entsprechenden Werke zur Aufführung reif machte. Für mich war das ein großer Vorteil, und ich lernte bei dieser künstlerischen Vorarbeit viel.

Außerdem wurde ich bekannt mit dem Ansbacher Geigenbaumeister Trautner, der mit seinen sieben Söhnen eine angesehene Werkstatt für Streichinstrumente und Gitarren ins Leben gerufen hatte. Trautner war ein Original, stammte aus Bayreuth und machte sehr gute Geigen, die den höchsten künstlerischen Ansprüchen genügten. Er hatte sein Handwerkerleben keineswegs als Geigenbaumeister begonnen, sondern war ursprünglich Frisör – Haarkünstler – gewesen und als solcher von Bayreuth nach Ansbach übergesiedelt. Er war schon ein sehr alter Mann, als ich ihn kennenlernte, und erzählte mir voll Stolz, daß er in Bayreuth in seinen jungen Jahren Richard Wagner die Haare geschnitten hatte. In der Inflationszeit kam er eines Tages zu mir und sagte, er habe einen Plan, um mehr Geld zu verdienen. Er besitze nämlich noch die Haare, die er Richard Wagner damals abgeschnitten habe, und meinte, er könne doch kleine Medaillons und Anhänger machen und Richard Wagners Haare als Andenken verkaufen. Ich fand diese Idee sehr originell, fragte ihn aber, ob er von Richard Wagner vielleicht mit Hilfe des Spiritismus eine Bestätigung der Echtheit der Haare bekommen könne. Der pfiffige Ansbacher durchschaute sofort die Konsequenz meiner Frage und ließ Plan und Haare fallen. Er erzählte mir jedoch auch, wie er Geigenmacher geworden sei. Er war ursprünglich in der Musik nur Zitherspieler, hatte aber später auch Kontrabaß gelernt und häufig bei Hochzeiten oder in Kirchenkonzerten mitgespielt. Nach seiner Übersiedlung nach Ansbach spielte er dort in einem Privatorchester mit, und eines Tages war es ihm passiert, auf ein Cello zu fallen und dieses erheblich zu beschädigen. Der Inhaber des Cellos packte sein Instrument in den Sack ein und gab es seinem Freund Trautner mit, um es reparieren zu lassen. Als dieser hörte, daß die Reparatur sehr teuer sei, beschloß er als alter Bastler, die Reparatur selbst zu machen.

Der Freund kam und probierte sein Instrument aus. Er schien sehr zufrieden zu sein und fragte Trautner, wer die Reparatur gemacht habe. Trautner fragte: »Ist sie nicht gut ausgefallen?« – »Doch, sogar sehr gut, das Cello klingt viel besser als vorher!« Dies war der Anlaß, daß Trautner seinen Beruf wechselte und Geigenmacher wurde. In der Zeit, als ich ihn kennenlernte und bereits öfter in seiner Werkstatt in Ansbach gewesen war, konnte er sein 25jähriges Geigenmacherjubiläum feiern. Er hatte noch den Boden seines Opus 1 in seiner Werkstatt hängen, aber leider waren die übrigen Teile verlorengegangen. Dieses Opus 1 hatte er, wie er sagte, mit dem Küchenmesser zurechtgeschnitten und -geschabt und es hatte die elegante Taille einer Riesenwespe. Erst seine späteren Werke bekamen eine richtige Form, klangen ausgezeichnet und hatten ihn ziemlich bald bekanntgemacht. Er sah es aber nicht als seine Aufgabe an, seine sieben Söhne selbst auszubilden, und gab seinen ältesten Sohn zu einem der besten Geigenmacher nach Leipzig in die Lehre. Dieser älteste Sohn Karl war auch das bedeutendste seiner Kinder und unterrichtete dann seine jüngeren Geschwister. Auch Anita Portner hatte einige Zeit eine Trautner-Geige gespielt und war öfter mit dieser Geige, die den Namen »Katze« trug, mit großem Erfolg aufgetreten. Als sie ihren Studienfreund und Wendlingschüler Lauer heiratete, vermachte sie diese »Katze« ihrem Mann.

Der alte Hans Trautner war ein unternehmungslustiger Mann und veranstaltete öfter in Ansbach Konzerte, bei denen auch seine Künstlerfreunde solistisch auftraten. Diese Konzerte fanden in der Orangerie des Ansbacher Schlosses statt und standen auf beachtlicher Höhe. Eines Tages kam er wieder einmal zu Besuch nach Nürnberg und fragte an, ob seine Musikfreunde sich an einem Testkonzert zum Vergleich seiner eigenen Instrumente mit einer Stradivariusgeige beteiligen wollten. Er hatte eine Stradivariusgeige zur Reparatur bekommen und hatte nun den Ehrgeiz, den Klang seiner eigenen Instrumente mit dem Klang der Stradivarius zu vergleichen. Anita Portner, Frau Kal-Decker und andere Künstler sagten zu, und daraufhin veranstaltete Trautner ein Sonntagmorgenkonzert, das einige kammermusikalische Werke darbieten sollte. Der Mittelpunkt der Veranstaltung sollte die Prüfung der Trautnerschen Instrumente gegen die Stradivarius sein. Der Saal der Orangerie war voll besetzt, die Programme enthielten eine Art Abstimmungszettel, auf denen die Konzertbesucher ihr Urteil über die Geigen abgeben sollten. Hinter einer spanischen Wand wurde jeweils ein Trautnerinstrument in Abwechslung mit der Stradivariusgeige gespielt, ohne daß das Publikum wußte, ob zuerst Stradivarius oder Trautner gespielt wurde; man sollte einfach ankreuzen, ob I oder II besser klang, größeren und wärmeren Ton hatte. Es handelte sich also darum, den Klang der Stradivarius herauszuhören. Die meisten Urteile waren falsch; ich glaube, ich war der einzige, der den Stradivariusklang immer heraushören konnte, aber es war nicht mein Verdienst; denn ich hatte dieses Instrument schon einige Male vorher gespielt. Immerhin konnte Trautner zufrieden sein, da man seinen Instrumenten häufig den Preis gegeben hatte. Die in den Kammermusikwerken dargebotenen Instrumente stammten natürlich aus Trautners Werkstatt. Ich hatte dabei sogar eine Bratsche zu spielen, die noch nicht lackiert war, so daß ich den Wert des Lacks für die Streichinstrumente kennenlernte. Der Lack macht den Ton des Instrumentes rund und größer; es füllt nach der Lackierung den Saal besser aus.

Durch meine musikalische Tätigkeit hatte ich mit der Zeit auch sonst viele Freunde in der Nürnberger Gesellschaft gefunden und war, auch durch einige Schülereltern, besonders mit der reichen jüdischen Gesellschaft bekannt geworden. Neben der Familie Bernhard war es vor allem die Familie des Chirurgen Dr. Hahn, in der ich viel verkehrte und deren älteren Sohn ich an der Schule unterrichtete. Bei Dr. Hahn spielte ich regelmäßig Trio, ein anderer Arzt, Dr. Rosenfeld, spielte dabei das Klavier. Dr. Hahn war Cellist. Meine Begegnungen mit diesen jüdischen Familien setzten sich in merkwürdiger Weise nach dem Zweiten Weltkrieg fort, lange nachdem ich Nürnberg verlassen hatte. Eine solche Begebenheit will ich hier an dieser Stelle vorwegnehmen, weil sie auch mit meiner Tätigkeit an der dortigen Schule zusammenhing. Einer meiner jüdischen Schüler, der mit dem Pianisten Dr. Rosenfeld verwandt war, wanderte Anfang Januar 1925 mit seiner ganzen Familie nach Amerika aus. Er war der Cellist meines Schülerquartetts gewesen und blieb einige Zeit hindurch brieflich mit mir in Kontakt. Er hatte deshalb erfahren, daß ich Lehrer an der Waldorfschule und Mitglied der Anthroposophischen Gesellschaft geworden war. Nun erzählte mir nach dem Zweiten Weltkrieg mein anthroposophischer Freund Hellmut Blume, er sei durch meinen Einfluß aus der amerikanischen Gefangenschaft befreit worden. Ich wußte davon nichts, und so berichtete er mir, daß er nach seiner Gefangennahme in Heilbronn von amerikanischen Offizieren verhört worden sei, die ihn für ein Parteimitglied des Nationalsozialismus hielten. Die Offiziere glaubten ihm aber nicht, da er doch Redakteur an der Stuttgarter Zeitung gewesen sei. Er antwortete dagegen, es sei ganz unmöglich für ihn gewesen, Parteimitglied zu werden, weil er Mitglied einer von der Partei verbotenen Gesellschaft gewesen und geblieben sei. Man fragte ihn: welche Gesellschaft? Und er antwortete: »Es war die Anthroposophische Gesellschaft«. Daraufhin habe ihn ein bei dem Verhör nicht beteiligter amerikanischer Offizier gefragt, ob er mich kenne, und er sagte, er kenne mich. Daraufhin fragte der Offizier weiter, ob er wisse, wo ich jetzt sei. Er antwortete, das könne er nicht wissen, aber wahrscheinlich sei ich bereits wieder in Stuttgart. Daraufhin erklärte der junge Offizier den verhörenden Offizieren, daß Hellmut Blumes Aussagen stimmten, und er wurde entlassen – eine seltsame Wirkung durch die Ferne der Zeiten.

Ein zweites Erlebnis ähnlicher, aber viel tiefgreifenderer Art möchte ich ebenfalls an dieser Stelle berichten. In der Abiturklasse meines Reformrealgymnasiums befand sich ein Schüler namens Ernst Reitzenstein. Diesen Schüler kannte ich an der Schule nur flüchtig, da ich ihn nur kurze Zeit in Vertretung des Direktors unterrichtet hatte, aber ich lernte ihn außerhalb der Schule näher kennen, weil er ebenfalls Geigenschüler bei Anita Portner war und sehr gut spielte. Wir kamen öfter bei Anita Portner zusammen. Sein Vater hatte eine bedeutende Rolle im Kulturleben von Nürnberg gespielt. Er war sogar der Gründer der dortigen Kulturgesellschaft gewesen, in deren Gebäude öffentliche Vorträge, Konzerte und Tagungen veranstaltet wurden. Die Familie dieses jungen Ernst Reitzenstein hatte unter den Verfolgungen des Nationalsozialismus schwer zu leiden. Er selbst war ziemlich bald nach Anfang des Jahres 1933 in ein Konzentrationslager gekommen, konnte sich aber loskaufen und nach der Schweiz retten. Auf der Fahrt dorthin besuchte er mich und erzählte mir während eines langen Gesprächs, er habe meinetwegen versucht, sich mit Anthroposophie zu beschäftigen, sei aber nicht damit zurechtgekommen. Ich meinte lachend, es brauche ja nicht auf dem gewöhnlichen Weg jeder durch das Tor in ein Haus zu kommen, man könne auch gelegentlich auf dem Umweg durch den Schornstein in das Haus geraten. Meine Bemerkung sollte lediglich das Gespräch in spaßhafter Weise abschließen. Ich war aber doch nach dem Zweiten Weltkrieg sehr erstaunt, als ich etwa im Jahr 1947 einen Brief von Ernst Reitzenstein aus Neuseeland bekam, in dem er mir mitteilte, daß es ihm gelungen sei, aus der Schweiz nach Neuseeland zu kommen. In der Schweiz habe er nicht nur Vollkornbrot backen gelernt – er war vorher Bibliothekar gewesen – sondern habe Eingang bei anthroposophischen Freunden von mir gefunden, und er sei auch Mitglied der Gesellschaft geworden; der einführende

Freund habe Schornstein geheißen. Deshalb habe er den symbolischen Spaß von mir nie vergessen und wollte mir daher dieses Kuriosum mitteilen. Auch seine mit mir gemeinsam durchgeführten Geigenstudien hätten in Neuseeland Früchte getragen. Er habe eine Witwe Christeller geheiratet, deren eine Tochter Eva Christeller Geigerin geworden sei.

Er selbst hatte in Neuseeland eine Vollkornbrotfabrik gegründet und damit einen ungeheuer großen Erfolg gehabt. Diesem Brief waren bereits mehrere Carepakete vorausgegangen, die er der Waldorfschule und besonders auch meiner Familie gespendet hatte. So war unser gemeinsames Schicksal durch die Anthroposophie wieder vereinigt worden, und da ich eine ganze Reihe von Freunden in Neuseeland hatte, ist sein Name in meiner Familie nie vergessen worden. Um so schmerzlicher war es mir, als ich vor einigen Jahren an der Klinik in Arlesheim zu Besuch war und dort hörte, daß Ernst Reitzenstein ein Jahr vorher schwerk krank in der Klinik gelegen hatte und dort auch gestorben war, ohne daß ich davon etwas erfuhr, obwohl ich zu dieser Zeit ebenfalls in Arlesheim zu Besuch war. So muß ich also abschließend sagen, daß meine Bekanntschaft mit diesem Mann am Rande unseres physischen Lebensraumes blieb und dennoch für uns beide sehr viel bedeutete. In einem gemeinsamen geistigen Suchen hatten wir uns gefunden, unsere Lebensschicksale sind im Raume auseinandergegangen. Im geistigen Raum dagegen sind wir ohne viele äußere Zeichen vereint geblieben, und so möge es auch bleiben.

Eine letzte Begegnung aus meiner Nürnberger Zeit möchte ich hier noch erwähnen, weil sie späterhin eine Fortsetzung fand. Ein oder zwei Jahre nach meiner Versetzung nach Nürnberg war der bereits erwähnte Mathematiker Ostermeyer am Reformrealgymnasium angestellt worden, der sich bald aus gleichen musikalischen Interessen mir anschloß und ebenfalls Mitglied des Döbereinerschen Orchesters wurde. Er kam auch öfters in meine Familie und wurde ein rechter Freund. Oft saß er auch bei unseren Quartettübungen still in einem Winkel und hörte aufmerksam zu, war aber dabei zugleich mit der Lösung mathematischer Probleme beschäftigt. Daß er unsere Musik aktiv hörte, bewies er am Schluß durch kluge, kritisch wohlwollende Bemerkungen, die immer sein großes musikalisches Verständnis zeigten. Zugleich versicherte er uns, daß ihm die Lösung mathematischer Probleme viel leichter fiele, wenn er dabei Musik höre. Das nämlich erzählte mir später mein Kollege Dr. Hermann von Baravalle an der Waldorfschule. Auch er ließ sich häufig etwas vorspielen und fand dabei leichter die Lösungen seiner Probleme. Nachdem ich Nürnberg verlassen hatte, riß die Verbindung mit Franz Ostermeyer nie ganz ab, bis in die Zeit des Dritten Reiches hinein. Da erschien er eines Tages ganz verstört während der Osterferien in unserem Ferienheim Warngau und erzählte uns, er sei als Gegner der Partei angeschwärzt worden und habe in einem Anfall von Angst sich ins Ausland retten wollen, da man ihn öfter bedroht und gewarnt hatte. Er sei bis an die Grenze des Saarlandes gekommen, aber lieber wieder umgekehrt, um sich in Nürnberg der Polizei zu stellen, denn er habe sich selbst eigentlich nichts vorzuwerfen und wolle lieber den Stier an den Hörnern packen. Bei seiner freimütigen Art, sich zu äußern und sich hier in diesem Fall zu verteidigen, konnte ich ihm nur recht geben, und auch die Folgezeit gab ihm recht: es kam in Nürnberg zu einer Aussprache, und es stellte sich heraus, daß man ihm nichts vorzuwerfen hatte.

Ich hatte mich in Nürnberg mit einer kleinen Gruppe von Menschen zusammengefunden, die nach neuen pädagogischen Erscheinungen Ausschau hielten und solche auch aktiv unterstützten, so weit wir davon Kenntnis bekamen. Unter anderem hatte ein Lehrer der sogenannten Gaudikschule in Leipzig gesprochen, auch Vertreter der sogenannten entschiedenen Reformer hatten sich in Nürnberg in Vorträgen vorgestellt, aber was wir da hörten, schien uns bloße Theorie zu sein, und es steckte kein entschiedener Wille dahinter, tief in das Leben der Kultur einzugreifen. Es waren Umformungen des Schulprogramms und andere äußerliche Dinge, aber keine Reformen. Eine erste Ausnahme machte im Juli 1924 der Besuch der Oberklasse der sogenannten Lichtwarkschule von Hamburg. Diese Schule war als Frucht aus der Bewegung zur Erneuerung des Kunsthandwerks hervorgegangen, die von dem damals sehr bekannten Kunsttheoretiker Lichtwark in Deutschland vertreten wurde. Die Lichtwarkschule hatte ihre Reform an dem sozial wichtigen Punkt des Verhältnisses von Lehrern zu Schülern angeknüpft. Man bemühte sich dort, dieses Verhältnis auf der Basis familiärer Betreuung zu gestalten. Wir hörten in dem Vortrag, den der Leiter dieser Hamburger Schule in Nürnberg hielt, daß zum Beispiel die Lehrer in Zusammenarbeit mit den Schülern die neugebaute Schule selbst im Inneren ausgestalteten als äußeres Zeichen dafür, daß die Schule als eine Lebensgemeinschaft im öffentlichen Leben stehen sollte. Der Vortragende wies darauf hin, daß die etwa zwanzig Schüler seiner Oberklasse hier im Saale anwesend und jederzeit bereit seien, die Wahrheit seiner Worte zu bestätigen. Ich brauche mich hier nicht weiter auf die Prinzipien dieser neuen Schule einzulassen, weil auch dieser sehr sympathische Vortrag einmalig blieb.

Wir Freunde hatten uns, einem vorhergegangenen Aufruf folgend, daran beteiligt, die Schüler dieser Oberklasse in einzelnen Familien privat unterzubringen. Die Klasse war zum Abschluß ihres Schullebens auf einer Kunstreise durch Deutschland begriffen, wobei die Schüler die Aufgabe übernommen hatten, in je einer Kunststadt die Führung vorzubereiten. Es ergab sich, daß derjenige Schüler, der die Führung in Nürnberg übernommen hatte, in meine Familie aufgenommen wurde, so daß ich das Leben an der Lichtwarkschule in vielen Einzelheiten kennenlernte. Dieser Schüler begegnete mir viele Jahre später als führendes Mitglied des Initiativkreises der Anthroposophischen Gesellschaft: Hans Börnsen. Die Lichtwarkschule bedeutete damals für das öffentliche Leben in Hamburg gewiß sehr viel, aber ein entscheidender Faktor für das allgemeine Kulturleben in Deutschland war sie nicht. Dies war anders im November 1924, als einige Lehrer der Waldorfschule Stuttgart eine Woche hindurch Vorträge über die Waldorfschule hielten. Diese Vorträge waren veranstaltet worden von den Priestern der Christengemeinschaft und der Ortsgruppe des Waldorfschulvereins in Nürnberg, die bis dahin, wenigstens nach meinem Wissen, im öffentlichen Leben von Nürnberg noch nicht aufgetreten waren.

Meine Freunde und ich besuchten sämtliche Vorträge, und jeder von uns war bereits nach dem ersten Vortrag überzeugt, daß wir hier etwas Neues und für unsere Zeit ganz Entscheidendes kennenlernten. Den ersten Vortrag hielt Dr. Eugen Kolisko, eingeführt durch ein kurzes Referat über den allgemeinen Aufbau der Waldorfschule. In diesem Referat fiel bereits das Wort »Das Menschenbild und die Entwicklung des Kindes als Ausgangspunkt einer neuen Erziehung«. Mit diesem Wort tat sich bereits die Tür zu einer neuen Welt auf. Es war mir, als ob dieses Wort die praktische Erfüllung einer Idee darstellte, deren erste Andeutung während meiner Tätigkeit als Lehrer in Reval in meiner Seele aufgetaucht war. Was Dr. Kolisko im einzelnen ausführte, könnte ich nicht mehr referieren, was aber Robert Killian und Caroline von Heydebrand über das Leben der Unterstufe in der

Waldorfschule berichteten, bestärkte in mir den ersten Eindruck, daß die Waldorfschule pädagogische Erfüllung einer Sehnsucht unserer Zeit ist. Während ihrer Ausführungen war die ganze Vorderwand des Podiums, auf dem sie sprachen, mit Malereien ihrer Schüler geschmückt, und diese Malereien unterstrichen in lebendigster Weise die Tatsache, daß der Unterricht an der Waldorfschule nicht nur intellektuelles Wissen vermittelt, sondern Wissen und Können, das heißt Kopf und Hand verbindet und damit ein Bild des Lebens selbst ergibt. Wir erfuhren dann im einzelnen genau, wie sich die »Erziehungskunst der Waldorfschule« auf die Schüler auswirkte. Mein Gesamteindruck ließ sich zusammenfassen in dem Schluß: hier ist eine Idee zum Ideal geworden, die Schule steht als Organismus mitten im Leben und ist ein Teil des Lebens.

Als letzter trat in dieser Woche Dr. Karl Schubert auf, der als Heilpädagoge an der Waldorfschule wirkte und in seinem Vortrag darstellte, daß die von ihm geleitete »Hilfsklasse« eine wichtige Ergänzung des normalen Schullebens bildete. Dabei erfuhren wir auch, daß die Heilkunde überhaupt eine große Rolle an dieser Schule spielte und der Schularzt ständig die Schüler seelisch und körperlich betreute. Zum Abschluß dieser pädagogischen Woche fand eine Fragenbeantwortung statt, aus der wir wichtige Ergänzungen über das geistige Leben an der Waldorfschule erfuhren. Unter anderem fragte ein Zuhörer, ob an der Waldorfschule auch Religionsunterricht vorgesehen sei. Dr. Schubert schien aus dem Ton dieser Frage einen gewissen Zweifel herauszuhören und beantwortete die Frage mit nachdrücklich erhobener Stimme: »Ja, glauben Sie denn, daß man ohne Religion im Leben überhaupt ein Kind erziehen kann? Die ganze Pädagogik ist Religion, und der künstlerische Geist der Schule, den Sie aus den ausgestellten Bildern erkennen können, ist an der Waldorfschule durchtränkt von einer solchen religiösen Stimmung des Lehrers, die aber keineswegs schwärmerisch gefärbt ist. Im übrigen wird natürlich auch von den Eltern verlangt, daß ihre Kinder entweder einen konfessionellen Religionsunterricht an der Schule bekommen oder den bei uns in besonderer Weise eingerichteten freien Religionsunterricht besuchen. Der konfessionelle Religionsunterricht wird von Vertretern der entsprechenden Regligionsgemeinschaft gegeben und ist keiner Vorschrift von seiten der Schule unterworfen, der freie christliche Religionsunterricht fügt sich in den Lehrplan der Waldorfschule ein und ist nach den Grundsätzen aufgebaut, die Sie in den vorausgegangenen Vorträgen kennengelernt haben.«

Nun zeigten sich wie durch ein Zauberwerk rings um mich Beziehungen nicht nur zur Waldorfschule, sondern auch zur Anthroposophie, die sich vorher in keiner Weise vor mir geäußert hatten. Einer meiner neuphilologischen Kollegen des Reformrealgymnasiums sagte mir, er sei schon seit längerer Zeit Mitglied der Anthroposophischen Gesellschaft; dann begegnete mir bei meinen Musikfreunden Bernhard eine Ärztin namens Reichardt, die mich fragte, ob ich diese pädagogische Woche mitgemacht habe, und als ich das bejahte, stellte sie sich ebenfalls als alte Antroposophin vor. Ihre zwei Töchter seien an der Waldorfschule, und ich müsse unbedingt im folgenden Jahr nach Stuttgart gehen. Der Lehrer für Kunsterziehung am Reformrealgymnasium Braig, der mir schon immer sehr sympathisch und interessiert erschienen war, war Mitglied der Christengemeinschaft und mit Dr. Rittelmeyer bekannt und verschwägert, auch die Beziehungen zu den Priestern der Christengemeinschaft bahnten sich an, obwohl sie noch nicht zu näherer Bekanntschaft führten. Niemand drängte mich dazu, die neuen Anregungen aufzugreifen, und mein Entschluß, im Jahr darauf nach Stuttgart zu reisen, hatte noch nicht so weit geführt, daß ich vor die Wahl gestellt war: Waldorfschule nur zur Kenntnisnahme oder Waldorfschule als neues Leben. Ich wagte es noch nicht, so weit zu denken, war aber dennoch zu allem offen, da mich meine Erlebnisse an der Staatsschule in keiner Weise befriedigten.

Bevor ich schildere, was ich in Stuttgart erlebt habe, möchte ich noch eines Ereignisses gedenken, das meine Erinnerungen an die Gefangenschaft im Ersten Weltkrieg lebendig machte. Nach dem Tode des in Viviers verstorbenen Freundes Oskar Dycke hatte ich nur eine einzige Beziehung zu einem Mitgefangenen weitergeführt. Wir hatten in Lanvéoc eine Art Freundschaftsdreibund mit mir als dem Ältesten, dem Ungarn Istvan Lehel als zweitem und Oskar Dycke als drittem gepflegt. Täglich waren wir zusammen gewesen und hatten uns in guten Gesprächen auf dem engen Grund unseres Lagers das Leben erträglich gemacht. Alle Seiten des Daseins kamen in unseren Gesprächen in ernster oder humorvoller Weise zur Geltung. Wir sprachen auch über das Leben nach dem Krieg und nach der Gefangenschaft, das uns erwarten würde. Oskar Dycke zum Beispiel wartete sehnsüchtig auf seine Befreiung, um als Lehrer tätig zu sein und eine Familie zu begründen, zumal er in München seine Braut zurückgelassen hatte. Aber Istvan Lehel behauptete häufig von mir, ich würde zuerst heiraten; aber er konnte seine Behauptung keineswegs begründen und meinte nur, das sage ihm sein kleiner Finger. Denn daß es nach dem Tode unseres Freundes Oskar Dycke wirklich dahin kam, konnten wir nicht wissen, und als ich Istvan Lehel meine Verheiratung mitteilte, hatte er den Wunsch, uns zu besuchen. Er kam auch an Pfingsten 1924, als wir unsere schöne Wohnung in der Rankestraße in der Nähe des Luitpoldhaines schon seit einiger Zeit bezogen hatten. Lehel hatte erwähnt, daß er nicht den Mut fände, sein Leben mit einer Frau zu verknüpfen, zumal er nicht viel Sinn mit dem Dasein verbinden konnte. Er könne niemand mit seiner eigenen Persönlichkeit belasten, obwohl er in der ungarischen Öffentlichkeit als Kunsthistoriker sehr bekannt war. Seine Lebensauffassung sei trotz seiner großen Erfolge rein pessimistisch, er könne auch nicht glauben, daß es ein Leben nach dem Tode gäbe. Als wir uns nun wieder in Nürnberg begegneten, erschrak ich immer wieder bei seinem Anblick, da bei aller Freundlichkeit und

Freundschaftlichkeit unseres Zusammenseins etwas wie ein Schatten über ihm schwebte. Dieser Eindruck war mir wesentlich und schmerzlich, da er von uns als Taufpate meines ältesten Sohnes gewählt worden war und auch zu meiner Frau in freundschaftlicher Beziehung stand. Er reiste wieder ab, und als nächste Mitteilung schickte er uns die Anzeige seiner Hochzeit, und es schien, als ob seine pessimistische Weltanschauung doch einigermaßen überwunden sei. Es dauerte nur einige Monate, als seine Frau, die ich noch nicht kennengelernt hatte, mir die Anzeige seines selbstgewählten Todes schickte.

STUTTGART

TAGUNG IN STUTTGART

In Stuttgart erwarteten mich neue und gewaltige Eindrücke als Fortsetzung der Erlebnisse, die wir während der pädagogischen Woche in Nürnberg gehabt hatten. Wir wohnten bei einem Verwandten meiner Frau, dem Generaldirektor der WMF, Hermann Ostertag (1849–1933). Wir waren bei ihm sehr gut untergebracht, erfuhren aber aus Gesprächen mit ihm, daß die reichen Stuttgarter Bürger kein sehr großes Verständnis für das pädagogische Unternehmen der Waldorfschule hatten. Für ihn und, wie er versicherte, auch für die meisten Menschen seines Standes war die Staatschule eine Art Futterkrippe für höhere Bildung, er meinte aber, daß sie für das öffentliche Leben keine besonders große Bedeutung zu haben brauche. Es sei doch jeder Schüler froh, wenn er nach dem Abitur die Schule hinter sich lassen könne und sich nicht mehr darum kümmern müsse. Es mag sein, daß solche Meinungen in der damaligen Zeit für allzu reiche Leute zutreffend waren, zumal der Mensch von solchen Leuten nur nach der Höhe seines Einkommens eingeschätzt wird. Daß es unserem Onkel unmöglich war, eine richtige Meinung von der Bedeutung einer neuen Schule zu bekommen, begriff ich, nachdem ich diese mir bevorstehende Tagung mitgemacht hatte; denn es bedurfte einer umfassenden Umstellung des ganzen Menschenwesens, sogar einer Umwertung aller Werte, die bisher vor allem in der bürgerlichen Welt gültig waren, um die Größe einer solchen Bildungsstätte zu erfassen. Was aber beim ersten Kennenlernen jeden Besucher der Tagung in der Seele ergreifen konnte, war der Stempel der Wahrhaftigkeit, die aus allen Veranstaltungen der Tagung zum Besucher sprach.

Wir hörten und erlebten als erstes, daß am Tag unserer Ankunft in Stuttgart Rudolf Steiner in Dornach gestorben war. Dieses Ereignis prägte den Charakter und die Stimmung der ganzen Tagung, und selbst ein Besucher, der zum erstenmal überhaupt von Anthroposophie und der Waldorfschule hörte, mußte eine tiefe Ahnung davon bekommen, welche Bedeutung Rudolf Steiner für die Mitglieder seiner Gesellschaft, ja für alle, die ihn gekannt hatten, haben mußte. Meine Frau hatte Rudolf Steiner einmal flüchtig gesehen, als sie sich auf einer Reise in Heidenheim befand. Ich selbst sah sein Bild zum erstenmal in der Waldorfschule bei der Eröffnung der Tagung. Die großen Vorträge, die von den Lehrern gehalten wurden, fanden im großen Saal des Gustav-Siegle-Hauses statt, während künstlerische Darbietungen und Gruppenkurse in der Waldorfschule selbst abgehalten wurden. Auf dem ersten Gang zum Gustav-Siegle-Haus erblickte ich unter den Lehrern meinen ehemaligen Schulkameraden vom Wilhelmsgymnasium in München, Graf Fritz von Bothmer, dessen Gestalt als Führer jener Pfadfinderbewegung im Isartal bei München mir noch lebhaft in Erinnerung geblieben war. Ich sprach ihn an und hatte während der Tagung einen guten Führer an ihm, nun aber nicht im materiellen Leben, sondern im geistigen. Er war während des ganzen Weltkrieges Offizier gewesen, hatte nach dem Krieg den Dienst quittiert und war nun Turnlehrer an der Waldorfschule geworden. An einer Staatsschule spielt der Turnlehrer keine besondere Rolle und wird wenig beachtet. An Fritz von Bothmer und seiner Stellung im Schulkollegium lernte ich mit Erstaunen und Freude zum erstenmal, was ein Schulkollegium überhaupt ist: ein sozialer seelisch-geistiger Organismus, in dem es nichts Unbedeutendes gibt. Jeder einzelne Kollege ist gleich wichtig und notwendig, damit das Ganze nicht Schaden leidet. Unter anderen wesentlichen Dingen erweist sich dies an der Tatsache, daß ein solches Kollegium in seiner Zusammensetzung konstant bleiben muß und nicht einem ständigen Wechsel ausgesetzt werden darf. Dieser hohe Charakterzug eines Schulkollegiums ist in den üblichen Staatsschulen nahezu unbekannt, und dies trägt weitgehend dazu bei, daß eine Schule kein sozialer Organismus wird.

Das Waldorfkollegium trat mir auch äußerlich bei der Eröffnung als geschlossene Einheit entgegen; denn alle saßen auf dem Podium und bildeten für jeden einzelnen Redner einen stützenden Hintergrund. Es war so, als ob den Redner aus dem Hintergrund Ströme des Vertrauens und der Zuversicht helfend umkreisten. Gewiß mußte ich bedenken, daß das Ereignis des Todes Rudolf Steiners den Ernst der Angelegenheit stark unterstrich, aber es war doch eindrucksvoll genug, diese zu gemeinsamem Tun zusammengeschlossene Gruppe von Menschen während der ganzen Veranstaltung vor sich zu sehen. Die Idee dieser neuen Pädagogik schien alle Gesichter zu prägen, der Gedanke an den Tod ihres Lehrers vertiefte ihre Haltung, und so schien einer den anderen zu tragen und zu stützen. So viele Redner dabei der Reihe nach auftraten, so viele verschiedene Charaktere enthüllten sich. Auch die Temperamente zeigten sich in ihrer unwillkürlichen Haltung. Einer der Redner zum Beispiel wanderte während seines Vortrages fast auf der ganzen Bühne hin und her, als ob er seine Gedanken aus der Bewegung entstehen lassen wolle, ein anderer stand festgewurzelt an seinem Platz und unterstrich seine Ausführungen nur mit maßvollen Bewegungen der Hände. Wieder ein anderer schien seine Gedanken aus der Tiefe seines Organismus heraufzuschürfen, gleichsam, als ob es ihm große Mühe mache, die Worte zu formen, aber die einzelnen Gedanken, die er sprach, fielen wie schwere Tropfen von Gold in das Gehör der Anwesenden, und jedes Wort hatte seine Bedeutung. Ein anderer machte den Eindruck, als ob er aus der unbedingten Sicherheit seines Zieles seine Sätze wie Mauersteine aufeinander fügte, und wenn er sprach, schien sein ganzes Gesicht aus der Schönheit der Gedanken zu leuchten. Wieder ein anderer entwickelte seine Gedanken sozusagen mit lockerer Hand und ließ seine Rede strömen; was aber die Ausführungen von allen besonders prägte, war die Überzeugung, daß sie eine große Wahrheit zu verkünden hatten und daß diese Wahrheit von der Pädagogik der Zukunft handelte. Dies war mein erster Eindruck von der Pädagogik Rudolf Steiners und ihrer Wichtigkeit für den Menschen der Zeit und der Zukunft. Ich hätte aber diesen Eindruck damals nicht so klar formulieren können und vermochte mein Gesamterlebnis erst zu ordnen, nachdem die Tagung abgelaufen war. Es waren auch so viele verschiedenartige Dinge, die mir da unter dem Begriff Waldorfschulpädagogik und ihre Erscheinungen im sozialen Leben entgegentraten. Es waren nicht nur Vorträge über alle Gegenstände des Lehrplans, Geschichte, Kunstunterricht, Mathematik, es folgten Darbietungen künstlerischer Art auf einer Monatsfeier, die sich fast ohne Pause über zwei Stunden hinzog.

Da wurden dramatische Spiele gezeigt, in den unteren Klassen Märchenspiele und Rezitationen im Chor, zwei Orchester traten auf, eines aus den acht unteren Klassen und eines für die Oberstufe, die sich in der Qualität des Tones, der Auswahl der Stücke und der Begeisterung der Spieler weit über den Durchschnitt gewöhnlicher Schuldarbietungen erhoben. Was mich am stärksten ergriff, war die ganz neue Bewegungskunst der Eurythmie, die ich nun zum erstenmal sah. Verstehen konnte ich das innere Wesen der Bewegungen, die die Schüler in Einzelleistungen oder in Gruppen vollführten, in keiner Weise, was mich aber packte und was ich begreifen konnte, war der Stempel der Wahrheit, der aus diesen Darbietungen sprach und sich durch die körperlichen Bewegungen offenbarte. Es schien sich mir dadurch die Würde und die Schönheit des menschlichen Leibes zu zeigen und in geheimnisvoller Weise zu enthüllen, was dieser Leib an Geistig-Seelischem kundgibt. Es trat die Einheit von Geist, Seele und Leib in diesen Erscheinungen vor die Welt. Ich konnte aber auch begreifen, daß die heutige bürgerliche Welt große Schwierigkeiten haben mußte, all diese pädagogischen und menschlichen Erscheinungen nach ihrem rechten Wert zu schätzen. Jede Art von Gewinn- und Verlustrechnung des materiellen Lebens mußte da völlig vergessen werden, und das Menschenbild allein zeigte sich in seinem wahren unvergänglichen Wesen.

WAS IST DIE WALDORFSCHULE?

Ich will gleich hier versuchen, mir ein Bild zu machen von dem Wesen der Waldorfschule und meine ersten Erinnerungen an diese Erziehungstagung 1925 auf einigen Seiten zusammenfassen. Meine Gedanken gehen zurück zu jenen Wochen, und ich erlebe wieder im Geiste die innere und äußere Stimmung jener Tage. Es war eine warme, sonnige Zeit, die Natur war noch schüchtern im Aufbruch und für mich deshalb ein Bild dessen, was die Darbietungen in der Waldorfschule mir zeigten. Auch da war ein schüchterner Aufbruch eines neuen Erkennens und eines neuen Lebens. In einem Vortrag wurde die Entwicklung des Kindes in Hinblick auf die ersten drei mal sieben Jahre seines Lebens dargestellt, und erläutert, wie diese Entwicklung des Kindes die Grundlage für die Waldorfpädagogik sein muß. Neunzehn Jahre dauert im allgemeinen die Erziehung eines Menschen, der die Volks- und höhere Schule durchläuft. Davon verbringt das Kind die sieben ersten Jahre im Elternhaus und ist ganz und gar abhängig von seiner Umgebung, vor allem natürlich von seinen Eltern und Geschwistern. In vier weiteren Jahren besucht das Kind die staatliche Volksschule und wird dann zum erstenmal in seinem Leben geprüft, um in die höhere Schule aufgenommen werden zu können, dann macht es das neunklassige Gymnasium oder die Oberrealschule durch und verläßt nach etwa dreizehn Schuljahren nach dem Abitur die höhere Schule, um entweder sich für einen Beruf vorzubereiten oder an einer Hochschule aus eigener Verantwortung weiter zu studieren.

Die Waldorfschule dagegen ist eine einheitliche Volks- und Höhere Schule und umfaßt dreizehn Lebensjahre des Kindes. Diese dreizehn Lebensjahre gliedern sich in zwei Stufen, die aber nicht aus Forderungen staatlicher Behörden entstehen, sondern von den Entwicklungserscheinungen im Leben des Kindes allein abgelesen werden. An diesem Punkt der Darstellung des Vortragenden entstand vor meinen Augen das Bild einer ganz neuen Lebens- und Menschenbetrachtung, und ich brauchte nicht lange, um die Wahrheit dieses neuen Bildes einzusehen. Ich hatte mich immer schon mit den Siebenjahresperioden in den Biographien von bedeutenden Menschen befaßt und hatte immer wieder mit Staunen feststellen können, wie regelmäßig dieser periodische Lebensablauf sich vollzog. Hier in diesem Vortrag wurde mir aber sofort klar, daß die Zahl sieben überhaupt die Zahl der Entwicklung im Welt- und Menschenleben ist und noch viel tiefer in unserem ganzen Dasein verwurzelt ist. Es wurde gezeigt, daß die ersten vier mal sieben Jahre jedesmal den Anfang einer echten Geburt im Wesen des Kindes bedeuten. Wenn das Kind das Licht der Welt erblickt, tritt sein sichtbarer Leib zur ersten Geburt in das Leben der Welt ein. Es ist da ganz und gar der Fürsorge seiner Eltern und seiner weiteren Umgebung anheimgegeben, ist zunächst ganz hilflos und könnte sich in keiner Weise selbst am Leben erhalten. Seine Erziehung beginnt sofort, es lernt gehen, sprechen und die Anfänge des Denkens, sieben Jahre hindurch. Ich begriff sofort, wie wahr es ist, wenn man sagt, das Kind sei in diesen ersten sieben Jahren ein nachahmendes Wesen, und zwar ahmt es nicht nur mit seinen Sinnen nach, sondern es ist im wahren Sinne des Wortes mit der Mutter (vor allen anderen) verbunden. Würde man zum Beispiel ein deutsches Kind gleich nach der Geburt zur Erziehung in ein Negerdorf nach Afrika versetzen, so könnte man sich wohl noch vorstellen, daß es in seiner deutschen Familie wohl ebenso laut schreien würde wie in dem Negerdorf, wenn es aber sprechen lernt, so könnte es nur die Sprache seiner Umgebung annehmen und auch sein seelisches Wesen mehr oder weniger nach seiner Umgebung bilden. Man kann mit Recht sagen, daß die Fähigkeit der Nachahmung das erste große Geschenk ist, das das Kind ins Leben mitbekommt. Daraus geht aber auch die ungeheure Verantwortung hervor, die die Eltern des Kindes ihm gegenüber haben; denn diese Nachahmung ist die Grundlage dafür, daß das Kind später richtig und gesund in das Leben der Gesellschaft hineinwächst.

Am Ende dieser ersten sieben Jahre zeigt sich etwas umwälzend Neues im Leben des kindlichen Leibes: der Zahnwechsel tritt ein als äußere Erscheinung gewaltiger innerer Vorgänge im Seelen- und Leibesleben. Der Vortragende zeigte, mit welcher Gesetzmäßigkeit die einzelnen Zähne wechseln; es zeige sich darin eine große Weisheit des Lebens. Diese Einzelheiten kann ich hier nicht darstellen. Zusammenfassend erklärte der Vortragende, daß am Beginn des zweiten Jahrsiebents dieser Zahnwechsel als Zeichen einer neuen Kraft zu betrachten sei, die geradezu den Charakter eines neuen Leibes habe. Daher nennt die Waldorfpädagogik diese Kraft den »Lebensleib« oder mit einem anderen Wort den »Ätherleib«, ein Ausdruck, den ich gerne hinnahm, da ich wußte, daß die Griechen mit dem Namen »Äther« bereits einen geistigen Stoff bezeichneten, der für die Götter ebenso wichtig war wie für die Menschen und die Welt überhaupt. Dieser Lebensleib übernimmt nun die Förderung der Wachstumskräfte des inneren und äußeren Menschen. Der Vorragende meinte an dieser Stelle, daß man wohl sagen könne, das Kind lebe in seinen ersten Lebensjahren unter dem unbewußten Bild: die Welt ist gut, das hieße aber nichts anderes, als daß das Kind in diesen ersten sieben Jahren in einer reinen moralischen Umgebung leben müsse. Denn wenn das Kind in dieser Zeit nicht die moralischen Kräfte des Guten bekomme, sei der daraus entstehende Schaden niemals wieder ganz gut zu machen. In dem zweiten Jahrsiebent tritt das Kind in die erste Stufe der Schule des Lebens ein, die wiederum sieben Jahre umfaßt. Das moralisch Gute, das es vorher aufgenommen hat, geht weiter; denn was man einmal erworben hat, stirbt nicht ab, wenn es richtig gepflegt wird. Auch der Lehrer muß moralische Kräfte vor dem Kind darleben, die sogar einen viel weiteren Umfang haben als die Kräfte der Eltern; denn er muß allen seinen ihm anvertrauten Kindern gerecht werden. Alles, was der Lehrer tut, muß daher vorbildlich sein, er muß gleichsam ein Künstler des Lebens sein. Die Schule nimmt daher den Charakter einer künstlerischen Einrichtung an, mit anderen Worten: das Kind lernt die Welt erkennen nach dem Satz: die Welt ist schön. Auch dasjenige, was das Kind sozusagen in einer primitiven Wissenschaftlichkeit an Wissen aufnimmt, muß in einer künstlerischen Form dargeboten werden. Die ersten sieben Jahre der kindlichen Schulzeit sind deshalb die wichtigsten der ganzen Erziehung, und es ist nicht nur ein äußerliches Gesetz, wenn man das Wissen dem Kind in künstlerischer Form beibringen soll; denn das Kind bildet ja mit Hilfe des Lebensleibes in künstlerischer Form sich selber und seine ganze Erscheinung sozusagen wie ein Bildhauer der Seele aus. Deshalb bemüht man sich an den Waldorfschulen, dem Kind den trockenen Stoff des Wissens und Könnens nicht schematisch oder mechanisch beizubringen, sondern Wege zu finden, die künstlerisch gestaltet sind. Am Beispiel des Schreibens wurde mir die Wahrheit dieser Tatsache sofort einleuchtend: die Buchstaben werden zuerst in Bildform den Kindern vorgemalt, zum Beispiel das »F« an einem Fisch, der im Wasser schwimmt; aus dem Fisch wird allmählich ein aufgerichtetes F, das sogar in kleinen Strichen an den Fisch erinnert. Es wird den Kindern keineswegs erzählt, daß diese Art Buchstaben zu lernen, genau dem Gang der Bildung der Menschheit entspricht und daß die Form der Buchstaben, die wir jetzt benutzen, auf Umwegen über die alten Ägypter entstand, die ihre Schrift aus heiligen Bildern entwickelten. So stand dann am Schluß dieses zweiten Jahrsiebents, wie es der Vortragende schilderte, die Tatsache der Schönheit des Daseins vor meinen Augen. Ich dachte mir dabei, es müsse auch der Lehrer selbst mit einem gepflegten Bewußtsein jede Gebärde seines Stehens vor der Klasse in Schönheit gestalten. Das müßte allerdings, so dachte ich weiter, fast ganz in den Instinkt des Lehrers übergehen, so daß er ganz unwillkürlich in einer solchen edlen Form vor den Kindern steht. Diese Bemühung aber müßte allmählich den Charakter eines echten, ungezwungenen Religiösen annehmen, und ich dachte ein Jahr zurück an jene Waldorfwoche in Nürnberg, als Karl Schubert auf die Frage nach der Religion in der Waldorfschule mit lauter Stimme und starker Überzeugung ausrief: »Ohne Religion ist überhaupt keine Erziehung im Leben möglich. Der mit einem Gottesgeist begnadete Mensch ist das erste Ziel der Religion in einer richtigen Schule.«

Am Ende dieses zweiten Jahrsiebents erhebt sich wieder die Frage: welche Erscheinung am Leibesleben des Kindes deutet eine ähnliche Vertiefung des Daseins an wie der Zahnwechsel am Ende des ersten Jahrsiebents? Die Frage beantwortet sich selbst: es ist die Geschlechtsreife, die man mit einem besseren Ausdruck »Erdenreife« nennen sollte. Wenn es beim Zahnwechsel einem materialistisch gesinnten Zeitgenossen noch zweifelhaft sein kann, daß diese physiologische Erscheinung seelische Wurzeln haben soll, so kann auch der agnostische Zweifler nicht mehr leugnen, daß diese Erdenreife neben dem sichtbaren Körperlichen sich vor allem in seelischer Weise äußert; denn sie erscheint wie eine richtige Revolution im Wesen des Kindes. Vorbereitet wird sie bereits im zehnten Lebensjahr durch die neue Art, wie da das Kind zur Außenwelt steht; wenn es bis zum zehnten Jahr sich selbst und die Welt in einer großen Einheit erlebte, so tut es dann einen ersten Schritt zur Erweiterung seines Selbstbewußtseins. Es fühlt sich nicht mehr so einfach mit der Welt verbunden wie der Fisch mit dem Element des Wassers, sondern es tut sich, wenn auch zunächst ganz leise, ein Gegensatz zwischen Ich und Welt vor ihm auf. Es zeigen sich vor allem heutzutage bei vielen Kindern bereits Anfänge dieser Erscheinungen der Erdenreife. Ich brauche die Tatsachen und die Schwierigkeiten nicht zu schildern, die sich im Leben der heranwachsenden Jugend um das vierzehnte Lebensjahr herum auftun. Jeder Vater und jede Mutter kennen diese Dinge und stehen oft ratlos und händeringend vor der Frage: wie kann ich meinen Kindern in ihren Entwicklungsschwierigkeiten helfen? Denn die neue Kraft, die sich jetzt im Leben der jungen Menschen zeigt, steht jeder Hilfe von außen geradezu widerspenstig gegenüber, da die dritte Periode des Lebens mit dem Übergang zur Selbständigkeit des Denkens verbunden ist. Und da das Kind, wie ich oben bemerkte, bereits Ich und Welt stark unterscheidet und die Denkkraft das eigentliche Wesen des heranreifenden Kindes ausmacht, so zeigt sich dieses Denken in schärfster Weise als Kritik. Man könnte meinen, diese Kritik sei eine rein negative Beigabe des Denkens, aber in Wirklichkeit ruft das Kind aus der Tiefe seines denkenden Ich den Menschen der Umgebung zu: zeigt mir, daß ihr meiner erwachenden Denkkraft gewachsen seid! Die Autorität des Lehrers war im ersten Jahrsiebent an der Schule unbedingt. Der Lehrer war absolutes Vorbild (jeder Erzieher weiß aber auch, wie schwer das durchführbar ist und dennoch zu Recht besteht). An dieser Stelle erklärte der Vortragende auch, warum an allen Waldorfschulen ein Lehrer seine Klasse acht Jahre lang behält. Er muß in den Jahren von sieben bis vierzehn mit den Kindern in ähnlicher Weise zusammenstehen, wie die Eltern mit ihnen in der Familie zusammen sind.

Im achten Schuljahr dagegen, das auch noch von demselben Lehrer geführt wird, muß er es verstehen, die Kinder in der richtigen Weise auf das dritte Jahrsiebent vorzubereiten. Denn in der nun beginnenden Oberstufe der Schule herrscht an der Waldorfschule nicht mehr das Einlehrer-Klassensystem, sondern nun verlangt das Leben von der Schule, daß die Kinder in den ganzen Umfang der wissenschaftlichen und beruflichen Arbeit unserer Zeit eingeführt werden, und das kann ein einzelner Klassenlehrer nicht mehr leisten. So wie im Leben selbst die Wissenschaften und alle Berufe in Arbeitsteilung nebeneinander stehen, so müssen nun in der Oberstufe der Waldorfschule wissenschaftlich und künstlerisch vorgebildete Lehrkräfte die Arbeit weiterführen. Daraus geht hervor, daß hier nun schon das Leben in größere Nähe der Jugend rückt und daß sie die Möglichkeit bekommen muß, die Fülle der Dinge des Daseins zu überschauen. Das heißt aber, daß die Kinder wohl von tüchtigen Fachleuten unterrichtet werden, aber nicht in der Weise einseitiger Spezialisten, die meinen könnten, daß sie ihre Schüler ebenfalls zu Spezialisten in ihrem Fach heranbilden sollen, sondern die Methoden dieser einzelnen Fachleute müssen gerade so sein, daß bei aller Gründlichkeit eine Übereinstimmung zwischen den in den verschiedensten Tätigkeiten arbeitenden Mitgliedern der menschlichen Gesellschaft erreicht wird. Wenn den Kindern in ihren ersten Lebensjahren die Welt als gut, in ihrem zweiten Jahrsiebent als schön erscheinen soll, so muß sich in ihrem dritten Jahrsiebent die Welt als wahr erweisen. Wie ist das aber durchführbar bei den tiefgehenden Verschiedenheiten der Weltanschauung, die heute in denkbar größter Gegensätzlichkeit in der Menschheit auftreten? Wo liegt die Möglichkeit, zu einem Kriterium der Wahrheit zu kommen? Wie der römische Landpfleger Pilatus fragt der Mensch auch heute noch: was ist Wahrheit? Und er fügt sogar hinzu: was ist der Mensch? Die Schwierigkeiten, die sich in diesem Stadium der Entwicklung vor jedem heranwachsenden Kind auftun, wurden mir bereits in meiner eigenen Schülerzeit klar; denn es war immer möglich, daß die Vertreter ganz verschiedener Weltanschauungen in einer Gymnasialklasse unterrichteten; neben Protestanten und Katholiken konnte da ein freidenkender Mathematiker oder Physiker stehen, der aus seiner agnostischen Weltanschauung kein Hehl machte, obwohl er sich immer sehr vorsichtig ausdrückte. Ein Biologe konnte sich als Katholik verhalten und von dem Begriff der Evolution überhaupt nicht sprechen, ein anderer Biologe konnte überzeugter Anhänger Darwins sein, und ein dritter bemühte sich wenigstens, das Sechstagewerk der Bibel als ein symbolisches Gleichnis hinzustellen, aber die Schöpfung immerhin einem Schöpfergeist zu überlassen. Den jungen Menschen kommt aber eine Fähigkeit zu Hilfe, die intim mit dem Wesen des Denkens verbunden ist: der Mensch fühlt als denkendes Wesen die Kraft zu wählen, zu unterscheiden und zu richten. Das wußten auch unsere Lehrer vor 1900 und bemühten sich, ihren Schülern die Phänomene ihrer Wissenschaft klar zu machen, ohne sie allerdings zur Diskussion aufzurufen.

An der Waldorfschule nun, so hörte ich, haben die Lehrer in dieser Hinsicht einen Vorteil, aus dem sie Kraft schöpfen können; denn sie arbeiten aus einer gemeinsamen Anschauung des Lebens und der Welt. Sie glauben nicht, daß die Erde eine Maschine sei, die sich aus eigener Kraft in Uranfängen von selbst in Bewegung gesetzt hat. Sie wissen, daß jeder Mensch in seinem leiblichen Dasein ein geistiges Wesen beherbergt und daß die Wahrheit der Erziehung eben gerade darauf beruht, daß ein unzerstörbares geistiges Wesen in einem Körper wohnt und diesen Körper lenken kann durch die Kräfte der Erkenntnis, die ihm allein vor allen sichtbaren Wesen gegeben worden ist und die gerade durch die Entwicklung des Denkens in Erscheinung tritt. In diesem Sinn muß also die Wahrheit bestehen als Kern unseres ganzen Daseins. Der Mensch ist seinem Wesen nach eine geistige Erscheinung in einem sichtbaren Leib.

Aus dem, was ich bis jetzt ausgeführt habe, ergibt sich, daß der gesamte Unterricht an der Waldorfschule sich nach der Entwicklung des Kindes richtet. Der Stundenplan und der Lehrplan erfüllen zwar alle Forderungen, die von seiten des Staates an Volks- und Höhere Schulen gestellt werden, aber alle Lehrgegenstände werden entsprechend der Altersstufe der Schüler mehr oder weniger deutlich verschoben. Dies offenbart sich am meisten in der Unterstufe, das heißt in den Klassen eins bis acht, in der Art, wie die naturwissenschaftlichen Gegenstände gelehrt werden. Der Unterricht in der Chemie, in Menschenkunde, Pflanzenkunde, Physik und Tierkunde wird auf dieser Stufe ganz bildhaft gegeben, das heißt, die Erscheinungen dieser Fächer werden den Kindern in gründlicher Anschauung vorgeführt und in das Bild der Natur eingeordnet. Dadurch bekommen alle diese Gegenstände einen lebendigen Charakter und stehen in bildhafter Beziehung zum Menschen. In der Physik zum Beispiel werden keine theoretischen Berechnungen der Gesetze vorgenommen, deren Verständnis sich nur an den Intellekt wendet, da der reine Intellekt im Menschen auf dieser Stufe noch nicht geboren ist. In der Chemie werden keine Formeln entwickelt; die Kinder werden nur gründlich in das Bild der Anschaulichkeit gesetzt. Diese Art eines gewissen platonischen Verfahrens setzt Konsequenzen voraus, die auch gründlich gezogen werden; denn dieser bildhafte Unterricht würde sein rechtes Ziel nicht erreichen, wenn der tägliche Stundenplan ihm nicht entgegen käme. Der gesamte Unterricht, soweit er nicht auf dauernder Übung beruht, wird daher in Epochen gegeben, die je nach dem Stoff mehr oder weniger lang sind, aber immerhin mindestens zwei Wochen umfassen. Diese Epochen bilden den sogenannten »Hauptunterricht« und sind der Grundstock des Schulplans. Manche Fächer sind dabei umfangreicher und werden in diesem Hauptunterricht bis zu fünf Wochen fortgesetzt und dann von einem anderen Fach abgelöst. Mit ihnen beginnt der Vormittagsunterricht um acht Uhr und dauert volle zwei Stunden. Man könnte meinen, dieser zwei Stunden währende Unterricht sei für die Kinder zu anstrengend, und es wäre auch so, wenn es der Lehrer nicht verstünde, den Aufbau seines Hauptunterrichts in Spannung und Entspannung zu gestalten. Gewiß werden an die Phantasie des Lehrers viel größere Anforderungen gestellt als in anderen Schulen, aber der Erfolg zeigt, daß die körperlich-geistige Gesundheit der Kinder keineswegs leidet, sondern im Gegenteil wächst und stabiler wird. In der Tagung, die ich mitmachte, konnten die Lehrer bereits von einer Erfahrung von sechs Jahren berichten, und so erfuhr ich auch, daß gerade nach diesen sechs Jahren der Stadtarzt einen ausführlichen schriftlichen Bericht geschrieben hatte, in welchem er darstellte, daß die Gesundheit der Waldorfkinder im allgemeinen besser sei als an den gewöhnlichen Volksschulen der Stadt. Er führte das ausdrücklich auf die Gestaltung des Stundenplans nach Epochen zurück. Der Epochenunterricht, meinte er, habe eine harmonisierende Wirkung auf die Schüler, während die Einteilung des sonst üblichen Stundenplanes nach 45-Minuten-Stunden Unruhe in die Seelen der Kinder brächte.

Die Lern- und Übungsfächer dagegen wurden nach dem Hauptunterricht stundenweise gegeben und sollten den übrigen Vormittagsunterricht bis ein Uhr ausfüllen. Zum Ausgleich des mehr oder weniger intellektuellen Unterrichts des Vormittags waren die Nachmittagsstunden dann mit praktischen Fächern wie Eurythmie, Handarbeit, Turnen und Werkstattunterricht besetzt. Bei einer so großen Schule, wie die Waldorfschule es war, konnte diese ideale Dreiteilung des Tages nicht immer eingehalten werden, der Hauptunterricht jedoch blieb das ganze Jahr über der unverrückbare Tagesbeginn.

In jener Ostertagung des Jahres 1925 wurden auch die wesentlichen Fächer der Oberstufe dargestellt, so daß ich einen Überblick über den Aufbau der ganzen Schule bekam. Mit den größten Eindruck machte mir dabei gemäß meiner eigenen Bildung und Vorliebe die Schilderung des Geschichtsunterrichts. Es war ein Bericht über die ganze Geschichte der Menschheit, und alles wurde auf die Fassungskraft des Kindes abgestellt. In der ersten Volksschulklasse haben die Kinder noch kein Vermögen, Geschichtliches aufzunehmen: da erzählt man ihnen Märchen, die großen seelisch bildenden Wert haben. In der zweiten Klasse traten dazu Tierfabeln und Legenden, die sich in die dritte Klasse hinein fortsetzten. Darauf folgten Erzählungen aus dem Alten Testament, und in der fünften Klasse begann der eigentliche Geschichtsunterricht mit Bildern aus der alten Geschichte, die einen mythischen Charakter hatten, bis man in der griechischen und römischen Geschichte zu der Darstellung der Schicksale der Völker kam. So setzte sich der Geschichtsunterricht bis in die achte Klasse fort, die die neuere Geschichte, beginnend mit der Zeit Ludwigs XIV., als Thema hatte. Damit war der erste Zyklus geschichtlicher Betrachtungen in der Waldorfschule abgeschlossen. Nach dem, was ich weiter oben über die Entwicklung des Kindes gesagt habe, wurde sinngemäß der Geschichtsunterricht nicht nach Ursache und Wirkung – das ist ein intellektueller Gesichtspunkt, der dem Kind noch fremd ist – entwickelt, sondern es waren noch Geschichten aus der Geschichte, in denen große Charaktere und Ereignisse im Mittelpunkt standen. Diese Art der Darstellung leuchtete mir unmittelbar ein, da ich wußte, daß in der ganzen europäischen Menschheit ein universelles Geschichtsverständnis erst sehr spät auftrat. Man kann sogar einen Zeitpunkt dafür angeben: es ist jener denkwürdige Tag, an dem Schiller in Jena seine Antrittsvorlesung hielt, die den Titel trug: »Was heißt und zu welchem Ende studiert man Universalgeschichte?« In diesem Vortrag trat zum erstenmal eine die Weltgeschichte zusammenfassende Idee vor die Menschen. Sie umfaßte das Wirken Gottes in seiner Schöpfung und die Rolle, die der allmählich selbständig werdende Mensch darin spielte.

In der Oberstufe wurde das nämliche Geschichtsbild noch einmal gegeben, aber wie eine gewaltige Rückschau der in der neunten Klasse wiederholten Darstellung der neueren Geschichte zurückgerollt in die Tiefen der Weltgeschichte, wobei sie sich zum Beispiel in der Geographie durch die Darstellung des Themas: »Die Erde als Ganzes« ergänzte, bis sie in der zwölften Klasse in einer großartigen Zusammenfassung aller Errungenschaften der Menschheit zu einem Abschluß kam. Ähnliches könnte man von den übrigen Stoffen des Hauptunterrichts ebenfalls ausführen. Dies würde mich aber hier zu weit führen, ich möchte daher nur noch darauf hinweisen, daß in der Oberstufe der Kunstunterricht eine besondere Rolle spielt. Er beginnt in der neunten Klasse als neues Fach, soll aber keineswegs lediglich Kunstgeschichte vermitteln, sondern hat einen viel tieferen, sogar ganz praktischen Zweck, der wiederum genau der Entwicklung des jugendlichen Menschen entspricht. Am Beginn der Erdenreife nach dem vierzehnten Lebensjahr erfaßt der junge Mensch seinen eigenen Körper in viel bewußterer Weise. Alle inneren Vorgänge im jungen Menschen haben sogar den Charakter eines chaotischen Durcheinanders, das durch die Führung des Unterrichts bis in die einzelnen Fächer hinein Hilfe finden muß. In der Physik lernen die Schüler dann hauptsächlich Mechanik, die ihnen die Funktion und das Wesen ihrer eigenen Gliedmaßen erklärt. Im Kunstunterricht dagegen stellt man die Phänomene der alten Kunst, beginnend mit der ägyptischen, dar und legt besonderen Wert darauf, die technischen Vorgänge in dieser Kunst zu erklären. Mit dem nämlichen Ziel setzt sich dieser Kunstunterricht dann in der griechisch-römischen Kunstbetrachtung fort und gelangt bis in die mittelalterliche Zeit der Romanik und Gotik und endet mit der Betrachtung der Renaissance, wobei auch der Unterschied von nörlicher und südlicher Kunst betrachtet wird. Bei all diesen Betrachtungen wird die Technik der Maler und Bildhauer besonders berücksichtigt. In der zehnten Klasse dagegen steht die Verskunst der großen Dichter im Mittelpunkt, und auch hier wird die Technik des Verses und die ganze Welt der Bilder und Vergleiche in der Sprache behandelt. Man beginnt dabei mit der Dichtung des Mittelalters und kommt bis in die neuere Zeit. In der elften Klasse wird hauptsächlich als Kunstunterricht dramatische Kunst gepflegt und dabei die Menschenmoral in ihrer Wichtigkeit für die Bildung des seelischen Menschen an den Problemen des Dramas und des Lebens behandelt. Die dramatische Lektüre lockt natürlicherweise die Schüler zu selbständigen Aufführungen als Klassenarbeiten. Diese ganze Seite der Waldorfpädagogik mit ihrer Ausmündung in das Leben selbst lernte ich in ihrer ganzen Fülle erst später kennen. Zum Abschluß dieses kurzen Blickes auf das Wesen des Kunstunterrichts an der Waldorfschule möchte ich nur noch bemerken, daß sich in der zwölften Klasse die Darstellung des Reigens aller Künste zu einem umfassenden Bild der Leistungen des Menschengeistes zusammenfügt.

Es ist klar, daß ich alle diese großen Eindrücke, die da zum erstenmal auf mich einstürmten, erst allmählich verdauen und ordnen konnte. Immerhin verstärkte sich bei mir dieses Erlebnis im Zusammenhang mit jener pädagogischen Woche in Nürnberg zu einer großen inneren Erfahrung, die damit schloß, daß ich mir sagte: »Entweder mußt du alles dieses als ein schönes Erlebnis hinnehmen und in deiner Erinnerung pflegen, oder du mußt einen Weg finden, dein eigenes Leben danach neu zu bilden.« Bei all diesem konnte ich bereits ahnen, daß hinter den Ausführungen der Redner auf dieser Tagung ein Weltbild stehen mußte, das ihnen die Kraft gab, so zu sprechen und zu handeln, wie sie es taten. Ich hatte wohl vernommen, daß Rudolf Steiner, der Begründer der Anthroposophie, ihr Lehrer war und sie aus seinem Geiste sprachen, aber den Inhalt seiner Lehre kannte ich noch nicht. Ich weiß nicht, ob ich von mir aus den Rang gefunden hätte, selbst an dieser Schule mitzuarbeiten, wohl aber hatte ich mir vorgenommen, das Wesen dieser Pädagogik gründlicher kennenzulernen. Nun kam mir ein überraschendes Ereignis dabei zu Hilfe und beschleunigte die Entwicklung meines Vorhabens. Während dieser etwa vierzehn Tage dauernden Erziehungstagung (vom 30. 3. bis 10. 4. 1925) hatte ich einem der Redner, Dr. Erich Schwebsch Grüße von gemeinsamen Bekannten zu überbringen. Ich tat dies nach einer Vormittagsdarbietung am Dienstag in der Karwoche. Ich sah Dr. Schwebsch auf der Bühne stehen und ging durch den Saal auf ihn zu. Er kam an den Rand der Bühne und ging in die Kniebeuge, um besser mit mir sprechen zu können. Die Unterredung sollte ja nur höchstens eine Minute dauern. Ich richtete meinen Gruß von Margarete Klinckerfuß aus, worauf er fragte, was ich sei. Ich antwortete, ich sei ein Sprachlehrer für neuere Sprachen in Nürnberg und zum erstenmal bei einer solchen Tagung. Er fragte dagegen wieder, ob ich Interesse an einer Besprechung über den Sprachunterricht an der Waldorfschule habe, und ich antwortete, ja, das habe ich wohl, aber es stehe nichts davon auf dem Programm der Tagung. Er sagte, es sei am Gründonnerstagnachmittag auf Wunsch eine solche Besprechung eingelegt worden, zu der ich kommen könne, wenn ich Lust hätte. Damit gingen wir wieder auseinander, und ich erschien am Gründonnerstag halb drei zu dieser eingelegten Besprechung. Ich beteiligte mich auch an der Diskussion mit Fragen und Hinweisen auf meine eigene Auffassung und war nun sehr überrascht, als mich Dr. Schwebsch nach dieser Stunde fragte, ob ich nicht Lust hätte, an der Waldorfschule mitzuarbeiten. Ich war in einer großen Verlegenheit: einfach ja zu sagen, schien mir unmöglich, aber bei der großen Verlockung, die in dieser Frage lag, konnte ich auch nicht einfach ablehnen. Ich antwortete daher, es schiene mir unmöglich, bei meinem Alter, mich auf eine so neue Aufgabe umzustellen, aber andererseits hätte ich so große Eindrükke aus all diesen Vorträgen und neuen Erfahrungen gewonnen, daß ich nicht einfach nein sagen könnte. Außerdem wüßte ich nicht, ob ich aus dem Staatsdienst ohne weiteres beurlaubt werden könnte, um zum Beispiel probeweise an der Waldorfschule mitzuarbeiten. Daher bat ich Dr. Schwebsch und Herrn Stockmeyer, der zu dieser Unterredung hinzugetreten war, um Bedenkzeit, versprach aber, innerhalb von einigen Wochen meinen Entschluß mitzuteilen. Damit trennten wir uns. Ich hörte an diesem Abend noch einen Vortrag, an den ich jedoch keine Erinnerung habe. Am nächsten Morgen, Karfreitag, dem 10. April, wachte ich von einem Traum auf, in dem ich am Fenster meines Schlafzimmers einen Mönch in weißer Kutte stehen sah, der eine Glocke läutete, ähnlich wie in dem bekannten Bild von Böcklin. Ich konnte genau das Bild dieses Mönches sehen, da er zu mir herschaute, es war das Gesicht Rudolf Steiners, von dem im Saal der Waldorfschule eine große Fotografie hing. In dem Augenblick, als ich das Gesicht so deutlich gesehen hatte, wachte ich auch auf. Ich konnte nicht weiter denken als: »Dieses Zeichen ist für deine Lebensentschlüsse wichtig!« Eigentlich war mein Entschluß in diesem Augenblick bereits gefaßt, aber ich wußte noch nicht, ob ich ihn wirklich in die Tat umsetzen konnte. Ich nahm mir aber vor, mich wenigstens zu vergewissern, ob ich am Ministerium in München einen Urlaub bekommen könne, um ein Jahr an der Waldorfschule zu arbeiten; denn es gehörte zu den Gepflogenheiten der Schule, daß jeder neu eintretende Lehrer ein Probejahr durchmachte, in welchem sowohl er als auch der Verwaltungsrat der Waldorfschule frei sein sollten, eine endgültige Entscheidung zu treffen.

Anfang Mai 1925 zog ich in vorläufiger Weise mit meiner Familie nach Stuttgart. Wir hatten noch keine eigene Wohnung und wohnten vorübergehend im Wartburghospiz am Marienplatz und mieteten dann zwei Zimmer in der Privatwohnung von Frau Professor Gessler, die der Waldorfschule nahestand. Dort blieben wir, bis wir eine eigene Wohnung bekamen. Unsere Wohnung in Nürnberg hatten wir möbliert vermietet an gute Freunde, die sich ein Jahr in Nürnberg aufhalten wollten, bevor sie nach Amerika auswanderten.

Am 5. Mai 1925 trat ich in meinen »Dienst« an der Waldorfschule ein. Die zwei ersten Vormittagsstunden dieses Tages konnte ich in der Vorbereitungsklasse, die ich zum Abitur führen sollte, in einer Mathematikstunde im Hauptunterricht bei Dr. von Baravalle hospitieren. Bei dieser Gelegenheit lernte ich auch Ernst Bindel kennen, der ebenfalls als Lehrer für Mathematik in das Waldorfschulkollegium eingetreten war. Er war der letzte Lehrer gewesen, den Rudolf Steiner noch persönlich angestellt hatte, während ich der erste war, der nicht mehr von Rudolf Steiner angestellt werden konnte. Nach dieser Hospitation wurde ich in die Vorbereitungsklasse eingeführt und spürte sofort an der Haltung der Schüler eine gute innere Beziehung zu ihnen. An diesem ersten Vormittag meiner Tätigkeit lernte ich auch die Klasse 11 B kennen, der ich Französisch und Englisch zu geben hatte, und auch da schien es mir, als ob freundschaftliche Bereitschaft von ihnen zu mir strömte. In den folgenden Tagen lernte ich die weiteren Klassen kennen, die ich im Französischen und im Englischen zu unterrichten hatte, die Klassen 9 A, 10 A, 11 A und 12. In jeder dieser Klassen spürte ich etwas, das von den anderen Klassen verschieden war, als ob in jeder ein individueller Klassengeist sich gebildet habe. Das fiel mir besonders in der Klasse 11 A auf, die mir in ihrer inneren Haltung mit etwas mehr Abstand als die übrigen Klassen entgegenschaute. Gemeinsam war allen diesen Klassen eine gewisse lebendige Stimmung, die aber in dieser Klasse 11 A von einer unbestimmten Art vornehmer Gleichgültigkeit begleitet war. Diese Klasse war es auch, bei der ich die größten Schwierigkeiten des inneren Anschlusses zu überwinden hatte, und es schien mir anfänglich fast so, als ob sie voll des guten Waldorfgeistes wäre, der den unerfahrenen Neuling in mir auf die Probe stellen wollte. Damit soll gewiß nicht gesagt sein, daß mit dieser Haltung eine echte Abneigung verbunden gewesen wäre, auch nicht, daß alle Klassenmitglieder diese Haltung gezeigt hätten, aber dies war mein Gesamteindruck, der sich in der Folgezeit bestätigte. Sie warteten ab und überließen mir das Suchen nach der richtigen Weise, um den Weg zu ihren Herzen zu finden. Auch zu den Schülern dieser Klasse fand ich mit der Zeit eine gute menschliche Beziehung, aber jene leise Schwierigkeit, auch im Aufbau des Unterrichts selbst mit ihnen zurechtzukommen, hielt lange an und wurde eigentlich erst in der Vorbereitungsklasse ganz behoben. Zahlenmäßig war die Klasse 11 B die größte, und in der Zusammensetzung der Schülercharaktere zeigte sie die weiteste Spannung von Unterschieden, die sich auch in den Altersstufen der Schüler äußerte. Normalerweise waren die Schüler zwischen siebzehn und achtzehn Jahre alt, es waren aber auch mehrere vorhanden, die vierundzwanzig Jahre alt und als Hospitanten in diese Klasse eingetreten waren, um, wie sie sagten, noch etwas vom Waldorfgeist aufzunehmen, den sie in Vorträgen der Waldorflehrer kennengelernt hatten. Es waren hauptsächlich einige junge Handwerker, die bereits ihren handwerklichen Beruf mehrere Jahre hindurch ausgeübt hatten. Der Stoff des Unterrichts war ihnen in den meisten Fällen unbekannt, denn sie hatten bisher nur Volks- und Berufsschulbildung genossen und hatten vor allem niemals Physik, höhere Mathematik oder Sprachen gelernt. Gerade in dieser Klasse mit dieser Gruppe von Älteren entwickelten sich die freundschaftlichsten Beziehungen, die auch, nachdem sie die Schule verlassen hatten, in der treuesten Weise weitergingen. Das Leben mit all meinen Klassen aber war für mich die Erfüllung aller Vorstellungen über das Leben in einer Schule überhaupt, die sich in mir gebildet hatten, seitdem ich selbst das Gymnasium verlassen hatte.

Es fiel mir in keiner Weise leicht, den Unterrichtsstoff, den ich theoretisch völlig beherrschte, so umzugestalten, daß es dem Geist der Waldorfschule entsprach. Ich habe auch gar kein Urteil darüber, wie weit und ob überhaupt es mir jemals ganz gelungen ist. Dieses Urteil muß ich getrost meinen früheren Schülern überlassen, darf aber mit großer Dankbarkeit hier ausdrücken, daß unter den vielen, vielen Schülern, die ich seit diesem Jahr 1925 zu unterrichten hatte, meines Wissens kein einziger ist, zu dem die menschlichen Beziehungen getrübt gewesen wären. Diese lebenslange Erfahrung hat mir wohl die Kraft gegeben, einen Weg durch die vielen Schwierigkeiten und Schicksalsverknotungen zu finden, die ich im Leben dieser Schüler und in meinem eigenen Leben zu bestehen hatte. Ich kann nur zusammenfassend hier bekennen, daß der Geist der Waldorfschule mich in diesem ersten Jahr mächtig anwehte: es war ein Geist voll Wärme, voll sozialer und echt christlicher Kraft, aber auch ein Geist, der an das Bewußtsein jedes Mitarbeiters die höchsten Anforderungen stellte. Dieses Erlebnis verstärkte sich im Laufe der Jahre auf immer breiterer Grundlage, zumal es verbunden war mit dem Wesen der Geisteswissenschaft Rudolf Steiners, das ich von meiner Schulpraxis aus immer stärker als innere Wirklichkeit erlebte. Zunächst aber war mir »Anthroposophie« noch völlig unbekannt, wenigstens dem Inhalt nach. Was mir aber aus der anthroposophischen Gesinnung der Waldorflehrer, meiner Kollegen, entgegenleuchtete, wurde für mich ein positiver Ausgangspunkt eigener Überzeugung. Nachdem ich einige Tage auf diese Weise in meine zukünftige Tätigkeit eingeführt worden war, lernte ich auch alle meine Kollegen auf der Lehrerkonferenz kennen. Sie findet jeden Donnerstag statt und dauert von etwa vier Uhr bis zehn Uhr nachts, mit einer Abendpause von etwa dreiviertel Stunden. Was auf dieser Lehrerkonferenz geschah, erfüllte mich mit Staunen und Bewunderung für die Weisheit, die Rudolf Steiner, der Lehrer dieser Lehrer, in diesem Herzstück des Schullebens verankert hatte. Ich lernte später aus gelegentlichen Äußerungen, die mir meine Kollegen als Meinung über die Wochentage berichteten, daß der Donnerstag seit alten Zeiten als Tag ruhiger Sammlung gelten sollte, an dem Beratungen stattfinden, die zu Güte und Weisheit führen. Dies bestätigte sich mir im Lauf der Jahre und Jahrzehnte immer wieder neu.

Die Konferenz gliedert sich in zwei Hauptteile, den pädagogischen Teil, in welchem die Erfahrungen der Lehrer ausgetauscht und vertieft werden und mit praktischen Besprechungen über die notwendige Führung der Schule von Tag zu Tag auslaufen. Nach der Abendpause beginnt die Interne Konferenz, die durchaus praktischen Charakter hat und alle geschäftlichen Notwendigkeiten der Schulführung umfaßt, und zwar in jeder Beziehung, die das innere und äußere Leben der Schule betreffen. Die Schulleitung ist nicht direktorial, sondern kollegial aufgebaut, es ist nicht ein mit Vollzugsgewalt betrauter Direktor der Schule vorhanden, sondern ein fünfköpfiger Verwaltungsrat bespricht in eigenen Sitzungen die Gestaltung der Konferenzen, und abwechselnd wird die Konferenz von einem Verwaltungsrat auf die Dauer von einigen Wochen geleitet. Der Konferenzleiter hat die Aufgabe, die Beschlüsse der Konferenz durchzuführen, auch die in seiner Amtszeit anlaufende Post zu bearbeiten und, wenn nötig, Briefe der Konferenz zur Besprechung vorzulegen, und dies bedeutet einen zusätzlichen Bereich von Arbeit, die er neben seinem Unterricht zu leisten hat. Mitglied der Internen Konferenz wird man erst, nachdem die für das erste Jahr angesetzte Probezeit abgelaufen ist und der neue Lehrer sich im Einverständnis mit dem Kollegium entschlossen hat, endgültig in das Kollegium einzutreten. Damit war der neue

Lehrer auch verpflichtet, an allen Sitzungen teilzunehmen. In Gesprächen erfuhr ich von meinen Kollegen, daß Rudolf Steiner der Meinung war, diese Interne Konferenz sei eine esoterische Vereinigung und die Teilnahme an ihr sei eine mit höchster Verantwortung verbundene Verpflichtung gegenüber der geistigen Welt selbst (was natürlich die Verpflichtung vor der Schule besonders stark unterstreicht). Jede Verpflichtung dieser Art aber müsse einen unverbrüchlichen Charakter eines Naturgesetzes haben, vor dem keine Ausnahmen möglich sind, es sei denn durch die Natur selbst bedingt, zum Beispiel durch Krankheit oder Unfall. Diese Auffassung stellte jeden neu Herankommenden vor eine strenge Wahl, in welcher er als sein eigener Richter Entscheidungen fällen mußte. Da ich mich nun vorher bereits vor dem Geiste der Welt verpflichtet hatte, fiel mir die Wahl nicht mehr schwer, als ich nach einem Jahr gefragt wurde, ob ich nach dem Probejahr endgültig Lehrer an der Schule bleiben wolle. Das Kollegium war bereit, mich anzunehmen. Daß die Verantwortung, die damit verbunden ist, in der heutigen Zeit, die dem Wesen des wahren Weltengeistes so fremd gegenübersteht, auf jedem einzelnen schwer lastet, habe ich naturgemäß in den kommenden Jahren an mir und meinen Kollegen häufig genug erfahren können, aber sie hat sich auch in den schweren Zeiten, die nach 1930 die Welt erschütterten, in Standhaftigkeit und unerschütterlicher Haltung bewährt. Dies zeigte sich vor allem später in der Nazizeit, die für viele von uns die schwersten Verfolgungen mit sich brachte.

Wenn ein Hospitant dem Waldorfunterricht beiwohnt und nicht weiß, worauf es bei dem Aufbau einer Stunde ankommt, weil er die Gesetzmäßigkeiten des Lehrplans noch nicht kennt, so fällt es ihm häufig schwer zu durchschauen, welche Bedeutung die eine oder andere Einzelheit für das Ganze hat. Auf der Konferenz dagegen stellen die Lehrer in ausführlichen Beschreibungen den Ablauf einer Unterrichtsepoche in ihrer Klasse dar und erläutern an den pädagogischen Vorträgen Rudolf Steiners alles, was sie mit ihrer Klasse getan haben. Ich erlebte also auf einer der ersten Konferenzen, daß der Lehrer der zweiten Volksschulklasse ausführlich berichtete, wie der Unterricht in der ersten Klasse – also seiner eigenen vergangenen Klasse – aufgebaut war und welche Gesichtspunkte bei der Entwicklung des Kindes für dieses Alter zu berücksichtigen waren. Er schilderte zunächst den Charakter seiner Klasse im ganzen, griff dann einige der besonders guten und der besonders schwierigen Kinder heraus und schilderte an ihnen die Grenzfälle dieser Stufe der Erziehung. Die Malereien der Kinder und ihre Schreibhefte, die auf dieser Stufe ebenfalls den Charakter von Malheften haben, wurden dabei herumgereicht. Wenn der Klassenlehrer seinen Bericht abgeschlossen hatte, schilderten die einzelnen Fachlehrer ebenfalls ihre Beobachtungen und Erfahrungen mit dieser Klasse. Es konnten sich aber auch alle übrigen Lehrer an dieser Besprechung beteiligen, wenn sie es nötig fanden, Ergänzungen zu geben, die die pädagogische Situation dieser Stufe noch deutlicher machten.

Diese Konferenzarbeit dauerte mehrere Stunden und war das starke Rückgrat der Arbeit in der ganzen Schule. An den Erfahrungen, die da gemacht werden konnten, orientierte sich jeder Lehrer für seine eigene Arbeit, wenn er nur mit voller Wachheit an den Besprechungen teilnahm. Auf diese Weise wurde mir, dem absoluten Neuling, die ganze Waldorfpädagogik der Unterstufe und der Oberstufe in lebendiger Dramatik vorgeführt, und obwohl ich eifrig Notizen machte, um alles nach der Konferenz persönlich durchzuarbeiten, entging mir keine Einzelheit. In meinen drei ersten Jahren füllte sich ein ganzes Buch, das ein echtes Kompendium der Waldorfpädagogik war. Leider ist es dem Brand von Dresden zum Opfer gefallen. Diese pädagogische Arbeit fand jeden Dienstag eine gewisse Ergänzung und Erweiterung durch eine einstündige Klassenkonferenz mit dem Schularzt Dr. Kolisko, in der je eine Klasse vom medizinischen Standpunkt aus besprochen wurde. Bei dieser Klassenbesprechung waren nur die Fachlehrer und der Klassenlehrer selbst anwesend, es konnte sich aber jeder andere selbst beteiligen, und ich war bei jeder dieser Sitzungen die ganzen Jahre hindurch dabei; denn was ich da lernte, war ebenfalls völliges Neuland für mich, da in den öffentlichen Schulen diese Art von ärztlicher Betreuung völlig fehlt.

Zu der Zeit, als ich in das Waldorfkollegium eintrat, gab es auf der ganzen Welt etwa acht Schulen nach der Pädagogik Rudolf Steiners, von denen vier in Deutschland, eine in Holland, zwei in England und eine in der Schweiz waren. Diese Schulen, die verschiedene Namen trugen (Waldorfschule, Rudolf-Steiner-Schule, Goetheschule), waren wirtschaftlich und verwaltungsmäßig völlig autonom, bildeten jedoch eine pädagogische Einheit, was sich darin ausdrückt, daß ihr pädagogischer Aufbau völlig dem Lehrplan entsprach, den Rudolf Steiner der Waldorfschule gegeben hatte, daß sie während der Erziehungstagungen in Stuttgart ihre Erfahrungen austauschten und häufig zu Besprechungen zusammen kamen. Kleine Unterschiede des Lehrplans ergaben sich aus den Notwendigkeiten, die in den verschiedenen Ländern vor allem in bezug auf den Unterricht in Fremdsprachen vorhanden waren. Unterschiede in der Haltung der Kinder außerhalb der Schule und im Unterricht ergaben sich aus Zügen des Nationalcharakters. In den englischen und holländischen Schulen zum Beispiel zeigten die Kinder viel mehr natürlichen Sinn für Zucht und Ordnung, während in den deutschen und schweizerischen Schulen die Disziplin viel lockerer war und stärker von der Persönlichkeit des Lehrers abhing. Ich konnte dies bereits in meinem zweiten Jahr an der Waldorfschule erkennen, als ich eine der englischen Schulen besuchte und mit den Lehrern sprach. Dies erschien mir eine bemerkenswerte Tatsache zu sein, die eine politische und eine menschliche Seite hatte. In England und Holland schien mir das demokratische Prinzip der freiwilligen Unterordnung unter das Ganze etwas fortgeschrittener zu sein, so daß sich der individuelle Mensch in einer bewußteren Weise als anderswo als Glied eines großen Ganzen fühlte und sich nahezu instinktiv einordnete. In Deutschland und der Schweiz betont der einzelne mehr sein eigenes Ich und stellt dementsprechende Forderungen an »alle«. Dies scheint sich mir in der Politik seit Jahrhunderten darin auszudrücken, daß in England von Anfang an nur zwei politische Parteien vorhanden waren, die erst nach dem Ersten Weltkrieg durch eine dritte ergänzt wurden, während in Deutschland vor dem Ersten Weltkrieg ungefähr siebenundzwanzig Parteien im Reichstag saßen und unter den unmöglichsten Schlagwörtern ihre Daseinsberechtigung erweisen wollten.

Ich habe eben diese Bemerkungen hauptsächlich deswegen gemacht, um zu zeigen, daß es in diesen Anfängen der Waldorfschulbewegung in den Kollegien möglich war, die pädagogischen Belange jeder Schule rein und unabhängig von äußeren Einflüssen zu behandeln. Heute, da die Waldorfschulbewegung auf über hundert Schulen in der ganzen Welt angewachsen ist, schlagen äußere Anforderungen häufig und oft sehr empfindlich störend in die Führung jeder einzelnen Schule ein. Obwohl der Bund der Waldorfschulen – mit dem Sitz in Stuttgart – die Bundesgeschäfte führt, ist jedoch jede einzelne Schule an allem beteiligt, was wirtschaftlich, sozial und politisch alle angeht, zumal die Waldorfschulbewegung als Ganzes viel stärker als in den Anfängen in der Öffentlichkeit Beachtung findet. Dies drückt sich zum Beispiel darin aus, daß die Schulen heute gehalten sind, zu ihrer eigenen Fortbildung und Zusammenarbeit jährlich mindestens einmal interne Lehrertagungen abzuhalten, und es gehört heute viel mehr Kraft des einzelnen dazu, die pädagogische Arbeit gesund und in rhythmischer Ordnung durchzuführen.

Bisher habe ich in diesen Erinnerungen versucht, mir klar zu werden über das Wesen und die Grundsätze dieser neuen Schule; nun muß ich noch einige Hinweise geben auf die anthroposophische Grundlage dieser Pädagogik. Wie jeder neu hinzutretende Lehrer hatte ich von Herrn Stockmeyer die große Sammlung von pädagogischen Kursen und Einzelvorträgen bekommen, die Rudolf Steiner vor der Eröffnung der Waldorfschule im August 1919 und bis zu seinem Tode immer wieder zur Ergänzung gegeben hatte. Die Grundlage dieser umfassenden »summa paedagogica« bildeten die drei Serien von je vierzehn Vorträgen »Allgemeine Menschenkunde«, »Methodisch-didaktischer Kurs« und »Seminarkurs«. Diese hatte Rudolf Steiner unmittelbar vor der Eröffnung der Schule in den letzten zwei Augustwochen und in den ersten Septembertagen 1919 für die zukünftigen Waldorflehrer gehalten, die um jene Zeit aus ganz Deutschland zusammengekommen waren und sich um Rudolf Steiner geschart hatten. Die praktischen Übungen im Seminarkurs eröffneten mir den Weg zum Verständnis der beiden übrigen Kurse; denn die seminaristischen Übungen zeigten mir, in welch tiefgründiger Weise Rudolf Steiner es verstand, am Beispiel der praktischen Pädagogik die Quellen des wahren Wesens des Menschen aufzuschürfen und dadurch das Unwissen seiner Zuhörer in vertieftes Wissen zu verwandeln, ohne die Unwissenden oder Ungeschickten im geringsten zu verletzen oder gar bloßzustellen. Im Seminar hatte Rudolf Steiner Aufgaben verteilt, auf die sich die Lehrer zur nächsten Zusammenkunft vorbereiteten, Aufgaben aus allen Gebieten des Unterrichts, zum Beispiel stellte er die Frage: »Wie erzählt man ein Märchen für cholerische, für sanguinische, für melancholische Kinder?«; »Wie führt man Bruchrechnungen in der entsprechenden Altersstufe ein?«. Die mit solchen Aufgaben betrauten Lehrer führten in kurzen Referaten aus, was sie zu sagen hatten, worauf Rudolf Steiner gewöhnlich antwortete: »Das war eine recht gute Darstellung, nun wollen wir aber noch folgendes berücksichtigen.« Und dann folgte eine Reihe von Bemerkungen, die das Wesen der Kinder aller Altersstufen bis in die Einzelheiten der Lernstoffe ins rechte Licht stellten.

Der Methodisch-didaktische Kurs behandelte die praktische

Seite der Handhabung des Unterrichts in allen Altersstufen, während die Allgemeine Menschenkunde in geschlossenen geisteswissenschaftlichen Lehrgängen den Menschen in seiner Stellung im Geistesleben der Welt beleuchtete. Die Schwierigkeiten für das Verständnis dieses für mich ganz neuen Menschenbildes waren sehr groß, und zwar nicht nur für die Gedanken selbst, die da entwickelt wurden, sondern vor allem auch in der Verwendung einer ganz neuen Sprache, die vielen mir dem Laut nach wohlbekannten Ausdrücken einen neuen Sinn gab und zunächst die Systematik des Gedankenganges in überraschender Weise veränderte. Ich kann hier nur wenige Beispiele geben, und auch diese Einzelheiten können meine ganzen Schwierigkeiten nicht genügend erklären. Die Begriffe »Antipathie« und »Sympathie« haben in unserem Sprachgebrauch einen stark moralisch gefühlsmäßigen Sinn, in der »Allgemeinen Menschenkunde« tritt dieser sozusagen alltägliche Sinn in den Hintergrund und kennzeichnet ganz sachlich die Stellung des Menschen im geistigen Leben der Erde. Der Mensch kommt durch die Geburt oder besser gesagt durch die Konzeption in die physische Welt herein, nachdem er lange Zeit als Geistwesen in der geistigen Welt verbracht hat. Er verkörpert sich und lebt daher in Antipathie gegen die geistige Welt, die er aus eigenem Entschluß verlassen hat, nachdem er mit Hilfe geistiger Wesen »den Geistkeim seines Leibes« vor der Zeugung gebildet hat. Diese Wahl körperlichen Daseins aus einer gewissen Sehnsucht nach sichtbarem Leben (auch das Wort »Sehnsucht« hat dabei seinen sentimentalen lyrischen Charakter verloren), kennzeichnet den zur Geburt antretenden Menschen bereits in einem tiefen Sinn als freies Wesen und gibt ihm seine Richtung ins Dasein hinein, die er aber nach der Geburt zunächst selbst nicht leiten kann. Ich begriff beim Lesen zunächst mühsam mit dem Verstand den Sinn der Worte, empfand jedoch bereits anfänglich, wie stark diese Wahrheit bis in mein innerstes moralisches Wesen eingriff. Aber ich empfand es als unumstößliche Wahrheit, die ich nicht wegleugnen konnte, da sie mir viele Menschenrätsel lösen half. Die Ideen »Konzeption« und »Geburt« – in meiner Vorstellung stellte sich das Wesen der Aufklärung ganz anders dar – bekamen durch die Ausführungen dieser »Allgemeinen Menschenkunde« ihren echten heiligen Sinn, der in den Vorstellungen der Menschheit heute aber völlig verlorengegangen ist. Das Wort »Antipathie« bekam einen tief erkenntnismäßigen Sinn und war in geheimnisvoller Weise zu gleicher Zeit mit seinem Gegenteil begabt; denn Antipathie gegen irgendetwas kann nicht sein ohne »Sympathie« für etwas anderes. Der werdende Mensch hat also Antipathie mit der geistigen Welt und zugleich Sympathie für den Eintritt in das physische Leben. Sowie er aber in das Leben eingetreten ist, schwindet das Wesen Antipathie aus seinem aktiven Charakter und wird gedanklich. An seiner Stelle entwickelt sich als Gegenstück Sympathie, die in seinem Werdegang durch das leibliche Leben mehr und mehr willensmäßigen Charakter bekommt und wiederum in einem ewigehernen Rhythmus einer neuen Phase eines leibfreien Daseins in der geistigen Welt zustrebt. Als ich vor fünfzig Jahren diese Ausführungen las, entstand unwillkürlich in meiner Vorstellung ein über das Wort Zeit hinwegstrebender Kurzschluß: die Tatsache, daß ein geistiges Wesen in einen Körper eintritt, gleicht immer wieder Geburt und Tod aus und offenbart die Wahrheit »In Christus wird Leben der Tod«.

VON 1925 BIS ZUR SCHLIESSUNG DER WALDORFSCHULE 1938

Die materielle Umstellung von Nürnberg auf Stuttgart vollzog sich rasch und reibungslos. Das erste Jahr meines Aufenthaltes verlebten wir in zwei Zimmern in einer Privatwohnung an der Hackstraße in der Nähe der Waldorfschule, bevor wir uns nach einer eigenen Wohnung umschauten. Es war eine verhältnismäßig ruhige Gegend, obwohl die Hackstraße eine Ausfallstraße von Westen nach Osten ist. Wir schauten vom zweiten Stock auf den gegenüberliegenden Friedhof, an dessen südlicher Seite eine evangelische Kirche stand. Nach Osten hin lag in unserer nächsten Nachbarschaft eine große Kaserne, nach der Stadtseite hin, ebenso in nächster Nähe, das Karl-Olga-Krankenhaus. Auch die Waldorf-Astoria-Zigarettenfabrik, die damals die materielle Grundlage für das Gedeihen der Waldorfschule war, befand sich nahe bei uns in der gleichen Straße. Daß wir so privat wohnten, war für dieses erste Jahr an der Waldorfschule ein großer Vorteil für uns, weil dieses Jahr als Probejahr galt und eine Rückkehr nach Nürnberg leicht hätte bewerkstelligt werden können. Ich merkte zwar bald, daß ein Weggang von der Waldorfschule für mich unmöglich war, aber das Probejahr mußte doch eingehalten werden. Dabei mußte ich feststellen, daß die Sprachen, vor allem die neueren Sprachen Französisch und Englisch, zwar auch ganz und gar in die pädagogische Ordnung der Schule eingefügt waren, aber im Ansehen bei den Schülern erst an zweiter Stelle wichtig waren: das eigentlich neue pädagogische Leben an der Schule bewegte sich auf der Waage zwischen Hauptunterricht und allem, was zu den Handfertigkeiten gehörte; also auch die körperliche Ausbildung in Eurythmie, Gymnastik und Turnen sowie Handarbeit und die verschiedenen Abteilungen des Handwerksunterrichts.

Nach der pädagogischen Meinung der Lehrer dagegen war

der Sprachunterricht gleichwertig mit allem übrigen und baute sich nach den nämlichen Grundsätzen des Lehrplans auf. Ich hatte als Sprachlehrer auch in dieser Hinsicht sehr viel Neues zu lernen; dies fiel mir jedoch nicht schwer, da meine eigenen Grundsätze im Sprachunterricht nicht auf intellektuellen Erwägungen des Erfolges aufgebaut waren, sondern von der Tatsache ausgingen, daß der Mensch in erster Linie ein sprechendes und nicht ein schreibendes Wesen ist. Auch daß die Sprache in erster Linie bildhaften Charakter hat und der Inhalt eines jeden Wortes der Sprache aus der Beobachtung der Vorgänge bildhafter Natur im Menschenleben hervorging, war mir ganz klar. Ich hatte selbst schon immer ein großes Interesse an der Etymologie gehabt und meinen Wortschatz unter solchen Vorstellungen aufgebaut, aber die Wortkunde, wie ich sie mir dachte, ging nicht von einer rein wissenschaftlichen, trockenen Wurzellehre aus, sondern war schon in meiner Studienzeit von einem Ausspruch von Novalis geleitet, der von einer Art genetischer Etymologie sprach, die vom lebendigen Geist des Menschen als Objekt der Erkenntnis ausgebildet wurde gegenüber der kalten intellektuellen Wissenschaftlichkeit, die nur zergliederte und den Sinn deutete, ohne auf das gefühlsmäßig entstandene Bild im Wort einzugehen.

Um klarzumachen, was ich meine, möchte ich nur ein einziges Beispiel anführen. Das französische Wort »considérer« (englisch »to consider«) entspricht sowohl im Französischen wie im Englischen heute der deutschen Bedeutung: betrachten oder erwägen. Nimmt man den lateinischen Ursprung dieses Wortes »considerare«, so steht auch im lateinischen Lexikon nur die eben angegebene deutsche Bedeutung. Es wird zwar im Lexikon das Grundwort »sidera« in Klammern erwähnt, aber daß »sidera« »Sternbild« bedeutet, wird nicht angegeben. Mir aber schienen diese Grundbilder der Sprache eine wichtige Gelegenheit zu sein, das Gedächtnis zu mobilisieren und menschliches Interesse am Inhalt der Wörter zu erwecken. Denn durch Bilder wird das Gedächtnis lebendig, und wenn auch nicht alle Wörter einer Sprache, die ein Schüler lernen muß, nach dem Sinn des Bildes ausgeschöpft werden können, so ist doch durch den systematisch ausgebauten Charakter des Wortschatzes die trockene Dürre des Auswendiglernens von Vokabeln vermieden. Mit diesen bescheidenen Anschauungen vom künstlerischen Wert des Sprachbildes trat ich meinen Unterricht an der Waldorfschule an, und dies war auch in der Oberstufe der Schule, die ich in diesen Anfängen allein zu unterrichten hatte, völlig in der Ordnung und führte zu manch gutem Erfolg.

Als ich im Lehrplan las, daß die zwei Fremdsprachen Französisch und Englisch schon von der ersten Klasse an gelehrt werden, erkannte ich, daß mit dem bildhaften Studium der Wörter im einzelnen die Kinder gar nichts anfangen können und daß sie solchen Erwägungen noch verständnislos gegenüber stehen: denn Bildbetrachtung der Sprache ist ebenso wie Bildbetrachtung in der Kunst mit künstlerischer Anschauung und intellektuellem Verständnis verbunden. Auf dieser Stufe muß die Sprache als solche in all ihren Erscheinungsformen, vor allem in der künstlerischen Form der Dichtung und des Liedes im ganzen wirken. Die Sprache ist selbst Bild und muß einzig und allein zunächst vom Ohr aufgenommen werden. Auch das Übersetzen von einer Sprache in die Muttersprache hat auf dieser Stufe wenig Zweck und sollte möglichst vermieden werden. Wenn man aber etwa von der achten Klasse an den Kindern das Bild im Wort schmackhaft macht, kann sowohl das Interesse stark gesteigert werden als auch das Gedächtnis mehr zu seinem Recht kommen; denn das Gedächtnis ist etwas Lebendiges, und mechanisches Auswendiglernen allein ist von Übel. An die Stelle des bloßen Übersetzens eines Sinninhalts kann dann mit großem Gewinn eine Art Sprachvergleichung treten, die etwas Bildhaftes beibehält; denn es wird den Kindern in sehr anschaulicher Weise klar, daß die Verschiedenheit der Sprachen gerade auf der Verschiedenheit der Anschauung der gleichen Dinge beruht. Nehmen wir das obige Beispiel »considérer« noch einmal auf, so verstehen wir ohne weiteres die Wahrheit dieser Meinung: »considérer« heißt ursprünglich »die Sterne vergleichen«, und das deutet auf die Notwendigkeiten, die der Landmann und der Seemann hatten, um sich im Raum und in der Zeit zurechtzufinden. Der Landmann zum Beispiel mußte an den Mondphasen sehen, wann es Zeit war, das Feld zu bestellen, der Seemann mußte an der Sternstellung am Himmel sich im Raum orientieren. Später wurde aus dem räumlichen Betrachten der Sternbilder ein inneres »Erwägen« von Gedanken und Gefühlen, und so entstand das alte hermetische Sprachgesetz: »Was außen ist, erscheint im Inneren«. Und wenn wir nun das Bildwesen des deutschen Wortes »betrachten« studieren, so sehen wir, daß die deutsche Sprache ein anderes Bild benützt, um das nämliche auszudrücken; denn »betrachten« bedeutet die Tracht, das heißt die äußere Form anschauen, »erwägen« bedeutet das Angeschaute »auf die Waage legen«. Auch hier ist der psychologische Vorgang der gleiche: das Wort für die Darstellung äußerer Vorgänge wird auch benützt zur Darstellung innerer Vorgänge. Um zu sprechen und die Sprache als Verkehrsmittel zwischen Menschen zu benützen, können solche Erwägungen natürlich nicht angewendet werden, aber als Erkenntnismittel des Menschenwesens sind sie aufschlußreich und wichtig.

Solcherart waren meine Gedanken beim Studium der Waldorfpädagogik im ganzen und des Lehrplans im besonderen wie auch in den Gesprächen mit den Kollegen. Daß die Schwierigkeiten des Sprachunterrichts durch solche Erwägungen nicht aus der Welt geschafft werden können, braucht nicht besonders betont zu werden; denn das Erlernen fremder Sprachen fällt vielen Kindern, besonders im deutschen Sprachgebiet, sehr schwer. Wenn jedoch der Sprachunterricht in den ersten vier Klassen der Waldorfschule im Sinne des sich entwickelnden jungen Menschen geführt wird, so bilden die auf diese Weise erworbenen Kenntnisse eine sichere Grundlage für den mehr verstandesmäßigen grammatischen Unterricht, der von der vierten Klasse an einsetzen muß. Die Grammatik gilt im allgemeinen als eine Art Schreckgespenst und lockt die Menschen nicht an, und dennoch sind solide Kenntnisse der Formen und des Satzbaus zum Verständnis der Sprache unbedingt notwendig. Die grammatischen Erscheinungen sollten lückenlos behandelt werden, aber immer vom Beispiel der lebendigen Sprache ausgehend.

Die Schwierigkeiten des Unterrichts lernte ich bald kennen und fragte mich manchmal in einer Art Verzagtheit, ob ich es schaffen könne, aber was mich letzten Endes an der Waldorfschule hielt, war nicht nur der Vorsatz, meine kleine Kraft diesem neuen Menschenwerk zur Verfügung zu stellen, sondern auch das neue, mein seelisch-geistiges Wesen Umwandelnde, das ich in der Anthroposophie kennenlernte. Die Waldorfpädagogik an sich ist angewandte Anthroposophie und könnte ohne diesen Hintergrund überhaupt nicht leben; denn sie würde angesichts des Zustandes unserer jetzigen Zeit keinen genügenden Raum finden. Sie braucht in der umfassendsten Weise eine neue Weltanschauung, in der sie vielleicht neben der Medizin und der Landwirtschaft das wesentlichste Glied ist. Bisher hatte ich »Humanität« als höchstes Ideal des Menschen angestrebt, aber in den Worten »Anthropos« und »Sophia« trat mir eine neue Art der Menschenbetrachtung entgegen. Das Bild im Wort »Anthropos« erscheint als der Mensch, der sein Auge nach oben richtet, nach oben, wo er die Welt des Geistes vermutet. »Humanität« zeigt in seinem Grundwort »Homo« den Menschen, der nach unten schaut und seine Aufgabe in der Erde selbst findet. Das Wort »Humus« bekräftigt diese Anschauungsweise, und die Geschichte des römischen Volkes, aus dessen Sprache die Wörter »Homo« und »Humus« stammen, beweist, daß die Organisation des römischen Weltreichs auf der Erde die Aufgabe dieses Volkes war. Der griechische »Anthropos« dagegen bildete die Weisheit der Götterlehre in ihrem Verhältnis zum Menschenbild und die große Welt der Kunst aus. Und was bedeutet

»der Mensch«? Es bedeutet das Geistwesen, das sich in einem Körper zur Erscheinung bringt. Dieses Geistwesen Mensch kommt aus der geistigen Welt, zu der der Grieche aufblickte, und tritt sein Amt der Erkenntnis an auf der Erde, die der Römer organisiert hat: darin sehen wir eine Dreiheit menschlichen Wesens, die sich zu einer Einheit der Erscheinung verbindet, und so haben die Deutschen als Volk der Mitte das Wesen »Anthropos« und das Wesen »Homo«. Die Anthroposophie erschien mir als die heute notwendige Form, die Erkenntnis der Welt des Geistes und der Erde (des Stoffes) zu fördern und zum Wohl der Menschheit lebendig zu erhalten. Und als ich allmählich das Ausmaß der Gebiete kennenlernte, auf denen Rudolf Steiner die Anthroposophie fruchtbar machen wollte, mußte ich mir sagen: nur hier lohnt es sich mitzuarbeiten, hier steht man im Zentrum des Lebens und schafft mit am Webstuhl der Zeit.

Diese kurze Überschau über das innere Gefüge meiner zukünftigen Arbeit gibt nur einen notdürftigen Eindruck von dem Leben, das mich in den nun folgenden dreizehn Jahren bewegte. Äußerlich gesehen waren keine besonderen Veränderungen im Laufe dieser Jahre. Die notwendige Übersiedelung von Nürnberg in eine eigene Wohnung in der Danneckerstraße 25 wurde nach dem Probejahr vollzogen. Wir richteten uns ein und fühlten uns wohl. Die Kinder wuchsen heran und zeigten bald deutlich Züge eigenen Schicksals. Es waren schließlich fünf geworden, eine Tochter und vier Söhne, und jedes zeigte mit der Zeit seine eigene Richtung. In der Erziehung der Kinder suchte ich die gleichen Grundsätze durchzuführen, die mich als Lehrer leiteten. Ich sah in den Schülern stufenweise zur Freiheit des Lebens heranwachsende Wesen, deren Forderungen an richtige Führung ich erkennen mußte. Es schwebte mir also bei den Schülern eine Entwicklung von der Autorität zur Freiheit vor. Ähnlich war es bei meinen eigenen Kindern, bei denen ich aber naturgemäß mehr Verantwortung hatte, da sie mir für die ganze Zeit des jungen Lebens anvertraut waren und nicht nur für verhältnismäßig wenige Stunden in der Woche wie meine Schüler.

Das Leben mit den Kindern ist bisher in diesen Erinnerungen zu kurz gekommen und soll an dieser Stelle, wo ich als Lehrer einen neuen Anfang machte, nachgeholt werden. Ich erinnere mich aber dabei an den Ausspruch eines Kameraden in der Gefangenschaft, der etwas älter war als ich und schon eine längere Tätigkeit als Lehrer hinter sich hatte, als der Krieg ausbrach. Der Mann war selbst nicht verheiratet und war der Meinung, daß ein Lehrer, der seinen Beruf ernst nehme, überhaupt nicht heiraten solle, da er unter allen Berufstätigen – die erfolgreichen Ärzte vielleicht ausgenommen – für seine Familie am wenigsten Zeit habe. Er könne sich kaum um die Erziehung seiner eigenen Kinder kümmern und hätte doch die Verantwortung dafür. So komme es oft groteskerweise dazu, daß Lehrerskinder besonders eigenwillig seien, weil sie nur einseitig in der Obhut ihrer Mutter stehen. Er meinte aber dazu, diese Anschauung solle die Erziehungstätigkeit der Mütter in keiner Weise herabsetzen. Ich konnte dem nichts entgegnen, weil ich keine Erfahrung hatte und mich nur erinnern konnte, daß ein älterer Freund während seiner Studienzeit nicht gerade diese Meinung teilte, wohl aber öfter vor mir seufzte, wenn seine eigenen zwei Kinder wild herumtollten: »Dreißig Rangen meiner Klasse habe ich fest in der Hand, und meine eigenen zwei stellen mich vor schwierige Probleme der Disziplin.« Wie dem auch sein mochte, ich hatte eine Familie und zwei Kinder und freute mich täglich ihres Daseins. Schwierigkeiten gab es genug, aber öfter bedauerten meine zwei, Stefan und Ida, daß ihr Vater nicht mehr Zeit zum Spazierengehen und Spielen mit ihnen hätte. Solange wir in Nürnberg waren, hatte ich viel mehr Zeit für sie, da an der Staatsschule der Unterricht programmäßig in festgelegte Lektionen eingeteilt ist und schneller vorbereitet werden kann. Hier in Stuttgart mußte die Vorbereitung auf den Unterricht viel umfangreicher sein; denn die Staatsschule ist eine Art atomistischer Apparat, der in Noten ausdrückbare Ergebnisse zeigen muß, die Waldorfschule erschien mir wie ein lebendiger Organismus, in welchem alle Teile, auch die unbedeutendsten, in gesunder Weise ineinander greifen müssen, und das bedeutet für den Lehrer, daß er mit seinem ganzen Bewußtsein sich ständig für dieses große Gefüge wach halten muß. Ich mußte wissen, wenigstens theoretisch durch Studium des Lehrplans, was der Klassenlehrer in seiner Klasse tat, damit ich meine Stunden gut einfügen konnte. In der Staatsschule war mir der Stoff durch ein Lehrbuch gegeben, in der Waldorfschule gab es kein Lehrbuch, im Gegenteil, mein Unterricht sollte am Schluß des Jahres zu einem lebendigen Lehrbuch geworden sein. Das bedeutete längeres, wenn auch nicht mühsames Suchen nach geeignetem Stoff. Schon während meiner Zeit in Nürnberg war es mir lächerlich erschienen, nichtssagende Konversationsfragen mit meinen Schülern in einem gedruckten Buch durchzunehmen, zum Beispiel nach dem Muster, das in einem der besten Lehrbücher stand: Lehrer: »Look! This is a book! What is this?« Schüler: »This is a book!« Darauf folgen dann in der Staatsschule ausführliche Bemühungen theoretisch-phonetischer Art, um den Unterschied zwischen »d« und stimmhaftem »th« klarzumachen. In der Waldorfschule gibt es keinen phonetischen Unterricht für die Sprachen, weil die kleinen Erstklässler, bei denen, wie erwähnt, schon Sprachunterricht gegeben wird, für solche Theorien gar kein Organ haben und alles Üben in lebendiger Weise mündlich gepflegt wird.

Alles dies soll hier nur dazu dienen zu zeigen, daß in Stuttgart mein Unterricht viel anspruchsvollere, aber auch viel erfreulichere Anforderungen an mich stellte. Es war ein ständiger Verkehr mit dem Sprachgeist, der wichtigeren Stoff verlangte als »this is a book«. Um aber doch den Bedürfnissen meiner Kinder zu entsprechen, hatte ich mir vorgenommen, meine umfänglichen Korrekturarbeiten in ihrer Umgebung vorzunehmen. Sie spielten, und meine stumme Gesellschaft schien ihnen zu genügen, zumal ich immer wieder meine Arbeit auf kurze Zeit unterbrach, wenn ein Packen Hefte abgeschlossen war. Da die Kinder schon zu alt waren, um nach Tisch zu schlafen, ich selbst aber ruhen mußte, hatte ich es so eingerichtet, daß sie entweder an meinem Bett auf ihren Stühlchen saßen oder auch manchmal der eine rechts, der andere links von mir lag und ich ihnen eine Geschichte erzählte. Das schätzten sie sehr. Überhaupt war das Erzählen von Märchen - Gott sei Dank hatte ich einen üppigen Vorrat davon im Kopf - das beste Verbindungsmittel zwischen uns. Dabei kam es natürlich vor, daß ich einschlief oder halbschlafend in ein unverständliches Kauderwelsch verfiel; dann bekam ich von beiden Seiten Püffe, und sie riefen erbost: »Vater, wir verstehen dich ja gar nicht mehr, du erzählst lauter dummes Zeug!« Dann fuhr ich wieder hoch in die Wachheit und erzählte weiter. Wenn dann die Geschichte fertig war, waren die Kinder auch verständnisvoll genug und ließen mich ruhen. Beim Märchenerzählen verhielten sich, auch später noch, alle meine Kinder sehr verschieden. Stefan war sehr früh schon der Systematiker; er schätzte den genauen, immer gleichen Ablauf der Handlung. Er unterbrach nicht, meinte aber manchmal dazwischen: »Das hast du gestern anders erzählt.« Er verlangte also Genauigkeit. Ida dagegen brauchte viele farbige Einzelheiten und war mit ihren vier Jahren stets bereit, selber Geschichten eigener Erfindung zu erzählen, und so oft ich sagte: »Jetzt erzähl du einmal eine Geschichte«, war das Wort »Geschichte« noch nicht ausgesprochen, da fing sie schon an und sprudelte geradezu Geschichten heraus, die immer von Tieren und Pflanzen handelten.

Diese Verschiedenheiten seelisch-geistigen Verhaltens der Kinder war in einer gewissen Weise zeichenhaft für die Richtung ihrer weiteren Entwicklung. Ida stellte sich in das Leben wie eine Künstlerin und bildete sich durch Musik, Farbe und Wort. Daraus wurde auch ihr Beruf, den sie sehr selbstständig und bewußt aufbaute. Das Gedankliche fehlte ebenfalls nicht, bezog sich aber immer mehr auf die Lebensführung als auf reines Wissen und führte dennoch allmählich zu sicherer Erkenntnis der Lebensquellen. Stefan ging von Anfang an planmäßiger vor, er sammelte alles mögliche und legte es reihenweise, sozusagen nach einer Liste an. Sein Weg ging ins Wissenschaftliche, und er schulte sich am Stoff der Welt.

Einige Bemerkungen über meine später geborenen Kinder lassen sich hier am besten einfügen, obwohl ich dadurch der Zeit vorausgreifen muß: dies ist aber gerechtfertigt aus dem Wesen unseres Lebens, da mir nach so langer Zeit aus der Rückschau diese erste Waldorfzeit in Stuttgart, die dreizehn Jahre dauerte, wie eine geschlossene Epoche erscheint. Sie hat wohl einen genauen zeitlichen Verlauf gehabt, jedoch erschienen die Veränderungen in gewisser Weise innerhalb desselben Kreises vorzugehen. Stefan und Ida wurden in Nürnberg vor meiner Waldorfzeit geboren. Nach einer Pause von sechs Jahren kam Martin zur Welt. Er war zeit seines Lebens besinnlicher als die anderen und konnte, wie es sich später zeigte, seine Pläne und Absichten für sich behalten und erst davon sprechen, wenn sie sich als ausführbar herausstellten. Er zeigte schon als Kind eine gewisse Beharrlichkeit und Selbstständigkeit im Aufnehmen oder Ablehnen von Tatsachen. So war es zum Beispiel interessant, daß er immer wieder dasselbe Märchen in mehrfacher Wiederholung hören wollte. Später, lange danach, las ich einmal in einem Vortrag von Rudolf Steiner, daß es ein Zeichen von innerer Willenskraft sei, wenn Kinder immer wieder die gleichen Dinge hören und tun wollen. Ich wußte auch schon damals, daß bei den Malübungen in den Klassen der Waldorfschule die Kinder zur Stärkung ihres Willens in jeder Malstunde zu denselben Verrichtungen angehalten werden: die Malbretter werden verteilt, die Malpapiere mit Klebstreifen an den Brettern befestigt, dabei dürfen nach dem Trocknen keine Wellenlinien sich in den Blättern zeigen, sondern sie müssen glatt liegen – denn die Blätter werden naß aufgezogen –, die Kinder füllen ihre Gläser mit Wasser, jedes bekommt einen Klecks Farbe in das Malnäpfchen, die Farben werden mit Wasser angerührt, und dann beginnt das Malen, nachdem der Lehrer das Thema, vielleicht in Form einer Geschichte, dargestellt hat. Alle diese Dinge sollen den Willen stärken und die Kinder lernen so, je nach ihrem Temperament, williger oder widerwilliger, schneller oder langsamer, ihre Willenskräfte zu zügeln und in den Dienst der Farbe zu stellen. Martins Kindermalereien – also vor der Schulzeit – zeichneten sich durch eine gewisse Beharrlichkeit in der Darstellung aus, und unser Lehrer Hanns Strauss, der ein Buch über Kindermalereien vorbereitete, sammelte sorgfältig alles, was Martin produzierte, und seine Bilder nahmen in den Ausführungen von Strauss eine wichtige Stelle ein.*) Bruno wurde 1931 geboren. Er war sehr zart, entwickelte sich aber mit einer gewissen ruhigen Stetigkeit, die nicht gestört werden durfte. Wie alle meine Kinder schaute er mit sehr wachen Sinnen in die Welt und schien sogar alles, was ihm entgegentrat, von Anfang an mit größerer Bewußtheit aufzunehmen als die anderen. Aus dieser Bewußtheit entwikkelte sich späterhin starke Urteilskraft und ein besonders ausgeprägter Sinn für Gerechtigkeit. Er war zum Beispiel bei Tisch sehr aufmerksam auf alles, was um ihn herum vorging und konnte es nicht leiden, wenn etwas von ihm verlangt wurde – oder auch von anderen –, was ihm nicht gefiel. Dagegen protestierte er laut weinend, aber es war dann leicht, ihn durch irgend etwas in seiner Umgebung abzulenken, zum Beispiel dadurch, daß man seine Aufmerksamkeit auf irgendeine, wenn auch noch so unbedeutende Erscheinung ablenkte. Es war dann so, als ob er in der kurzen Spanne Zeit innerlich einsichtig geworden wäre und es sich nicht lohnte, sich über die vermeintliche Ungerechtigkeit aufzuregen. Christophs Geburt 1935 fiel in die schwerste Zeit unseres politisch-wirtschaftlichen Lebens. Wir hatten damals eine junge Engländerin im Hause, die meine Frau im Haushalt unterstützte und zugleich unser Lehrersemi-

*) Strauss, Michaela: Von der Zeichensprache des kleinen Kindes, Stuttgart 1983

nar besuchte. Sie kümmerte sich besonders gerne um Christoph, und fast könnte man sagen, dies sei ein Zeichen gewesen für die Richtung, die er später im Leben nahm; denn er hatte eine besondere Vorliebe für das Englische, suchte nach dem Zweiten Weltkrieg mit Vorliebe die Gesellschaft der Amerikaner und wanderte schließlich im Jahr 1958 nach Kanada aus, wo er nach einiger Zeit sein eigentliches Lebensziel, die Heilpädagogik, fand. Diese kurze Darstellung des Lebens unserer Kinder sollte nur die Andeutung eines Rahmens sein, der von außen die dreizehn ersten Jahre meines Lebens an der Waldorfschule umschloß.

Im ersten Jahr meines Lebens an der Schule hatte ich hauptsächlich darum zu ringen, daß ich alles sprachliche Besitztum, das ich mir im Laufe der Jahre angeeignet hatte, lebendig umwertete im Sinne des inneren und äußeren Lehrplans der Schule. Ich arbeitete jedoch, so gut ich es vermochte, im Sinne meines Grundsatzes, Sprache kommt vom Sprechen und nicht vom Schreiben. Zu dieser Methode wurde ich auch durch die Zeitverhältnisse der Gegenwart gedrängt, die einen ganz internationalen Charakter haben und in jeder Hinsicht zum menschlichen Austausch zwischen den Völkern zwingen. Wenn meine ehemaligen Schüler, vor allem nach dem Zweiten Weltkrieg, mich besuchten, berichteten mir viele von ihnen, daß sie das, was sie bei mir gelernt hatten, sehr gut verwenden konnten. Und dies ist immerhin ein positiver Erfolg. Was mich jedoch am meisten in meinem Dasein an der Waldorfschule befriedigte, war die Tatsache, daß sehr viele Schüler immer wieder gerne zu Tagungen oder persönlichen Besuchen zurückkamen und die Waldorfschule ihnen einen sicheren Halt im Leben gab. Das Verhältnis der Schüler zu ihren Lehrern war und blieb freundschaftlich und bewies, daß die Waldorfschule ein echter Lebensorganismus ist. Daß aber auch unter den Kollegen ein starkes menschliches Vertrauen herrschte, zeigte sich außer dem Interesse, das jeder einzelne am anderen nahm, auch darin, daß der Unterricht in keiner Weise von den Kollegen kontrolliert wurde, es gab keine direktoriale Überwachung, wie das an den Staatsschulen üblich ist, sondern meine ganze Tätigkeit war in meine eigene Verantwortung gestellt, wie bei jedem anderen Kollegen auch. Stattdessen wurde ich am Ende des Schuljahres gebeten, einmal einen umfangreichen Bericht über meine Arbeit auf der pädagogischen Konferenz zu geben. Dieser Bericht wurde von allen Kollegen mit großer Anteilnahme aufgenommen und führte zu vielen wichtigen Gesprächen, die zeigten, was für ein hoher Grad von Bildung unser Kollegium auszeichnete. Solche Gespräche fanden nicht etwa nur unter den Fachkollegen statt. Unser Schularzt Dr. Kolisko zum Beispiel lud mich nach meinem Bericht zu sich ein und erzählte mir an einem langen Nachmittag, wie sehr ihn meine Ausführungen an seinen eigenen Schulunterricht erinnert hätten. Er hatte Französisch an einem Wiener Gymnasium gelernt und von seinem Lehrer für Französisch die Erlaubnis bekommen, die Bibliothek dieses Lehrers frei zu benützen. Dadurch hatte er sich so gediegene Literaturkenntnisse verschafft, daß sie die vieler ausgebildeter Neuphilologen weit übertrafen.

Erwähnen muß ich noch etwas ausführlicher eine Aufgabe, die ich in meinem ersten Jahr übernahm und die mich allmählich bis in den innersten Geisteskern unserer Schule führte. Dr. Walter Johannes Stein, einer unserer Geschichtslehrer der Oberstufe, der aber ein ausgebildeter Mathematiker war, trat schon während meiner ersten Wochen an der Schule an mich heran und fragte mich, ob ich nicht eines der wichtigsten Werke der altfranzösischen Literatur, den »Perceval« des Chrestien de Troyes ins Deutsche übersetzen könnte. Eine solche Übersetzung sei doch ein sehr verdienstvolles Werk, da sie eine Lücke des deutschen Geisteslebens schließen würde und außerdem für die Arbeit aller Kollegen an den Waldorfschulen eine dringend notwendige Hilfe sei. Denn das Thema Parzival und Gral spiele auf mancher Stufe der Schule eine gewichtige Rolle und bilde geradezu den Mittelpunkt des Geschichtsunterrichts für die elfte Klasse, in welcher das deutsche Mittelalter zu behandeln sei. Diese Anfrage überraschte mich, da ich selbst seit meiner Kindheit eine große Liebe zu allem hatte, was die mittelalterliche Sagenwelt im weitesten Umfang betraf, und in hellem Licht stand in dieser Hinsicht der französische Perceval neben dem deutschen Parzival. Ich antwortete daher, eine solche Übersetzung entspräche durchaus meinen Wünschen und meiner Liebe zu der Erscheinung des Grals, aber jetzt sei ich Waldorflehrer und müsse meine ganze Kraft dieser Tätigkeit widmen. Außerdem sähe ich gar keine Möglichkeit, eine solche Übersetzung handschriftlich anzufertigen, das sei viel zu mühsam und würde sehr viel Zeit beanspruchen. Stein fragte dann, ob es mir möglich sei, die Übersetzung in die Schreibmaschine zu diktieren; denn wir hätten eine Sekretärin in unserem Archiv der Anthroposophischen Gesellschaft, das in einem der Räume unserer Schule untergebracht war. Ich überlegte mir die Möglichkeit kurz, und ich meinte, unter diesen Umständen könnte ich wohl eine Stunde täglich vor dem Beginn meines eigenen Unterrichts aussparen. Das war für meinen Kollegen Stein bereits eine Zusage, er besorgte die einzige Perceval-Ausgabe, die es gab, und ich begann tatsächlich bald darauf, täglich von neun bis neun Uhr fünfundvierzig in diesem Archiv Fräulein Mattes zu diktieren.

Die Anfänge dieses kühnen Wagnisses waren holperig und fehlerhaft, da ich viel von meinem Altfranzösisch vergessen hatte, aber das Diktat zwang mich, ununterbrochen weiter zu sprechen, selbst wenn unbekannte Wörter vorkamen, die zuerst sehr häufig waren. Allmählich stellte sich ein gewisser Erzählerton ein, der den ganzen Stil der Geschichte prägte. Bald war mir der ganze altfranzösische Wortschatz wiederum geläufig, und außerdem fand ich es sinnvoll, Fehler einfach stehen zu lassen, um sie später nach Vollendung der ganzen Arbeit zu korrigieren; denn dann sind doch die Kenntnisse der alten Sprache wieder ganz lebendig und sicher geworden. Die Arbeit machte mir viel Freude, jedoch blieb ich fest bei dem Vorsatz, es bei dieser kurzen Stunde täglich bewenden zu lassen. Auf diese Weise übersetzte ich im Verlauf von zwei Jahren den »Perceval« des Chrestien de Troyes, den der Dichter selbst nicht vollenden konnte. Die Originaldichtung des »Perceval« umfaßte etwa zehntausend Verse, und dazu kamen im Mittelalter mehr als fünfundvierzigtausend Verse Fortsetzungen, die von vier verschiedenen Dichtern ausgeführt wurden. Diese Riesenübersetzung war also in zwei Jahren fertig, es wurde aber nur das Original des Chrestien de Troyes selbst gedruckt und erschien in seiner ersten Auflage im Jahr 1929 im Orient-Occident-Verlag in einer schönen Leinenausgabe. Diese erste Auflage der Übersetzung hatte noch erhebliche Mängel, die nur zum geringsten Teil auf falsche Übersetzungen zurückgingen, sondern auf die Tatsache, daß mir damals nur eine einzige Ausgabe der alten Manuskripte zur Verfügung stand, die sich an der Württembergischen Landesbibliothek befand. Ich konnte wohl die sechzehn Manuskripte, in denen Chrestien de Troyes' Werk enthalten ist, auf einigen Ferienreisen in den verschiedenen Bibliotheken einsehen, wo sie sich befanden, zum Beispiel in Paris, in Montpellier, in London und in Edinburgh, ich konnte auch einige der schönen Miniaturen dieser Handschriften, farbig, oder schwarzweiß, meiner Übersetzung beifügen, aber so intensiv, wie es notwendig gewesen wäre, konnte ich mich nicht damit beschäftigen. Dies war erst nach dem Zweiten Weltkrieg möglich, ich mußte aber dann die ganze Übersetzung noch einmal machen, teilweise, weil die Manuskripte der Fortsetzungen in Dresden verbrannt waren, und teilweise, weil neue Ausgaben des altfranzösischen Textes erschienen waren, die ich nun berücksichtigen wollte. So entstand denn endlich eine brauchbare endgültige Ausgabe dieses wichtigen altfranzösischen Werkes, das vielen Lehrern unserer Schulbewegung eine Hilfe wurde und außerdem auch in der Gelehrtenwelt Anerkennung fand. Der erste Band dieser vierbändigen Übersetzung hat bereits fünf Auflagen erlebt. Im Lauf der Zeit übersetzte ich nach dem Zweiten Weltkrieg eine weitere Gralsdichtung, die ungefähr zu gleicher Zeit mit der von Chrestien de Troyes verfaßt wurde und die eigentliche Gralswanderung von Palästina nach dem fernsten britischen Westen erzählt. Diese weit weniger umfangreiche Versdichtung wurde von dem burgundischen Dichter Robert de Boron verfaßt und ist für das mittelalterliche Gralswesen sogar wichtiger als Chrestien de Troyes' »Perceval«, da dieser vom Gral selbst wenig aussagt, sondern gleichsam die Kenntnis des Grals voraussetzt, so als ob jeder der Zeitgenossen des Dichters die Geheimnisse des Grals kenne.

An inneren und äußeren Lebensereignissen veränderte sich in den dreizehn ersten Jahren meines Lebens an der Waldorfschule sichtbar wenig; denn der äußere Ablauf des Lebens vollzog sich ziemlich gleichmäßig. Die Ferien, sowohl die langen Sommerferien, als auch Ostern und meistens sogar Pfingsten und Herbst verbrachten wir in Warngau (zwischen Holzkirchen und Tegernsee). Dies war der Alterssitz der Schwiegereltern, den sie mit mir gemeinsam im Jahr 1920 ausgesucht hatten. Warngau ist ein Dorf im oberbayerischen Alpenvorland am Fuß des sogenannten »Taubenberges«. Das Haus war in früheren Zeiten ein Bauernhof gewesen, wurde aber von den Vorbesitzern in ein Fremdenheim verwandelt, dessen Inneneinrichtung sehr gut den Bedürfnissen unserer Familien entsprach. Die Schwiegereltern wohnten das ganze Jahr über dort und pflegten ihr schönes Anwesen – Haus, Park und Gemüsegarten – für sich und die Familien ihrer zwei Kinder. Die ältere Schwester meiner Frau hatte zwei Töchter und lebte zeitweise in Warngau, nachdem sie von Zürich, wo ihr Mann Richard Révy Regisseur am Stadttheater gewesen war, nach München verzogen. Beide waren als Schauspieler bei Reinhardt in Berlin ausgebildet und hatten sich dort kennengelernt. Richard Révy hatte einen ungarischen Vater, der sehr früh verstorben war. Seine Mutter aber war die Tochter des Germanisten Karl Julius Schröer. Zu der Zeit, da ich die Großmutter Révy zum ersten Mal sah, wußte ich noch nichts von diesen weitläufigen Zusammenhängen zwischen Rudolf Steiner und der Familie Schröer. Um so mehr war ich erstaunt, als mir das einige Jahre später bekannt wurde. Freundschaftliche Beziehungen zu Stuttgarter Familien eröffneten sich uns durch die zahlreichen Verbindungen meiner Schwiegermutter. Vor allem wichtig wurde uns die Familie Klinckerfuß, die dadurch eine große Rolle in der Öffentlichkeit spielte, daß sie das Musikleben der Stadt entscheidend belebte.

An diese Familie erinnere ich mich mit besonders großer Dankbarkeit, weil ich ja durch Margarethe Klinckerfuß die Berufung zu meiner Stellung als Waldorflehrer bekommen hatte. Sie hatte mir nämlich während der Ostertagung 1925 jenen schicksalhaften Gruß an Dr. Schwebsch aufgetragen. Nach dem Zweiten Weltkrieg kamen dann die zwei Nichten von Margarethe Klinckerfuß, Lore und Margarethe, als Schülerinnen an die Waldorfschule, zusammen mit einer Tochter von Wilhelm Kempff.

Durch die Pflege der Musik beschleunigte und vertiefte sich meine Verwurzelung in dem Boden der Waldorfschule, da ich mich bemühte, an den musikalischen Einrichtungen der Schule aktiv teilzunehmen. Die Musik bildete an unserer Schule einen wichtigen Sektor der allgemeinen Erziehung. Die Schüler bekamen in den ersten Klassen einen gründlichen Gesamtunterricht in Flöte und Violine und pflegten nach dieser schulischen Vorbereitung ihr gewähltes Instrument durch Privatunterricht weiter, blieben jedoch auch fernerhin im »kleinen Orchester« der Unterklassen. Auch das Singen wurde sowohl im Klassenleben als im Gesangsunterricht auf allen Stufen tüchtig gepflegt. Die Oberstufe der Schule hatte ihr eigenes »großes Orchester«, in welchem mit der Zeit sämtliche Instrumente von den Schülern gespielt werden konnten, besonders nachdem neben Paul Baumann noch Friedrich Wickenhauser als zweiter Musiklehrer der Oberstufe gekommen war. Er war ein echter österreichischer Musikant und übernahm vor allem die Pflege der Blasinstrumente, deren Technik er genau kannte. Er veranlaßte die Schüler, die dazu bereit waren, bei den besten Lehrern der Stadt Unterricht in Oboe, Klarinette, Fagott und Querflöte zu nehmen. Dadurch kam das Orchester mit der Zeit auf eine sehr beachtliche Höhe und konnte viele, auch schwierige Werke der klassischen Zeit als wirklich künstlerische Leistung aufführen. Es gab auch einen großen Chor der Oberstufe, der häufig zu öffentlichen Aufführungen mit oder ohne Begleitung durch das Schulorchester zu hören war und großes Ansehen hatte.

Eine mir vollkommen neue Einrichtung an der Waldorfschule muß ich hier besonders erwähnen, da sich an ihr der Charakter der Schule als einem sozialen Organismus besonders deutlich zeigt: ich meine die sogenannte »Monatsfeier«, die sämtliche Schüler der Schule am ersten Donnerstag jeden Monats im Festsaal der Schule vereinigt. Auf dieser Monatsfeier erleben die Schüler in bunter Reihenfolge alle Leistungen des Klassenlebens, die durch längere Übung sich bis zur Reife einer Darbietung entwickelt haben. Die Klassen rezitieren im Chor oder manchmal auch einzeln Gedichte, die aus den verschiedenen Fächern des Unterrichts entstanden sind, vor allem Stücke aus den großen Epen und religiösen Hymnen der Vergangenheit, aus den Veden, aus Homer, aus den griechischen Dramen, aus der Edda oder dem Nibelungenlied sowie auch Balladen über bedeutende historische Ereignisse. Dies zeigte mit, daß der Geschichtsunterricht keineswegs nur aus Lernstoff besteht, sondern daß Geschichte in künstlerischer Form lebendig erhalten wird. Zu diesen Darbietungen in deutscher Sprache treten Rezitationen und Lieder in allen Fremdsprachen, die an der Waldorfschule unterrichtet werden. In den neueren Sprachen werden auch mehr oder weniger lange Szenen aus englischen oder französischen Dramen einstudiert und auf der Monatsfeier dargeboten. Außerdem hatte sich die Gewohnheit gebildet, daß in der achten und in der zwölften Klasse als Jahresarbeit ein ganzes Drama einstudiert und am Ende des Schuljahres öffentlich aufgeführt wurde. Die Auswahl der Dramen bewegte sich auf der höchsten Höhe der Kunst und ging von der antiken Bühne bis zu unseren klassischen Werken. Gelegentlich sah man auch moderne Werke, und in der achten Volksschulklasse waren neben den Klassikern Raimund und Nestroy sehr beliebt. Bei all den Darbietungen sowohl bei den Monatsfeiern als auch bei den öffentlichen Aufführungen ging es in erster Linie darum, ohne schulmeisterliche Pedanterie pädagogische Wirkungen zu erzielen. Die Lehrer suchten keine Starleistungen, zu denen nur begabte Schüler herangezogen werden sollten; denn gar mancher Schüler konnte sich in seiner Rolle im Drama von gewissen Hemmungen freisprechen und zu größerer Sicherheit in seiner Haltung im Leben gelangen. Auf diese Weise wurde alles, was die Schüler zeigen konnten, in der unauffälligsten Art zu einer »moralischen« Anstalt, wie es Schiller meinte.

Es ist klar, daß die Waldorfschule vor allem in Künstlerkreisen große Beachtung fand und viele der bedeutendsten Persönlichkeiten, die in der Öffentlichkeit von Stuttgart an hervorragender Stelle standen, pflegten lebendige Beziehung zu den Lehrern und zu der Schule, und nicht wenige von ihnen schickten ihre Kinder an die Waldorfschule. In diesem Zusammenhang wäre zu nennen die Familie Keller, von Eiff, Gollwitzer, Petyrek, Kayssler und Windgassen, auch eine Reihe unserer berühmtesten Sängerinnen und Sänger, wie Martha Fuchs, Res Fischer, standen in enger Verbindung zur Schule und traten gelegentlich in Schulkonzerten auf. Als berühmteste Schüler der Waldorfschule Stuttgart seien hier erwähnt der Saxophonist Sigurd Rascher und der Tenor Wolfgang Windgassen sowie die Brüder Barchet.

Auch unter den damaligen Schülern der Oberstufe befanden sich einige, die als ausübende Musiker für ihre zukünftige Laufbahn vielversprechend waren. Mit den Brüdern Adalbert und Wilhelm Nauber gründete ich ein Streichtrio und ergänzte es später mit dem Bratschisten des Stuttgarter Staatstheaters Harwart zu häufigen Aufführungen, deren Höhepunkt wohl in dem Streichquintett von Bruckner bestand.

Auch unter den Kollegen wurde viel musiziert, obwohl wir im Privatleben nicht regelmäßig zusammenkommen konnten. Wenn es aber einmal geschah, so waren Herr Wickenhauser, Herr Baumann, Frau Stockmeyer und ich immer imstande, Sonaten oder Trios zu spielen. Mit Frau Stockmeyer und der Violinlehrerin Hilde Boniver studierte ich zu gelegentlichen Konzerten in der Schule Triosonaten ein.

Einer der Höhepunkte des Schullebens war das Weihnachtsfest, das in der Schule besonders feierlich gestaltet wurde. Die ganze Adventszeit war erfüllt von der Wärme brüderlicher Zusammenarbeit sowohl in den Klassen als unter den Lehrern. Alle Klassen bereiteten zum Abschluß des Semesters vor Beginn der Weihnachtsferien eine Klassenfeier vor. In jeder Klasse stand ein kleiner Weihnachtsbaum, die Kinder malten, zeichneten, handarbeiteten oder schnitzten für ihre Lehrer kleine Geschenke. Sie musizierten oder studierten eines der kleineren Weihnachtsspiele aus alter Zeit ein, und so herrschte ein eifriges Treiben an der ganzen Schule. Die Lehrer hatten aber schon im November mit den Proben für die Oberuferer Weihnachtsspiele begonnen, die jedes Jahr als Geschenk für die Schüler und für die Öffentlichkeit vor Weihnachten aufgeführt wurden. Diese Spiele, bestehend aus drei Teilen, dem Paradeisspiel, dem Hirten- und Christgeburtsspiel und dem Dreikönigsspiel, waren von dem Lehrer Rudolf Steiners, Karl Julius Schröer, in dem kleinen Ort Oberufer bei Preßburg an der Donau vor etwa hundert Jahren aufgefunden und veröffentlicht worden. Rudolf Steiner bearbeitete die alten Texte sinngetreu und ergänzte sie durch Vorsprüche, wie sie im Mittelalter bereits üblich waren. In dieser Form wurden die drei Spiele in Dornach seit 1914 von den Schauspielern aufgeführt, und nach der Eröffnung der Waldorfschule wurde die Aufführung dieser Spiele eine wichtige Tradition, die hauptsächlich in den Anfängen von Karl Schubert treu gepflegt wurde. Rudolf Steiner nahm die von Schubert ausgehende Bitte gerne auf, da er in solchen Aufführungen ein wichtiges Mittel sah, das Leben der Waldorfschule im Volksleben selbst zu verankern. Er wies jedoch die Lehrer darauf hin, daß sie niemals solche Aufführungen für wichtiger halten dürften als ihre Tätigkeit in den Klassen. Es dürfe die Vorbereitung des Unterrichts in keiner Weise dadurch beeinträchtigt werden. Infolgedessen strengten sich die Lehrer auf all ihren Gebieten in jenen Jahren besonders eifrig an, und die Schüler erwarteten mit Spannung und Freude jedesmal, »wer welche Rolle wohl spielen würde?«. Die Schulgemeinde der Eltern und Freunde nahm diese Freude ebenfalls mit großer Begeisterung auf, und darin lag und liegt bis heute ein starkes Bindemittel, das die Schule mit der Öffentlichkeit verknüpft. Im Lauf der Zeit kam es sogar dahin, daß die Lehrer, auch an anderen Waldorfschulen, die sich mittlerweile gebildet hatten, gelegentlich in Gefängnissen oder evangelischen Kirchen spielten. Nach dem Zweiten Weltkrieg kamen sogar etliche aus Oberufer ausgesiedelte Bauern, die in einem Lager bei Leipheim (Ulm) untergebracht waren, an die Waldorfschule zu Besuch und nahmen mit großer Freude diese Erinnerung an ihre alte Heimat entgegen.

Eine große Stütze fand ich in der Schule und später in der Anthroposophischen Gesellschaft an meinem Kollegen, dem Reger-Schüler Hans Rutz, den ich bereits in Nürnberg flüchtig kennengelernt hatte, als er selbst noch nicht Waldorflehrer war und als Seminarist das Reformrealgymnasium besuchte. An ihn und seine Familie schloß ich mich in besonders freundschaftlicher Weise an. Wir musizierten auch viel zusammen; denn er war nicht nur ein ausgezeichneter Klavierspieler, sondern auch Komponist einer Reihe bedeutender Werke. Er schrieb besonders schöne Lieder, die in zartester Weise sein reiches künstlerisches Innenleben enthüllten. Er wollte ursprünglich Musiker, vor allem Dirigent werden. Er fand jedoch nach dem Ersten Weltkrieg, daß seine durch den Krieg geschwächten Nerven nicht mehr den Anstrengungen des öffentlichen Musiklebens gewachsen waren, und so hatte er Germanistik und Anglistik studiert und war Waldorflehrer geworden. Seine Art, das Seelenleben der ihm übergebenen Schüler zu pflegen, zeugte von höchster Verantwortung, die er seiner Aufgabe als Lehrer entgegenbrachte. Seine Tätigkeit war im besten Sinn des Wortes »Erziehungskunst«, und was er als Dirigent vor einem Orchester geleistet hätte, verwandelte sich in diese intime Seelentätigkeit des Dirigenten seiner Schüler.

Seine Frau war ihm eine treue Helferin in der Schule und im Privatleben. Sie war sehr musikalisch, obwohl sie kein Instrument spielte, war eine Künstlerin im Kunsthandwerk, zeichnend, malend und stickend, sie war ihm eine gütige Trösterin, wenn er über ein schwieriges Kind in seiner Klasse verzweifelt war, und verstand es meisterhaft, in der Familie eine sonnige Atmosphäre zu schaffen. Diese letzte Fähigkeit war vor allem notwendig, weil sowohl Vater Rutz als alle seine Kinder einen Hang zur Melancholie hatten und die negativen Seiten des Daseins im Empfinden ihrer Seele nicht immer allein ausgleichen konnten. Ihre mütterlichen Eigenschaften dehnte Mutter Rutz auch über die ganze Schul-Kinderschar ihres Mannes aus; wenn er für seine Schüler ein Klassenspiel einstudierte, half sie nicht nur bei der technischen Ausrüstung bei den Kostümen, sondern gestaltete auch das auf die letzte Aufführung folgende Zusammensein der Klasse mit mütterlicher Fürsorge. Auch für die Lehrerschaft tat sie manches bei Gelegenheit der Festlichkeiten; so hatte sie zum Beispiel die Gewohnheit, nach den Weihnachtsspielen an jeden Mitspieler ein Exemplar der dargestellten Personen in der Form von humorvollen Lebkuchen zu verteilen.

Die Familie Rutz bestand aus vier Kindern, zwei Mädchen und zwei Buben, von denen die Älteste, Marianne, noch in Nürnberg, die drei anderen schon in Stuttgart zur Welt kamen. Da ich besonders in meinen ersten Jahren sehr häufig in der Familie Rutz zu Besuch war, verband mich eine gute Freundschaft mit allen Kindern, und es blieb so bis heute. Als ich Hans Rutz im Jahr 1925 in Stuttgart wieder traf, war er bereits ein gewissenhaftes Mitglied der Anthroposophischen Gesellschaft geworden und nahm seine Mitgliedschaft sehr ernst. Wir hatten viele Gespräche über die Anthroposophie, und gerade durch ihn und seine Erzählungen über seine Begegnungen mit Rudolf Steiner wurde mir das Bild des großen Geistesforschers sehr lebendig. Besonders in unseren ersten Gesprächen berichtete er mir viele Einzelheiten aus persönlichen Begegnungen mit Rudolf Steiner, die mir das Wesen dieses großen Mannes hell beleuchtete. Hans Rutz hatte anfänglich große Schwierigkeiten, einige der Grundbegriffe der Anthroposophie in sein eigenes Gedankenleben aktiv aufzunehmen und sprach ganz freimütig mit Rudolf Steiner darüber. Er tat das nicht nur aus Zweifeln seiner suchenden Seele, sondern auch aus einer gewissen Treue seiner protestantischen Anschauung gegenüber; denn er stammte aus einer im Protestantismus stark verwurzelten Familie. Dafür hatte Rudolf Steiner großes Verständnis, wußte für ihn auch einen Weg, auf dem Hans Rutz seine Zweifel überwinden konnte. In einem entscheidenden Gespräch meinte Hans Rutz, er könne doch mit solchen Zweifeln nicht an der Waldorfschule bleiben, da sie fest in der Anthroposophie verankert sei. Aber Rudolf Steiner fragte ihn darauf: »Bejahen Sie denn auch nicht die Waldorfpädagogik und das Menschenbild, aus dem sie hervorwächst?« Hans Rutz antwortete: »Doch, die Waldorfschule und das Menschenbild der Schule bejahe ich aus tiefster Seele und mit großer Begeisterung«, worauf Rudolf Steiner entgegnete: »Ja, dann haben Sie ja die ganze Anthroposophie in diesem Menschenbild! Denn darin ist das Wesentliche der Geisteswissenschaft enthalten. Die Zweifel an einigen Punkten, die Sie mir gegenüber geäußert haben, werden sich mit der Zeit auflösen; denn sie widersprechen in keiner Weise den Wahrheiten einer christlichen Weltanschauung.« Damit war Hans Rutz die Möglichkeit gegeben, an der Waldorfschule zu bleiben und darin zum Heil der Schüler dauernd zu wirken. Ich selbst fand gar keine Schwierigkeiten, mich in die mir völlig neue Anthroposophie einzuarbeiten, zumal ich sofort erkannte, aus welch großen Tiefen Rudolf Steiner die Wahrheiten des Christentums begründete und damit eine neue Christologie schuf.

Der Katholizismus war nach seiner dogmatischen Seite von mir völlig überwunden, obwohl ich die Wahrheiten, die in den Dogmen stecken, niemals geleugnet hatte. Dies habe ich bereits in den ersten Kapiteln dieser Erinnerungen ausgedrückt, als ich darstellte, wie stark mich als Kind das keltische Christentum berührt hatte und daß ich in dieser alten Form der keltischen heiligen Missionare die Geheimnisse des christlichen Wesens viel stärker erfassen konnte. Und während der geschichtlichen Studien des Mittelalters, die ich für meine Übersetzung des französischen »Perceval« nötig hatte, erkannte ich bald, was für ein tiefer und breiter Strom neuen Geisteslebens sich gerade durch die Art und Weise auftat, wie Rudolf Steiner die europäische Geschichte im Hinblick auf die Christuserkenntnis darstellte. Auf diesen Wegen fand ich mich mit Hans Rutz, denn er faßte sein eigenes Leben als ein beispielhaftes Vorbild christlicher Moral auf, in der jedoch keinerlei Muckertum oder intolerante Härte Platz hatten.

Von anderen Freunden im Kollegium traten mir wiederum andere Seiten der anthroposophischen Anschauung entgegen: durch Walther Johannes Stein, in dessen Geschichtsstunden ich einige Male hospitieren konnte, erweiterte sich mein geistiges Geschichtsbild, mit Ernst Uehli hatte ich viele Gespräche über die Kunst Europas im Lichte der Anthroposophie, da er in den anthroposophischen Hochschulkursen laufend kunstgeschichtliche Vorträge hielt. Mit Sophie Porzelt studierte ich vor allem unsere pädagogischen Kurse selbst von meinem zweiten Waldorfjahr an, als sie von Nürnberg kommend, Lehrerin für Englisch an der Waldorfschule und später Klassenlehrerin wurde.

Mit Fritz Bothmer, Robert Killian, Hanns Strauss, Martin Tittmann und Erich Schwebsch pflegte ich wohl den stärksten Kontakt, der sich auch auf ihre Familien erstreckte. In alle diese Beziehungen waren natürlich auch meine Frau und meine Kinder mit einbezogen; denn als die Kinder heranwuchsen, kamen die Familien insgesamt häufig zusammen. Gelegenheiten zu diesen familiären Zusammenkünften ergaben sich vor allem auch mit den Familien Bindel, Herbert Hahn und Hanns Strauss, da diese Freunde entweder einen Garten bei ihrer Wohnung oder sogar ein eigenes Haus mit Garten zur Verfügung hatten, wo die Kinder miteinander spielen konnten. Mit Erich Schwebsch war und blieb ich jedoch am stärksten verbunden, weil wir uns beide sehr aktiv musikalisch betätigten und die Kammermusikwerke von Bach, Beethoven, Brahms und Mozart regelmäßig studierten. Ich interessierte mich auch lebhaft für die bedeutenden literarischen Arbeiten, die Erich Schwebsch im Lauf der Jahrzehnte schrieb und die jetzt in einer Reihe von Büchern und Zeitschriftenbeiträgen vorliegen. Häufig machten wir beide lange Wanderungen in der Umgebung von Stuttgart, die wir manchmal auf mehrere Tage ausdehnten, wenn dies an Ostern, Pfingsten und zu Allerheiligen im Herbst möglich war. Bei solchen Gelegenheiten pflegte mir Erich Schwebsch Gedanken aus dem Werk zu berichten, das er gerade in Arbeit hatte.

Nach dem Jahr 1930 wurden die Lebensverhältnisse der Waldorfschule infolge der politischen Entwicklung immer schwerer. Auch die finanziellen Mittel unseres Schulvereins wurden knapp, und in manchen Monaten konnten die an sich schon geringen Gehälter nicht hundertprozentig ausgezahlt werden. Vor allem, als durch gewisse Börsenvorgänge, deren Einzelheiten ich hier nicht berichten kann, die Waldorf-Astoria-Zigarettenfabrik geschlossen werden mußte, fielen große Zuschüsse weg. Der Besitzer der Aktienmehrheit der Waldorf Astoria, ein rumänisch-armenischer Tabakhändler, hatte die Fabrik an die Konkurrenzfirma Reemtsma verkauft und dadurch das Werk Dr. Molts, des Gründers der Firma, vernichtet. Zwar garantierte

Philipp Reemtsma persönlich die Weiterzahlung der Zuschüsse an die Schule, die Dr. Molt als Vertreter der Waldorf Astoria bis dahin geleistet hatte. Wir waren für diese großmütige Tat dankbar, aber durch die Schließung der Fabrik fielen manche anderen Vergünstigungen weg. Finanzielle Schwierigkeiten waren jedoch die geringere Gefahr, die uns vom Jahr 1933 an drohte. Von der national-sozialistischen Regierung, vertreten durch Kultusminister Mergenthaler, wurde uns offene Feindseligkeit angesagt. Mergenthaler anerkannte zwar, daß die Waldorflehrer mit größter Begeisterung und Pflichttreue ihr pädagogisches Ideal durchführten, erklärte aber zugleich, daß dieses Ideal der Humanität, wie er es nannte, nicht mit den Zielen der Partei übereinstimme. Die Zeit brauche härtere Methoden und gröbere Behandlung der Menschheitsprobleme. Damit hatte er sicher von seinem Standpunkt aus recht und zeigte in ganz eindeutiger Weise die Position zwischen der Partei und unserer Schule. Wir wußten, woran wir waren. Schmerzlicher für uns Lehrer war es, daß eine, wenn auch kleine Gruppe der Eltern diese klare Problemstellung nicht verstehen wollte und mehr oder weniger verhüllt verlangte, daß wir uns »gleichschalten« sollten. Es lohnt sich nicht, die Einzelheiten der sich daraus ergebenden ärgerlichen Diskussionen hier noch einmal darzulegen. Sie gehören der Vergangenheit an und führten schließlich im Jahr 1938 auf Befehl der Regierung zur Schließung der Waldorfschule. Diese Schließung fand am 30. März 1938, am Todestag von Rudolf Steiner, statt. Sie wurde zu einem großen Bekenntnis der Treue gegenüber unserem pädagogischen Werk, das durch die politischen Verhältnisse und nicht aus unserem Unvermögen ein vorläufiges Ende gefunden hatte. Es soll hier ausgesprochen werden, daß Mergenthaler uns gegenüber eine Geste der Menschlichkeit vollzog, indem er uns mitteilen ließ, daß wir die Feier der Schließung vollziehen könnten, ohne einen politischen Eingriff von außen fürchten zu müssen. Dieser Tag wurde zu einem Fest in menschlicher Freiheit und Würde. Auf unserer letzten

Konferenz hatten wir auf Antrag von Fräulein Hauck einmütig beschlossen, den von Dr. Steiner gelegten Grundstein an seiner Stelle im Eingang des Schulgebäudes zu belassen, da wir die Hoffnung und das Vertrauen hatten, daß die Schule an der gleichen Stelle wiederauferstehen würde. Das letzte Klassenspiel, das eine achte Klasse unter Leitung von Sophie Porzelt einige Tage vorher aufgeführt hatte, wurde zum Festspiel der Schließung, das Schulorchester unter Leitung von Paul Baumann führte unter anderen Dingen wie in einer Monatsfeier die Unvollendete Symphonie von Schubert auf. Keiner der Anwesenden konnte sich dem Eindruck entziehen, daß dieses letzte Werk Schuberts noch nie in so würdevoller Weise erklungen war. Graf Fritz von Bothmer sprach in seiner Rede in ganz freier Weise über unsere Hoffnungen für die Zukunft. Es waren zahlreiche Vertreter unserer Schulen im Ausland anwesend, von denen jeder ebenfalls dieses feste Vertrauen in die Zukunft äußerte. Die englische Rede von Arthur Sheen dem Vertreter der New-School aus Streatham (London) übersetzte ich ins Deutsche, und als letzter trat noch einmal Graf Bothmer vor und erklärte die Schule für geschlossen. Eine junge Schülermutter hatte einen großen Korb voll roter Rosen mitgebracht und reichte am Ausgang von der Bühne jedem Lehrer stumm eine Rose als Ausdruck der Liebe der Eltern, und damit war die erste Phase der Waldorfschule zu Ende gegangen, im Zeichen der Rose.

Das Leben und die Art des Lebens an der Waldorfschule brachten es mit sich, daß der Umkreis von Bekanntschaften mit Menschen sich stärker erweiterte, als es für gewöhnlich zu sein pflegt. Die Waldorfschulbewegung ist eine weltweite Angelegenheit und hat Freunde in allen Ländern der Erde. Das lernte ich allmählich kennen und brauchte bald diese Unzahl von Menschen nicht einfach passiv hinzunehmen – sie traten auch in aktiver Weise mit Bitten und Fragen an mich heran. Dies ergab sich schon aus der Zusammensetzung der Waldorfschüler; denn die Waldorfschule unterrichtete nicht nur die Kinder von Stuttgart und Umgebung, sondern es waren da auch Schüler aus ganz Deutschland, aus ganz Europa und aus allen Erdteilen. Mein eigentliches Unterrichtsgebiet führte mich nicht bis in den Kern unserer Pädagogik, weil nur die Klassenlehrer eigentlich aktiv werden; um so mehr hatte ich, eben kraft meiner Sprachkenntnisse, mit den vielen Ausländern zu tun, die zu Besuch kamen. Ich empfand es daher als notwendig, den pädagogischen Kern unserer Waldorfschule, das heißt also das Menschenbild und die allgemeine Menschenkunde gründlich und ganz lebendig zu verstehen.

Ich hatte viele von den ausländischen Gästen und Freunden der Waldorfschule zu führen, wenn sie die Schule besichtigen wollten, und mußte ihnen dabei wichtige Dinge erklären, die durch die bloße Besichtigung noch nicht verständlich waren. So kam ich zum Beispiel mit Mister und Missis Compton-Smith aus Neuseeland zusammen, die in meinen ersten Jahren in Stuttgart lebten, um einige Werke Rudolf Steiners ins Englische zu übersetzen. Unsere Beziehungen waren ein echter Austausch von Gedanken: ich konnte ihnen manchmal beim Übersetzen helfen, und sie machten mich mit den Verhältnissen in Neuseeland bekannt, sowohl in bezug auf die weiße Bevölkerung als mit

Hinsicht auf die Mythologie und Religion der Eingeborenen. Das führte zwar nie zu einer Reise nach Neuseeland, aber die Beziehungen dorthin blieben immer lebendig.

Ähnliche Beziehungen hatte ich zu Mister und Missis Wannamaker, die aus USA kamen und eine Tochter an unserer Schule hatten, die ich unterrichtete. Ausländische Gäste konnten auch in meinem Unterricht hospitieren, soweit sie selbst irgendeine Lehrtätigkeit ausübten, obwohl im allgemeinen die Hospitation nur auf Lehrer unserer eigenen Schulen beschränkt bleibt. Solches Hospitieren aus dem Ausland war aber für meine Schüler selbst ein sehr großer Gewinn; denn ich veranlaßte die Besucher regelmäßig, den Schülern etwas aus ihrem Land in englischer Sprache zu erzählen, und wenn ein Franzose kam – sei es aus Frankreich selbst oder einer der französischen Kolonien und Sprachgebiete – so bat ich ihn, französisch zu sprechen.

Alle meine eigenen Reisen dienten in irgendeiner Weise unserer Schulbewegung. Die erste dieser Reisen führte mich nach Nürnberg, wo jene pädagogisch orientierte Gruppe von Freunden mich zu einem Vortrag einlud, in welchem ich diesen Freunden einen Bericht über meine Tätigkeit an der Waldorfschule und nebenbei auch über meine Übersetzung des französischen »Perceval« geben sollte. Irgendwie, ohne daß ich selbst etwas dazu tat, wurde in den Ortsgruppen des Waldorfschulvereins bekannt, daß ich diese Übersetzung für die Lehrer machte, die Religions- oder Geschichtsunterricht an den Waldorfschulen gaben. Deshalb wurde ich von Freunden aus Straßburg, die ich persönlich noch nicht kannte, zu einem Vortrag über Perceval und Chrestien de Troyes eingeladen. Dieser Vortrag war zwar vom dortigen Waldorfschulverein veranstaltet, fand aber öffentlich statt und war recht gut besucht. Ob er der Schule selbst neue Freunde werben konnte, habe ich nicht feststellen können, wohl aber gewann ich in Straßburg einige Freunde, die für mein ganzes Leben wichtig wurden. Unter diesen möchte ich vor allem Dr. Hans Schoch erwähnen. Er war ein sehr erfolgreicher anthroposophischer Arzt, der weit ausgedehnte geistige Interessen hatte und vor allem die Gründung einer Waldorfschule in Straßburg anstrebte. Dr. Schoch konnte meinen Vortrag selbst nicht anhören, da er infolge eines Unfalls zu Hause bleiben mußte. Ich besuchte ihn jedoch am Krankenbett, und wir blieben danach gute Freunde. Die Gründung einer Rudolf-Steiner-Schule gelang ihm erst nach dem Zweiten Weltkrieg. Davon werde ich später berichten.

Im Sommer 1926 konnte ich meine erste Fahrt nach England machen. Ich tat dies in Verbindung mit unseren englischen Freunden, die schon zu Rudolf Steiners Lebzeiten eine Waldorfschule in Streatham, einem südlichen Vorort von London, gegründet hatten. Zu meiner großen Überraschung trat mir dort an der Waldorfschule eine Lehrerin entgegen, in der ich Helen Fox erkannte, die ich bei der »Quäker-Speisung« in Nürnberg bald nach dem Krieg kennengelernt hatte. Sie war in der »New-School« – so hieß die Rudolf-Steiner-Schule in Streatham – eine wichtige Persönlichkeit, da sie nicht nur eine sehr tüchtige Lehrerin war, sondern auch für die sozialen Zusammenhänge in der Schule zwischen Eltern, Lehrern und Schülern ein starkes geistiges Band zu schaffen vermochte. Überhaupt konnte ich bei diesem Besuch in der New School erleben, welch starke menschen- und weltverbindende Kraft in der Anthroposophie liegt; denn alle Lehrer und Freunde der New School begrüßten mich wie einen langbekannten Freund. Daher lernte ich auf dieser ersten Reise durch England bereits alle anthroposophischen Freunde kennen, da man im Zusammenhang mit der Schule meine Begleiter und mich auch zu einem Empfang in der Rudolf-Steiner-Hall, dem Zentrum der Anthroposophischen Bewegung in England, einlud. Meine Begleiter waren Fräulein Maria Ilse aus Hannover und Fräulein Sophie Porzelt aus Augsburg, die im Jahr darauf meine Kollegin an der Waldorfschule wurde. Meine erste Reise nach England diente auch meinen Perceval-Studien. Ich machte eine Fahrt nach dem äußersten Westen von

Südengland zu der sagenhaften Burg Tintagel, wo König Artus zur Welt kam. Dort hielt ich mich ungefähr eine Woche auf und erlebte in intimster Weise jenes zauberhafte Zusammenwirken elementarischer Kräfte in Wasser, Luft und Land, das die Landschaft um Tintagel zu einem tiefen seelischen Erlebnis macht. Vielleicht tragen die wirklich kümmerlichen Reste der großen einstigen Artusburg dazu bei, den Betrachter aus der Sicherheit der Zeit herauszuheben und in eine Welt des Träumens zu versetzen, die jeder Wanderer mit seinem eigenen Inhalt erfüllen kann. Mir selbst war diese Gegend bereits eine höhere Wirklichkeit seit langen Jahren, und ich hatte gewisse Vorstellungen von den Landschaftsbildern durch Kupferstiche aus Cornwall und Wales, die ich in einem Buch aus meines Vaters Bibliothek gerne immer wieder angeschaut hatte. In diesem Buch las ich auch zum ersten Mal in dem altertümlichen Stil der Goethezeit die Erzählungen von König Artus, von Uther Pendragon und dem Zauberer Merlin, dessen Höhle am Fuß der Artusburg gezeigt wird.

Meine erste Fahrt nach Dornach machte ich auf Einladung von Dr. Molt und Frau Berta Molt, im Herbst 1925, also kaum ein halbes Jahr nach meinem Eintritt in die Waldorfschule. Ich hatte damals kurz vorher meinen Kollegen Dr. Kolisko in der elften Klasse vertreten und dadurch die Gelegenheit, eine richtige Epoche Hauptunterricht zu geben. Da das Gesamtthema des Unterrichts in der elften Klasse dramatische Lektüre verlangt, hatte ich die Tragödie »Iphigénie« von Racine als Klassenlektüre eingeführt. Es war gewiß eine Zumutung für meine Schüler, jeden Morgen zwei Stunden lang ein klassisches französisches Drama zu lesen, aber ich benützte diese Gelegenheit zu verschiedenen Erweiterungen des Unterrichts, gab zuerst ein Gesamtbild der Zeit Ludwigs XIV. und verglich dann die französische Tragödie »Iphigénie« mit Schillers Übersetzung des gleichnamigen Dramas von Euripides, das ich am Gymnasium im Original gelesen hatte, und schließlich mit Goethes »Iphigenie«.

Ich bemühte mich, in der Auswahl der Lektüre die schönsten und höchsten Leistungen des Sprachgeistes jeder Sprache auszuwählen. Ich nahm auch die Gelegenheit wahr, dies als Jahresthema den Schülern am Beginn des Schuljahres mitzuteilen, wenn in der Eröffnungsfeier des Schuljahres die Schüler im großen Saal versammelt waren und die Lehrer den Klassen in einer ganz kurzen Ansprache eine Übersicht über die Arbeit des neuen Schuljahres gaben. Im Laufe der Jahre fand ich auch noch eine andere Möglichkeit der Zusammenfassung meines Unterrichts im Sinne einer Epochenarbeit: wenn ich in einer Klasse beide Fremdsprachen Englisch und Französisch zu geben hatte, unterrichtete ich abwechselnd fünf Stunden die eine und in der darauffolgenden Woche ebenso die andere Sprache, verwendete aber in jeder Woche die sechste Stunde für Übungen in der ausgesparten Sprache. Diese Art des konzentrierten Unterrichts wurde von mir nur in ganz freibleibender Weise angewendet; sie bewährte sich in mancher Klasse gut, in anderer nicht. Einer anderen Art konzentrierter Arbeit im französischen Unterricht der ersten Vorbereitungsklasse sollte eine Studienreise dienen. Im Oktober 1925 organisierte ich eine Reise nach Paris.

Im Jahr 1928 führten die beiden Klassenlehrer Martha Haebler und Karl Ege ein sehr erfolgreiches Ferienlager in der Nähe von Mâcon durch, an dem ich mich wenigstens teilweise beteiligen konnte. Madame de Courteix, ein Mitglied der Anthroposophischen Gesellschaft in Frankreich, hatte dazu eingeladen und ihr umfangreiches Besitztum zur Verfügung gestellt.

Ich mußte, nachdem ich unser Ferienlager eine Woche lang geteilt hatte, weiterreisen nach Südfrankreich, um dort meinen Perceval- und Gralsstudien nachzugehen, aber Karl Ege begleitete mich, blieb einige Tage in Marseille und kehrte dann in das Lager zurück. Wir fuhren über Lyon, Vienne, Orange nach Avignon, wo wir übernachteten, dann nach Arles, Les Baux, Saint-Rémy bis Marseille. Es ist mir unmöglich, ja es scheint mir sogar unnötig, die zahlreichen und starken Eindrücke hier zu beschreiben, da die künstlerischen Dinge und Ereignisse dieses reichen Südens schon völlig zur allgemeinen Bildung gehören. Ich möchte nur hervorheben, daß in der mittelalterlichen Zeit des 12. Jahrhunderts, der Zeit, in der die Gralsströmung ins Leben der Welt trat, der ganze Glanz dieser mittelalterlichen Kultur in höchster Blüte stand, ja einen Höhepunkt des mittelalterlichen Lebens darstellte. Diese Zeit hatte mich von jeher stark gefesselt, und diese Kultur wollte ich in ihren Ruinen kennenlernen. Es war noch viel erhalten, und viele Zeugnisse von dem üppigen Leben konnte ich aufnehmen, das die Römer und Griechen von der Zeitenwende an dort aufgebaut hatten, das die Goten und die Araber fortsetzten, das in der Troubadour- und Minnedichtung ihr Herzstück fand und das im 13. und 14. Jahrhundert in dem sogenannten Albigenserkreuzzug ein tragisches Ende fand. Ich beendete diese erste Fahrt nach Südfrankreich in Narbonne und mußte nach Stuttgart zurückkehren, ohne den Montségur gesehen zu haben.

Auch Monsieur Roché, den Erforscher des Katharismus, der in den Corbière-Bergen westlich von Narbonne in einem kleinen Dorf lebte, besuchte ich erst nach dem Zweiten Weltkrieg. Wohl aber sah ich Béziers, jene mittelalterliche Bergstadt, die an erster Stelle in dem Kreuzzug gegen die Albigenser zerstört wurde. Dieses Städtchen behielt trotz der Zerstörungen im 13. Jahrhundert seinen mittelalterlichen Charakter bei, so daß ich längere Zeit dort blieb als ich ursprünglich vorgehabt hatte. Dort fiel bei der Belagerung der Stadt im Jahr 1212 jener berühmte Ausspruch des geistlichen Leiters des Feldzuges, der der ganzen Stimmung dieser verheerenden Unternehmung ihr inneres Gepräge gab: als man diesem Legaten des Papstes, der zugleich Abt von Citeaux war, vorhielt, es würden bei der Zerstörung der Stadt so viele fromme Katholiken umkommen, soll er geantwortet haben: »Schlagt sie alle tot, Gott wird die Seinigen erkennen!« Ich konnte mich damals nur im Vorübergehen mit den Ereignissen der Albigenserkriege beschäftigen; immerhin erfuhr ich in Gesprächen mit den Einwohnern in verschiedenen Orten Südfrankreichs, daß die Erinnerung an die Greuel jener Zeit immer noch lebendig im Volk ist. Dies hängt einerseits mit der großen Freiheitsliebe zusammen, die zu allen Zeiten Südfrankreich ausgezeichnet hat und heute wieder besonders lebendig geworden ist, weil man in Frankreich in allen Randgebieten einen großen Drang zur geistigen Unabhängigkeit feststellen kann. Mancher gebildete Franzose, mit dem ich ins Gespräch kam, betrauerte jene große Zeit Occitaniens, in der die Kultur der Troubadours blühte. Nachdem ich in Montpellier meine Manuskriptstudien beendet hatte, fuhr ich über Carcassonne in einer langen Fahrt nach Paris, um dort an der Bibliothèque Nationale zu arbeiten. Ich möchte noch festhalten, daß ich zum zweiten Mal nach Chartres kam, in eine Stadt, die man nicht oft genug sehen kann, um die wahre Größe des mittelalterlichen Frankreich immer neu zu erleben.

Ich machte noch öfter Fahrten mit Schülern, will aber zum Abschluß meiner Reisen in dieser Zeit vor dem Zweiten Weltkrieg nur noch eine nach England erwähnen, die ich allein zu machen hatte und die deswegen interessant und erwähnenswert ist, weil der Anlaß dazu ein schulpolitischer Auftrag war. Unser Kollegium und der Schulverein suchten nach Möglichkeiten, die Schule vor der Schließung durch die Partei zu schützen, und glaubten, daß einflußreiche und in der englischen Öffentlichkeit bekannte Persönlichkeiten für uns bei der Deutschen Gesandtschaft in London etwas tun könnten, und zwar mit der Begründung, daß die in England arbeitenden Rudolf-Steiner-Schulen dort in gutem Ansehen stünden und daß es wünschenswert wäre, daß die deutsche Mutterschule erhalten bliebe. Der Gedanke eines solchen Unternehmens zum Schutz der Waldorfschule war nicht ganz abwegig, da die deutsche Regierung damals noch großen Wert darauf legte, gewisse kulturelle Beziehungen zu England nicht abreißen zu lassen. Ich besuchte während dieses Aufenthaltes verschiedene bekannte Persönlichkeiten in

Universitätskreisen, den Leiter einer vornehmen Privatschule in der Nähe von London, der einige Jahre vorher die Waldorfschule in einem längeren Aufenthalt kennengelernt hatte, auch einige angesehene Industrielle wie Mister MacMichael, der das bedeutendste Radiounternehmen in England leitete. Alle diese Persönlichkeiten schrieben Briefe an die Deutsche Botschaft, aber ihr Ansehen reichte doch nicht hin, um auf die Dauer die Waldorfschule zu schützen, besonders da der Kultusminister Mergenthaler in Württemberg ein persönliches Interesse daran hatte, den humanen Einfluß der Waldorfschule in seinem Lande Württemberg zu unterdrücken. Und als der Anschluß Österreichs an Deutschland die ganze Aufmerksamkeit der Politiker auf dieses Ereignis ablenkte, benützte Mergenthaler diese Gelegenheit und schloß die Schule, ohne besondere Genehmigung von seiten der Partei und ohne Rücksicht auf die Wirkung im Ausland. Als im Jahr 1937 die Anthroposophische Gesellschaft in Deutschland von der Partei aus verboten wurde, drohte wohl bereits die Schließung der Waldorfschule, aber wir waren einstimmig der Meinung im Kollegium, daß es nicht richtig wäre, wenn wir selbst die Schließung vorwegnähmen, ohne auf eine Aktion von seiten der Partei zu warten. Obwohl die Regierung Mergenthaler uns zu verstehen gab, daß die Waldorfpädagogik nicht in den Lebensplan der Partei paßte, ließ sie uns zunächst genügend pädagogische Freiheit. Die acht unteren Klassen der Waldorfschule unterstanden damals der Prüfung durch einen städtischen Schulrat, die alle zwei Jahre stattfinden sollte. Diese Prüfung hatte schon einige Male zu einem befriedigenden Ergebnis geführt, und schließlich war sogar Herr Hartlieb, einer der Schulräte, zu einem echten Freund und Gönner unserer Schule und Pädagogik geworden. Er hatte seinen ausführlichen Prüfungsbericht so angelegt, daß daraus ein positives Dokument der Waldorfpädagogik wurde. Er stellte uns diese Schrift frei zur Verfügung, der Schulverein ließ sie drucken, und sie hatte große werbende Kraft.

Die zahlreichen anderen Reisen, die ich entweder im Interesse der Gralsstudien oder im Auftrag der Schule unternommen hatte, sollen hier nur angedeutet werden. 1928 sprach ich zum ersten Mal am Goetheanum in Dornach, als ich aufgefordert wurde, während der französischen Woche den Freunden ein Referat über meinen Französisch-Unterricht in der Waldorfschule zu geben. Bei dieser Gelegenheit lernte ich M. Déodat Roché kennen, mit dem mich seitdem eine tiefe Freundschaft verbindet. Er begrüßte mich nach meinem Vortrag und erzählte mir in einem langen Gespräch von seiner Tätigkeit als Anthroposoph und Religionsforscher in seiner Heimat Südfrankreich. Seine Persönlichkeit und seine Erscheinung machten auf mich einen sehr großen Eindruck; es war wirklich so, als ob wir uns schon lange gekannt hätten und wie zwei Geistverwandte eine gemeinsame Aufgabe hätten. Meine alte Vorliebe für alles, was Südfrankreich, die Provence, Languedoc und die Gascogne betraf, wurde durch dieses Gespräch neu geweckt und belebt. Schon immer war mein Interesse an der sogenannten Ketzerbewegung der Albigenser sehr groß gewesen, und in Roché hatte ich einen Philosophen vor mir, der es als seine Lebensaufgabe betrachtete, ein wahres Bild von dem Katharismus zu geben, der im Mittelalter das geistige Gepräge Südfrankreichs gebildet hatte und auch heute noch die Gemüter der Menschen nicht in Ruhe ließ. Der Katharismus war gleichsam ein Urbild des menschlichen Bedürfnisses nach Wahrheit in der Erkenntnis der geistigen Welt. Dieses Urbild war aber immer wieder von Gegnern aller Art entstellt und gefälscht worden. Die Gegner bemühten sich vor allem, den wahren Sinn der geistigen Bewegungen der Katharer zu verdecken und sie zu bloßen abtrünnigen Ketzern zu machen, die von einer gottgewollten Norm abwichen und nur einen teuflischen Hochmut vertraten. In Wirklichkeit waren die Katharer die Vorkämpfer für eine Wahrheit, die in ihrem leidenschaftlichen Suchen stets lebendig bleiben mußte und niemals in ewig gültigen Dogmen erstarren durfte. Ihnen war wichtig jenes

Element der Wahrheitssuche, das zu immer neuen Entdeckungen führt, so wie es Lessing meint in seinem bekannten Ausspruch: »Wenn Gott mir die Wahl ließe zwischen der Erkenntnis der ewig gültigen Wahrheit und dem dauernden Suchen nach Wahrheit, so würde ich das letztere wählen; denn es ist gerade die Aufgabe der Menschheit, im Suchen nach dem Wahren zu sich selbst und ihrem eigenen Wesen zu kommen und dadurch die Kraft des schöpferischen Geistigen zu verwirklichen, die das höchste Vorrecht des Menschen ist.«

Solche Gedanken äußerte Roché in seinem Gespräch, und ich kehrte in meinen Erinnerungen immer wieder in meine Kindheit zurück, wo es mir unmöglich war, die dogmatischen Forderungen der Kirche in einem unveränderlichen Glaubensgebäude hinzunehmen, ohne mit dem forschenden Geist daran rütteln zu dürfen. Ich hatte in Roché einen Menschenbruder erkannt. Er erzählte mir auch einiges aus seinem interessanten Leben. Schon sein Vater stand dem festgefügten Gebäude der römischen Kirche zweifelnd gegenüber, hatte aber zu gleicher Zeit ein tief religiöses Gemüt und ein lebendiges Gefühl der Fürsorge für seine Mitmenschen. In dieser Gesinnung hatte der Vater seinen Sohn erzogen, so daß dieser des Vaters Werk fortführen konnte. Schon sein Vater war Bürgermeister in ihrem Heimatdorf gewesen und hatte versucht, die kulturellen und sozialen Verhältnisse seiner Gemeinde zu fördern. Der Vater hatte eine Wasserleitung angelegt, die jedes Haus mit dem besten Quellwasser der Gegend versorgte. Zugleich hatte er für die Straßenreinigung innerhalb des Dorfes eine ganz moderne Anlage geschaffen und den Hausfrauen ermöglicht, ihre gesamte Wäsche in kleinen Waschhäusern zu besorgen, in denen der tägliche Verkehr in der Dorfgemeinschaft lebhaft gepflegt wurde. Der Sohn Roché setzte das Werk seines Vaters fort, als er an die Stelle des Bürgermeisters trat: er kümmerte sich, der Zeit entsprechend, um die Versorgung jedes Hauses mit elektrischem Licht und anderen Werkanlagen. Als ich nach mehreren Jahren das

Dorf zum ersten Mal betrat, fiel mir wohltuend auf, was für eine große Ordnung und Sauberkeit dort herrschte. Roché war in der Zeit, als ich ihn kennenlernte, Amtsrichter in Carcassonne, blieb aber mit seinem Dorf in steter Verbindung. Aber die politischen Verhältnisse brachten es mit sich, daß ich erst kurz vor dem Ausbruch des Zweiten Weltkrieges meinen Besuch in Arques (Aude) machen konnte, wo Rochés Vaterhaus stand.

Auch nach England kam ich öfter. 1934 organisierte ich mit einem der Lehrer von der New School ein internationales Waldorf-Ferienlager an einem der schönsten Orte der Westküste Englands, in Porlock bei Minehead am Bristolkanal, das heißt an der Mündung des Severn in die Irische See. Die an dem Lager beteiligten Schüler aus Deutschland, Holland und Skandinavien sammelten sich mit den englischen Schülern in London, um von dort aus die Fahrt gemeinsam durch ganz Südengland anzutreten. Ich hatte es so eingerichtet, daß wir einige Tage Zeit hatten, London zu besichtigen und das innere Wesen dieser Stadt eingehend kennenzulernen. So ging unser erster Ausflug zum Südufer der Themse, wo die hohen Lagerhäuser stehen für Waren aus aller Welt, die von dort aus überallhin verteilt werden. Dies gab uns ein lebendiges Bild vom Wesen des Welthandels; denn dort am Hafen, dem sogenannten »Pool«, lagen Schiffe aus aller Welt. Emsige Arbeiter beförderten die Waren in die Lagerhäuser und füllten die Schiffe neu mit englischen Waren, und da herrschte ein fröhliches Treiben der arbeitenden Menschen, es ging lebhaft zu, Flaschenzüge mit Waren fuhren an den hohen Häusern auf und ab, die Arbeiter riefen einander zu, was der Vorübergehende nicht verstehen konnte, was aber immer auf die Arbeit Bezug hatte. Es war so, wie wenn dieses Themseufer der Arbeitsplatz für die ganze Welt wäre. Dann setzten wir unseren Weg fort an das andere Ufer der Themse, hielten uns auch längere Zeit mit der Beobachtung der interessanten Towerbridge auf, die gerade ihren unteren Brückenzug hochzog, um Ozeandampfer durchzulassen. Und am jenseitigen Ufer fanden wir ein ganz anderes Bild, eine ganz andere Stimmung als in der City. Es war wie eine fremde Welt, die in manchen Dingen im stärksten Gegensatz zu der Arbeiterwelt am anderen Ufer der Themse stand. Auch hier drängten sich Massen von Menschen durch die Straßen, aber die Menschen waren stumm oder sprachen nur leise und unhörbar miteinander, als ob ihr menschliches Interesse durch eine höhere Macht abgelenkt wäre. Im Zug des Menschengedränges fielen uns dunkel uniformierte Männer auf, die eine bestimmte Form von Mappen trugen. Ich erklärte den Schülern, dies seien die Kassenboten, die nicht Geld, aber Geldaufträge von den Banken in die Geschäfte tragen. Das Straßenbild war geradezu geprägt von dem Anblick dieser Boten, die so aussahen, als ob sie nicht sie selbst, sondern nur Beauftragte wären. Sie selbst waren nicht wichtig als Menschen, waren sich aber ihrer Verantwortung bewußt. Unwillkürlich dachte man zurück an die Arbeiter, die mit den Waren beschäftigt waren und fröhlich schafften, weil sie mit den guten Dingen des Daseins handelten. Das Geld aber macht stumm und unpersönlich. Manchmal war sogar die Stille in den Straßen beängstigend: es stockte der Verkehr weil an irgendeiner wichtigen Kreuzung rotes Licht war, aber immer wieder setzte sich der Strom der Menschen und Wagen in Bewegung, alles war anonym. Wir gelangten schließlich an den Platz, wo die Börse steht, wo das Amtshaus des Lord Mayors steht, das den Namen »Mansion-House« trägt, wobei »Mansion« das nämliche bedeutet wie »Haus«. Hier herrscht der gewaltige Lord Mayor, der Befugnisse hat, die denen eines Königs gleichkommen. Dies drückt sich symbolisch darin aus, daß der König – oder die Königin –, wenn er im Vollzug seines Königsamtes einen Besuch in der City machen will, am westlichen Eingangstor zur Stadt bei dem sogenannten »Griffon« (Greif) haltmachen und den Abgesandten des Lord Mayor in symbolischer Weise um Erlaubnis bitten muß, die Stadt betreten zu dürfen. Dies galt natürlich nur für die offiziellen Besuche.

Unser Weg durch die City hatte uns bis jetzt von Norden nach Süden geführt, es gab aber noch zwei weitere Komponenten für die Bedeutung der Stadt, deren Linie von Osten nach Westen verlief. Im Osten, von wo der Weg von den Docks über den Tower in die Stadt führt, lag dieser Tower, das alte Symbol der Königsgewalt.

Man könnte beim Anhören dieser Erzählung meinen, daß ich meine Schüler etwas überfordert hätte, aber sie kehrten alle munter und sehr angeregt nach Streatham in die New School zurück, da wir auch die fünfte Komponente unseres Daseins, den öffentlichen Verkehr mit Bus und Untergrundbahn benützt und bestaunt und auch öfter eine lange Vesperpause eingelegt hatten. Bei den Busfahrten versäumte ich nicht, meine Begleiter auf das gute Gedächtnis des Schaffners aufmerksam zu machen. Wir fuhren von hinter dem Tower bis zu St. Paul's und ich bat den Schaffner, uns dort abzusetzen. Obwohl unterwegs dauernd Fahrgäste aus- und einstiegen, erschien pünktlich der Schaffner »on top of the bus«, wo wir saßen, und sagte höflich, wir seien am Ziel.

Einige Tage später brachte uns die Eisenbahn nach Minehead, am Tag vorher hatten wir noch eine Fahrt nach Oxford gemacht, um auch das Zentrum der Gelehrtenwelt des britischen Weltreiches zu erleben. Dann aber überließen wir uns ländlicher Ruhe auf dem Anger einer Farm, die auf einer Klippe etwa hundert Meter über dem eleganten Badeort Minehead lag. Das Lagerleben, das wir etwa drei Wochen lang pflegten, brauche ich nicht detailliert zu schildern. Die Verpflegung in unserem Lager war die ganze Zeit hindurch ausgezeichnet. Wir hatten einen ehemaligen Schiffskoch als Küchenchef, mit dem wir viel Spaß erlebten. Einmal hatten wir auf einem Ausflug eine Menge der schönsten und ganz wurmfreien Steinpilze gefunden, daß wir die ganze Belegschaft an einem Abend damit verköstigen konnten. Der Fundort war nicht allzu weit vom Lager entfernt, so daß ich meinen Regenmantel auszog, daraus einen Sack für die Pilze machte und zwei Jungens damit wieder in das Lager zurückschickte. Als wir aber selbst um die Mittagszeit wieder zurückkamen, waren zwar die Pilze schön säuberlich noch in einem Korb beisammen, der Koch aber erklärte, das seien lauter Giftpilze – toadstools –, und wir könnten nichts besseres tun, als sie in die Abfallgrube zu versenken. Ich erklärte ihm lachend meine Verantwortung für die Wirkung dieser Mahlzeit, er aber nahm für diesen Abend Urlaub, damit er keine Verantwortung zu tragen hatte. Meine Frau und ich übernahmen die Regie in der Küche. Wir luden sogar die Farmersleute dazu ein, die aber keine begeisterten Pilzesser waren und glaubten, man könne mit Gewinn nur die echten Champignons verzehren, die reichlich in einem an unser Lager angrenzenden Feld wuchsen. Sie wußten immerhin, daß die Steinpilze sehr gut eßbar waren und auch gut schmeckten. Das Steinpilzmenue war eine reichliche Mahlzeit für alle, aber nur die deutschen Schüler und die übrigen Ausländer hatten ihren Genuß dabei. Es war köstlich anzusehen, mit welch bedenklichen Gesichtern ein Teil der jungen Engländer da saß und manche dem Beispiel von Mister Hawkins folgten und die vermeintlichen toadstools nicht anrührten, obwohl sie später ein Mittagessen aus den erwähnten Champignons mit Vergnügen verzehrten. Das Steinpilzessen war eines der letzten aufregenden Ereignisse im Lager und gab viel Anlaß zu lustigem Spott.

Drei Jahre nach unserer Rückkehr von diesem glücklichen Lagerleben in Südengland wurde ich von unserem Kollegium beauftragt, eine Reise nach Dornach zu unternehmen, um den Vorstand der Anthroposophischen Gesellschaft von unserer Haltung – das heißt der Haltung des Waldorfschulkollegiums – im Dritten Reich zu verständigen. Dies war nach dem Verbot der Anthroposophischen Gesellschaft im Jahr 1937 notwendig, damit keine falschen Gerüchte und unrichtigen Darstellungen in Dornach verbreitet würden.

Wir hatten nach der Schließung der Anthroposophischen Gesellschaft einen Besuch von der Geheimen Staatspolizei bekommen, die nach »Material« suchte, das von nun an als verboten galt. Die Polizeibeamten waren höflich und sachlich, einer von ihnen zeigte sich sogar sehr freundlich und sehr verlegen. Die Polizei hatte am Schluß, nachdem sie sonst nichts Verdächtiges gefunden hatte, auch die Bibliothek besichtigt, die ziemlich umfangreich war. Da diese Geheime Staatspolizei die Gewohnheit hatte, ganze Bibliotheken mitzunehmen und teilweise auch die harmlosen Bücher nicht zurückzugeben, wenn sie viel »anrüchiges« Material gefunden hatte, hatten wir zwar die anthroposophischen Bücher in der Bibliothek stehenlassen, die umfangreiche theosophische Abteilung aber und eine Reihe von jüdischen Schriftstellern und Dichtern herausgenommen und in Kisten verpackt in den Keller gestellt. Im Verlaufe der Untersuchung hatte sich der Begleiter des erwähnten freundlichen Beamten entfernt, so daß dieser schließlich mit uns allein war. Er fragte mich nach der Besichtigung der großen Bibliothek, ob wir nicht irgendwo gewisse Bücher aus der Bibliothek entfernt und versteckt hätten. Ich wollte ihn nicht belügen und sagte, doch, es seien im Keller noch einige Kisten mit Büchern, die wir abgesondert hätten. Er könne sie ansehen und gegebenenfalls wieder in die Bibliothek zurückstellen lassen. Wir stiegen also in den Keller hinunter, er betrachtete die großen Kisten und ihren Inhalt, nahm einige Bücher in die Hand und meinte dann, er wolle diese Kisten mitnehmen. Nun sagte ich, das habe doch gewiß gar keinen Sinn, da die Gestapo im ganzen Lande Beschlagnahmungen vorgenommen habe und gewiß diese ganze »Literatur« zum Studium in die Hand bekommen habe. Er antwortete: »Da haben Sie recht, es ist so. Ich persönlich habe auch gar kein Interesse daran, Andersgläubige zu schädigen. Behalten Sie die Bücher, aber stellen Sie sie nicht sofort wieder in die Bibliothek, denn es könnte sein, daß noch einmal eine Untersuchung kommt. Ich bin hier als Beamter und nicht als Mensch und,« so fügte er nach einigem Zögern hinzu, »wenn einer von Ihnen mich jetzt anzeigt wegen dieses Ausbruchs, verliere ich meine Stellung und werde schwer bestraft. Aber ich vertraue Ihnen, wie Sie mir vertrauen können.« Mit diesen Worten schloß er seine Untersuchung ab, verließ das Schulgebäude, und auf seinen Bericht hin kam keine zweite Untersuchung.

Eine kleine Gruppe von Waldorflehrern, die ihrer Ausbildung nach im Staatsdienst Verwendung finden konnten, wurden nach Schließung der Waldorfschule in verschiedene Schulen in Stuttgart und Umgebung übernommen und, das muß ich erwähnen, von ihren neuen Kollegen freundlich und positiv empfangen. Auch das Ministerium zeigte sich in der Gehaltsfrage entgegenkommend und stufte die neuen »Beamten« ihrem Alter entsprechend ein und behandelte sie in keiner Weise als Aushilfslehrer. Eine zweite Gruppe wurde von der Rudolf-Steiner-Schule in Dresden, die noch einige Jahre am Leben bleiben konnte, weil Rudolf Hess seine Hand darüber hielt, übernommen. Dazu gehörten Fräulein Börner, Erich Schwebsch, Dora und Emil Kimmich, Max Wolffhügel, Fräulein Zoeppritz und Martin Tittmann. Gabriele Lawatschek, die wir in Stuttgart kurz vor Schließung der Schule als Eurythmistin angestellt hatten, konnte ebenfalls an der Dresdner Schule unterkommen, starb aber dort noch während des Krieges. Sie war eine unserer besten Eurythmistinen. Überhaupt stand die Eurythmie an der Dresdner Schule auf ganz besonderer Höhe, da dort zwei Eurythmielehrerinnen wirkten, die ihre Schüler ohne Ausnahme in ganz positiver Weise anregen konnten.

Ich selbst kam für den Staatsdienst nicht in Betracht, obwohl ich allen formalen Anforderungen hätte entsprechen können, aber es gab zwei Gründe, die mich verhinderten, eine nochmalige Tätigkeit im Staatsdienst zu suchen. Ich hätte nicht das Schuljahr nach der Schließung der Schule sofort in Dresden beginnen können, da ich an der Umschulung beteiligt war, und hatte auch gar keine Lust, in den Staatsdienst zurückzukehren. Ich hatte dann Schwierigkeiten mit meiner Wohnung, die ich aufgeben mußte, weil die Stadt Stuttgart das Haus, in dem wir wohnten, von dem jüdischen Besitzer gekauft hatte, den sämtlichen Mietern des Hauses aber kündigte, weil es in absehbarer Zeit abgerissen werden sollte. Ich beschloß daher, die Zeit von sechs Monaten bis Ostern dadurch zu überbrücken, daß ich den Winter über in den Leinshof in Heselbach bei Klosterreichenbach umzog. Auf diese Weise hatten wir eine friedliche Erholungszeit im Schwarzwald und konnten dort in aller Ruhe Weihnachten feiern. Ich hatte einige Male in der Woche die Fahrt nach Stuttgart zu unternehmen, um dort Privatstunden zu geben und in regelmäßiger Tournee Vorträge zu halten; denn es war erlaubt, geschichtliche Vorträge unverfänglicher Art zu halten; sie hatten sogar halböffentlichen Charakter, und ich sprach während dieser Zeit einen richtigen Zyklus über die Kultur- und Geistesgeschichte des 12. und 13. Jahrhunderts in Europa. Die Vortragsreise führte von Karlsruhe über Stuttgart, Heidenheim, Ulm nach Reutlingen. Diese Vorträge machten mir viel Freude und trugen reichlich dazu bei, daß wir uns materiell über Wasser halten konnten.

Außerdem blieb ich in gutem Kontakt mit den Freunden in Stuttgart und konnte mit meiner Familie auch die Weihnachtsspiele besuchen, die nach Schließung der Schule von Freunden weitergeführt wurden. Karl Schubert, der vom Ministerium die Erlaubnis erhalten hatte, seine Hilfsklasse von der Schule zu trennen und weiterzuführen, fand mit seinen hilfsbedürftigen Schülern ein neues Heim in nächster Nähe der Schule, im Hause Lehrs. Er leitete nach wie vor die Spiele in unserem alten Festsaal, den die Stadt Stuttgart zur Verfügung stellte. Im Waldorfschulgebäude war eine Mädchenschule untergebracht worden, zu deren Leitung gute Beziehungen bestanden. Die Verwaltung des ganzen Grundstückes und der Gebäude blieb in der Hand unseres alten Hausmeisters Leonhard.

Wir fuhren an einem kalten Dezembertag vor Weihnachten vom Leinshof über Freudenstadt, wo wir umsteigen mußten, nach Stuttgart und saßen am Abend in dem vertrauen Saal und vergaßen beim Anhören der drei Spiele beinahe vollständig unsere neue Lebenslage. In der Nacht fuhren wir wieder nach Hause bei starkem Frost und bitterer Kälte. Auf einer Station vor Freudenstadt stieg ein Mann in den Zug und setzte sich in unser Abteil. Es fiel mir auf, daß er trotz dieser Kälte keinen Mantel trug. Deshalb fragte ich ihn, ob es ihm nicht zu kalt wäre. Da machte er ein ganz erschrockenes Gesicht und sagte in seinem Schwarzwälder-Deutsch: »Jetzt hab ich doch wirklich meinen Mantel im Gasthaus hängen lassen und muß von Freudenstadt mit dem Motorrad weit in die Berge fahren. Das Motorrad steht in Freudenstadt am Bahnhof.« Anstatt den Mann lange zu bedauern, sagte ich: »Wenn Sie nicht allzuweit vom Leinshof oder von Klosterreichenbach entfernt wohnen, könnte ich Ihnen doch meinen Pelzmantel leihen, und Sie bringen ihn mir an einem der nächsten Tage wieder.« Der Mann war ganz verdutzt über dieses Angebot von einem ihm völlig Fremden, aber ich erklärte ihm, wo wir wohnten, er versprach, den Mantel pünktlich wiederzubringen, und damit trennten wir uns ohne weiteres in Freudenstadt. Wir sahen ihn noch mit seinem Motorrad davonsausen. Am übernächsten Tag brachte er pünktlich den Mantel wieder, mit einem großen Stück Rauchfleisch, das er selbst geräuchert hatte. Wir hatten keinen Augenblick gezweifelt, daß der gute Mann ehrlich sei und hatten nicht einmal nach seiner Adresse gefragt. Meine Kinder aber freuten sich herzlich über diese prompte Hilfe. – Im Leinshof gab es Zerstreuungen genug. Es war unser guter Flügel da, wir hatten unsere übrigen Instrumente, Flöten, Geigen und Bratschen mitgebracht und konnten musizieren, ohne einen Nachbarn oder Mitbewohner zu stören. Im großen Wohnzimmer des Hauses war ein Kamin, um den wir uns zu allen Tageszeiten immer wieder zusammenfanden, um Tee zu trinken und Geschichten zu erzählen. Besonders beliebt war bei meinen Kindern in der Adventszeit die Vorlesung von Stifters »Bergkristall«. Diese Geschichte wurde bei uns jedes Jahr immer wieder vorgelesen und genossen, als ob sie noch nicht bekannt wäre. Es war nicht nur der Inhalt, der die Kinder fesselte, sondern was den Zauber dieses Stifterschen Kleinods ausmacht, ist der Stil, in dem Stifter die Landschaft, die Unterhaltung der Menschen und vor allem die Gespräche der Kinder am Berg beschreibt. Die Worte des Dichters fügen sich wie einzelne Schneekristalle zusammen und scheinen die heilige Stille der Christnacht selbst auszustrahlen. Dies haben die Kinder unmittelbar empfunden; denn ich selbst beschränkte mich immer darauf, die Geschichte vorzulesen und sprach nie von den Empfindungen, die man beim Anhören oder Vorlesen haben konnte. Das Kunstwerk wirkte durch sich selbst. Die Vorlesung des »Bergkristall« wurde auf die Adventssamstage verteilt und leitete immer den Adventssonntag ein. Es gibt ja wohl viele andere bedeutende Adventsgeschichten wie zum Beispiel das schöne »Advent im Hochgebirge« von Gunnar Gunnarson, das wir auch gelegentlich vorlasen, oder »Christmas Carol« von Dickens, aber kein anderes Werk bewirkte solchen Zauber im Herzen der Zuhörer wie der Stiftersche »Bergkristall«, das Christwunder des Wortes.

Wir fanden bald einen kleinen Kreis von Bekannten aus der Umgebung, darunter waren der Lehrer der Volksschule in Klosterreichenbach, die Martin besuchte, und die Familie des Pfarrers Böckheler, mit dessen Ideenwelt wir viel gemeinsam hatten. Auch im Dorf hatten wir gute Freunde unter den Bauern; denn meine Frau Jutta war dort jedes Jahr regelmäßig zum Ferienaufenthalt mit ihren Eltern gewesen. Sie hatte einen großen Kreis von Photo-Kunden, deren charaktervolle Schwarzwälder Gesichter ganze Alben füllten. Meine Frau erzählte den Kindern auch eine große Reihe drolliger Geschichten aus ihrem Verkehr mit den alten Bauern, Männern und Frauen. Dabei spielte die alte Michelsbäuerin eine große Rolle, die ein echtes humorvolles Original gewesen war. Ich erinnere mich, mit welchem Jubel die Kinder die Geschichte von dem Gebiß der Michelsbäuerin aufnahmen: wie meine Frau einmal dazu kam, wie die Michelsbäuerin gerade einen Napf von Heidelbeeren verspeiste, aber ihr Gebiß neben dem Napf auf dem Tisch lag. Als meine Frau fragte, ob sie ohne das Gebiß keine Beschwerden beim Essen hätte, antwortete die alte Großmutter mit blinzelnden Augen: »Ja, wenn ich die Heidelbeeren mit dem Gebiß esse, muß ich's ja extra waschen.« Die Kinder verloren aber keineswegs den Respekt vor solchen alten Leuten und hatten ein gutes Verhältnis zu ihnen. Die äußere Natur war uns in dieser ganzen Winterzeit günstig; denn Kälte und Schnee blieben uns fast in dieser ganzen Zeit erhalten. Wir machten auch weite Wanderungen im Schnee über die Berge und lernten dabei die Gefahren der völlig verschneiten Wege kennen. Ida hatte eines Tages Besuch von einer Freundin, Eva Eisenmann, mit der wir eine Wanderung zum Hutzenbacher See machen wollten. Im Wald auf der Höhe war kein Weg mehr zu erblicken, wir folgten eine Zeitlang einer Fußspur, die sich aber nach einiger Zeit wieder umwendete und nicht weiterführte. Wir glaubten, die Richtung nach dem See genau zu kennen, fanden uns aber nach einer Stunde wieder am Ausgangspunkt unserer Wanderung. Schließlich kamen wir wohl an ein Ziel, aber nicht an den See, sondern in das Dorf Hutzenbach selbst, von dem wir dann auf dem Fahrweg nach Hause laufen konnten. Vergnüglich war der Ausflug dennoch gewesen, und keiner verlor die gute Laune, was sonst bei Kindern so schnell der Fall ist. Die Kinder genossen natürlich diese erholsame Zeit besonders stark. Stefan besuchte uns nur an Wochenenden und in den Weihnachtsferien, da er sich in Stuttgart an einer Staatsschule auf das Abitur vorbereitete und bei unserer guten Frau Grunert wohnte, die uns schon so viele gute Dienste erwiesen hatte. Ida studierte fleißig Klavier an dem guten Flügel, Martin ging tagsüber in die Schule, Bruno vergnügte sich im Haus und in der Umgebung und besuchte von November an auch die erste Klasse der Volksschule in Klosterreichenbach.

Christoph war noch nicht ganz vier Jahre alt, als wir im Leinshof einzogen, kannte aber bald sämtliche Einwohner des Dorfes, da er überall eifrig Anschluß suchte und den Leuten durch sein gesprächiges Wesen viel Spaß machte. Die Familie Bäuerle, die am Ausgang des Dorfes Heselbach wohnte, war uns besonders befreundet. Der Vater Bäuerle war schon ein älterer Mann und war Korbflechter, da er infolge eines Kriegsschadens etwas im Gehen behindert war. Frieda, die älteste Tochter, war einige Jahre lang eine gute Stütze im Stuttgarter Haushalt meiner Frau und war eine richtige Freundin der Familie geworden. Diese Freundschaft hält auch heute noch nach den langen Jahren räumlicher Entfernung unvermindert an. Nachdem Frieda uns in Stuttgart verlassen hatte, machte sie eine Lehre in einem Hotel in Freudenstadt durch und heiratete einen Bauern aus Heselbach, den wir auch gut kannten. Es war eine glückliche Familie, die da heranwuchs: Frieda hatte zwei Kinder, die unter ihrer fröhlichen Führung tüchtige Menschen wurden, aber ihr Mann wurde Soldat und kam nicht mehr aus dem russischen Feldzug zurück. Sie führte dann allein das kleine Gut an der Ruhsteiner Straße in Mitteltal und arbeitete auch noch im Wald als sehr angesehene Führerin einer ganzen Schar von Waldarbeiterinnen. Dort wohnte ich auch einmal mit Christoph nach dem Zweiten Weltkrieg und bewunderte die Tatkraft, mit der sie ihre kleine Wirtschaft und die Kinder regierte. Sie war eine fröhliche und dabei sehr religiöse Natur und führte ihre seelische Kraft auf die Zugehörigkeit zu der Sekte der Apostolischen Kirche zurück, der sie angehörte. Es ist ja ein charakteristischer Zug des ganzen Schwarzwaldgebietes, daß hier allerlei Sekten leben, Methodisten, Zeugen Jehovas und die Apostoliker, die sich alle durch starkes soziales Gefühl auszeichnen. Später, nach dem Krieg, verkaufte Frieda ihr bäuerliches Anwesen und die Felder und baute sich oberhalb der Straße ein neues Haus, das sie geschickt als Fremdenheim einrichtete. In dem Augenblick, da ich dieses schreibe, ist sie noch immer eine tapfere Leiterin ihres Hauses.

Die sechs Monate unseres Aufenthaltes im Leinshof gingen

ziemlich schnell vorüber. Ich war während dieser Zeit mit meiner Frau einige Male nach Dresden gefahren, wir hatten dort eine große Wohnung gefunden, die in der Nähe der Rudolf-Steiner-Schule an der Radeberger Straße lag, und schließlich kam der Tag, an dem ich in Stuttgart die Möbel packen ließ und Ende April 1939 mit der Familie nach Dresden übersiedelte.

DRESDEN

UMZUG NACH DRESDEN

Dreizehn Jahre war ich in Stuttgart Waldorflehrer gewesen, die nächsten dreizehn Jahre verliefen in Dresden und anderswo in reichlich abenteuerlicher und zeitweise stürmischer Art. Unsere Familie bestand nun in Dresden aus vier Kindern und uns Eltern.

Es war Krieg, und die Kinder setzten sich auf ihre Weise mit den Ereignissen auseinander. Nach der Beendigung des Feldzuges im Westen zogen die sächsischen Regimenter der »siegreichen« Armee in Dresden ein und marschierten in langen Kolonnen durch unsere Radeberger Straße in die Kasernen, die etwas nördlich der Rudolf-Steiner-Schule lagen. Da gab es natürlich viel zu sehen, und die Kinder hatten lebendigen Kontakt mit den Soldaten, so oft die Marschkolonnen einmal haltmachen mußten. Sie entdeckten auch unseren Freund Emil Kimmich darunter und feierten ihn auf ihre Weise. Emil Kimmich, der Klassenlehrer an der Rudolf-Steiner-Schule war, wurde zum großen Leidwesen der Kinder nach einer kurzen Ruhepause in Dresden an die russische Front versetzt und fiel dort bald am 14. Juli 1943.

Meine Familie und die Familie Tittmann blieben in Dresden eng verbunden, was schon dadurch erleichtert wurde, daß wir Stuttgarter alle im Umkreis von wenigen Häusern beisammen wohnten. Erich Schwebsch wohnte uns schräg gegenüber und war jeden Tag zu den Mahlzeiten bei uns, auch Tittmanns wohnten nur einige Häuser entfernt, Familie Kimmich wohnte in der nahen Forststraße, und Fräulein Börner, Fräulein Zoeppritz und Max Wolffhügel nicht weit davon. Man traf sich häufig in unserer Wohnung, weil wir besonders große und zu Zusammenkünften geeignete Räume hatten und Musik machen konnten. Deshalb kamen außer den Kollegen immer wieder Freunde zu Besuch, die entweder der Anthroposophischen Gesellschaft angehörten oder auf der Durchreise waren. Besonders beliebt waren unsere Teegesellschaften, die Mutter Jutta jedesmal mit einer schnell organisierten Waffelbäckerei bereicherte und mit ihrem Vorrat lustiger Anekdoten würzte. Dieser Quell fröhlicher Geschichten sprudelte so lebhaft, daß es unmöglich war, zu einem ernsthafteren Gespräch zu kommen, aber es war zu gleicher Zeit ein guter Ausgleich gegen unseren doch sehr anstrengenden täglichen Dienst an der Schule.

Das Dresdner Kultusministerium war der Rudolf-Steiner-Schule nicht grün. Wir hatten zwar auch einen Freund im dortigen Ministerium, einen Dr. Fränkl, der sogar das Referat über die Waldorfschule hatte, aber dem Minister selbst nicht zu einer besseren Haltung der Schule gegenüber verhelfen konnte. Eines Tages im Jahr 1941 bekam die Schule eine Verordnung vom Ministerium, daß ich mit sofortiger Wirkung keinen Unterricht mehr geben dürfe. Keine Begründung. Unser Referent Fränkl durfte am Telefon nichts aussagen und deutete nur ganz allgemein an, ich müsse irgendwie Verbindung mit der Sozialdemokratischen Partei haben. Mit einer Partei hatte ich nie etwas zu tun gehabt und hielt jede Partei für einen Krebsschaden der Politik, aber auch diese Meinung hatte ich nie an die große Glocke gehängt. Ich suchte Fränkl sofort auf, er aber war ziemlich verschlossen und meinte nur, ich solle nicht weiter nachforschen und finanziell würde ich wohl kaum geschädigt werden, da ich bei meinen Kenntnissen in der Industrie ohne weiteres ankäme. Immerhin deutete er an, daß eine Denunziation aus Stuttgart erfolgt wäre. Wenn ich der Sache nachgehen wollte, müsse ich das in Stuttgart tun. Er selbst könne mir nichts weiter sagen. In Stuttgart sollte kurz danach die letzte Versammlung des Stuttgarter Schulvereins erfolgen, auf der die Geschäfte der Waldorfschulbewegung in Deutschland abgeschlossen werden sollten. Auch wollten wir über zukünftige Pläne beraten. Ich ließ mich zu dieser Versammlung vom Schulverein der Rudolf-Steiner-Schule Dresden abordnen und fuhr zu Ostern des Jahres 41 dorthin, um auch meine eigenen Angelegenheiten zu betreiben. Beim Blockleiter, der mein Nachbar gewesen war und den ich gut kannte, konnte ich nichts erfahren, weil er im Feld war. Ebenso ging es mir beim Ortsgruppenleiter, dessen Frau mich an die Parteileitung in der Neckarstraße selbst verwies, wo der Kreisleiter sein Hauptquartier hatte. Dort geriet ich an eine Sekretärin, die Münchnerisch sprach und bereit war, mir Auskunft zu geben. Sie sagte, ja, da sei eine Akte über mich, und ich solle auf den Personalreferenten Fuchs warten, der bald von einer Sitzung zurückkommen müsse. Herr Fuchs kam und machte seinem Namen alle Ehre, er war rothaarig, kurz und stämmig, aber er war kein schlechter Mensch. Er bat mich höflich in sein Arbeitszimmer, bot mir einen Stuhl an und holte einen Aktenordner herbei, in welchem er blätterte. Dann verkündete er mir, es stehe da eine Mitteilung, aber er dürfe mir keine Auskunft darüber geben. Ich saß seitlich an seinem Schreibtisch. Er drehte und schob den Aktenordner andeutungsweise etwas gegen mich und sagte, daß er leider jetzt zu einer Besprechung müsse, in 20 Minuten aber wieder da sei. Ich konnte dann in Ruhe den Vorgang studieren. Die Denunziation lag fast drei Jahre zurück. Es wurde behauptet, meine Frau habe einer Nachbarin gesagt, es sei doch ungerecht, daß die Nationalsozialistische Regierung jetzt die Waldorfschule schließe, denn früher seien die Kommunisten immer die Hauptgegner der Schule gewesen. Der Mann der Nachbarin war als Justizbeamter Parteigenosse und meldete die Äußerung.

Fuchs wollte mir helfen und forderte mich auf, am nächsten Tag wiederzukommen. Als ich kam, las er mir einen Brief vor, den er mit dem Kreisleiter an das Dresdner Ministerium geschrieben hatte. Darin war auch erwähnt, daß meine Kinder ordnungsgemäß in der Hitlerjugend Dienst versähen, man empfehle meine Wiederzulassung zum Schuldienst. Dann zwinkerte Fuchs etwas mit den Augen und sagte, von dem Brief dürfe ich nichts wissen; aber möglicherweise werde dieser Brief »nicht ankommen«. In diesem Falle solle ich ihm schreiben und er werde mir dann eine Kopie des Briefes schicken, ich könne dann damit machen, was ich wollte. Wir nahmen freundschaftlich voneinander Abschied, und die kleine Münchnerin, die offenbar diesen Brief geschrieben hatte, nickte mir zu, als ich das Büro verließ.

Ich kehrte nach Dresden zurück und fragte am Ministerium den Briefverteiler Hahnemann, ob ein Brief von der Kreisleitung aus Stuttgart an das Ministerium gekommen sei. Kein Brief war angekommen. Er meinte, es könne ja einer in der Staatskanzlei liegen. An der Staatskanzlei erfuhr ich, daß, wenn ein Brief angekommen sei, dieser direkt an den Minister gehen würde und nicht auf dem Umweg über die Kanzlei. Auf jeden Fall wußten sie nichts von einem solchen Brief. Ich schrieb sofort an Herrn Fuchs und hatte zwei Tage später eine Kopie dieses Briefes. Mit diesem ging ich zu Herrn Fränkl, der telefonierte irgendwohin und teilte mir dann mit, ich könne wieder Unterricht geben. Ich verlangte, daß ich das schriftlich bekäme, er aber meinte, solche Dinge würde die Partei nur mündlich erledigen. Den Brief aber behielt ich und wollte doch den Triumph erleben, daß Herr Hahnemann mir bekennen mußte, er habe mich angeschwindelt. Ich zeigte ihm meinen Brief, und er sagte ganz freimütig: »Ja, das

Original war schon da, aber ich durfte Ihnen nichts sagen.« Damit war die Angelegenheit erledigt, und ich gab meinen Unterricht weiter. Die ganze Unterbrechung hatte nur vier Wochen gedauert.

Eine Zeitlang konnte ich nun in Ruhe weiterarbeiten. Ich durfte meine Schüler zum Abitur bringen, das sie ganz gut bestanden, aber bei allen Angelegenheiten in der Öffentlichkeit stellte ich immer wieder fest, daß auch die härteste und grausamste Staatsmaschine nur dadurch laufen kann, daß immer wieder etwas Öl der Menschlichkeit darauf gegossen wird. Dieses Öl konnte man aber in unserem Moloch von Nazistaat nur durch eigenen Einsatz und eigenen Antrieb finden. Nachdem Rudolf Heß seinen Flug nach England unternommen hatte, wurden nahezu alle freien kulturellen oder religiösen Einrichungen in Deutschland, die nichts mit der Partei zu tun hatten, verboten und die Leiter solcher Einrichtungen zum Teil in Konzentrationslager oder Gefängnisse gesteckt. Eine Reihe von Lehrern der Rudolf-Steiner-Schule war bereits bei der Wehrmacht, als die Schule 1941 geschlossen und die Lehrer an die verschiedenen staatlichen Schulen verteilt wurden. Zum Beispiel wurde Erich Schwebsch an das vornehme Vitzthumgymnasium versetzt, wo er bei Schülern und Lehrern, vor allem aber auch beim Direktor Kleinstück, großes Ansehen genoß. Auch Martin Tittmann war an der Dreikönigsoberschule sehr beliebt. Ich selbst wurde an der Neustädter Oberschule für Jungen angestellt, wo mich die Lehrer und der Direktor sehr freundlich aufnahmen. Nach den Siegen im Westen begann die zweite Phase dieses unheilvollen Krieges, und bald zeigte es sich, daß Deutschland der Ausweitung der Feldzüge in Rußland und in Afrika nicht gewachsen war. Die Katastrophe deutete sich wohl bald nach dem Beginn des russischen Feldzuges an, war aber zunächst noch durch die weiten Vormärsche in Rußland völlig verschleiert und zeigte sich nur in einzelnen Versagern, wie zum Beispiel in mangelhafter Ausrüstung der Wehrmacht während der russischen

Winterzeiten. Bei den wiederholten kleineren Bombenangriffen auf Dresden wurden auch verschiedene Schulhäuser in Dresden-Neustadt zerstört, so daß immer wieder Umquartierungen der Schulen nötig waren. Im ganzen aber schien es, als ob Dresden von größeren Angriffen verschont bleiben sollte.

Allmählich wurden die Eingriffe in das Privatleben vieler Familien unserer Freunde immer bedrohlicher. Unser Schülervater Chrambach wurde durch Spitzel denunziert als Gegner der Partei und als Halbjude. Obwohl er vom Ersten Weltkrieg her eine schwere Gehbehinderung hatte, wurde er doch schließlich verhaftet und starb im Gefängnis. Ebenso erging es unserem Freund Eymann, der einen alten und angesehenen Verlag führte und auch eine Buchhandlung hatte. Sein Verlag und sein Laden wurden geschlossen, er selbst wurde verhaftet und starb ebenfalls im Gefängnis. Ich wurde von der Rathausverwaltung, der die Liquidation des Eymannschen Ladens unterstand, beauftragt, ein Inventar aufzunehmen und wurde dabei von einem Freund unterstützt. Der Ladeninhalt galt immer noch als Eigentum der Familie Eymann; deshalb war es ganz legal, daß Frau Eymann mich bat, die anthroposophischen Bücher und Bücher der Christengemeinschaft und anderer uns nahestehender Verlage in Sicherheit zu bringen. Wir konnten auf diese Weise eine große Reihe von Büchern retten. Eymann hatte auch meinen Perceval nach der Schließung des Orient-Occident-Verlags in Stuttgart in Kommision übernommen. Deshalb konnte ich die wenigen Exemplare sicherstellen, die noch nicht verkauft waren. Die Inventur aber hatten wir umsonst gemacht; denn vor weiterer Verfügung zerstörte der große Bombenangriff auf Dresden die ganzen Bestände.

Über meine Tätigkeit an der Neustädter Oberrealschule brauche ich nicht viel zu berichten, die Schülerschaft war stark nazistisch infiziert und gleichgültig, auch die Lehrer zum größten Teil nicht besonders interessiert, der Direktor Taubert aber verhielt sich freundlich zu mir. Meine Tätigkeit als Lehrer im Dritten Reich ging aber ebenso schlagartig zu Ende wie die Zwischenlösung, von der ich berichtet habe, aber diesmal gab es keine Möglichkeit, dem Schicksal zu entgehen. Offenbar hatte sich der Minister über die Rüge von der Kreisleitung Stuttgart geärgert und hatte weiter gebohrt, selbst nachdem die Rudolf-Steiner-Schule geschlossen war. Im Februar 1944 erhielt ich eine schriftliche Mitteilung, daß es mir verboten sei, weiterhin in einer deutschen Schule zu unterrichten. Der Leiter des Dresdner Schulamtes bestellte mich auf den 15. Februar des Jahres 1944 in das Schulamt und teilte mir mit, ich dürfe ab sofort kein deutsches Schulhaus mehr betreten. Dies war eine eigenartige Geburtstagsgabe. Ich fand aber noch ein zweites Geschenk zu Hause vor in Form einer Postkarte vom Sekretariat der Dresdener Philharmonie. Auf dieser Karte stand eine Anfrage, ob ich als Bratschist am Dresdener philharmonischen Orchester mitarbeiten wolle. Man habe erfahren, daß ich große Orchesterroutine habe – in Wirklichkeit nur im Schulorchester – und daß die Philharmonie mir zu großem Dank verpflichtet wäre, wenn ich das Angebot annähme. Ich telefonierte an das Sekretariat und stellte die Meinung der Philharmonie richtig: ich hätte keine große Orchesterroutine, wohl aber genügend technisches Können als Kammermusiker, um vielleicht einer Stellung als Bratschist im Orchester genügen zu können. Da ein Vorspiel nicht in Betracht kam, wurde ich ohne weiteres angestellt und verdiente mir von da an als Bratschist genug, um meine Familie am Leben erhalten zu können.

So war ich nun Musiker geworden, zwar ein wenig aus dem Zwang der Verhältnisse, hatte aber doch die freie Wahl gehabt. Orchester ist etwas höchst Eigenartiges. Man ist einzeln und darf nicht an sich denken, man kann sich nicht ausschalten im Bewußtsein und muß doch ganz als ein Glied des Gesamtorganismus handeln. Das Orchester schreibt Bewegungen in die Luft, die eine Geistgestalt beschwören; der Komponist wird gleichsam angerufen, aber sein Werk ist doch etwas Selbständiges und etwas Besonderes für sich geworden. Die Musiker sind nicht bei sich, stellen aber ihr technisches Können ganz und gar ihm zur Verfügung; sie sind bei ihm in einem ganz anderen Zustand des Bewußtseins, als dies mit dem hellen, scharfen Verstand erfaßbar ist. Der Dirigent spielt dabei eine ganz hervorragende Rolle, die ich in den verschiedensten Phasen während meiner Tätigkeit an der Philharmonie wie an einem Musterbeispiel studieren und verstehen konnte, da wir bei jedem der acht Symphoniekonzerte einen anderen Dirigenten hatten. Alles hing im wahren Sinn des Wortes von dem Wesen, dem Charakter und dem Willen des Dirigenten ab. Alle Dirigenten hatten einen hervorragenden europäischen und manche sogar weltweiten Ruf. Auf jeden einzelnen Dirigenten reagierte das Orchester auf ganz verschiedene Weise und zeigte dies auch in seinem Verhalten. Ich kann nicht die Wirkung all dieser bedeutenden Menschen genau darstellen und will auch nur einige ihrer Namen nennen: da war Abendroth, Eugen Jochum, Willem van Hoogstraten, Matzeradt, der Komponist Pfitzner und als letzter Carl Schuricht. Carl Schuricht war ausersehen gewesen, sämtliche Symphonie- und andere Konzerte in dieser Frühjahrs- und Sommersaison zu dirigieren, aber er war in Spanien festgehalten worden, weil er dort eine junge Spanierin geheiratet hatte, die er nun im Sommer, Anfang Juli, stets in seinen Proben und Konzerten bei sich hatte.

Ich betrachte es nicht als meine Aufgabe, die rein musikalische Leistung jedes einzelnen Dirigenten zu beschreiben, mir kommt es darauf an, wie die einzelnen in verschiedener Weise mit ihrem Orchester umgingen. Jeder bemühte sich, einen seelischen Kontakt zu bekommen, aber es zeigten sich dabei Grenzen, die nichts mit der Musik an sich zu tun hatten. Die Musiker aber reagierten sehr fein auf die Seelenhaltung ihres Leiters. Spürten sie echtes soziales Miterleben, dann gingen sie auf alle Wünsche des Dirigenten ohne weiteres ein, machten alle Proben ohne Murren mit und waren ihrem Chef völlig hingegeben. Verstandesmäßige Forderungen, die als Befehle herauskamen, lehnten sie instinktiv ab, und vor allem waren sie geradezu widerspenstig, wenn sie spöttische Geringschätzung oder Mißtrauen spürten. Erlebten sie aber Gemüt, das einen sozialen Charakter hat, dann ging ihnen sozusagen die Sonne des Musizierens auf, und sie strengten sich an, ohne es zu spüren, bis zum Äußersten. Ich glaube nicht und habe auch nie eine Besprechung in diesem Sinn gelesen, daß ein Kritiker von solchen seelischen Vorgängen etwas merkt. Dazu muß man eben unter der Menge der Musizierenden sitzen und braucht dann nicht einmal mit Fragen etwas aus ihnen herauszulocken. Man ist selbst intim mit diesen Stimmungen verbunden. Die eben geschilderte gemüthafte Verbindung des Dirigenten mit seinen Mitarbeitern war im Lauf meiner Orchestererlebnisse nur einmal, und zwar bei dem letzten Dirigenten Carl Schuricht zu spüren. Kaum stand er am Pult, ging es wie ein unsichtbares Wogen der Güte durch das ganze Orchester, so wie ein leichter Sommerwind über ein Getreidefeld hinwehen mag. Carl Schuricht war der Vater des Orchesters. Was er verlangte, wurde von allen als unbedingt notwendig angesehen, man machte gerne lange Proben und fühlte sich immer wohl.

Dabei stellte er die höchsten Anforderungen, ließ die einzelnen Gruppen der Musiker alleine spielen, was vor allem bei den Geigen immer sehr gefürchtet ist, aber hier willig hingenommen wurde. Der Höhepunkt meiner Orchestertätigkeit waren die zwei Aufführungen von Bruckners achter und neunter Symphonie. Diese beiden Symphonien wurden von Schuricht dirigiert. Unter einem der anderen Dirigenten hatten wir schon Bruckners Siebte gespielt. Es war ebenfalls eine bedeutende Aufführung gewesen, aber jener Gleichklang zwischen dem Werk, dem Orchester und dem Dirigenten kam dabei nicht bis zur letzten Auswirkung. Bei Schuricht dagegen fühlte man sich wie eingetaucht in die Brucknersche Welt. Am 4. Juli 1944 machte ich folgende Notiz in mein Tagebuch:

Bruckners Neunte mitgespielt. Der letzte Ministrant im Fest der Geistesschau und Durchchristung der Erde, so saß ich darin in dieser Welt, die Bruckner baut und der geistigen Welt darbietet als seinen Beitrag zur Schöpfung. Ich bin dankbar, daß ich, wenn auch unvollkommen, mitwirken konnte.

In unmittelbarer Beziehung zu diesem Werk schrieb ich dazu am nächsten Tag einen Satz aus dem Michael-Mysterium von Rudolf Steiner:

»Das Ereignis von Golgatha ist die freie kosmische Tat der Liebe innerhalb der Erdengeschichte; sie ist auch nur erfaßbar für die Liebe, die der Mensch zu diesem Erfassen aufbringt.«

Bruckner brachte sie auf.

Ich erlebte das Orchester als einen echten sozialen Organismus, der vor allem auf die feinsten Regungen der Seele des Dirigenten in der intimsten Weise antwortete. Im Idealfall ist der Dirigent das Ich, das alle seine Seelenglieder bis in die letzte Phase hinein beherrscht. Aber nicht als Gewaltherrscher durch Zwang, sondern kraft des Schöpfergeistes, der in ihm waltet und für jedes einzelne Glied des Orchesters Verständnis aufbringt. Ich erlebte die Pole der Möglichkeiten zwischen Pfitzner und Schuricht. Pfitzner war bereits ein alter kranker Mann, der schon anfing, den Kontakt mit den Menschenseelen zu verlieren. Wenn er durch die Reihen des Orchesters zum Dirigentenpult schritt, spielte er den Kranken, indem er scheinbar mühsam von Stuhl zu Stuhl sich fortbewegte. Sowie er aber am Pult stand, richtete er sich so hoch auf wie er konnte – er war nicht sehr groß – und schien vollkommen Herr seiner selbst zu sein, aber das Orchester empfand seine Haltung als Schauspielerei und reagierte darauf mit Spott und Ablehnung. Er war nach Dresden gekommen, um in einem Konzert in Dresden und in Chemnitz, der Heimat von Robert Schumann, ein Schumann-Jubiläum zu feiern. Pfitzner war Zeit seines Lebens als scharfer

Kritiker und sogar sehr mißtrauischer Dirigent seines Orchesters gefürchtet gewesen, weshalb ich großes Mitleid mit diesem bedeutenden Künstler empfand. Ich hatte aber auch den Eindruck, daß er aus einer gewissen Alterseitelkeit etwas schauspielerte. Das konnte ich in Chemnitz erleben, als wir dort konzertierten und ich im gleichen Hotel wohnte wie er und ihm begegnete. Wir fuhren im Lift in den ersten Stock, es kam jedoch kein Gespräch zustande, er machte wohl einen alten, jedoch keineswegs hinfälligen Eindruck. Am Abend des Konzertes spielte er sich in derselben Weise wie in Dresden auf. Das Orchester ließ ihn keineswegs bei der Aufführung im Stich, auch nicht bei der Uraufführung eines Septetts von ihm selbst, das nur in kleiner Besetzung gespielt wurde, und erst recht nicht in der Schumann-Symphonie, die das Festkonzert darstellte. Die ganze Aufführung war vollkommen, nur spürte ich eine gewisse Spannung zwischen ihm und den Musikern. Pfitzner hielt sich in den Pausen und bei den Proben von seinem Orchester vollkommen fern. Schuricht aber stand mitten unter ihnen, plauderte gemütlich und stellte seine junge Spanierin vor.

Ein paar Verse, die ich damals über das Orchester schrieb, sollen diese kurze Episode meines Lebens abschließen.

Ihr meßt den Schwung des flinken Bogens
Gleich wie der Sämann seinen Gang
Und setzt bewußt die rechten Finger
Und baut an dem gewaltgen Klang

So seid ihr Diener eines Großen,
Der jeden braucht an seinem Platz,
Damit aus stummer Geistessphäre
Geboren wird der Schöpfung Schatz.

So heiligt ihr das harte Handwerk,
Vereinzelt nichts – im Ganzen viel:

Ein rechtes Bild der ganzen Schöpfung,
wo Kleinstes dient zum höchsten Ziel.

Vier Tage nach der Aufführung von Bruckners Neunter trat Ida als Pianistin zum ersten Mal öffentlich auf. Es war ein gut besuchtes Studienkonzert der Reichsmusikkammer, in welchem sich junge Musiker bewähren konnten. Sie hat sich durch ihre gesammelte Ruhe dort ausgezeichnet und große Sicherheit in der Gestaltung und Auffassung bewiesen. Die chromatische Phantasie und Fuge von Bach stand fest da und bildete den Höhepunkt des Abends. Um dieselbe Zeit kam auch Christoph von Gerswalde zu den Ferien nach Hause, und wir hatten damit die große Freude, einmal alle drei »unabkömmlichen« Kinder beieinander zu haben. Bruno war um diese Zeit zur Erholung im Südschwarzwald. Erich Schwebsch war im Juli 1944 schon nach Stuttgart zurückgekehrt, er konnte zu meiner großen Freude drei Tage in Dresden sein, wollte aber wegen einer drohenden Reisesperre seinen Aufenthalt nicht verlängern. Er war beim Abschied besonders herzlich. Er meinte, wir würden uns wohl wiedersehn, aber er rechnete mit dem Allerschlimmsten in der nächsten Zukunft. Margarethe Börner war ganz gerührt, als er sie mahnte, sich für die kommende Zeit bereitzuhalten; dies bezog sich auf die Zukunft der Waldorfschule, denn trotz des zu erwartenden Elends nach der voraussichtlichen Katastrophe hofften wir, unsere Schule wieder öffnen zu können. Unsere Vorbereitung konnte um diese Zeit nur im Intimsten unseres Lebens als Lehrer bestehen: der Pflege der Sprüche, die Rudolf Steiner zur Vorbereitung der täglichen Arbeit gegeben hat. Schon bei der Schließung der letzten noch bestehenden Waldorfschule in Dresden hatten wir alten Waldorflehrer uns vorgenommen, diese Sprüche täglich zu einer bestimmten Zeit weiter zu pflegen, und dies bekräftigten wir nun bei dem kurzen Besuch von Erich Schwebsch.

Schwebsch reiste ab, die Philharmonie lebte noch sechs Wochen lang und zeigte sich während dieser Zeit hauptsächlich in den sogenannten Zwinger-Serenaden, die im Freien innerhalb des Zwingers gespielt wurden. Dieser Bau hatte in seinem ovalen Inneren eine geniale Akustik. Man hörte überall gut, am besten aber von der Mitte an bis zum gegenüberliegenden Ende. Die Klänge kamen nicht mit einem störenden Echo zurück, sie erstarben gleichsam mit ihrer letzten Kraft und machten das ganze Oval zu einem einzigen Klangkörper. Ende August dieses Jahres wurden im ganzen Reich die zweiten Orchester jeder Stadt sozusagen zum Tode verurteilt; denn die Orchestermusiker sollten alle zur Wehrmacht eingezogen werden. Ich bedauerte sehr, mich von den anderen Musikern, vor allem den Bratschisten trennen zu müssen. Mit meinen Nachbarn war ich eng befreundet, und der Konzertmeister der Bratschergruppe war öfter bei uns in der Familie zu Gast gewesen. Auch unser Kammermusikleben hatte aufgehört. Unser zweiter Geiger, ein Industrieller, der eine große Papierfabrik leitete, war ein ausgezeichneter, gebildeter Mensch und Musiker. Er wurde Opfer eines tragischen Unfalls auf dem Gelände seines Werkes. Er geriet zwischen die Puffer von zwei Güterwagen. Als ein großer Verehrer von Erich Schwebsch's Vorträgen hatte er mir einmal nach einem Bach-Vortrag gesagt: »Es ist merkwürdig, welchen Eindruck Dr. Schwebsch auf mich macht: wenn ich ihm im Leben begegne, sehe ich ihn als häßlichen kleinen Mann, wenn er aber auf dem Rednerpodium steht und zu sprechen beginnt, erscheint er mir groß und wahrhaft schön.«

Nach der Schließung der Philharmonie konnte ich noch vier Wochen in Freiheit verbringen, Geldsorgen brauchte ich nicht zu haben, weil die Gehälter der Musiker bis zum Ende des Quartals weiter bezahlt wurden. Ich benützte meine Freizeit zu einer Fahrt nach Starnberg, wo ich bei dem Sohn von Dr. Otto Julius Hartmann Taufpate sein sollte. Damals hing über ganz Deutschland schon die Stille einer fürchterlichen Erwartung. Jede freie Bewegung war mit Gefahr verbunden, weil nicht nur täglich

Bombenangriffe auf Städte erfolgten, sondern vor allem die amerikanischen Luftjäger eine Art von makabrem Sport darin erblickten, Güterzüge zu bombardieren und einzelne Personen auf freiem Feld zu beschießen, so daß wirklich kein Mensch mehr sicher war. Immerhin war diese Taufe für mich ein letztes kleines Fest, das ich in Freiheit verbringen konnte. Nach meiner Rückkehr fand ich wieder einen Stellungsbefehl, zunächst zu einer militärischen Untersuchung zum Volkssturm, bei der mich der amtierende Arzt trotz meiner nahezu sechzig Jahre und meiner durch den Lebensmittelmangel gestörten Gesundheit für durchaus wehrtüchtig und sogar frontverwendungsfähig schreiben ließ.

Es zeigte sich gegen Kriegsende immer stärker, daß jeder Nichtparteimann, der irgend einer mehr oder weniger verbotenen Organisation angehörte, stärker und stärker in eine Gefahrenzone geriet, der er nicht entweichen konnte, weil sie durchaus anonym war. Es wußte niemand weder Tag noch Stunde, zu denen ihm ein Befehl ins Haus flatterte, der ihn an einen Bahnhof berief, um von dort aus mit unbekanntem Ziel in ein Lager verschickt zu werden. Solange man noch eine geregelte Beschäftigung hatte, die an einer staatlichen Stelle registriert war, konnte man sich einigermaßen in Sicherheit fühlen. Sobald man aber arbeitslos wurde, war man ausgeliefert.

Ende August 1944 wurde die Dresdener Philharmonie aufgelöst, die Musiker wurden nach rascher Ausbildung an die Front geschickt, um das damals schon verlorene »Vaterland« noch einige Tage länger »retten« zu können. Ich war daher arbeitslos. Als ich im Oktober 1944 nach Dresden zurückkam, fand ich einen Gestellungsbefehl vor, der mich zum 1. November an den Bahnhof Dresden-Neustadt beorderte. Es waren keine weiteren Einzelheiten angegeben, ich wußte nicht, ob ich dort nur eine Information zum weiteren Verhalten bekommen sollte; es war auch nicht angegeben, ob man Ausrüstung mitnehmen sollte. Es hieß nur, ich solle mich dort um zwölf Uhr mittags einfinden. Ich versuchte, etwas darüber zu erfahren, aber es gelang mir nicht. Als der Termin gekommen war, fuhr ich an den Bahnhof und traf dort eine große Schar von meistens jungen Leuten, die einen ähnlichen Befehl bekommen hatten. Niemand wußte Bescheid. Da aber einige Arbeiter wenigstens die Aufforderung bekommen hatten, Arbeitskleider mitzubringen, da sie in einem Arbeitslager untergebracht würden, konnte ich schließen, daß es sich wirklich um eine Art Gefangenschaft handelte. Aber wo der Ort der Gefangenschaft sein sollte, wußte tatsächlich niemand. Es war eine reine Fahrt ins Blaue ohne Aussicht auf Wiederkehr. Ich dachte an das Land ohne Rückkehr der keltischen Sagen, ein Land voller Gefahren und Todesdrohungen. Daher fuhr ich noch einmal nach Hause und packte einige Sachen zusammen. Arbeitskleidung hatte ich nicht und mußte mich darauf beschränken, einige alte Anzüge und reichlich Wäsche mitzunehmen. Ich kehrte an den Bahnhof zurück, diesmal von meiner Frau begleitet, die erfahren wollte, wie die Zukunft aussehen würde. Mittlerweile war es Abend und dunkel geworden. Gegen zwölf Uhr nachts wurde die ganze Schar von Wartenden in Marschkolonnen auf einen Bahnsteig gebracht. Noch wußte man nicht wohin, es wurde nur der Name Osterode im Harz erwähnt. Ich nahm Abschied auf unbestimmte Zeit und konnte nur versprechen, Nachricht zu geben, sobald es möglich war.

Man wurde in einen Personenzug, der aus ganz alten Wagen bestand, verstaut, die Fenster in den Abteilen waren zerbrochen, kurz, es war wie während der Revolution 1918. Wir rollten durch die Nacht, langsam rumpelnd, überall Verdunkelung, ganz Deutschland war in Finsternis getaucht. Am nächsten Morgen wurden wir tatsächlich am Bahnhof Osterode im Harz ausgeladen und etwas außerhalb der Stadt in ein Gasthaus gebracht. Dort saß man herum und wartete. Ein O. T.-Mann, das heißt ein Mann in der Uniform der Organisation Todt kam herein mit einer Liste in der Hand. Ich sprach ihn sofort an und fragte ihn, ob ich ihm helfen könne. Er antwortete ja, er müsse eine Liste von sämtlichen Anwesenden aufstellen, die er nach Berufen zu ordnen habe. Es waren in dem Gasthaus etwa hundert Personen jeden Alters und jeden Standes versammelt. Ich teilte den Leuten mit, was der eben angekommene O. T.-Mann wünschte, und bat sie, an einen Tisch zu treten, an dem der O. T.-Mann zusammen mit mir Platz genommen hatte. Jeder sollte antreten und seine Personalien und vor allem seinen Beruf angeben. Dies hatte ich dem O. T.-Mann vorgeschlagen, damit wir nachträglich eine zweite Berufsgruppenliste anlegen könnten, ohne die Anwesenden weiter zu belästigen. Diese erste Liste war schnell angelegt. Wir beide setzten uns in ein Nebenzimmer, um dort in Ruhe weiterzuarbeiten. Die Angehörigen der verschiedenen Berufsgruppen ordneten wir in alphabetischer Reihenfolge an. Der O. T.-Mann erklärte mir, daß es hauptsächlich auf handwerkliche Berufe ankomme; denn auf diesem großen Gelände im Sösetal bei Osterode sollten etwa vierundzwanzig verschiedene Firmen Anlagen verschiedenster Art aufbauen, und in dem an der Söse entlanglaufenden Bergzug, der Anhydrit enthielt, sollte ebenfalls gearbeitet werden. In dem Bergwerk, das sich in dem erwähnten Bergzug befand, sollte künstlicher Treibstoff erzeugt werden. Der O. T.-Mann meinte, am wenigsten könne man auf diesem Gelände Gebildete gebrauchen, das heißt Kaufleute und Büromenschen, die wir auch in einer Gruppe zusammengefaßt hatten. Als einziger Lehrer blieb ich selbst übrig. Diese Tatsache erweckte das Interesse meines Begleiters, und er erzählte mir, er sei selbst Volksschullehrer in Berlin gewesen, hätte sich aber der Parteiaufsicht dadurch entzogen, daß er den Volksschuldienst aufgab und sich bei der Organisation Todt anwerben ließ. Er betrachtete diese Tätigkeit bei der O. T. als eine Art Lebensversicherung vor der Allmacht der Partei. Nachdem er mir all dies erzählt und wir uns etwas angefreundet hatten, erschien der Baurat Koch von der O. T. und wollte die Liste haben. Der O. T.-Mann gab sie ihm und fragte ihn, was man mit mir anfangen könne; denn mir könne man doch nicht zumuten, zwölf Stunden täglich körperlich zu arbeiten, wozu die anderen Gruppen bestimmt waren. Der Baurat erklärte lachend, er habe schon einen jungen Volkswirt in seinem Büro und brauche noch einen zweiten Mann, der mit jenem Volkswirt zusammen das Büro in Ordnung halten solle. Diese »Ordnung« bestand hauptsächlich darin, daß die Arbeitsgruppen aufgestellt und auf die Bauhütten verteilt würden. Die Arbeitsgruppen müßten fast jeden Tag neu aufgestellt und kontrolliert werden, weil die einzelnen Bauführer immer wieder versuchten, mehr Arbeiter für sich von anderen Arbeitsplätzen abzuwerben. Der Baurat hatte schon eine gewisse Erfahrung in solchen Dingen, da das Arbeitsgelände schon seit etwa vier Wochen im Aufbau war. Nun, er bestellte mich auf den übernächsten Tag, einen Samstag, in die Bürohütte der Bauleitung, die zentral in der Mitte des Geländes stand. Die beiden Männer verabschiedeten sich, und ich erzählte meinen Leidensgenossen, was ich eben erfahren hatte. Der Tag war zu Ende, es wurden Bünde von Stroh auf die einzelnen Zimmer des Gasthauses verteilt.

Unsere »Schlafgelegenheiten« waren weitaus primitiver als in jenem Lager im Ersten Weltkrieg bei den Franzosen. Die Nacht verging mehr oder weniger unruhig, am nächsten Morgen wurden die einzelnen Berufsgruppen zur Arbeit abgeholt und auf die Gegend verteilt, ich aber hatte einen Tag frei und benützte die Zeit, um mein »Arbeitsgebiet« in Augenschein zu nehmen. Es wimmelte auf den Feldern an der Söse von Menschen, man hämmerte an Hütten, man hackte und schaufelte und legte Behelfswege von einer Hütte zur andern an, es war wie ein Jahrmarkt der Arbeit. Nach Süden zu wurde jenseits der Söse das Feld von jenem bewaldeten Bergzug begrenzt, nach Norden zu ging es in das Gebiet des Thüringer Waldes, und nach Osten lag das malerische Städtchen Osterode. Um zwölf Uhr mittags wurden wir in unser Gasthaus zurückgerufen: wir sollten in einem Gepäckmarsch an das andere Ende der Stadt wandern, um dort endgültige Quartiere zu bekommen. Es war ein Marsch von mehreren Kilometern, der uns über den Marktplatz der Stadt führte, aber als wir an unserem Ziel angelangt waren, kam ein Gegenbefehl. Wir sollten sofort wieder zurückmarschieren und außerhalb der Stadt im Westen in dem Dorf Lasfelde in einem großen Turnsaal untergebracht werden. Nach einstündigem Rückmarsch kamen wir endlich in Lasfelde an. Es war dies ein hübsches Reihendorf, etwa eine halbe Stunde außerhalb von Osterode. Dies bedeutete, daß jeder Arbeiter täglich mindestens eine halbe Stunde zu seinem Arbeitsplatz zu wandern hatte. Der Turnsaal in Lasfelde war sehr geräumig und konnte wohl hundert Mann, die wir waren, beherbergen. Fünfzig Doppelbetten standen bereits da. Man richtete sich ein, einige von den lautesten jungen Burschen beschlagnahmten die Bühne für ihre Unterkunft, und jeder richtete sich ein, so gut er konnte. Waschräume waren in dem Gebäude des Turnsaales reichlich vorhanden, zwei eiserne Öfen spendeten Wärme, aber die eigentlichen Toiletten standen außerhalb des Turnsaals im Hof und waren denkbar primitiv. Vor allem war kein Licht dort vorhanden. Die meisten der jungen Leute machten sich jedoch keine Sorgen in bezug auf die Reinlichkeit. Es stellte sich aber bald heraus, wie notdürftig alles eingerichtet war, da es die ganze Zeit unseres Aufenthaltes dort fast ständig regnete und in dem unebenen Hof sich tiefe Pfützen bildeten, die man auf schwankenden Brettern überqueren mußte, um in der Dunkelheit zu den Toiletten zu gelangen. In dieser unsauberen Primitivität mußten wir also, niemand wußte wie lange, unsere Zeit verbringen. Die Arbeitszeit ging von sieben Uhr morgens bis sieben Uhr abends, und wenn es regnete, mußte dennoch gearbeitet werden. Mit dieser langen Arbeitszeit von zwölf Stunden, mit Einrechnung von einer Mittagspause von einer Stunde, wurden wir in die Kategorie von Schwerarbeitern eingereiht. Das heißt, wir bekamen jeden Freitag eine Schwerarbeiterzulage, die aus einem halben Pfund Margarine und einem halben Pfund »feinster« Leberwurst bestand. Die täglichen Mahlzeiten wurden in jenem Gasthaus eingenommen, in welchem wir zuerst angekommen waren. Die Eßgeräte, das heißt ein Teller, ein Becher und Besteck, wurden am ersten Tag verteilt, und jeder mußte nach der Mahlzeit seine Sachen selbst kalt spülen. Die Arbeiter freuten sich auf ihre Freitagszulage, aber diese stellte sich bald als ein echtes Danaergeschenk heraus; denn jeden Samstag spielte sich dieselbe miserable Tragödie im ganzen Lager ab: jeder bekam Durchfall bis zum Montag der kommenden Woche, an dem die Zulage verdaut war. Was war der Grund für diese seltsamen Verdauungsstörungen, die wie eine Massenepidemie regelmäßig auftraten und alle diejenigen befielen, die diese Zulage bekamen. Niemand wußte es zunächst. Als wir aber feststellten, daß die russischen Lagergenossen, die den größten Teil der ganzen Gesellschaft bildeten, von dieser Krankheit nicht befallen wurden, aber auch keine Zulage bekamen, konnten wir erraten, daß die wöchentliche Zulage an Fettstoffen schuld sein mußte. Viel zu spät erfuhr ich, daß die Margarine aus Rückständen bereitet wurde, die bei der Teerproduktion abfielen und dem menschlichen Organismus völlig unzuträglich waren.

Allmählich stellte sich eine gewisse Ordnung ein, jeder behalf sich, so gut er konnte. Grenzen des Verhaltens wurden ohne viel Umstände abgesteckt, da jeder auf den anderen angewiesen war. Es war eine bunt zusammengewürfelte Gesellschaft in diesem Turnsaal von Lasfelde. Die Vornehmeren, das heißt einige Kaufleute und Fabrikherren hielten sich abseits und schlossen sich auch äußerlich in laubenartigen Einrichtungen in den Ecken des Saales ab. Sie fielen weiter nicht auf, da die Intellektuellen ihrem Wesen nach leise zu leben pflegen. Die jungen Arbeiter aber lebten unbekümmert lärmend dahin und waren die ganze Zeit hindurch friedlich miteinander, zumal die lange Arbeitszeit sie müde machte. Ich selbst arbeitete mit meinem Kollegen, dem Volkswirt Schütze im Baubüro. Wir hatten jeden Morgen die Arbeitslisten zu kontrollieren und mußten auf dem ganzen Gelände herumgehen, um den einzelnen Bauhütten im Auftrag der Bauräte die Notwendigkeiten der Arbeit mitzuteilen. Mein Arbeitskollege blieb gerne im Büro, wo auch Schreibarbeiten zu tun waren, ich selbst machte gerne den Außendienst. Deshalb war ich den ganzen Tag unterwegs von Arbeitsplatz zu Arbeitsplatz und war bald überall bekannt als »der Herr Studienrat«, der gerne durch einige gute Worte die Arbeiter bei guter Laune zu halten versuchte. Aus alter Gewohnheit trug ich dabei ständig meine lederne Aktenmappe, die nichts enthielt als höchstens ein Vesperbrot, aber in der Ansicht der Menschen eine Art Auszeichnung darstellte.

Bald fand ich aber meine Tätigkeit ziemlich langweilig und unfruchtbar, da, wie oben erwähnt, die Bauführer sich nicht an unsere Einteilungen hielten. Es gab Verdruß und Schimpferei. Ich versuchte zum Beispiel, einem Bauführer abgeworbene Arbeiter einer anderen Gruppe wieder zu entführen. Er trat mir entgegen und schrie mich grob an: »Herr Studienrat, was haben Sie in meine Arbeit hineinzufummeln!« Worauf ich ebenso grob lauthals antwortete: »Herr Bauführer, wer in die Arbeit des anderen hineinfummelt, sind Sie selbst! Ich habe vom Baubüro den Auftrag, die Gruppen in Ordnung zu halten, und Sie machen mir das unmöglich!« Der baumlange Kerl schaute mich verblüfft an, denn er war ein rechter Grobian und erfuhr nun von einem »kleinen Gefangenen« Widerstand und Zurechtweisung. Er wurde keineswegs noch gröber, sondern er entschuldigte sich, und wir arbeiteten von da an gut zusammen. Das stellte sich für das ganze Feld als fruchtbar heraus, da seine Bauhütte eine der größten war. Immerhin war ich mit dieser Art von Tätigkeit auf die Dauer nicht zufrieden. Einer der Bauherren namens Wischnewski merkte das und schlug mir eine andere Tätigkeit vor, die dann auch von seinen Kollegen gebilligt wurde. Er führte mich auf den Güterbahnhof mit einer Liste, in der die ankommenden Güterwagen nach ihren Kennzeichen und ihrem Inhalt registriert werden mußten. Das war ebenfalls keine sehr geistreiche Arbeit, führte jedoch schnell zu einer interessanten Erweiterung.

Die Güterwagen zu registrieren, war jeden Tag in kurzer Zeit geschehen, wichtiger aber war es für den ganzen Betrieb, daß die angekommenen Stückgüter so schnell wie möglich den vielen Firmen zugestellt wurden, die in der Stadt und in der Umgebung arbeiteten. Nicht alle dieser Firmen waren für die O. T. tätig, ich aber lieferte wahllos das ankommende Gut, und dies führte zu interessanten Begegnungen, die mir manchen Einblick in das soziale Wirtschaftsgefüge brachten. In der Stückguthalle des Güterbahnhofs herrschte ein wildes Chaos. Die Halle war vollgestopft mit allerlei Waren, um die sich niemand recht zu kümmern schien, und der alte Stückgutmeister, dessen Namen ich leider vergessen habe, schien keine besondere Lust zu haben, Ordnung in sein Chaos zu bringen. Er saß lieber in seinem Büro und wärmte sich an dem kleinen Kanonenofen rauchend und träumend. Mit ihm hatte ich es zu tun und gewann diesen verschwiegenen Niedersachsen bald sehr lieb. Zwar waren unsere Unterhaltungen eher einsilbig, ich erfuhr aber dennoch, was ich brauchte. Er sprach mir von den vielen Klagen über verlorene oder unsichtbar gewordene Waren, die ihm ins Büro flatterten, mir aber machte es Spaß, den Klagen nachzugehen. Er gab mir die Erlaubnis, in seiner Güterhalle zu arbeiten, wie ich wollte. Die Hauptklage kam von der O. T. selbst, deren Zentrale im Schulhaus der Stadt amtierte. Der ganze Betrieb war gehemmt dadurch, daß schon seit Wochen die Apparatur der Telefonzentrale noch nicht eingetroffen war. Dies war ein großer klavierartiger Kasten. Nach einigem Suchen in der Güterhalle stand er friedlich, aber von den Arbeitern völlig unbemerkt hinter einer Reihe von Brettern, die wie ein Verhau aufgestellt waren. Da stand er seit vierzehn Tagen, wie das die Papiere im Büro auswiesen. Es war nicht etwa Faulheit der Arbeiter, sondern die kriegswichtigen Verordnungen, die die Kompetenzen am Güterbahnhof verschoben, so daß jeder sich auf den anderen verließ und keiner mehr etwas Richtiges tat. Ich ließ den Telefonkasten sofort an seine Behörde liefern, auch andere längst vermißte Stücke wurden »entdeckt«, die Sache sprach sich herum, und bald hielten sich die Firmen an mich völlig inkompetenten »Studienrat«, und meine Aktenmappe war in der ganzen Stadt bekannt.

Der Auftrag, den die Lagerverwaltung mir gegeben hatte, den Güterbahnhof zu betreuen, brachte es mit sich, daß ich in völliger Freiheit und ohne weitere Aufsicht schalten und walten konnte. Ich erschien morgens um sieben Uhr im Baubüro, meldete mich zur Stelle und begab mich in das Büro des Stückgutmeisters am Bahnhof. Dort erfuhr ich, was angekommen war und wickelte die Lieferungen an die verschiedenen Firmen der Reihe nach ab, wie es dem Stadtplan entsprach. Man hatte mir einige Russen als Träger zur Verfügung gestellt, mit denen ich in der ersten Zeit zu Fuß meine Liefergänge anstellte. Es waren treue, tüchtige Menschen, die aus irgendeiner weit abgelegenen, von keiner Kultur beleckten Gegend Südrußlands stammten. Ich konnte mich mit ihnen kaum durch die Sprache verständigen, bis sie sich ein kleines Vokabular an deutschen Wörtern durch die Praxis angeeignet hatten, so daß wir uns durch die

Not der gemeinsamen Arbeit einigermaßen verständigen konnten. Ich hatte immer etwas Zigarettentabak und -papier in der Tasche, und wenn wir einen Auftrag erledigt hatten, durften sie sich aus meinem Vorrat eine Zigarette drehen. Sie benützten aber nicht mein Zigarettenpapier, ihnen schmeckte offenbar ein Fetzen Zeitungspapier, den sie bei sich hatten, besser als das meinige. Einer von meinen Getreuen ist mir besonders in der Erinnerung geblieben, weil er mit seinem runden Bart, der sein ganzes Gesicht verdeckte, wie ein Gorilla aus dem Urwald aussah und mir besonders ergeben war. Oft blitzte er mich mit seinen schlauen Äuglein an, streckte mir seine Hand entgegen und sagte lakonisch: »Papiros? Tabak?« Ich aber antwortete ebenso lakonisch: »Erst arbeiten, dann rauchen.« Er brummte dann jedesmal gutmütig etwas vor sich hin und gab sich zufrieden.

Wir konnten bald ohne irgendeine Fahrgelegenheit nicht mehr auskommen. Es wurden daher zehn Paar Ochsen bestellt, die ich eines Tages am Güterbahnhof abholen und in den Stall treiben mußte. Das war eine lustige, aber nicht ganz einfache Angelegenheit: mir wurde die Ankunft des Viehwagens gemeldet, und ich zog mit meinen zwei Gesellen an den Bahnhof, um die Ochsen abzuholen. An der Rampe, wo der Wagen stand, fehlte das Hauptgerät zum Ausladen der Tiere: eine kleine Brükke, die vom Wagen auf die Rampe führen sollte, um die Tiere vor dem Absturz in die Spalte zu bewahren, die zwischen Güterwagen und Rampe war. Dieses Brückchen war nicht vorhanden. Meine zwei Bauernburschen bemühten sich, die widerspenstigen Ochsen aus dem Wagen zu treiben, die Tiere aber wollten nicht. Mit viel Geschrei und Zerren an Ohren und Hörnern gelangte der erste Ochse auf die Rampe, das Vorbild machte den anderen Mut, und so hüpfte einer nach dem anderen aus dem Wagen heraus. Dennoch aber fiel einer von den letzten in den Spalt und wurde mit noch erheblicherem Aufwand und mit Hilfe einiger Gurte herausgeholt. Die zehn Ochsen standen auf der Rampe, liefen durcheinander, bis ich sie in einer ungeordneten

Reihe auf den Weg brachte. Es war keine einfache Sache, die Tiere einigermaßen beieinander zu halten, denn manche von ihnen liefen gemächlich, einer aber ließ es sich einfallen, in Galopp zu fallen und raste davon, einer drückte mich an die Wand links, ein anderer geriet auf den Fußweg, der vom Bahnhof in die Stadt führte. Es war ein Samstag, ein Zug mit ziemlich vielen Fahrgästen war eben angekommen, und an diesem Morgen war der erste Schnee gefallen, Fahrstraße und Fußweg waren glatt getreten. Unter den angekommenen Fahrgästen befanden sich einige Musiker mit einem Cello, einigen Geigen und anderen Instrumenten. Die Musikanten gingen ahnungslos ihres Weges, als plötzlich zwischen ihnen ein Ochsenkopf erschien, so daß nach rechts und links die Musikanten ausrutschten und auf dem Boden dahinschlitterten. Es passierte ihnen nichts weiter, aber es war sehr komisch, wie der Cellist instinktiv sein Instrument in die Höhe schwang, um das Kostbarste, was er hatte, vor Beschädigung zu bewahren. Wir trabten weiter mit unseren Tieren, und hinter uns schimpfte die Menge. Der in den Spalt gefallene Ochse aber hatte sich das Bein verstaucht und mußte geschlachtet werden. Da aber Ochsen bekanntlich immer ein unzertrennliches Paar bilden, mußte sein Jochgenosse ebenfalls daran glauben, ich aber meinte, die Bauräte brauchten tüchtige Fleischmahlzeiten, und sie waren die einzigen Nutznießer des Unglücks. Auf jeden Fall hatte ich von diesem Tag an einen Leiterwagen und ein paar Ochsen zur Verfügung und brauchte meine Russen nicht mehr als Lastträger zu benützen. Mein guter Gorilla lachte über sein ganzes Gesicht, so oft er mit seinem Gespann am Güterbahnhof ankam; er wurde der Kutscher meines eleganten Gefährtes.

Es war eine recht bunte Liste von Waren, die ich liefern mußte, nicht nur solche, die von der Bauleitung selbst bestellt worden waren, um dem Betrieb zu dienen, sondern auch allerlei nützliche Dinge für den Privatgebrauch der Bauräte und Bauführer; denn die Bauräte hatten bald herausgefunden, daß sich unter den Insassen des Arbeitslagers eine ganze Reihe von Kaufleuten befand, die durch ihre Geschäftsbeziehungen allerlei Sachen wie Geschirr, Schreibmaschinen, Textilien und weiß Gott was noch organisieren konnten. Sie wurden unter dem Titel »amtliche Dienstfahrt« in ganz Deutschland herumgeschickt und bekamen dafür allerlei Vorteile im Lagerleben. Eine Episode aus meiner Lieferantentätigkeit will ich berichten, da sie für unsere ganze Lebenslage typisch war. Eines Tages bekam ich den Auftrag, zwei Bahnbehälter abzuholen, die eine Menge Geschirr und andere Tonwaren enthielten, die von einem Mitgefangenen aus Bunzlau organisiert worden waren. In Friedenszeiten ist es üblich, solche Bahnbehälter bei der Ankunft zu kontrollieren und sofort zurückzuschicken, wenn etwas zu beanstanden ist. Ich öffnete also die zwei Behälter und stellte fest, daß in dem einen lauter Kleingeschirr wie Teller, Tassen und so weiter tadellos verpackt und unversehrt waren, der zweite enthielt aber lauter schlechtverwahrte große Vasen und Töpfe. Es hätte gar keinen Sinn gehabt, diesen Behälter zurückzuschicken an die Absender; denn ehe etwas zurückgekommen wäre, wäre der Krieg zu Ende gewesen. Ich machte mir also den Spaß, dieses Geschirr dennoch zu liefern. Der lange Bauführer, der mich einmal angegrobt hatte, dann aber mein Freund geworden war, hatte Wind von dieser Sendung bekommen und forderte mich auf, den Behälter mit dem unversehrten Geschirr in das Lager selbst hinunter zu bringen, also in die Nähe unseres Baubüros, wo wir die Dinge ausluden: zum unmittelbaren Gebrauch der arbeitenden Behörde. Die Beamten im Stadtbüro aber gingen dabei leer aus. Als wir das Geschirr auspackten, verschwand manche Tasse mit Untertasse in der Tasche meiner Helfer, die ich zusammengerufen hatte. Der lange Bauführer merkte das wohl und protestierte auch zum Schein, ließ es aber geschehen und bemerkte, auch meine Kameraden seien Menschen.

Den zweiten Bahnbehälter transportierte ich dann in meinem Leiterwagen hinauf in die Stadt und ließ sämtliche zerbrochenen

Tongefäße in der Vorhalle der Schule aufstellen. Der Raum hatte nun eine gewisse Ähnlichkeit mit manchen Ausgrabungsstätten Griechenlands. Den einzigen unversehrten Krug dagegen brachte ich in den dritten Stock des Schulgebäudes, wo sich die O. T.-Zentrale befand. Ich hatte mir angewöhnt, überall, wo ich ein Büro amtlich zu betreten hatte, anzuklopfen und die Türe aufzureißen und mit übertrieben lauter Stimme »Heil Hitler« zu brüllen. Merkwürdigerweise hatte noch niemand diese Art des Protestes gegen das Regime beanstandet. Auch diesmal machte ich es so und stand mit meinem Gefäß in der Türöffnung, wobei ich es vor mir her schwenkte, um es allen zu zeigen. Einer der uniformierten kleinen Männer kam freudig und eilfertig auf mich zu und fragte, wo das Geschirr sei. Ich sagte mit der unschuldigsten Miene von der Welt, das Geschirr sei im Lager unten auf dem Gelände, die großen Gefäße dagegen hätte ich unten in der Vorhalle aufgestellt. Der Mann sprang die Treppen hinab und kam etwas atemlos unten an und musterte meine Bescherung. Er war sprachlos, und da er ein starker Choleriker war, rang er buchstäblich nach Luft. Da brüllte er mich an und meinte, ich hätte doch diese ganze Ware sofort zurückschicken müssen. Ich sagte lakonisch, das hätte ich auch unter gewöhnlichen Umständen getan, aber für den Krieg lohne es sich doch nicht. In seiner Wut schrie er: »Sie gehören an die Wand gestellt!« Worauf ich antwortete: »Dazu gehören aber zwei, ich wäre aber keiner von den zweien!« Er merkte, daß er mir den Spaß nicht verderben konnte und sagte nur noch: »Lassen Sie die Scherben wegschaffen!«, drehte sich auf den Hacken herum und verschwand im Gebäude. Wenn niemand die Scherben mittlerweile weggeräumt hat, stehen sie heute noch dort; denn ich fuhr mit meinem leeren Gefährt zurück zum Bahnhof.

In meiner Stellung als Transportleiter, wie man mich schließlich nannte, konnte ich meinen Kameraden manchmal nützlich sein; denn da ich einen Überblick über das ganze Gelände und alle Arbeiten hatte, konnte ich manchem, der den Erdarbeiten zugeteilt war, zu erträglicheren Arbeiten verhelfen. Wenn irgendwo ein Chauffeur fehlte, schlug ich einen aus meiner Turnhalle vor, andere konnte ich da oder dort in einem Büro unterbringen, aber mehr war nicht möglich. Ich konnte nur versuchen, einiges Licht in diese triste Lage zu bringen, die noch dadurch mühseliger wurde, daß es in den ersten Monaten ständig regnete und selten ein Sonnenstrahl auf die Arbeitenden fiel. Es passierten immerhin einige kleine Wunder, die mich und andere erheiterten. Von diesen möchte ich einige Beispiele geben. Es kam die Adventszeit, und ich wollte in meiner Turnhalle wenigstens jeden Adventssonntag etwas feiern. Einer der Kameraden hatte einige Semester Theologie studiert, durfte aber dann sein Studium nicht vollenden. Er war ein guter Musiker, hatte eine gewisse schauspielerische Begabung und war vor seiner Abstellung in dieses Arbeitslager Ansager in einem Kabarett gewesen. Mit ihm freundete ich mich besonders an und besprach meine Absicht, Adventsfeiern zu machen. Er ging mit Begeisterung auf meine Pläne ein und versprach mir seine Mitwirkung. Im Turnsaal stand ein altes, sehr verstimmtes Klavier, das aber wenigstens noch alle Saiten hatte, und ich versuchte, eine Geige zu organisieren. Ich ging auf die Dorfstraße und sprach die nächstbeste Frau, die mir entgegenkam, an. Es war zufällig die gleiche, die mich kurz zuvor in ein Bauernhaus verwiesen hatte, wo ich Milch bekommen würde. Diese Frau fragte ich nun, ob sie jemand im Dorf wisse, der eine Geige hätte. Sie antwortete, ja, der Herr Oberlehrer, der am Ende des Dorfes im Schulhaus wohne, den könne ich fragen. Ich ging sofort hin und stellte mich dem Herrn Oberlehrer vor. Er sagte, er habe eine sehr gute Geige, möchte sie jedoch nicht verleihen, da er nicht wissen könne, wie man in so einem Lager mit einem kostbaren Instrument umgehe. Ich meinte, er brauche keine Angst darüber zu haben, da ich selbst kostbare Instrumente besäße und als Bratschist an der Dresdener Philharmonie tätig gewesen wäre. Außerdem sei ich sein Kollege und jetzt nur in einem erzwungenen Ruhestand.

Wir beide lachten über die Form des Ruhestandes, in dem ich mich befand, und ich bekam die Geige.

Bevor ich nun meine Adventserlebnisse erzähle, möchte ich noch episodenhaft einschieben, was ich in jenem Bauernhaus erlebte, als ich dort Milch holte. Es war Abend, die Bauernfamilie hatte bereits gegessen, und so war in der warmen Küche eine ziemliche Anzahl von Erwachsenen und Kindern versammelt, als ich dort eintrat. Ich brachte der Bäuerin meine Bitte vor und reichte ihr meinen Kochtopf, mit dem sie in ihre Milchkammer ging. Die Leute schauten mich neugierig an, ich aber sagte, ich könne doch unterdessen den Kindern ein Märchen erzählen. Mit großer Freude gingen alle darauf ein, besonders auch die Erwachsenen, und ich fing an, die irische Geschichte vom Lichtschwert zu erzählen. Ich glaube, ich habe nie mehr seitdem eine so aufmerksame und fromme Zuhörerschaft gefunden. Die Bäuerin war mit meinem gefüllten Topf zurückgekommen, und ich fing meine Geschichte an. Sie dauerte ungefähr eine halbe Stunde, aber keiner dachte daran, mich irgendwie zu unterbrechen, sie waren wirklich alle ganz dabei. Als ich fertig war, schauten mich alle wortlos an, bis endlich einer der Männer sagte: »So was Schönes hab ich noch gar nie gehört.« Damit war der Bann der atemlosen Stille gebrochen, ich aber bekam jedesmal einen Topf voll Milch, so oft ich kam und eine Geschichte erzählte.

Am ersten Adventssonntag hatte ich Bürodienst. Ich mußte von acht Uhr morgens bis sieben Uhr abends im Büro sitzen und brauchte nichts weiter zu tun als da zu sein; denn ich war ganz allein, und es meldete sich niemand, der etwas von mir wollte. In kurzer Entfernung vom Baubüro begann die Waldgrenze mit sehr hohen und kerzengerade gewachsenen Tannen. Einige davon waren gefällt worden, und Haufen der schönsten Zweige lagen herum. Ich nahm ins Büro mit, soviel ich tragen konnte und fing an, einen riesigen Adventskranz zu flechten. Damit verlief die Zeit schnell genug, bis mein Kranz mit einem Meter Durchmesser dick und dicht vor mir lag. Während der Arbeit konnte ich mir mein Programm des Abends gut ausdenken, wußte aber in keiner Weise, wie meine etwas derben Lagergenossen darauf eingehen würden. Ich hatte mit meinem Freund ausgemacht, von unserer Absicht nichts verlauten zu lassen, es sollte eine Überraschung sein. Es wurde allmählich dunkel, auf dem ganzen Gelände brannte wegen der Verdunkelung kein Licht. Ich hängte mir meinen schweren Kranz um und stolperte dahin, buchstäblich über Stock und Stein; denn an einer Stelle mußte ich sehr vorsichtig über das Gleis unseres Feldbähnchens laufen, das dort frei über einem Graben hing. Ich kam mit meiner Last gut hinüber und lief auf der Landstraße nach Lasfelde. Die hundert Mann waren versammelt, ich machte die Türe auf, trat mit meinem Kranz hinein und rief laut: »Heute ist der erste Advent, den wollen wir feiern!« Ein großes begeistertes Hallo empfing meine Worte, alle wollten mitfeiern, keiner schloß sich aus, und nun begannen die kleinen Wunder. Einer von den wilden Gesellen sagte: »Ich habe vier rote Kerzen dabei.« Ein zweiter rief: »Und ich hab rote Bänder«, und einige hatten sogar Kerzenhalter, was mich am meisten wunderte, denn es zeigte mir, daß diese jungen Menschen schon beim Einmarsch in das Lager an Weihnachten gedacht haben mußten. Während wir diese Dinge zusammenpackten und den Kranz schmückten, hatten ein paar andere schon die hohe Leiter im Turnsaal geholt, der Kranz wurde aufgehängt, und alle schauten ihn staunend an. Wie durch einen Zauber war wirklich adventliche Stimmung vorhanden. Ich sprach einige Worte zur Einleitung, wir sangen unter Begleitung des Klaviers eine ganze Reihe von Advents- und Weihnachtsliedern, und es zeigte sich, daß trotz Krieg und Elend das Gemüt unter diesen einfachen Leuten noch nicht erstorben war. Ich hatte die Lieder zum Klavier auch auf der Geige begleitet. Dieser erste Advent und die folgenden Feiern waren große Erfolge und machten das Leben in unserem Saal erträglicher.

WEIHNACHTSSTIMMUNG

Ich liege in der dunklen Bretterkoje
Und kann mit Recht als elend gelten,
Doch sollt ihr mich darob nicht närrisch schelten
Weil ich sie halte für die Rettungsboje.
Denn wie? Ich liege wie in einer Schale
In einem zweiten Leibe eingesargt
Doch wenn ich drin bin und im Herzen male
Was hier zu keiner Zeit man mir verargt –
Erscheint mir alles wie durch Christ verändert.
Der Saal bleibt gleich, manch guter Kamerad
hat ihn mit Tannenzweigen reich bebändert
Weil jeden Weihnachtsgeist ergriffen hat –
Die Menschen aber seh' ich durch das Wunder
Des innren Blickes ganz gestaltverwandelt
Wegfiel der arme Eintagsfliegenplunder
Gewebt aus allem, was sie täglich eingehandelt
Und was an ihnen hängt wie Larvenkram,
Ein wahres Wespennest von grau gewordnem Alten
Das wie ein Hexensabbat an sie kam
Und Gutes überdeckt im Wurf der Falten.
Was bleibt? Zunächst viel Fünklein aus dem Dunkeln
Aus diesem Kern ein wunderlich Gewühl
Von zart gemischtem Licht und Farbenfunkeln,
Und endlich bildet sich ein Reigenspiel.
Ich spreche nun: es ordnet sich ein Zug
Wie jener, den in feierlichem Sange
Der Griechenmeister bildet auf dem Krug
In seinem gottgegebnen Formendrange.
Nun stehn sie da, die blanken Seelengeister
Ein jeder leuchtet, jetzt im höh'ren Ich,
Die Koje – Krippe nun – vor ihr der Meister
Spricht zu den Seelen christlich-weihnachtlich,

Ich selbst im Kreis der anderen bescheiden
Und fromm ergriffen als ein guter Wirt
Ich höre wie aus Stoff gewirktem Leiden
Die Hoffnung alle Finsternis entwirrt
Der Kreis steht da in feierlicher Zahl
Im Gold des Hintergrunds die Engelsschwingen
Verklären tempelgleich den Wirtshaussaal
Und kreisen tönend wie die Sphären singen.
In ihrem Glanz fällt ab der letzte Flitter,
Der noch hier stört, als trüber Erdenrest
Und ich erschau in Wahrheit all die Ritter
Die sich vereint zu diesem hohen Fest.
Der kleine Spötter aus dem Kabarette
Zeigt sich als Sehnsucht nach dem Weltenwort
In letzter Stund entpuppt der Egoist, der Fette
Als guter Wirt sich am geweihten Ort.
Der Derbe dort im roten Halsgebinde
Der sich maskiert, weil man ihn einst erschreckt'
Steht hier als grüner König vor dem Kinde
Und zeigt sich stolz-demütig unversteckt.
Die armen Hirten, viele seelenhaft entkleidet,
Die sonst man grob unflätig sprechen hört,
Stehn hier in Reinheit, festlich vorbereitet
Nichts bleibt an Rest, nichts Wesenloses stört.
So ist im Licht das Gute hier vereinigt
Um diese Krippe aus dem rohen Holz.
Zum Fest der Christgeburt im Geist gereinigt,
Erscheinen sie, des Christkinds Diener, stolz.

(Aus dem Tagebuch: Osterode, 27. Dez. 1944)

Nach der Zerstörung von Dresden im Februar 1945 wurden die politischen Verhältnisse rapid noch schlechter, als sie vorher schon waren, die Bombenabwürfe durch einzelne Kampfflieger wurden häufiger, und man spürte, daß die neue Taktik zum Ende des Krieges angewendet wurde, um die Menschen in Schrekken zu setzen. Der Brand von Dresden war das grausamste Zeichen dieser Angriffe auf die Zivilbevölkerung. Auch auf den Bahnhof von Osterode wurden Bomben geworfen, die aber keinen besonderen Schaden anrichteten. Die Invasionsheere der Westmächte rückten immer näher, und Ende März 1945 begann man durch Entlassungen unser Lager zu verkleinern. An einem der letzten Tage des März wurde ich selbst mit meinem gesamten Gepäck – es war nicht sehr umfangreich – nach Hildesheim zur Gestapo beordert und erhielt dort meine Entlassungspapiere nach Dresden, wo ich nahezu die ganze Stadt in Trümmern vorfand. Auf dem Schutthaufen unseres Wohnhauses konnte ich aber nicht lange bleiben, weil der Boden von der darunter schwelenden Glut noch immer sehr heiß war – etwa sechs Wochen nach der Zerstörung. Ich fand Unterschlupf in der Nachbarschaft in dem Haus, das die Familie Karutz bewohnt hatte. Dieses Haus lag an der Nordstraße in Dresden-Neustadt, und diese Straße markierte genau die Grenze der Zerstörung: westlicht von ihr gab es kein Haus mehr. Die Familie Karutz hatte nach der Beerdigung des Professors am 10. Februar fluchtartig die Stadt verlassen und einige Freunde gebeten, in dem Haus zu wohnen, um es vor Plünderungen zu schützen. Dort konnte ich wohnen und fand auch genügend Nahrungsmittel. Die Freunde teilten mir mit, daß meine Familie schon seit Wochen in Warngau in Oberbayern sei im Hause meiner Schwiegermutter. Diese Mitteilung beruhigte mich in bezug auf das Schicksal meiner Angehörigen, veranlaßte mich aber auch, so schnell wie möglich ebenfalls nach Warngau zu fahren. Das war jedoch nicht leicht; denn es gab keine privaten Transportmittel. Ich mußte mich daher an die Militärverwaltung wenden, die eine eigene Fahrbereitschaft mit Lastwagen zur Verfügung hatte. Ich wurde von Tag zu Tag vertröstet, konnte aber doch nach etwa einer Woche auf vielen Umwegen nach Warngau gelangen. Da wir aber kurz vor dem Brand von Dresden eine Menge Wäsche zur Waschanstalt gegeben hatten, die für uns jetzt ein kostbarer Schatz war, nahm ich mir vor, mit Hilfe meines Fahrscheines von der O. T. noch einmal nach Dresden zurückzukehren, um diesen großen Korb voll Wäsche zu holen. Anfang April fuhr ich also noch einmal nach Norden mit einem Zug auf der noch freien Strecke Regensburg – Hof – Dresden. Meinen Sohn Martin nahm ich mit, unser Zug gelangte auch unbeschädigt bis in die Gegend von Hof, dort aber wurde er von einem Einzelflieger angegriffen. Zuerst wurde die Lokomotive zerstört und dann der Zug selbst mit einer Reihe von Bomben vernichtet. Die Strecke war auf beiden Seiten von einer hohen Böschung umgeben, so daß der Bomber bequem am Zug entlangfliegen und seine Bomben setzen konnte. Die meisten Fahrgäste konnten sich zwar in ein Wäldchen retten, darunter auch Martin und ich, aber einige Menschen kamen doch bei diesem Angriff ums Leben. Nachdem der Zug vernichtet war, kam der Jagdflieger nicht mehr zurück, und die geretteten Reisenden konnten ostwärts nach einigen Stunden Marsch ein Dorf an der tschechischen Grenze erreichen. Wir übernachteten im Wartesaal eines kleinen Bahnhofs und erfuhren am nächsten Tag, daß eine Kolonne Militärwagen etwa zwei Stunden später von einem anderen Nachbardorf nach Dresden fahren würde. Mit dieser Militärkolonne kamen wir tatsächlich unbehelligt in die Stadt zurück. Dort mußten wir wieder eine Woche warten, denn der direkte Weg nach Süden war durch die Amerikaner gesperrt. Die Eisenbahnlinie ging inzwischen nur noch bis Marienbad. Endlich konnten wir von dort in einem Wagen der O.-T. Fahrbereitschaft nach Karlsbad kommen, und von dort hofften wir, eine andere Fahrgelegenheit nach Süden zu finden. Unseren großen Wäschesack und eine Geige, die eine befreundete Dame mir zur Verfügung gestellt hatte, konnten wir mühselig mitschleppen. In Karlsbad fanden wir bald eine Fahrgelegenheit nach Eger in einem Lastwagen, der ebenfalls nach Süden fahren wollte. Auf der Höhe von Eger sammelten sich Tausende von Flüchtlingen.

Um eine Scheune hatte sich eine ganze Menge Fahrzeuge versammelt, auch eine Schar Hitlerjugend marschierte vorbei, deren Anführer fanatisch war. Als ein amerikanisches Flugzeug im Tiefflug vorbeiflog, brachten es diese Jungens tatsächlich fertig, die ganze Kolonne von Flüchtlingen in größte Gefahr zu bringen, indem sie das Flugzeug beschossen. Die grausige Folge war, daß ein paar Bomben die ganze Jugendgruppe vernichteten. Daß die Fahrkolonne selbst von diesem Kampfflieger verschont wurde, verstehe ich heute noch nicht. Der Fahrer des Lastwagens, mit dem ich bis hierher gekommen war, machte mich darauf aufmerksam, daß einer der anderen Wagen in ein paar Minuten direkt nach München fahren werde. Er bat mich, diesen Fahrer zu fragen, ob er mich mitnehme. Dieser andere Fahrer hatte gerade sein Frühstück beendet, erklärte mir aber auf meine Anfrage: nein, er könne mich nicht mitnehmen. Ich schaute ihn betroffen an, da fing er an zu lachen und fragte mich ob ich ihn nicht erkenne, ich sei doch in Osterode öfter sein Fahrgast gewesen. Er war einer der Fahrer der Bauräte dort. Wir packten unsere Rucksäcke und unsere Geige in seinen Lastwagen, wo schon einige andere Leute saßen. Gleich darauf begann unsere abenteuerliche Fahrt über eine der Nord-Süd-Straßen, die wir aber öfter nach Osten ausweichend verlassen mußten, wenn uns in einem Dorf gemeldet wurde, daß die Hauptstraße selbst weiter südlich beschossen worden sei. Wir fuhren die ganze Nacht und gelangten am Morgen bis Landshut, wo wir einige Zeit in Deckung gehen mußten. Das Haus, in dem wir Zuflucht gefunden hatten, wankte beträchtlich, obwohl es einige Kilometer vom Zentrum des Bombenangriffs entfernt war. Wir fuhren dann den ganzen Tag, immer wieder Deckung suchend, wenn ein Flieger in der Nähe war. Wir konnten beobachten, wie diese Jagdflieger sogar auf einzelne Menschen im Feld Schüsse abgaben: eine neue Form von Menschenjagd. Wir selbst kamen unbehelligt in München an, mein Fahrer setzte seine Fahrt fort bis ins Kochergebiet, wo er zu Hause war. Er erzählte mir, daß sein Herr Ulrich von Büdingen Schüler an der Waldorfschule in Stuttgart gewesen sei, und ich konnte ergänzen, daß er mein Schüler war. Wir trennten uns als gute Freunde. Am Abend desselben Tages trafen wir wieder in Warngau ein. Damit war diese abenteuerliche Fahrt glücklich zu Ende gegangen, wir hatten aber beide von diesem Angriff auf den Zug kleine Verletzungen an der Hand und im Gesicht von winzigen Bombensplittern. Einer dieser Bombensplitter, so groß wie eine Linse, hatte mich an der Hand dicht bei der Schlagader getroffen, aber weiter keinen Schaden angerichtet: die einzige Kriegsverletzung, die ich jemals erhielt.

STUTTGART

DER SOMMER 1945 IN WARNGAU

Die Familie war nicht vollzählig in Warngau versammelt. Stefan war in Frankreich in einem Gefangenenlager, Ida um diese Zeit am Bodensee im Hause des Kunstmalers Otto Dix, der dort mit seiner Familie wohnte. In Warngau waren also nur wir Eltern und unsere drei jüngeren Söhne. Im Hause wohnten außerdem ziemlich viele Menschen: meine Schwiegermutter selbst, meine Schwägerin mit ihren zwei Töchtern und deren drei kleinen Kindern. Dazu eine Flüchtlingsfamilie aus München, Mann, Frau und Tochter, nicht gerade angenehme Hausgenossen, weiter ein kinderloses, sehr sympathisches Ehepaar aus dem Sudetengau und ein junger Maler. Er versuchte von Zeit zu Zeit, seine Bilder in München, beim Karlstor sitzend, an den Mann zu bringen und verdiente sich damit einiges Geld. Später richteten die Flüchtlinge aus dem Sudetengau namens Doleschal im Haus eine Liefer-Konditorei ein, die bald einen großen Kundenkreis in der Umgebung hatte. An ihnen erlebten wir auch in der Zukunft nur Freude, und sie wohnen auch heute noch in unserem Haus.

Im Dorf und im Haus wurde unser Eintreffen nicht gerade mit Jubel begrüßt; denn Lebensmittel gab es kaum. Kurz nachdem wir alle wieder dort versammelt waren, wurde unser Dorf zum Durchgangspunkt für die vielen versprengten Abteilungen der Wehrmacht, die alle vom Westen, aber auch vom Norden her hauptsächlich den Alpen zustrebten, um dort eine letzte Zuflucht zu finden und womöglich in den Bergen noch Widerstand zu leisten. Ein paar Tage lang parkten auch einige Wagen einer Rundfunkabteilung unter den Bäumen in unserem Garten. Sie konnten sich nicht lange halten und zogen schließlich über den Taubenberg ab, der sich östlich und südlich von unserem Dorf erhebt. Ihre Funkgeräte zerstörten und vergruben sie in unserem Garten. Kurz danach rückten endlich auch die amerikanischen Panzer in das Dorf ein, nicht ohne daß einige unentwegte Nazis versucht hätten, Widerstand zu leisten, der aber von vernünftigen und mutigen Männern im Dorf verhindert wurde. Diese steckten auf dem Kirchturm eine weiße Fahne auf und gingen selbst mit weißen Fahnen den amerikanischen Panzern entgegen. Nach den ersten Tagen des Übergangs mußten einige Häuser geräumt werden, weil das Dorf von den Amerikanern als Stützpunkt der Säuberung ausersehen war. Unter anderen wurde auch unser Haus mit einer Abteilung Soldaten belegt, und wir mußten ausziehen. Unsere Verwandten und auch meine Schwiegermutter fanden in benachbarten Häusern Unterkunft, während ich mit meiner Familie im Garten das Waschhaus, ein Gartenhäuschen und ein Zelt bezogen. Auf diese Weise blieben wir in der Nähe des Hauses und konnten beobachten, was darin geschah. Christoph, meinen Jüngsten, zog es unwiderstehlich zu den freundlichen Soldaten, von denen er sehr schnell Englisch lernte. Er machte das so, daß er immer wieder zwischen dem Haus und dem Gartenhäuschen hin und her lief und sich immer wieder englische Phrasen sagen ließ. Zum Beispiel kam er gleich zu Anfang und wollte wissen, was heißt: »Ich komme gleich zurück.« Ich sagte es ihm, er lief davon und murmelte die

Worte immer vor sich hin, konnte sie aber nicht richtig behalten und kam noch einmal zurück. Diesmal klappte es, und so lernte er Englisch.

Auch die beiden Größeren, Martin und Bruno, unterhielten sich gerne mit den sehr jugendlichen Amerikanern, die aber keineswegs alle amerikanischer Abkunft waren. Da gab es solche mit italienischen Namen, deren Eltern noch in Italien lebten, andere stammten in der ersten Generation noch aus Deutschland oder aus Jugoslawien und Polen. Komisch war es, als einer der Soldaten mit uns Deutsch sprach, das er ziemlich gut beherrschte, aber sein Deutsch war ein reines Elsäßisch; denn seine Abteilung war lange Zeit im Elsaß stationiert gewesen. Lustig war es auch, als unser Dorfschmied, der jahrzehntelang in Amerika gearbeitet hatte, mit den amerikanischen Soldaten englisch sprechen wollte, aber sie verstanden sein Kauderwelsch nicht und holten mich als Dolmetscher. Sein Englisch war ein schauderhaftes Gemisch aus Oberbayrisch und Texanisch. Nach diesem Intermezzo galt ich unter den Soldaten als der Gentleman, der besser Englisch sprach als sie.

Auf diese Weise stellten sich allmählich erträgliche Beziehungen her zwischen den Dorfbewohnern und der Besatzung, die sich im ganzen friedlich, sogar freundschaftlich verhielt, aber es gab unter diesen Soldaten auch richtige Gangster. Einer von ihnen kam zu seinen Kameraden in unser Haus, ziemlich angeheitert. Meine Taschenuhr mit der vom Vater Kronecker geerbten eisernen Kette aus dem ersten Weltkrieg »Gold gab ich für Eisen« erregte die Aufmerksamkeit des Betrunkenen. Es war bereits Abend, und ich zog mich ins Waschhaus zurück. Aber der Mann folgte mir und zwang mich mit vorgehaltener Armeepistole und der Bemerkung »This is military«, ihm meine Uhr zu »verkaufen«. Als er bei uns im Waschhaus saß, streifte er seinen rechten Ärmel zurück und zeigte mir eine lange Reihe von goldenen Armbanduhren, die er auch vorher schon beim Vorrükken auf ähnliche Weise erobert hatte. Auch ein Säckchen mit kostbaren Ringen zog er aus der Tasche und protzte damit. Bei einigen dieser Stücke deutete er an, daß er die früheren Besitzer »auf der Flucht erschießen mußte«. Er mag nicht der einzige Räuber in der amerikanischen Armee gewesen sein.

Nun, mit der Zeit wurde unser Dorf als Stützpunkt aufgegeben, und die Einheiten rollten ab. Die letzten verließen eines Samstagmorgens das Dorf und unser Haus und ließen uns wissen, wir könnten das Haus von zwölf Uhr mittags an, aber nicht früher, wieder beziehen. Dies war etwa acht Uhr morgens. Kaum hatten sie das Dorf verlassen, betraten wir natürlich sofort unser Haus und fanden es hell erleuchtet von einer großen Reihe brennender Kerzen, die in allen Zimmern herumstanden, auf Fensterbrettern, auf Stühlen, auf Tischen und Kommoden, vom Parterre bis unter das Dach. Wären wir nicht rechtzeitig eingedrungen, wäre unser Haus bestimmt abgebrannt. Das war der Abschiedsgruß der Amerikaner.

Nun begann wieder ein friedlicheres Leben im Dorf, einige der Bauerntöchter wollten Englisch lernen und kamen zu mir, um Unterricht zu nehmen. Mit geringen Ausnahmen wollten sie aber nur wenig oder gar nichts dafür leisten. Mir kam es auch weniger auf Geld an, sondern auf Lebensmittel. Ich ging also zu einem der Bauern des Nachbardorfes Osterwarngau, dessen Tochter meine Schülerin war und wollte mit ihm besprechen, daß er mir statt Stundengeld Lebensmittel liefere. Er führte mich ohne viel Worte in seine Scheune, wo im Hintergrund ein großes offenes Faß stand, in dem offenbar einmal Sauerkraut gewesen war. Er sagte: »Was da drin ist, das kannst du haben, das haben die Soldaten zurückgelassen.« Es war aber nur ein kleiner Rest von verfaultem und entsetzlich stinkendem Sauerkraut drin. Das war sein erstes Angebot und sein letztes auch. Die Tochter hörte bald wieder mit dem Englischlernen auf, da sie gar keine Begabung hatte und auch ohne Englisch mit den amerikanischen Soldaten auskam. Mehr Glück hatte ich mit der Tochter eines ehemaligen Forsthüters, der jetzt die merkwürdigerweise zahlreichen Notschlachtungen vornahm. Seine Tochter war nicht nur sehr begabt, sondern er war auch ein wirklich sozial denkender Mensch und wußte, daß geistige Arbeit einen hohen Wert hat. Er kam auch manchmal zu Besuch in unser Haus und war ein recht gebildeter Mensch, obwohl nur bäuerlicher Herkunft. Er »bezahlte« mich bei jeder Notschlachtung mit den besten Stücken und brachte auch sonst Lebensmittel mit, so daß wir durch ihn allein schon ganz gut leben konnten. Seine Tochter arbeitete bei mir mit sehr großer Freude und heiratete bald darauf einen tüchtigen amerikanischen Unteroffizier.

Im ganzen machten sich die Dorfbewohner bei den Amerikanern dadurch unbeliebt, daß sie bei den morgendlichen Verteilungen von Kaffee sich so habgierig und neidisch benahmen, sich gegenseitig zurückdrängten und sogar in Streit gerieten, daß der amerikanische Koch bald seine Verteilungen einstellte und den Kaffee sowie alle anderen reichlich übrigbleibenden Reste in die Abfallgrube schüttete. Mit solchen kleinen Alltäglichkeiten verging die Zeit. Es wurde Sommer, und ich erwartete eine Nachricht aus Stuttgart. Die öffentliche Post war zwar noch nicht in Betrieb, aber es wurden durch das ganze süddeutsche Gebiet Briefe von Bahnhof zu Bahnhof befördert, soweit es überhaupt möglich war. Anfang Juli bekam ich einen solchen Brief von Erich Schwebsch, der mir mitteilte, daß in Stuttgart bereits Vorbereitungen für die neu zu eröffnende Waldorfschule im Gang seien, und mich bat, so schnell wie möglich nach Stuttgart zu kommen. Eisenbahnen durften Zivilisten nicht benützen, weil die Bahn hauptsächlich zur Beförderung von Versorgungsgütern gebraucht wurde, aber es verkehrten bereits Lastwagen von Ort zu Ort, und es war möglich, sie auf den Hauptstraßen zu benützen. Man mußte nur Passierscheine und einen persönlichen Ausweis vorweisen, die an allen sogenannten »Checkpoints« kontrolliert wurden. Da aber die amerikanischen Soldaten nicht Deutsch konnten, kam man auch mit einem Formblatt irgendeiner Behörde durch; wenn es nur wie ein amtliches

Papier aussah. Martin, Bruno und Christoph freuten sich auf diese abenteuerlichen Fahrten und horchten überall herum nach Fahrgelegenheiten. Auf den Landstraßen ging es bunt zu, und ohne die ordnende Aufsicht der Amerikaner wäre nie ein ordentlicher Verkehr möglich gewesen. Mancher Lastwagenfahrer wollte keine Gäste mitnehmen, aber diese Art von Egoismus verstanden die Amerikaner nicht. Sie sorgten dafür, daß in einer gewissen Reihenfolge jeder mitkam, bevorzugten Familien mit Kindern, die ebenfalls gelegentlich unterwegs waren und verhinderten auch die Überfüllung der Wagen.

Eines Tages fuhren »wir vier Männer« in dieser Weise von Warngau ab und kamen auf unserer ersten Fahrt bis nach München zum Güterbahnhof. Von dort war es allerdings unmöglich, ohne Erlaubnis der amerikanischen Behörden in Richtung nach Westen weiterzukommen. Wir erreichten am selben Tag mit einem LKW Ulm, fanden dort einen Kohlenwagen am Bahnhof, der bis Untertürkheim fuhr. Der Stuttgarter Hauptbahnhof war noch nicht benützbar. Teilweise laufend, teilweise irgendeinen Wagen anhaltend, waren wir schließlich an unser Ziel Waldorfschule Uhlandshöhe gelangt. Wir fanden zunächst nur ein Chaos vor, auf dem Schulhof türmten sich haushohe Erdhaufen und Stapel von Balken, die aus dem Brand unseres Hauptgebäudes gerettet worden waren. Unterkunft fanden wir im ehemaligen Physiksaal, der von der Luftschutzwache in drei Zimmer eingeteilt worden war. In diesem Vorderhaus wohnten bereits einige Kollegen wie Schwebschs und Tittmanns. Frau Tittmann versorgte uns mit Essen, Luftschutzbetten und Decken waren vorhanden. Im Erdgeschoß des Vorderhauses arbeitete bereits notdürftig ein Büro. Wir erfuhren, daß an einigen Stellen, hauptsächlich in Degerloch und Sillenbuch, pädagogische Kurse im Gang waren, die auch sehr gut besucht wurden. Auf dem Schulgelände selbst arbeiteten ehemalige oder zukünftige Waldorfschüler eifrig und mit Begeisterung, um die Schuttberge zu beseitigen und die Ruine des Hauptgebäudes einigermaßen gebrauchsfähig zu machen, da sämtliche Klassenzimmer des Erdgeschosses noch erhalten waren. Es gab zwar noch keine Erlaubnis von seiten der amerikanischen Behörden, in Stuttgart Schulen wieder zu eröffnen, aber wir wollten für den Zeitpunkt der Eröffnung gerüstet sein.

Ich glaube, es wurde selten mit solcher Freude und solcher Begeisterung gearbeitet, und jeder, der dabei mithalf, setzte seine ganze Kraft ein. Zu diesen Helfern gehörten natürlich auch Martin und Bruno, Christoph half mir, soweit es ihm möglich war, bei der Aufgabe, die ich übernommen hatte. Meine Kräfte waren wohl durch das Lagerleben ziemlich reduziert, an den Aufräumungsarbeiten konnte ich mich nicht beteiligen, aber ich verpflichtete mich, die Lehrer– und Schülerbibliothek wieder aufzubauen. Ich benützte dazu den größten der erwähnten Räume, die ehemals unser Physiksaal waren, und fing an, aus Kisten und sonstigen verfügbaren Brettern Regale zu zimmern, eine Arbeit, die mich mehrere Monate in Anspruch nahm. Sie mußte auch zweimal unterbrochen werden, da wir die Fahrt nach Warngau wiederholten, um von dort alles mitzubringen, was wir in Stuttgart für unsere zukünftige Wohngelegenheit brauchen konnten. Im September 1945 nahmen wir auf längere Zeit Abschied von Warngau, denn in Stuttgart stand zu Anfang Oktober die Eröffnung der Waldorfschule bevor.

Ich hatte mittlerweile mit meinen drei Söhnen den sogenannten Turmstock unseres Verwaltungsgebäudes bezogen, drei kleine Räume mit schrägen Wänden unmittelbar unter dem flachen Dach des Gebäudes. Es war wirklich eine Notwohnung, aber wir fühlten uns dennoch darin recht wohl, obwohl uns in diesem Winter 45 auf 46 einmal ein Sturm die Dachluke über den Köpfen wegriß und wir Mühe hatten, diesen Deckel während eines Hagelwetters mitten in der Nacht wieder an seine Stelle zu bringen. Da wir nur vier männliche Wesen waren, die gelernt hatten, sich während des Krieges zu behelfen, konnten uns solche äußerlichen Unbequemlichkeiten die gute Laune nicht verderben. Ida war noch am Bodensee bei ihren Freunden gut untergebracht, und es blieben ihr solche Unbilden erspart. Als sie endlich wieder zu uns kam, konnten wir bald in eine Wohnung in die Wartbergstraße ziehen und mit ihr zusammen wieder ein normales Leben führen. Sie wohnte in der ersten Zeit bei Freunden, bis wir unsere neue Wohnung beziehen konnten, dann übernahm sie die Führung unseres Haushaltes. Bald konnte ich auch einen Flügel erwerben, damit sie ihre Klavierstudien an der Hochschule für Musik, vor allem bei Professor von Besele, fortsetzen konnte. Sie bewältigte diese so diametral entgegengesetzten Aufgaben der Haushaltsführung und der künstlerischen Tätigkeit mit unverwüstlichem Gleichmut und war dadurch ein gutes Vorbild für ihre drei Brüder. Erschwert wurde unsere Lebenshaltung in den ersten Zeiten durch die Knappheit der Lebensmittel; denn der Schwarze Markt blieb uns verschlossen. In unserer Turmwohnung half uns unermüdlich Frau Preuß, die ebenfalls nach der Katastrophe von Dresden nach Stuttgart gekommen war und bereits mit ihrer Tochter Ursula eine Wohnung gefunden hatte. Sie kam jeden Tag und bereitete uns vortreffliche Mahlzeiten, soweit dies in der notvollen Zeit möglich war. Ihre treue Hilfe soll von keinem von uns vergessen werden.

Am 1. Oktober 1945 bekam die Waldorfschule einen Monat vor den Staatsschulen von der amerikanischen Militärregierung die Erlaubnis, die Schule zu eröffnen mit einem einfachen, aber feierlichen Akt, bei dem auch die Behörden der Stadt und des Staates vertreten waren. Damals hatte die Waldorfschule einen treuen Freund an dem Kultusminister Bäuerle, der aus der Volkshochschulbewegung stammte und einen echten Sinn für neue und zeitgemäße Pädagogik hatte. Der Schulverein hatte sich bereits wieder gebildet unter dem Vorsitz der Herren Leinhas, Dr. Kühn und Dr. Walter Rau. Der Militärgouverneur von Stuttgart bewies der Schule sein besonderes Wohlwollen dadurch, daß er seine Tochter unsere zehnte Klasse besuchen ließ.

Sie blieb aber nur zwei Jahre, worauf sie nach Amerika zurückkehrte, um dort ein College zu besuchen. Wir wußten dieses Zeichen von Vertrauen sehr zu schätzen.

Diese guten Beziehungen zur Militärregierung setzten sich fort und waren uns für die kommenden Jahre eine große Hilfe, die sich besonders in umfänglichen Zuwendungen von Büchern aus den Beständen der amerikanischen Armee äußerten. Dies war für unseren Sprachunterricht eine große Erleichterung. Zum Beispiel konnten wir alle Texte, die wir für die Aufführung von »Heinrich dem Vierten« und später für »Macbeth« und »Winter's Tale« benötigten, aus diesen vorteilhaften Zuwendungen beziehen. Die Bibliothek, die ich übernommen hatte, war immer noch in ihrem Notquartier untergebracht, war aber benützbar und auch sehr reichhaltig, denn der alte Bestand unserer Waldorfbibliothek war irgendwo auf die Alb verlagert gewesen und mittlerweile zurückgekommen. Unser Schulleben blühte und gedieh, wenn auch äußerlich noch recht primitiv. Die Räume im Erdgeschoß des alten Schulgebäudes reichten nicht aus, auch die alte Baracke auf dem Schulhof genügte noch nicht, um alle Klassen, Sammlungen, Handarbeits- und Eurythmieräume aufzunehmen, aber es kam auf dem Turnplatz eine große Baracke dazu, die uns weiterhalf. Weiterer Raum wurde geschaffen durch eine zweite Baracke auf dem Schulhof, die sich an das Verwaltungsgebäude anlehnte. Als erster Teil des Wiederaufbaus erstand, noch vor dem Jahr 1950, der Fest- und Turnsaal in alter Größe. Endlich konnte auch das Hauptgebäude wieder ganz hergestellt werden, in neuer Form und in modernerer Ausstattung, der Schulgarten wurde wieder eingerichtet und gedieh unter der Führung von Berthold Faig, Herrn Eberle und anderen Helfern.

Mit Ausnahme der zwölften Klasse, die noch klein war und aus verschiedenen Jahrgängen bestand, waren alle Klassen voll besetzt, und das Schulgelände zeigte bald sein lebendiges Vorkriegsbild. Die kleine zwölfte Klasse war im jetzigen Empfangsraum im Verwaltungsgebäude untergebracht. Eine stattliche Reihe des alten Kollegiums hatte sich nun wieder in Stuttgart versammelt, verhältnismäßig wenige Kollegen waren während der Kriegszeit verstorben, einige von ihnen durch Bombenangriffe, andere als Soldaten. Besonders schmerzlich empfanden wir, daß Dr. Eugen Kolisko bereits vor dem Ausbruch des Krieges in einem Londoner Untergrundbahnhof einem Herzinfarkt erlegen war. Fräulein von Heydebrand erlag in dem Kinderheim Gerswalde einer schweren Krankheit, Fräulein Düberg starb während eines Bombenangriffs in Berlin, und Herr Emil Kimmich fiel als Soldat an der Ostfront. Auch Fritz Graf von Bothmer, der als Schulleiter die Schule so mutig bis zum Ende getragen hatte, starb 1941 an einem schweren Lungenleiden.

Wir empfanden lebhaft und stark ihre Hilfe bei allem, was wir zur Eröffnung der Schule tun konnten. Zwei bedeutsame Todesfälle ereigneten sich in den Reihen der Schüler während dieses ersten Schuljahres nach dem Krieg 1945/46. Es waren zwei unserer wichtigsten Schüler, die ohne eigenes Verschulden durch Unfälle aus einem vielversprechenden jungen Leben gerissen wurden: Erika Ziegenbein, eine Klassenkameradin meines Sohnes Martin, wurde auf der Fahrt nach Hause das Opfer eines schweren Straßenbahnunglückes in der Blumenstraße. Die Straßenbahn entgleiste in jenem Teil der Blumenstraße, der zur Charlottenstraße abwärts führte und rammte in der Charlottenstraße einen ankommenden Straßenbahnzug. Außer Erika Ziegenbein kamen mehrere andere Fahrgäste dabei ums Leben. Dies war Mitte Februar 1946. Erika Ziegenbein stand wie ein leuchtendes Vorbild im Mittelpunkt des Klassenlebens, von allen Mitschülern verehrt und geliebt.

In ähnlicher Weise bildete Linde Rückner in der neunten Klasse den Mittelpunkt des Klassenlebens. Sie war die Tochter eines Pfarrers der Christengemeinschaft, der damals am Ende des Krieges in Ulm amtierte. Die Lebensumstände der Familie hatten es mit sich gebracht, daß Linde nicht wie die meisten ihrer

Mitschüler bereits vor dem Kriege eine Waldorfschule besuchen konnte, sondern ihr war das Leben in unserer Schule ganz neu, aber sie nahm es mit einer solchen Kraft auf, und ihre Begeisterung für alles Neue, das ihr entgegentrat, strahlte in ganz eigentümlicher Weise über das Klassenleben hin, so daß man meinen konnte, in ihr fasse sich das Ganze zusammen. Sie hatte auch ihren Platz in der Klasse bei der Eröffnung – es war in dem jetzigen Speisesaal – in der zweiten Bank der Mittelreihe des Klassenzimmers gewählt und war bei allem Lerngeschehen die Eifrigste, ohne daß sie sich im geringsten dabei vordrängte. Ihre unaufdringliche geistige Führerschaft schien für alle ihre Klassenkameraden eine geheime Quelle der Kraft zu sein. Sie war wirklich der Mittelpunkt des Klassenlebens. Solche Gedanken bewegten mich im Herzen, als mir in Köngen, wo ich gerade auf dem Weg zur Eröffnung der dortigen Eurythmieschule war, ihr Klassenkamerad Thomas Götte entgegenkam und mir mitteilte, daß Linde Rückner am Morgen dieses Tages an der Omnibushaltestelle Mühlhausen von einem Lastwagen ergriffen wurde und sofort tot war. Dies war Samstag, der 23. März 1946. Der darauffolgende Montag, 25. März wäre ihr fünfzehnter Geburtstag gewesen. Als ich an diesem Tage morgens um acht Uhr in das Klassenzimmer kam, bot sich mir ein ergreifendes Bild. Unsere Waldorfschüler hatten schon immer die Gewohnheit, jedem Klassenkameraden zum Geburtstag eine Kerze auf den Platz zu stellen, und diese Kerze stand auch an Linde Rückners Platz, und die Schüler, die zum Unterricht erschienen waren, drängten sich stumm und in großer Ergriffenheit um dieses Licht. Es war ihnen ein Symbol der Tätigkeit und des Wesens ihrer verstorbenen Kameradin. Nachdem die Klasse vollzählig versammelt war, sprachen wir den Morgenspruch, ganz im Gedenken an die verstorbene Linde. Wir empfanden, daß ihr Geistwesen mitten unter uns anwesend sei. Dann sprach ich zu der Klasse von all den Empfindungen, die ich spontan hatte, als mir ihr Tod mitgeteilt wurde. Ich schloß mit einem Gedanken, den ich ungefähr so formulierte: »Eure Klassengemeinschaft hat in ihr den physischen Mittelpunkt aus dem Leben verloren, sie wird aber aus der geistigen Welt euch helfen, daß jeder einzelne von euch aus eurem Umkreis zum Mittelpunkt werden kann. Dieses Ereignis wird euch helfen, ernst und bewußt euer eigenes Leben zu vertiefen. Wir wollen von jetzt an, an all den Tagen des Jahres, an denen die Christenheit der Toten gedenkt, den Todestag und den Geburtstag von Linde Rückner in besonderer Weise feiern.« Nach dem Vormittagsunterricht kam einer der Schüler der Klasse, es war Christoph Killian, zu mir und sagte in wenigen Worten den Dank der Klasse für meine Ansprache und versicherte, meine Worte hätten genau das getroffen, was jeder einzelne von ihnen im Herzen empfunden hätte. Es ergab sich, daß ich im Namen der Schule und der Eltern auch bei der schlichten Bestattungsfeier am Waldfriedhof zu sprechen hatte. Zum Abschluß dieses in das Schulleben tief eingreifenden Ereignisses fand am 30. März des Jahres 1946 eine Feier für die ganze Schule statt, bei der ich in meiner Ansprache an die Schüler die verstorbene Linde Rückner unter den Schutz Rudolf Steiners selbst stellen konnte.

Mir und den Kollegen ist es eine Wahrheit, daß die beiden tragischen Todesfälle von Erika Ziegenbein und Linde Rückner ein weihevolles Ereignis für die ganze Schule bleiben werden. Ich will hier an dieser Stelle noch erwähnen, daß im Laufe des zweiten Schuljahres ein dritter Todesfall einen Schüler der ersten Klasse aus dem Leben nahm und durch die besonderen Umstände dieses Todes ebenfalls eine tiefe Bedeutung für die Schule bekam. Ein Junge namens Bofinger besuchte die erste Klasse, die Fräulein Bettina Mellinger führte. Er war während des Schuljahres oft krank gewesen, wollte aber dennoch keinen Schultag versäumen. Wenn er zu Hause bleiben mußte, ließ er sich jedesmal von einem Klassenkameraden ausführlich berichten, was während seiner Abwesenheit in der Schule vor sich gegangen war. Mit seinen Eltern und Geschwistern sprach er immer nur von der Waldorfschule und zeigte eine für sein Alter besonders bezeichnende Begeisterung. Seine Krankheit verschlimmerte sich im Laufe des ersten Schuljahres, und er starb am Geburtstag der Schule zu Beginn des zweiten Schuljahres am 7. September 1947. Der Geist dieser drei verstorbenen Schüler war vom Waldorfschulwesen besonders erfüllt und begleitete die Schule durch alle Jahre der Nachkriegszeit. Die Art ihres Weiterlebens in der geistigen Welt ist uns verhüllt geblieben, kann aber nur segensreich sein, da sie in ihrem kurzen Leben noch gar kein Schicksal bilden konnten.

Manche von den früheren Kollegen, die aus politischen oder persönlichen Gründen ins Ausland gehen mußten, kamen nicht mehr zurück, teils ihres vorgerückten Alters wegen, aber auch, weil sie eine wichtige Tätigkeit im Ausland nicht mehr aufgeben konnten. Ernst Uehli blieb in der Schweiz als freier Schriftsteller, Walter Johannes Stein in London und betätigte sich als Vortragsredner und Redakteur einer von ihm begründeten Zeitschrift »The Present Age«, Dr. Ernst Lehrs war zuerst in England, dann in Holland ein wichtiger Helfer der dortigen Freunde geworden und kehrte später nach Deutschland zurück, konnte aber seiner Gesundheit wegen nicht mehr Lehrer sein. Herr und Frau Dr. Hahn jedoch kamen aus Holland wieder zu uns zurück und ebenso Bettina Mellinger aus England, die dann in unserem zweiten Schuljahr die erste Klasse übernahm. Sie hatte während des Krieges in England besonders stark für die Waldorfschulbewegung gewirkt, indem sie mit einigen Freunden in Wynstones (Gloucestershire) eine Schule gegründet hatte. Sophie Porzelt war vor dem Kriege zwei Jahre hindurch im Hause anthroposophischer Freunde in Kanada gewesen. Ihre dortigen Erfahrungen hatte sie der Stuttgarter Schule zur Verfügung gestellt und bis zur Schließung eine Klasse bis zu Ende gebracht. Diese achte Klasse, bereits unter dem Eindruck der bevorstehenden Schließung der Schule, hatte als letztes Klassenspiel Schillers »Jungfrau von Orléans« aufgeführt. Die jüngere Tochter unseres damaligen Vorsitzenden des Schulvereins Dr. Emil Kühn hatte dabei die Rolle der Jungfrau getragen.

Beim Neubeginn war Dr. Karl Schubert wiederum Mitglied des Schulkollegiums geworden und bildete damit ein wichtiges Bindeglied von der alten zur neuen Waldorfschule, obwohl seine Hilfsklasse nach dem Krieg selbständig blieb und sich allmählich zu einer heilpädagogischen Schule entwickelte. Sie lebt heute in einem stattlichen Neubau an der Neuen Weinsteige und trägt den Namen Karl-Schubert-Schule.

Er selbst war der erste Waldorflehrer, der nach dem Krieg 1949 die Schwelle des Todes überschritt. Seine Bestattung, nicht als Kremation, sondern als Beerdigung im Waldfriedhof wurde ein bemerkenswertes Ereignis dadurch, daß er sich nach dem katholischen Ritus bestatten ließ. Manche der anthroposophischen Freunde konnten dies nicht verstehen, aber die Verwunderung dieser Freunde besteht ganz zu Unrecht: wie oft hatte Rudolf Steiner selbst gesagt, daß Bekenner aller möglichen Religionssysteme Anthroposophen sein können, da die Inhalte der Anthroposophie geistige Weltwahrheiten seien. Wenn andere religiöse Einrichtungen und Anschauungen der Antroposophie unverständig gegenüber ständen, so sei das nicht die Schuld der Geisteswissenschaft.

So kam es, daß am 8. Februar 1949 Pfarrer Brauchle am Waldfriedhof in Degerloch die Beerdigung Karl Schuberts vollzog und einen aus wahrhaftiger Freundschaft gestalteten Nachruf am Grab für ihn sprach und so lange am Grabe stehen blieb, bis ich als Vertreter der Schule und der Gesellschaft gesprochen hatte. Es war immerhin ein Ereignis geistiger Wahrhaftigkeit und Toleranz, daß dies möglich war. Ich selbst hatte Karl Schuberts weltweite Tätigkeit ausführlich geschildert, vor allem seine Bedeutung als Heilpädagoge und als Religionslehrer des Freien Religionsunterrichtes an der Waldorfschule. Zum Schluß wies ich darauf hin, wie dankbar Rudolf Steiner die Tätigkeit Karl Schuberts stets gewürdigt hat und ihn als Inaugurator der anthroposophischen Heilpädagogik mit wichtigen Aufgaben betraut hatte.

Allmählich lichteten sich die Reihen der noch lebenden Lehrer der ersten Waldorfschule; immer mehr Freunde verließen uns, um von der geistigen Welt aus spürbare Hilfe zu leisten. Kurz nachdem Karl Schubert gestorben war, ging auch Fräulein Hedwig Hauck hinüber, die eine so überaus mutige Vertreterin unserer Schulbewegung gewesen war. Ihrer Anregung verdankten wir es, daß der Grundstein an seiner alten Stelle mitten im Eingang zum Hauptgebäude geblieben war und die Brücke zur zweiten Waldorfschule bildete.

Die Schulbewegung wuchs ziemlich schnell, neue Schulen entstanden an wesentlichen Orten der Bundesrepublik sowohl im süddeutschen wie auch im norddeutschen Raum. Es mögen heute bereits mehr als 35 Schulen sein, von denen jede ein besonderes Gepräge hat und aus den verschiedenen Impulsen entstanden ist. Manche unserer ehemaligen Kollegen in Stuttgart widmeten sich der Aufgabe neuer Schulgründungen. Karl Ege zum Beispiel war mit der Ulmer Schulgründung verbunden, blieb aber doch nicht dort, sondern verabschiedete sich eines Tages, um, wie er sagte, einen längeren Besuch in den USA zu machen. Als er von mir Abschied nahm, meinte er lachend, er werde wohl bald wieder zurückkommen, denn diese englische Sprache, die er ziemlich schlecht beherrsche, sei ihm gar nicht sympathisch. Er kam nicht mehr zurück, Amerika wurde für ihn ein neuer Schicksalseinschlag in sein Leben, und er wurde auch dort ein wesentlicher Helfer der amerikanischen Schulbewegung. Der Sprung nach Amerika mochte ihm dadurch leichter gefallen sein, daß seine erste Gemahlin, die vortreffliche Musiklehrerin, während des Krieges gestorben war. In USA heiratete er bald eine der tüchtigsten Vertreterinnen der Waldorfpädagogik, Marvia McKay, die Tochter des Dichterfreundes von Albert Steffen, die an der Rudolf-Steiner-Schule in Manhatten unterrichtete. Auch in Amerika war die Zahl der Waldorfschulen gewachsen, und Karl Ege betrachtete es als seine Hauptaufgabe, Vorträge zu halten und von Schule zu Schule zu reisen, anstatt an einer einzigen Schule mitzuarbeiten. Mit ihm und seiner schwäbischen Eigenart fühlte ich mich persönlich sehr stark verbunden und vermißte häufig seine Gegenwart in langen Gesprächen, die uns beiden sehr viel bedeuteten. Ihm verdanke ich es auch, daß ich aus dem Nachlaß seiner Gemahlin wieder zu einer guten Geige kam. Er ist ebenfalls bereits ein guter Helfer für uns aus der geistigen Welt.

Auch Dr. von Baravalle kam nicht mehr zu uns zurück. Er hatte bereits vor dem Krieg nach der Schließung der Waldorfschule ein weltweites Feld neuer Tätigkeit in Amerika gefunden und dort in weiten Umkreisen sein eigenes Schicksal erfüllt. Es war eigenartig, daß er seit dem Verlassen unserer Schule an keinem Ort mehr ständigen Aufenthalt nahm, aber doch an allen Orten, wo er wirkte, Spuren seiner schöpferischen Tätigkeit hinterließ. Manche bedeutende Schulgründung in den USA geht auf seine Anregung zurück, aber die Früchte seiner Anregung mußten andere ernten. Nach seinem siebzigsten Geburtstag kam er wieder nach Europa, da seine Gesundheit doch sehr zerbrechlich geworden war. Er litt auch zusehends mehr und mehr an Gedächtnisschwäche und erkannte seine besten Freunde nicht mehr. Es ging ihm dabei wie dem großen amerikanischen Philosophen Emerson, der bereits zehn Jahre vor seinem Tode an ähnlicher Gedächtnisschwäche gelitten hatte. Hermann von Baravalle lebte zuerst mehrere Jahre im Altersheim der Christengemeinschaft in Murrhardt, starb aber schließlich in dem Sanatorium Wiesneck bei Freiburg. Einer seiner ehemaligen Waldorfschüler besuchte ihn dort nicht allzu lange vor seinem Tode und erzählte mir, daß Baravalle ihn sofort erkannt habe. Das war bemerkenswert, aber auch verständlich, denn Frieder Straub war in derjenigen Waldorfklasse gewesen, mit der Hermann von Baravalle als Klassenlehrer bis in die Abiturklasse hinein in Leid und Freud am stärksten verbunden war.

Ich muß es mir hier versagen, die vielen Einzelschicksale meiner früheren Kollegen zu schildern, obwohl jedes einzelne ein besonderes Gepräge trug und es verdiente, in der Erinnerung festgehalten zu werden. Alle von ihnen hatten eine besondere Aufgabe zu erfüllen, die wohl bei jedem den Charakter eines echten Apostolats trug. Keiner von ihnen war der ihm von Rudolf Steiner gegebenen Aufgabe untreu geworden, jeder wirkte an der ihm von seinem eigenen Schicksal zugewiesenen Stelle, und unberechenbar sind ihre Einzelwirkungen.

In Stuttgart ging unser Schulleben stetig und fruchtbar weiter. Unser Ansehen in der Bevölkerung hatte sich sehr zum Positiven gewandelt, und viele Menschen, auch solche, die der Schule ferner stehen, wissen, daß die geistige Wirkung der Waldorfschule nicht aus dem Stadtbild wegzudenken ist. Interessant war es zu sehen, wie auch unsere Freunde aus dem Ausland, vor allem aus den USA und Großbritannien, wieder den Anschluß an uns fanden. Da die Bundesrepublik von den drei Westmächten besetzt war und unter Militäraufsicht stand, war es notwendig, daß jeder Besucher aus Großbritannien wenigstens für die Dauer seines Besuches einen militärischen Rang bekam. So erschien eine Priesterin der Christengemeinschaft bereits 1946 bei uns mit dem Rang eines Leutnants der Armee seiner Majestät. Ein zweiter Besucher, Mister Benians, ein früherer Kollege aus Michael Hall, besuchte uns als Hauptmann. Er brachte den ersten echten Kaffee mit, und wir konnten meinen sechzigsten Geburtstag im Februar 1946 mit Kaffee feiern. Ein dritter Besucher, Mister Cecil Harwood, der in der englischen Gesellschaft sehr gute Beziehungen hatte, erschien sogar als Oberstleutnant oder General – ich kann mich dessen nicht mehr genau entsinnen. Nun, allmählich wurde auch diese Bestimmung unnötig, normale Beziehungen stellten sich her, und wir konnten unsere ausländischen Schulen und Freunde frei besuchen, und sie waren ihrerseits häufig Gäste unserer Tagungen. Junge Ausländer aus allen Teilen der Welt besuchten unser Lehrerseminar, kurz, es stellte sich unsere Beziehung zur ganzen Welt auf natürliche Weise wieder her, und die pädagogische Aufgabe des deutschen Geistes konnte im Sinne unserer Waldorfschulbewegung in fruchtbarer Weise fortgesetzt werden. Es gibt wenig Kulturländer der Erde, in denen die Waldorfschulidee keinen festen Fuß gefaßt hat. Dies kann mit der Einschränkung gesagt werden, daß die Waldorfschulidee in allen Ländern möglich ist, wo das Wesen des freien Geistesleben nicht durch Ideologien politischer Art verhindert wird.

In Stuttgart trieben Dr. Erich Gabert, Dr. Emil Kühn und Herr Fritz Koegel die Gründung einer zweiten Waldorfschule eifrig voran. Es waren so zahlreiche Anmeldungen unberücksichtigt geblieben, daß eine zweite Schule unbedingt notwendig war. Nach mannigfaltigen Verhandlungen fand sich ein sehr geeignetes Gelände auf der westlichen Stadtseite in dem ziemlich ausgedehnten Ruinenfeld der sogenannten »Villa Wolff«. Bereits im Jahr 1948 wurde die zweite Schule in Stuttgart dort eröffnet. Sie liegt so, daß von der Uhlandshöhe aus drüben auf der anderen Stadtseite das Hauptgebäude der »Waldorfschule am Kräherwald« erblickt werden kann. Heute erhebt sich dort weithin sichtbar der stattliche Neubau, der ein echtes Wahrzeichen moderner Baukunst darstellt. Unser ehemaliger Schüler und jetziger guter Freund der Schulbewegung, Rolf Gutbrod, hat ihn erbaut als ein sichtbares Zeichen der Fruchtbarkeit der Waldorfpädagogik. Es muß jedoch hinzugefügt werden, daß der ganze Neubau nicht Rolf Gutbrods Verdienst allein zuzuschreiben ist: denjenigen Teil des Neubaus, der sich an den zuletzt erstellten Saalbau anschließt und hauptsächlich Klassenräume enthält, die dem direkten Schulleben dienen, verdanken wir dem anthroposophischen Architekten Helmut Lauer. Dieser Teil des Neubaus wurde ihm zu Ehren »Lauerbau« genannt. Heute ist die Waldorfschule am Kräherwald mit ihren etwa achthundert Schülern, die sich auf fast allen Stufen in zwei Parallelklassen aufteilen, ebenfalls zu einem wesentlichen Faktor des Schullebens in Stuttgart herangewachsen. Es soll in diesem Zusammenhang in Vorwegnahme der zeitlichen Entwicklung erwähnt werden, daß jetzt, Ende September 1975, in wenigen Wochen die dritte Waldorfschule im Stuttgarter Gebiet auf einer Anhöhe zwischen Vaihingen und Kaltental ihren fast fertigen Neubau einweiht. Sie hat ihr besonderes Gepräge dadurch, daß sie in den Anfängen als Sonderschule der Waldorfschule Uhlandshöhe entstanden ist, aber sehr schnell selbständig wurde und nun dort in Vaihingen unter dem Namen »Michael-Bauer-Schule« weitergedeihen wird. Sie wird in zwei Zügen geführt, von denen der eine Klassen mit normalen Kindern hat, und der andere als Sonderschule für solche Kinder vorhanden ist, die in irgendeiner Weise Schwierigkeiten beim Lernen haben, ohne anormal zu sein.

Meine persönliche Ausbildung als Romanist und Anglist brachte es mit sich, daß ich als Waldorflehrer die Beziehungen zu dem französisch- und englischsprechenden Ausland in lebendiger Weise weiterführte. Mit sehr vielen Kollegen der englischen Schulen in Großbritannien und später auch in den USA und Kanada war ich eng befreundet, ehemalige Schüler, die ihr Schicksal in alle möglichen Teile des früheren britischen Weltreiches verschlagen hatte, hielten den Kontakt mit mir aufrecht und besuchten mich auch stets, wenn sie der Weg nach Stuttgart führte. Diese Art persönlichen Kontakts mit sehr vielen Schulen des Auslandes (natürlich auch des Inlandes) war durchaus unauffällig und nach außen hin unscheinbar, erschien mir jedoch sinnvoll und wesentlich. In ähnlicher Weise wie im englischen Sprachgebiet pflegte ich auch den Umgang mit sehr vielen Freunden in den Ländern, in denen Französisch die Muttersprache war. Zum Beispiel hatte ich bereits vor dem Krieg freundschaftliche Beziehungen zu allen Mitgliedern der Anthroposophischen Gesellschaft in Frankreich. Gelegentliche Vorträge, die ich halten durfte, verstärkten meine Beziehung vor allem zur Pariser Gesellschaft und zu den Freunden im Elsaß.

In Straßburg war ich schon seit 1931 mit Dr. Jean Schoch und seiner Familie eng befreundet. Schon damals wirkte unter Schochs Führung eine große Gruppe von pädagogisch interessierten Mitgliedern. Sie hatten als Ziel die Gründung einer Waldorfschule in Straßburg. Diese Gründung konnte aber erst nach dem Zweiten Weltkrieg durchgeführt werden, und ich war seitdem sehr häufig in den internen oder öffentlichen Versammlungen mit Vorträgen verschiedener Thematik zu Gast, und als die »Ecole Saint-Michel« 1947 eröffnet wurde, besuchte ich häufig die Klassen dieser kleinen, aber wichtigen Schule und nahm auch an den Sitzungen des Kollegiums teil. Schon als Student hatte ich lebhaftes Interesse am Leben im Elsaß als Grenzland zwischen Frankreich und Deutschland. Ich wußte und erlebte auch auf meinen Fahrten durch das Land, zumal in Begleitung und unter Führung von Dr. Schoch, daß im Elsaß die keltische Geistigkeit immer noch sehr lebendig war, die ja auch für mich seit meiner Kindheit einen wichtigen Faktor meiner inneren Bildung darstellte.

Dr. Schoch war für alle keltischen und vorkeltischen, das heißt steinzeitlichen Altertümer, ein idealer Führer. Er hatte sogar selbst Entdeckungen gemacht, von denen die Archäologie noch keine Kenntnis hatte. An einem Sonntag fuhren wir das ganze Donongebiet ab, zu dessen östlichen Ausläufern der Bergrücken um den Odilienberg gehört. Wir beendeten diese Fahrt mit einer Wanderung auf den sogenannten »Hinteren Langenberg«, dessen langgestreckter Höhenrücken von Westen nach Osten zieht und in einen ziemlich breiten Lichtungskreis ausläuft. Diese fast kreisrunde Lichtung zeigte einen nahezu vollständig erhaltenen Steinkreis. Die Hochsteine, die den Kreis bildeten, waren wohl teilweise umgefallen, aber es fehlte keiner davon, und die meisten von ihnen trugen das Sonnenzeichen. Im Osten dieses Kreises lag ein Altar, der ebenfalls das Sonnenzeichen trug, und neben ihm ein kleinerer Stein, der sich deutlich als Sonnenuhr erkennen ließ, da er an seinem Rande einen schrägen Einschnitt zeigte, in welchem der sogenannte Gnomon, das heißt der Zeiger des Sonnenschattens gesteckt hatte. Diese Anlage hatte Dr. Schoch auf einem Schulausflug mit einer Klasse der Ecole Saint-Michel entdeckt. Ich war davon besonders beeindruckt, da ich von Irland und Großbritannien her bereits so viele Steinkreise kannte, aber keiner von ihnen kam an Bedeutung und Größe diesem gleich. Mir schien auch der Felsenpfad, der den Bergrücken entlangführte und sich fortwährend zwischen Steinen dahinschlängelnd in den Steinkreis mündete, ein richtiger Prozessionsweg zu sein, obwohl die einzelnen Steine dieses Weges natürlich gewachsen zu sein schienen.

Ein anderes Denkmal aus ältesten Zeiten zeigte mir Dr. Schoch am Michaelsberg bei Zabern in einer Höhle dieses Berges, der von einer Michaelskapelle gekrönt ist. Die Höhle liegt etwas unterhalb des Berggipfels, hat aber mit der Anlage der Michaelskapelle nicht direkt etwas zu tun. Am ziemlich hohen Eingang dieser Höhle war eine Grabstätte in den Boden eingehauen, ähnlich wie man sie am Odilienberg an der Seite des Klosters findet. Links von der Höhle sieht man im Felsen eine kleine Öffnung, etwa dreißig Zentimeter im Umfang, die sich bis in die Höhle fortsetzt. Spricht man nun durch diese Öffnung mit gewöhnlicher Stimme hinein, so hört ein Mensch, der im Hintergrund der Höhle steht, die gesprochenen Worte mit gewaltiger Verstärkung. Solche Anlagen mit Echo- und Verstärkungswirkungen sind in Europa ziemlich weit verbreitet und waren schon im Altertum unter verschiedenen Bezeichnungen bekannt. Die Archäologen weisen sie einer bestimmten Epoche zu, die sich dadurch auszeichnet, daß Geistesschüler durch die Kraft des Wortes höhere Erkenntnisse erlangen. Eine der bekanntesten und größten Anlagen dieser Art ist das sogenannte »Ohr des Dionysos« in der Nähe von Syrakus. Dieses »Ohr des Dionysos« wird allerdings schon seit langem als eine Art von Spionageabwehreinrichtung gedeutet; denn alte Schriftsteller erzählen bereits, der von Schiller her bekannte Tyrann Dionys von Syrakus habe seine politischen Gefangenen dort untergebracht, und in dem »Ohr« an der Decke der hohen Höhle seien die Gepräche der Gefangenen belauscht worden. Gewiß war dies nicht der Zweck solcher Einrichtungen, aber Tatsache ist, daß auch in der Höhle am Michaelsberg bei Zabern Gespräche deutlich belauscht werden können, die innerhalb der Höhle mit leiser Stimme geführt werden. Es sind ja auch sonst in Bauwerken akustische Wirkungen bekannt, zum Beispiel in der sogenannten »Whispering Gallery«, der Flüstergalerie, in der Kuppel der Sankt Pauls-Kirche in London.

Diese und viele andere Altertümer des Elsaß lernte ich also durch Dr. Schoch kennen. Den Höhepunkt unserer Wanderungen in den Vogesen bildeten mehrere Besuche des Odilienberges, der wohl das ehrwürdigste Natur- und Kunstdenkmal ist, welches das Elsaß aufzuweisen hat. Wir hielten uns einmal einen ganzen Tag am Odilienberg auf und erlebten die verschiedensten Stimmungen des Lichtes, die tagsüber um den Berg spielen. Es war ein Pfingstsonntag, und was wir da im Lichte der weiten Aussicht vom Berg erlebten, erfüllte die Seele und machte sie offen zum Verständnis des Pfingstwunders der Apostelgeschichte, in welchem die Jünger Christi die Ausgießung des Heiligen Geistes erfuhren und durch die Kraft des Logos zu ihrem apostolischen Amt geweiht wurden. Auch im Lande der Kelten, wo wir eben die Kraft des Pfingstlichtes in uns aufnehmen konnten, wirkten die priesterlichen Abgesandten des Geistes durch das Wort, mit dem sie die Menschen belehrten und ihnen die Geheimnisse der Gotteswelt verkündeten. Solche und ähnliche Gedanken bildeten den Inhalt unserer Gespräche und setzten sich fort in den Vorträgen über Märchengeheimnisse, über Gral und Parzival, die ich an vielen Abenden in der Ecole Saint-Michel in Straßburg halten durfte.

Dr. Schoch war ähnlich wie ich seit langem darum bemüht, das innerste Wesen des Katharismus zu ergründen, der eine der wesentlichsten religiösen Bewegungen des Mittelalters war und gerade in der Zeit des 12. und 13. Jahrhunderts blühte. Für Dr. Schoch war die Kenntnis der Katharer nicht einfach eine Angelegenheit des historischen Wissens, sondern bildete in der intimsten Weise einen wesentlichen Teil seines Seelenlebens. Auf seine Anregung hin hatte ich mehrere Vorträge an der Ecole Saint-Michel über die Katharer zu halten. Dies gab uns häufig Gelegenheit, über die weitläufigen Beziehungen des Katharismus zu allem esoterischen Christentum zu sprechen und uns Gedanken zu machen. Es ließen sich Bögen schlagen zum Wesen des Frühchristentums in Irland und infolgedessen auch zu dem ersten Christentum im Elsaß, das ja in stärkster Weise von den keltischen Missionaren, wie zum Beispiel Columban, geprägt worden war. Zu den irischen Missionaren in dem ehemals keltischen Elsaß hatte auch die Heilige Odilie starke Beziehungen.

Als Arzt hatte Dr. Schoch ein besonderes Interesse an den Katharern, da Rudolf Steiner immer wieder gerade die anthroposophischen Ärzte bereits im ersten Jungmedizinerkurs angewiesen hatte, sich mit den Katharern zu beschäftigen. Daher war es Dr. Schoch bekannt, daß die Katharer neben allem Religiösen starke Impulse christlicher Heilkunst und christlicher Erziehung pflegten. Und beides, Heilkunst und Erziehungskunst bildeten den Inhalt des Willenslebens von Dr. Schoch. Daher kam es auch, daß er häufige Fahrten in die Pyrenäen machte, um das Wirken der Katharer in ihrer Heimat zu erforschen. Einmal schrieb er mir auf einer Postkarte vom Mont Ségur: »Ich fühle mich hier an diesem heiligen Berg so wohl an Körper und Geist, an Leib und Seele, daß mir hier manche Meditation besonders gut gelingt. Ich bin jedesmal dankbar, wenn ich hier sein kann.« Diese Mitteilung Dr. Schochs liegt bereits Jahrzehnte zurück, und wir haben uns seitdem immer wieder getroffen. Ich war auch sein Gast in dem Haus in der Nähe des Vogesenkammes, das sein Vater aus Granitblöcken gebaut hatte und wo seine Familie häufig die Ferien verbrachte. Es war aber dann eine mehrjährige Pause in meinen Begegnungen mit Dr. Schoch eingetreten, hauptsächlich meiner Gesundheit wegen, die mir nicht mehr so viele Reisen erlaubte. Dr. Schoch hatte mich seinerseits häufig in Stuttgart aufgesucht, wenn er mit den Lehrern der Ecole Saint-Michel unsere Erziehungstagungen besuchte. Wir sahen uns zum letzten Mal am Ende der Fünfzigjahrfeier der Waldorfschule um Michaeli 1969. Ich erinnere mich genau an den besonderen Charakter dieser letzten Begegnung mit ihm. Ich war ihm während der Tagung nicht begegnet, da ich nur an wenigen Veranstaltungen teilnehmen konnte. Die Schlußveranstaltung war bereits vorüber, ich hatte den Saal schon verlassen, empfand aber plötzlich den Impuls, noch einmal in den leeren Saal der Waldorfschule zurückzukehren. Da stand Dr. Schoch ganz allein und schaute unverwandt auf die leere Bühne und, wie er mir später sagte, an die Stelle, wo Rudolf Steiner oft als Vortragsredner gestanden hatte. Dr. Schoch war ganz in Gedanken versunken und bemerkte mich nicht. Erst nach einiger Zeit hob er den Kopf und begrüßte mich, aber sein Gesichtsausdruck war sehr nachdenklich, als ob er in Gedanken weit weg wäre. Kurz darauf verabschiedeten wir uns in gewohnter herzlicher Weise, aber noch lag der Schimmer weiter Ferne in seinem Blick. Er sah auch etwas müde aus und klagte gelegentlich über Herzschmerzen, aber im ganzen war er doch noch der alte stabile Freund. Dies war unsere letzte Zusammenkunft, und sein Verweilen im leeren Saal der Waldorfschule sollte ein Abschied für das Leben werden. Ich war an Ostern des darauffolgenden Jahres 1970 zu Besuch in der Klinik Arlesheim und erfuhr dort in der Woche nach Ostern, Dr. Schoch sei mit seiner Familie in den Osterfeiertagen am Mont Ségur gewesen und sei dort am Ostersonntag einem Herzinfarkt erlegen. Ich war um so mehr erschüttert, als ich an unsere letzte Begegnung in Stuttgart dachte, die nun durch diesen Todesfall ein besonderes Gepräge erhalten hatte. Sein ferner Blick im Saal der Schule war wirklich der Abschiedsblick eines Menschen geworden, der wußte, daß er an diese bedeutungsvolle Stätte pädagogischen Wirkens nicht mehr zurückkehren würde.

Etwas später teilte man mir die näheren Umstände mit, unter denen sein Hingang geschehen war. Am Mont Ségur befindet sich ein Denkmal an der Stätte, wo nach der Belagerung der Burg die katharischen Gefangenen verbrannt worden waren. Er stand mit seiner Familie und Freunden und las die Inschrift, die dort angebracht war, dann entfernte er sich allein von dem Denkmal, um es von der gegenüberliegenden Höhe aus noch einmal zu betrachten. Das Feld, auf dem er stand, war von österlichem Schnee bedeckt und ganz weiß geworden. Auf diesem weißen Schneefeld sank er um und erwachte nicht mehr zum Leben. Es gibt wohl kein sinnvolleres Zeichen für das würdevolle Ende eines geistig strebenden Menschen. Seine Gemahlin, die so häufig mich als Gast in ihrem Hause aufgenommen hatte, war ihm im Tode bereits vorausgegangen, und seine ältere Tochter Elisabeth, die an der von ihm gegründeten Ecole Saint-Michel als Musiklehrerin tätig war, folgte ihm bald nach. Sie fand ihren tragischen Tod bei einem Autounfall, dem sie schuldlos erlag. Meine Freundschaft mit der Familie Schoch trat äußerlich nicht sehr in Erscheinung, die Formen, in denen wir uns begegneten, waren herzlich und unauffällig. Sie schien mir immer so zu sein, als ob jeder wüßte, was der andere für ihn bedeutet, wobei aber die äußeren Formen nicht mehr wichtig sind. Sie ging mit vielen Unterbrechungen über vierzig Jahre hin. Es waren nicht ganz vierzig Jahre, als ich ihn gelegentlich meines ersten Vortrags in Straßburg in der Münstergasse aufsuchte. Er konnte damals den Vortrag selbst nicht hören, da er mit einem Beinbruch zu Bett liegen mußte, aber er lachte mir von seinem Krankenlager aus mit so fröhlicher Herzlichkeit entgegen, daß ich den Eindruck hatte, wir seien alte Freunde und sähen uns nach längerer Abwesenheit wieder einmal. Sein Gesichtsausdruck bei dieser ersten Begegnung war der eines blonden und blauäugigen Jünglings, der voll Tatkraft einem hellen Leben im

Dienste des Geistes entgegenschaut. So mag auch sein Blick gewesen sein, als er jenes Denkmal der Geistestreue bis zum Tode an jenem Ostertag am Mont Ségur betrachtete.

Seit dem Neubeginn der Waldorfschule im Jahr 1945 haben die meisten Mitglieder der ersten Schulbewegung unsere Erde verlassen, um von der jenseitigen Welt aus weiterzuhelfen. Mehr als sechzig sind es bereits vom alten Waldorflehrerkollegium, die wir nicht vergessen können. An diesem Michaelitag 1975, an dem ich diese Worte aufschreibe, gedenke ich ihrer in besonders dankbarer Weise und bin sicher, daß sie ihre selbst gewählte pädagogische Aufgabe in einem neuen Leben weiterführen werden, so wie sie jetzt schon von der geistigen Welt aus unsere Tätigkeit begleiten. Dr. Schochs Hingang habe ich als ein hervorragendes Beispiel jener Treue zu schildern versucht, die alle ehrlich strebenden Schüler Rudolf Steiners erfüllt.

Meine eigene Tätigkeit an der Schule war nach wie vor dadurch bestimmt, daß ich an der Oberstufe den Unterricht in den neueren Sprachen weiterführte und vor allem die Vorbereitungsklasse für das Abitur betreute. Den Unterricht in der Vorbereitungsklasse betrachtete ich als eine Art Opferdienst vor der Öffentlichkeit. Ich ließ mich dabei von dem Grundsatz leiten, allen Waldorfschülern, die das Abitur machen wollten, diese banale Prüfung möglichst zu erleichtern. Denn für unsere Schüler war diese Prüfung als Tor zu vielen Berufen viel schwerer als für die Staatsschüler. Dafür konnten unsere Schüler nichts, und deshalb hielt ich es für die Pflicht der Waldorflehrer, alles zu tun, um die Nachteile unserer Stellung einigermaßen auszugleichen.

Für die Arbeit in der Vorbereitungsklasse pflegte ich sorgfältig die Beziehungen zu denjenigen Lehrern der Staatsschule, die unsere Schüler zu prüfen hatten. Ich besuchte diese Lehrer häufig, besprach mit ihnen ihre eigene Tätigkeit, ihre Ziele und Absichten und konnte auf diese Weise manches tun, um unsere Prüfung zu erleichtern. Ich bemühte mich vor allem darum, die

Prüfungsthemen für die neueren Sprachen unserem Lehrplan anzupassen. Mein Ziel war dabei, an die Stelle der Übersetzungen in das Deutsche die Form der Nacherzählung zu setzen. Das gelang mir auch gut für das Englische, obwohl mir am Anfang einige Hindernisse für den guten Erfolg in den Weg gelegt wurden. Als zum ersten Mal eine Nacherzählung geschrieben werden konnte, verlangte der Vorsitzende der Prüfungskommission, daß der Kollege von der Staatsschule den Text zweimal vorlesen solle. Diese Bestimmung erschwerte die Prüfung aus verschiedenen Gründen: der Kollege fühlte sich selbst unsicher und erklärte, er sei dieser Aufgabe nicht gewachsen, da er noch nie in England gewesen sei und nur eine Schulbuchaussprache des Englischen habe. An meine Aussprache dagegen waren die Schüler gewöhnt, und ich konnte durch die Satzbetonung den Sinn des ganzen Stückes wesentlich verständlicher machen. Es zeigte sich auch bei der Vorlesung, daß die Schüler den Kollegen schwer verstanden. Sogar unsere »Beste«, die acht Jahre in England gelebt hatte, hatte Mühe, dem Text zu folgen. Trotzdem war ich mit dem Erfolg mehr zufrieden, als wenn die Schüler eine Übersetzung in das Deutsche zu machen gehabt hätten. Da aber dieser Kollege mich dringend bat, für das folgende Jahr wieder Diktat mit Übersetzung vorzuschlagen, folgte ich seinem Wunsch, aber nur für dieses kommende Jahr; denn im Jahr darauf trat ein anderer Kollege von einer Staatsschule an seine Stelle, der die Nacherzählung vorzog, und außerdem durfte ich dann selbst die Texte vorlesen. Bei dieser Einrichtung blieb es für die kommenden Jahre, und der Erfolg war sehr groß. Im Laufe der Zeit lockerten sich überhaupt die Bestimmungen, und der ganze Verlauf der Prüfung wurde gerechter, und die Ergebnisse waren besser und zeigten den wahren Stand der Bildung unserer Schüler. Heute, im Jahre 1975, wurde sogar öffentlich bekanntgegeben, daß einige unserer Schüler den besten Jahresdurchschnitt des Landes Baden-Württemberg hatten.

Was mich in der Vorbereitungsklasse am meisten Zeit kostete, waren die für die neueren Sprachen dringenden Korrekturen der laufenden Klassenarbeiten. Ich hatte im ganzen an der Schule 20 bis 24 Stunden in der Woche zu geben und brauchte ungefähr 40 Stunden wöchentlich, um die Korrekturen richtig zu erledigen, und da es mein Prinzip war, die korrigierten Arbeiten sofort wieder zurückzugeben, war meine Zeit wahrlich sehr gut ausgefüllt. Als daher die Kollegen mich in den Verwaltungsrat wählten, geriet ich in arge Bedrängnis. Die Tätigkeit im Verwaltungsrat verlangt ständige Wachheit für das Ganze der Schule, verlangt Vorbereitung und Vorgestaltung der Konferenzen, verlangt auch Erledigung der laufenden Schulkorrespondenz und Gespräche mit Besuchern und Kollegen. Wie sollte ich neben meiner Pflichtarbeit bei vollem Bewußtsein der Verantwortung dies alles bewältigen? Nach einigen Jahren stellte ich mich selbst vor die Wahl und wählte die täglichen Pflichten in den Klassen. Diese Wahl fiel mir insofern leicht, als für meine Arbeit in der Oberstufe und vor allem in der Vorbereitungsklasse kein geeigneter Ersatz vorhanden war und ich von jeher der Meinung war, daß das Notwendige zuerst geschehen müsse. Ich hatte jedoch noch einen zweiten Grund, aus dem Verwaltungsrat wieder zurückzutreten; ich hatte immer in gerechter Betrachtung meiner eigenen Fähigkeiten gefunden, daß mir die persönliche Leitung der heranwachsenden Jugend näherlag als die Leitung eines großen Organismus, wie es die Waldorfschule in ihrer Stellung in der Welt verlangt.

Meine umfangreiche Tätigkeit an der Schule brachte es bald mit sich, daß mein Jüngster Christoph sehr viel allein war und sich an Stellen Unterhaltungen suchte, die ich nicht kontrollieren konnte. Vor allem trieb es ihn immer wieder zu den amerikanischen Soldaten, und dadurch kam er in allerhand Lagen, denen er mit seinen elf Jahren nicht gewachsen war.

Die Zeit verging, Christoph machte die Schule durch und bekam danach durch Vermittlung eines Offiziers eine Stelle im Büro des amerikanischen Hauptquartiers am Burgholzhof. Die untergeordneten Dienste, die er dort zu verrichten hatte, waren für seine Lebensbildung bedeutungslos, wohl aber lernte er sehr viel im Verkehr mit den Menschen, und das kam ihm bei seiner späteren Tätigkeit als Heilpädagoge sehr zugute.

Eines Tages brachte er mir eine kleine in Amerika sehr weit verbreitete Schülerzeitschrift, in der er einen Bericht über das Musikleben in Stuttgart veröffentlicht hatte. Einige Wochen nach der Veröffentlichung dieser Reportage bekam er eine Menge Zuschriften von Schülern aus den USA und Kanada, die ihn einluden, mit ihnen regelmäßig zu korrespondieren. Zwei dieser Korrespondenzen pflegte er einige Jahre lang, und zwar mit einem Jungen aus Florida und einem Mädchen aus Montreal. Beide Korrespondenten luden ihn ein, zu ihnen zu kommen und dort zu arbeiten. Sie meinten, er werde bei seiner Schulbildung leicht eine ordentliche Beschäftigung finden. Es ergab sich dann auch im Jahr 1958, daß er nach Kanada auswanderte und zunächst in der Familie dieser Korrespondentin wohnen konnte. Von Montreal ging er mit einigen Freunden nach Toronto. Christoph hatte mit dem Besten aus dieser Gruppe von Freunden beschlossen, das kanadische Abitur zu machen und zu studieren. Die Lehrerprüfung bestand er nach zwei Jahren und bekam seine erste Anstellung als Lehrer in einer Oneroom-School in der Nähe von Dunnville am Eriesee. Er hatte schon zu Beginn seiner Lehrerausbildung eine junge Witwe kennengelernt, die kurz vorher ihren Mann durch einen Autounfall verloren hatte.

Als Christoph seine Stellung in Dunnville antrat, hatte er selbst bereits eine Tochter Andrea, die heute, 1975, eine tüchtige Waldorfschülerin in Toronto ist und ihren Großvater aus Stuttgart innig liebt. Ich hatte die Familie zum erstenmal besucht, während sie noch in Toronto lebte, und Christoph in Ausbildung war. Ein zweites Mal besuchte ich sie in Dunnville und erlebte jedesmal neu mit großer Freude ihr glückliches Familienleben. Christoph war nur ein Jahr lang in Dunnville in dieser One-room-School, hatte dort reiche Erfahrungen als Lehrer von etwa vierzig Kindern gesammelt, die sich über die acht Jahrgänge der Volksschule verteilten. Ich konnte in seiner Schule hospitieren und mich freuen, wie beliebt er bei diesen Landkindern war und wie gut er alle Schwierigkeiten eines solchen gemeinsamen Unterrichts für acht Klassen meisterte. Heute sind diese Einraumschulen weitgehend abgebaut und das Unterrichtswesen im ganzen Kontinent Amerika fortschrittlich weiterentwickelt; damals waren sie notwendig, um überhaupt Bildung auf dem Lande zu vermitteln. In seinem zweiten Schuljahr hatte Christoph bereits eine einzige Klasse in einer anderen Kleinstadt des südlichen Ontario. Das dritte Schuljahr brachte ihm bereits eine Entscheidung für das ganze Leben: man bot ihm eine Stellung als Heilpädagoge in Toronto selbst an. Es handelte sich bei seiner neuen Anstellung um eine Schule für schwererziehbare und milieugeschädigte Kinder, die den bezeichnenden Namen »Thistletown« trug. Diese Schule lag in einem landschaftlich sehr schönen, ausgedehnten Park und beherbergte damals etwa siebzig schwererziehbare Kinder aller Altersstufen der Volksschule. Die Kinder waren in Gruppen von drei bis sechs, je nach ihrer Schwierigkeit zusammengefaßt und wurden von je einem Lehrer unterrichtet und erzogen. Die meisten Lehrer, die da unterrichteten, betrachteten ihre Arbeit lediglich als einen »Job« und wechselten sehr häufig die Stelle. Manche arbeiteten dort nur kurze Zeit, um Geld zu verdienen, bevor sie eine andere Arbeit antraten. Bald war Christoph trotz seiner Jugend einer der ältesten Lehrer, das heißt, er gehörte zu denen, die länger als ein Jahr aushielten. Er fiel auch sonst aus dem Rahmen der Unterrichtsmethoden; denn er arbeitete mit seinen Kindern ohne Zuhilfenahme von Grammophon und anderen Unterrichtsmaschinen: er machte Musik auf der richtigen Flöte mit ihnen, sang Lieder, rezitierte und erzählte Geschichten. Bereits in Dunnville hatte er mit seiner Kinderschar eine Weihnachtsfeier für die Eltern einstudiert, wo alle diese Tätigkeiten den Eltern vorgeführt wurden. Wie in einer Waldorfmonatsfeier zeigten die Kinder in allen Fächern ihren staunenden Eltern, was sie gelernt hatten. Den Abschluß bildete ein Weihnachtsspiel aus »Christmas Carol« von Dickens. Den Scrooge spielte dabei der größte Flegel der achten Klasse, der offenbar während dieses Schuljahres die gute Haltung gelernt hatte; denn er war derjenige, der nach Schluß der Vorstellung das Klassenzimmer mit Besen und Schaufel wieder sauber machte, ohne dazu aufgefordert worden zu sein. Christoph hatte sich als echter Waldorflehrer ausgewiesen.

In Toronto hatte Christoph natürlich auch Anschluß gefunden an die Anthroposophische Gesellschaft und die Christengemeinschaft, die dort eine kleine Gruppe von etwa dreißig Mitgliedern bildete. Die Freunde schätzten ihn und seine Frau, und beide waren bei allen Veranstaltungen hilfreich tätig. Auch bei den Weihnachtsspielen, die jedes Jahr aufgeführt wurden, übernahm Christoph die eine oder andere Rolle, zum Beispiel den Baumsinger im Paradeisspiel und den guten Wirt im Christgeburtsspiel.

Die Jahre vergingen, ich war häufig zu den verschiedensten Jahreszeiten in Kanada zu Besuch und konnte immer wieder erleben, daß Christoph seinen dauernden Lebenskreis gefunden hat. Jedesmal löste mein Besuch große Freude aus, ich lernte mit der Zeit alle Freunde der Gesellschaft und Christophs bürgerliche Freunde kennen und konnte mich auch durch Vorträge und Mitarbeit nützlich machen.

Die Entwicklung meiner übrigen Kinder verlief unter weniger dramatischen Umständen, soweit die Dramatik der Zeit zwischen 1920 und 1945 eine ruhige Entwicklung zuließ. Stefan hatte nach der Rückkehr aus der französischen Gefangenschaft sein Medizinstudium in Heidelberg wieder aufgenommen und wurde nach seiner letzten Staatsprüfung an der Ludolf-Krehl-Klinik in Heidelberg als Assistenzarzt angestellt. Auch die ersten Jahre seiner Ehe verbrachte er mit seiner Familie dort in Heidelberg. Die Familie zählte bereits fünf Kinder, als Stefan nach Stuttgart übersiedelte.

Nachdem der Umbau des Verwaltungsgebäudes der Waldorfschule fertiggestellt war, bezog ich mit Christoph wieder eine Dreizimmerwohnung in diesem modernisierten Bau auf dem gleichen Flur, den vor dem Umbau noch jenes Türmchen zierte, wo Karl Stockmeyer sein Observatorium hatte und wo wir nach dem Krieg notdürftig in kleinen Zimmern unterschlüpfen konnten. Diese Dreizimmerwohnung teilten wir mit unserer Kollegin Fräulein Mathilde Hoyer bis zu ihrem Tod. Danach konnte ich diese Wohnung mit Bruno und seiner Frau Lissy, geborener Burges, teilen; denn Christoph war mittlerweile nach Kanada ausgewandert. Das war eine sehr schöne Zeit mit Bruno und seiner Frau, weil wir sehr harmonisch zusammenstimmten. Nachdem wir längere Zeit in der Waldorfschule zusammengewohnt hatten, folgte ich einem Vorschlag, den mir Stefan machte, nachdem er das ehemalige Jagdschloß des Markgrafen von Baden in Bauschlott bei Pforzheim erworben hatte, dorthin zu ziehen. Der sogenannte Zufall brachte es mit sich, daß Stefan jenes Haus an der Grafeneckstraße kaufen konnte, in welchem ich mit Christoph zusammen in der Pension Wirth gelebt hatte.

Als Familienwohnsitz aber hatte Stefan das erwähnte Jagdschloß gekauft. Bereits bei unserer ersten Besichtigung dieses sehr heruntergewirtschafteten Anwesens – es hatte darin eine ungarische Vertriebenenschule gehaust – hatte er mir seine weitreichenden Pläne erläutert. Das Schloß sollte nicht nur seine Familie beherbergen, sondern sich zu einem Kulturzentrum entwickeln, wo sich Maler und Musiker zusammenfinden sollten zu gemeinsamem Wirken. Eine Gaststätte sollte eingerichtet werden, auch eine gepflegte Caféstube mit Heimatmuseum war vorgesehen, und schließlich sollte auch noch ein Hotel in den oberen Räumen des Kavaliersbaues entstehen. Dort also hatte Stefan für mich eine Wohnung vorgesehen. Ich hielt es für sinnvoll, seinen Vorschlag anzunehmen, da ich sowohl zu seiner Frau als zu seinen sieben Kindern ein liebevolles Verhältnis hatte. Durch meinen Wegzug aus unserer Dreizimmerwohnung war nun auch genügend Platz geschaffen, wenn Brunos Familie sich vergrößerte.

Ida hatte mittlerweile ihre Studien an der Musikhochschule und bei Professor von Besele beendet und hatte sich mit ihrem belgischen Freund aus Dresden verheiratet. Ich war da häufig, besonders an Sonntagen, zu Gast und freute mich über die heranwachsenden Kinder, die zur Zeit meiner Übersiedelung nach Bauschlott bereits vier an der Zahl waren. René, der Älteste, konnte mit seinem Großvater anfangs gar nichts anfangen und lehnte es sogar ab, ihm die Hand zu reichen. Als er etwa zwei Jahre alt war, kroch er gerne unter den Eßtisch, sobald er seinen Teller leergegessen hatte, und da passierte es eines Sonntags, daß ich zufällig meine Hand über den Stuhl herunterhängen ließ und eine kleine Kinderhand darin spürte. Das war Renés Liebeserklärung. Von da an stand er jeden Sonntag um zwölf Uhr am Fenster, um dem am Anfang der Straße auftauchenden Großvater entgegenzuschauen. Als er in die Schule gekommen war, bat er häufig seine Mutter, seine Klassenlehrerin Fräulein Werner zum Essen einzuladen. »Du mußt aber ein gutes Essen machen, und zum Nachtisch muß es Ananas mit Schlagsahne geben.« Überhaupt war er weiblichen Gästen gegenüber sehr liebevoll und zeigte deutlich seine Zuneigung.

Bruno hatte 1950 das Abitur gemacht und hatte sein neusprachliches Studium an der Universität München begonnen, wo ihm als Dozentin die Tochter meines alten Lehrers begegnete. Frau Philipine Schick war eine in Bayern sehr angesehene Komponistin und leitete an der Universität im Rahmen des Englischen Seminars einen Madrigalchor, in welchem Bruno mitsang. Sie war mit dem Professor an der Musikhochschule, dem Komponisten von Waltershausen, verheiratet.

Bruno blieb endgültig zur Beendigung seines Studiums in Freiburg und pflegte besonders eifrig die Betreuung der ausländischen Studenten, vor allem der Studenten aus dem fernen Osten und den arabischen Ländern. Um sein Studium besser finanzieren zu können, begann er in Freiburg, sich als Reiseführer für Studenten zu betätigen. Diese Reisen führten ihn immer wieder vor allem nach Ägypten, wo er bald an all den großen Kunststätten eine bekannte Erscheinung wurde. Ich hatte das Glück, einmal mit ihm eine solche private Fahrt nach Ägypten machen zu können, und konnte dabei erleben, wie sehr er sowohl bei den Aufsehern als auch bei den Leitern der Ausgrabungen beliebt und geschätzt war. Als wir zum Beispiel auf dem Westufer des Nils bei Luxor in dem bekannten Rasthaus von »Ali« Wohnung nahmen, besuchte ihn sofort der Direktor der Ausgrabungen und lud uns alle, Bruno und mich, Kurt und Marianne Diehl und Dr. Schult, mit denen wir reisten, ein, ein eben neu entdecktes, besonders interessantes Grab zu besichtigen. Diese Besichtigung war besonders eindrucksvoll für uns, da dieses Grab uns bewies, daß die ägyptischen Volksbräuche unserer Zeit noch genau mit denen aus dem Jahr 2000 vor Christus übereinstimmten. Die Bilder in diesem Grab zeigten Szenen von einem alt-ägyptischen Fest, bei dem eine Reihe von Tänzen dargestellt wurden. Am Abend dieses nämlichen Tages der Besichtigung lud uns Ali, unser Gastgeber, zu einer kleinen Abendveranstaltung ein, bei der seine Freunde uns zu Ehren Volkslieder und Volkstänze darboten. Die Tänze, die wir dabei erblickten, stimmten genau überein mit den rituellen Darstellungen des neu aufgefundenen Grabes. Wir konnten gleichsam über den Bogen der Jahrtausende hinweg die gleichen Tanzmelodien aus dem Grabe ertönen hören, die in unserer lebendigen Gegenwart die heutigen Ägypter ihren einfachen Musikgeräten entlockten.

Martin hatte ebenfalls unterdessen unsere Wohnung an der Wartbergstraße verlassen und seinen eigenen Lebensweg angetreten. Er wollte Innenarchitekt werden und hatte als weiteres Ziel, eine Marionettenbühne aufzubauen. Bei einer durch die Studentenhilfe vermittelten Arbeit lernte er die Firma Karstadt kennen. Dort wurde ihm ein vorteilhaftes Angebot gemacht und er stellte deshalb seine künstlerischen Absichten zunächst zurück und trat eine kaufmännische Lehre an. Hierauf arbeitete er zuerst in verschiedenen Kaufhäusern des Karstadt-Konzerns und in Textilgroßhandlungen in München, Braunschweig, Konstanz und Stuttgart. Seine Sehnsucht nach langen Reisen befriedigte er später nach einjährigem Englandaufenthalt durch seine Mitarbeit bei der niederländischen Fluggesellschaft KLM. Seine Liebe zu den Büchern ließ ihn endlich Arbeit im Verlagswesen und Buchhandel finden.

Diese Ausführungen mögen genügen, um die Positionen anzudeuten, durch die meine Kinder mit dem heutigen Leben verbunden sind.

Bruno wurde an der Waldorfschule Uhlandshöhe Lehrer für neuere Sprachen und später auch für Kunstunterricht in der Oberstufe. Nebenbei leitete er noch einige Jahre die Filiale des Uni-Dia-Verlags, den sein Schwiegervater Albert Burges in München gegründet hatte. Sein Sohn Tobias kam in dieser Zeit zur Welt, aber seine Mutter konnte ihn nicht selbst erziehen, weil sie völlig unerwartet acht Tage nach seiner Geburt verstarb. Dieser schmerzliche Todesfall lastete schwer auf Bruno und der ganzen Familie, zumal es für ihn unmöglich war, seinen eben geborenen Sohn richtig zu betreuen. Das Schicksal kam ihm in zweifacher Art zu Hilfe: die Schwester seiner verstorbenen Frau hatte kurz zuvor einen Sohn zur Welt gebracht und übernahm es, auch Tobias zu pflegen. Ein Jahr später verheiratete sich Bruno mit Angelika Kranich, und Tobias fand in ihr eine treue Pflegemutter.

DIE LETZTEN JAHRE

Nachdem ich 1963 endgültig in den Ruhestand getreten war, habe ich keine nennenswerten Ereignisse mehr zu verzeichnen. Mehrere Reisen führten mich immer wieder einmal nach Jugoslawien, nach Irland und nach Frankreich. Es würde zu weit führen, wenn ich darüber im einzelnen berichten sollte, obwohl ich auf diesen Reisen viele interessante Dinge erlebt habe. Es wäre auch sehr verlockend, die damit verbundenen Begegnungen mit vielen wichtigen Menschen festzuhalten. Erinnern will ich nur in besonderer Weise an die Fahrt nach Ägypten, die ich mit meinem Sohn Bruno und dem Ehepaar Diehl unternahm. Außerdem habe ich über diese Länder verschiedene Vorträge gehalten, vor allem in religionsgeschichtlicher Hinsicht.

Die Jahre 1974/1975 bekamen einen besonderen Charakter dadurch, daß ich seitdem wichtige Begegnungen mit jungen Menschen hatte, die, meistens nach meinen Vorträgen, zu ernsthaften Gesprächen mit ihren Fragen zu mir kamen. Auch die über mehrere Abende oder Vormittage sich erstreckenden Kurse, die ich im anthroposophischen Zweig Engelberg, an der Eurythmieschule in Stuttgart und in der Novalisschule in Stuttgart halten durfte, fallen in diese Zeit und gaben mir Gelegenheit, ausführlich über die Themen zu sprechen, die ich mir im Laufe der Jahre erarbeitet hatte. Diese Kurse behandelten zum größten Teil die Geschichte der Gralsströmung im Lichte der Geisteswissenschaft. Es kam mir darauf an, die Verwurzelung des esoterischen Christentums, dessen Urbild der Gral im Laufe der Jahrhunderte wurde, im ganzen Gebiet von Europa aufzuzeigen. Insbesondere war es mir wichtig, darzustellen, daß bei dieser ganzen Entwicklung der alte Kulturboden des heutigen Frankreich Quelle und Ausgangspunkt der Gralsströmung war. Es kam darauf an, zu zeigen, in welch lebendiger Weise wichtige Impulse der Geistesgeschichte auf allen Gebieten unseres Daseins dort auf französischem Boden entstanden und von Anfang an einen europäischen Charakter hatten. Die Jahrhunderte, die dabei in Betracht kamen, umfaßten die Zeit von 800 bis 1400. Dabei spielten einige Persönlichkeiten der Geschichte eine besondere Rolle, die auch heute noch, wenn auch mehr oder weniger geheim, lebendig geblieben ist. Ich denke dabei insbesondere an die Wirksamkeit des irischen Philosophen Scotus Erigena, der am Hof Kaiser Karls des Kahlen lebte sowie an den Franziskanermönch Roger Bacon (1214–1294), der in gewisser Weise der Vater der modernen Naturwissenschaft genannt werden kann. In Verbindung mit Roger Bacons Tätigkeit konnte ich darauf hinweisen, mit welch humorvoller Anteilnahme Goethe diesen Roger Bacon als denjenigen erwähnte, der alle unsere modernen Erfindungen, die unsere Technik in Maschinen gemacht hat, bereits vollständig in Gedanken vorweggenommen hatte. Meine Hörer konnten dabei mit Staunen feststellen, in welch universeller Weise Goethe in alle wichtigen Ereignisse der europäischen Geschichte in allen Einzelheiten eingeweiht war. Zum Beispiel sagt Goethe in einem Gespräch vom 28. Februar 1809 mit J. D. Falk:

> »Wie ungeheure Summen haben nicht die Fabrikherrn bloß durch falsche Ansichten in der Chemie verloren. Selbst die technischen Künste sind bei weitem nicht, wie sie sollten, vorgerückt. Diese Bücher- und Stubengelehrsamkeit, dies Klugwerden und Klugmachen aus nachgeschriebenen Heften ist auch die alleinige Ursache, daß die

Zahl der wahrhaft nützlichen Entdeckungen durch alle Jahrhunderte so gering ist, wahrlich, wenn heute, wo wir den 29. (so!) Februar 1809 schreiben, der altehrwürdige englische Mönch Bacon – mit dem Kanzler Verulam keineswegs zu verwechseln –, nachdem so manche Jahrhunderte hinter seinen wissenschaftlichen Bestrebungen angelaufen sind, von den Toten zurück zu mir in mein Studierzimmer käme und mich höflich ersuchte, ihn mit den Entdeckungen, die seitdem in Künsten und Wissenschaften erfolgt, bekannt zu machen, ich würde mit einiger Beschämung vor ihm dastehen und im Grunde nicht so recht wissen, was ich dem guten Alten antworten sollte. Fiele es mir etwa ein, ihm ein Sonnenmikroskop vorzulegen, so würde er mir bald mit einer Stelle in seinen Schriften dienen, wo er dieser Erfindung nicht bloß ahnend vorgriff, sondern derselben auch durch wahrhaft praktische Winke den Weg bahnte. Führte uns unser Gespräch auf die Entdeckung der Uhren, so würde er vielleicht, wenn ich ihm eine vorzeigte, gelassen fortfahren: es ist das rechte! Es kommt mir indessen nicht unerwartet. Ich habe es ebenfalls vorausgesehen. Von der Möglichkeit solcher Maschinen könnt ihr auf Seite 504 in meinen Schriften das Nötige nachlesen, wo ich sie ebenfalls, wie das Sonnenmikroskop und die Camera obscura, ausführlicher behandelt habe. Zuletzt, nach völliger Durchmusterung aller neuen Erfindungen, müßte ich vielleicht erwarten, daß sich der tiefsinnige Klosterbruder mit folgenden Worten von mir verabschiedete: besonderes ist es eben nicht, was ihr da im Laufe so vieler Jahrhunderte geleistet habt. Rührt euch besser! Ich will mich nun wieder schlafen legen und nach vier Jahrhunderten wiederkommen und zusehen, ob auch ihr schlaft oder ob ihr in diesem oder jenem Stück weiter fortgeschritten seid! – Bacon lebte zu einer Zeit, wo der Bürgerstand durch die Magna charta bereits große Vorrechte in England erlangt hatte. Die erlangte Freiheit der Meere, die Jury oder die Geschworenengerichte vollendeten diesen heiteren Anfang. Es war fast unmöglich, daß bei so günstigen Umständen die Wissenschaften zurückbleiben und nicht auch einen freien Aufschwung nehmen sollten. In Bacon nahmen sie denselben wirklich. Dieser sinnige Mönch, ebensoweit vom Aberglauben als vom Unglauben entfernt, hat alles in der Idee, nur nicht in der Wirklichkeit gehabt. Die ganze Magie der Natur ist ihm, im schönsten Sinne des Wortes, aufgegangen. Er sah alles, was kommen mußte, die Sonnenmikroskope, die Uhren, die Camera obscura, die Projektionen des Schattens; kurz, aus der Erscheinung dieses einzigen Mannes konnte man abnehmen, was für Fortschritte das Volk, zu dem er gehörte, im Gebiete der Erfindungen, Künste und Wissenschaften zu machen berufen war. Strebt aber nur immer weiter fort«, fügte Goethe begeistert hinzu, »junges deutsches Volk, und werdet nicht müde, es auf dem Wege, wo wir es angefangen haben, glücklich fortzusetzen! Ergebt euch daher keiner Manier, keinem einseitigen Wesen irgendeiner Art, unter welchen Namen es auch unter euch auftrete! Wißt, verfälscht ist alles, was uns von der Natur trennt; der Weg der Natur aber ist derselbe, auf dem ihr Bacon, Homer und Shakespeare notwendig begegnen müßt.«

Was Goethe nicht von weiteren exakten technischen Imaginationen Bacons erwähnte, konnte ich aus Bacons Schriften hinzufügen. Bacon sagt in einer um das Jahr 1250 verfaßten Schrift über mögliche Erfindungen:

»Ihr Menschen, befaßt euch nicht damit, das Dasein Gottes zu beweisen! Gott ist viel zu groß, um durch menschliche Begriffe bewiesen werden zu können. Befaßt euch lieber mit der Erdenaufgabe, die Gott euch gestellt hat. Wendet eure Fähigkeiten der Beobachtung, der Erfahrung und des Experiments an, und ihr werdet die wunderbarsten Erfindungen und Entdeckungen machen. Ich kann mir schon jetzt genau ausdenken einen Wagen ohne Zugtiere, der mit ungeheurer Geschwindigkeit dahinfährt. Es braucht nur ein Mann, der darinsitzt, eine kleine Vorrichtung zu bewegen, und der Wagen schießt dahin. Ebenso kann ich mir denken, daß man eine Maschine baut nach Art eines Riesenvogels, in dessen Innerem ein Apparat steckt, der von einem Mann bedient wird und den Riesenvogel mit ungeheurer Geschwindigkeit in die Luft treibt. In gleicher Weise denke ich an ein Riesenschiff, das durch einen darin befindlichen Apparat, bedient von einem einzigen Mann, das Meer und die Flüsse mit größerer Schnelligkeit befährt, als ihr euch jetzt vorstellen könnt.«

So ungefähr drückt sich Bacon aus, nachdem er von allen Erfindungen, die Goethe erwähnt, gesprochen hat. Ich habe seine Worte nicht genau wiedergegeben, aber dem Sinne nach hat es Bacon so gemeint. Diese interessanten Darstellungen Bacons wären nicht sehr wichtig, wenn wir nicht weitreichende Schlußfolgerungen daraus ziehen könnten, die ein Licht auf die Einseitigkeit unserer Erfinder und Entdecker werfen. Ich glaube nicht, daß einer unserer modernen Erfinder des Flugzeugs, des Automobils oder irgendwelcher anderen Apparate Bacons Gedankengänge gekannt hat. Aber es ist so, wie wenn sie diese Gedanken in den unsichtbaren Erinnerungsblättern des Erdengedächtnisses gelesen hätten. Bacon weist darauf hin, daß das Dasein Gottes unbeweisbar sei: die modernen Erfinder und sämtliche großen Naturwissenschafter gehen einen Schritt weiter und vergessen das Dasein Gottes vollständig. Viele von ihnen behaupten sogar, die Naturwissenschaft würde noch imstande sein zu zeigen, daß es gar kein Gotteswesen gibt und daß die Materie ihre Entstehung aus sich selber beweisen kann. Bacon dagegen war weit davon entfernt, am Dasein Gottes zu zweifeln; er hätte dafür nicht einmal ein physisches Organ gehabt. Seine Idee ging ganz im Gegenteil dahin, daß die göttliche Schöpferkraft, die ja auch den Menschen bewegt, am Ende der Zeiten sich in aller Herrlichkeit dartun werde, wenn der Mensch die ihm übertragene Aufgabe aus der Kraft seines eigenen freien Geistes gelöst haben wird.

Im Sinne dieser geistigen Freiheit ist dem Menschen seit Jahrhunderten der unmittelbare Zugang zur Erkenntnis des Gottesgeistes und des Lebens mit ihm versperrt geblieben. Aber es kann uns ganz gewiß sein, daß ihm auf dem Weg seiner Bemühungen um freie Erkenntnis eine neue Gottesschau zuteil werden wird, sofern er nur die ganze Breite des von jenem alten Vater der Wissenschaften gewiesenen Pfades ausschreiten wird. Das Bild dieser neuen Geisterkenntnis aus Freiheit hat Rudolf Steiner in aller Verantwortung und in aller Klarheit in seinem gesamten Lebenswerk geoffenbart. Es ist heute nicht mehr an der Zeit, einseitig den Blick nur nach der Erde als Materie zu richten und von ihr allein alle Aufschlüsse und Einweihungen zu erwarten.

Der Weg zu den von Rudolf Steiner dargestellten neuen Möglichkeiten wird über die Erkenntnis der Wahrheit des Menschenbildes gehen, wie es Rudolf Steiner in seinen pädagogischen Schriften und in zahlreichen Vorträgen gezeichnet hat. Das vor hundert Jahren gegebene neue Glaubensbekenntnis, daß wir niemals eine geistige Welt erkennen können, hat schon heute keine volle Gültigkeit mehr. Aus dem alten Glauben, der keine Beweise braucht, wird ein neuer Glaube entstehen, der auf jener Erkenntnissicherheit beruht, die jeder gewinnen kann, der die von Rudolf Steiner dargestellten neuen Möglichkeiten zur Entwicklung neuer Erkenntnisorgane energisch ergreifen will. Dann wird der Inhalt des Wortes »Glauben« in seiner ganzen Fülle und moralischen Kraft lebendig werden: Glauben heißt »geloben«, alle geistigen Erkenntniswege zu gehen, die noch in der Tiefe der menschlichen Seele verborgen sind. Die Wege nach diesem Ziel hin sind noch weit, aber sie stehen jedem offen, der unter diesem geistigen Gelöbnis sein Leben vertiefen will. Dieses Licht leuchtet bereits in der Finsternis, Augenblicke der Schwäche und des Zweifels mögen es gelegentlich verdunkeln, aber es wirkt weiter in alle Zukunft in dem Sinne, wie es der Evangelist Johannes in seinem Evangelium angezündet hat. Die naturwissenschaftliche Erkenntnis wird noch einige Zeit einseitig weiterforschen, aber letzten Endes wird es auch ihr Schicksal sein, in den Erkenntnisweg Rudolf Steiners einzumünden.

Die Waldorfschule, der ich fünfzig Jahre lang zu dienen versucht habe, ist ein wichtiges und unentbehrliches Mittel auf diesem Wege. Von außen gesehen hat sich die Waldorfschulbewegung bereits glänzend entwickelt, und jedes Jahr entstehen neue Zeugen der Fruchtbarkeit dieser Waldorfschulidee. Es gibt bereits über hundert Waldorfschulen in vielen Ländern der Welt. Der Ruf nach solchen Schulen ertönt immer gebieterischer, die neuen Schulbauten zeugen durch die Eigenart ihres Stiles schon äußerlich von einem neuen Geist, der in ihnen walten soll. Ebenso laut muß jedoch immer der Ruf nach dem inneren Aufbau einer solchen Schule ertönen; denn ein Waldorfschulkollegium soll eine Geistgemeinschaft sein, die das von Rudolf Steiner geprägte Menschenbild pflegt und jedem einzelnen Kind gerecht wird, das in einer Waldorfschule unterrichtet wird. Die Waldorflehrer bilden sich selbst in eigener und innerlich freier Übung, sie bilden in der Konferenzarbeit in immer vertiefterer Weise an der Menschenerkenntnis weiter, und alle diese ernsten Bemühungen werden stärker und stärker auf das seelisch-geistige Wohlergehen aller ihrer Zöglinge wirken. Und dem muß entsprechen die Hilfsbereitschaft der Eltern, der Freunde und der gesamten Öffentlichkeit der engeren und weiteren Umwelt.

Wenn ich so auf die Jahre meines Lebens zurückschaue, bin ich versucht, einen Gedanken der Ordnung darüber zu finden. Es drängt mich aus dem Gefühl tiefster Dankbarkeit, die lange Reihe von Menschen an meinem inneren Auge vorbeiziehen zu lassen, die mir begegnet sind und mir geholfen haben, dieses Leben zu gestalten. Es gibt keinen Menschen, den ich missen möchte, und allen muß ich in der einen oder anderen Weise dafür danken, daß ich sie kennenlernen und ein Stück Weges mit ihnen gehen durfte. Auch die sehr wenigen, die es versucht haben, mir etwas anzutun oder mich zu schädigen, haben meistens nur aus Unverstand gehandelt, und wenn ich mich recht besinne, so waren es nur Kameraden aus meiner Kindheit. Selbst nach momentanen Schädigungen war doch ich letzten Endes derjenige, der in seiner Seele einen Vorteil davontrug. Denn alles, was ich so erlebte an Gutem oder weniger Gutem, konnte mein Vertrauen in die Menschen nie erschüttern und stärkte meine Seelenkraft dadurch, daß ich einsichtiger und bewußter wurde.

Was ich den Urhebern meines Lebens, den Eltern verdanke, kann ich kaum in Worte fassen. Ich habe es wohl in früheren Teilen dieser Erinnerungen versucht, und hier kann ich nur wiederholen, daß sich das Bild meines Lebens doch schließlich nur auf das Fundament der Nachahmung begründet hat, die die ersten Jahre jedes Kindes charakterisiert. Mein Vater vertrat in der geistigen Gestaltung unseres Lebens die Glaubensstrenge eines Katholiken, der in den kirchlichen Gesetzen das oberste Gesetz des Daseins findet. Da gab es kein Ab- und Zugeben gegenüber den wechselnden Bedingungen des Einzelnen, und es war oft hart, seinem »du sollst« zu entsprechen, aber daraus entwickelte sich bei mir eine kostbare Eigenschaft, deren Kraft ich in der späteren Schicksalsführung häufig bestätigen konnte: die Strenge der Forderungen des Vaters verwandelte sich in jene Strenge des bewußten Entschlusses zur Gestaltung des eigenen Lebens durch einen unabhängigen Willen. Ich erlebte am Vater die Wahrheit seines Glaubens und erkannte dabei, allerdings erst im Laufe vieler Jahre, daß es für jeden Menschen, der geistige Wahrheiten sucht, darauf ankommt, die Strenge des Forschens zu üben, ohne die Sphäre der Freiheit für jeden einzelnen zu verletzen. Mein eigenes Wesen bildete sich also an der väterlichen Kraft, fand aber andere Inhalte der Anschauung und Führung des Lebens. Und was ich meiner ältesten Schwester beim Tode des Vaters sagen konnte, gilt heute mit der gleichen Kraft der Überzeugung wie damals, als ich sagte: »Jetzt, da zwischen uns die dogmatische Form des Glaubens gefallen ist, fühle ich mich mit ihm einer Meinung in der Erkenntnis: Christus in mir und ich in Christus.« Für diese Seelenkraft darf ich meinem Vater danken. Sie führte mich zur Wahrheit.

Die Mutter dagegen hatte eine andere Seelenbildung, die auf der Kraft der Liebe beruhte. Das zu stark betonte Suchen nach Wahrheit mag oft die Menschen trennen; meine Mutter wußte von solcher Trennung nichts. Sie zweifelte nie an der Wahrheit ihrer religiösen Formen. Sie pflegte in höchster Kraft die Fähigkeit, Menschen miteinander zu verbinden durch starkes Mitfühlen mit den Nöten des Daseins. Und weil sie viel zu leiden hatte, aber trotzdem keine einzige Pflicht ihres Lebens jemals versäumte, gab ihr jedermann den Strom der Liebe zurück, der von ihr ausging und fügte hinzu ein großes Maß der Bewunderung ihres duldenden Wesens. Geistesstreben nach Wahrheit und Seelenwärme der Liebe nahm ich auf meinem Schicksalsweg von meinen Eltern mit, und das ist der Grund meiner Lebensdankbarkeit, die ich in all meinen Jahren allen zugute kommen lassen wollte. Wie weit es mir gelungen ist, brauche ich selbst nicht zu entscheiden, denn es ist im Schoße des Zeitenschicksals verborgen.

Das Erkenntnisstreben der väterlichen Seite blieb mir allein überlassen, hat mich aber doch in ganz verschwiegener Weise mit meinen jüngeren Geschwistern verbunden, insbesondere mit den zwei jüngsten, mit meinem Bruder Wendelin und meiner Schwester Johanna. Ich bin überzeugt, daß es bei Wendelin zu einer glücklichen Vereinigung unserer Bestrebungen gekommen wäre, wenn er nicht im Ersten Weltkrieg gefallen wäre. Auch mit Johanna wäre es wohl so gekommen, wenn unsere Lebenswege nach dem Ersten Weltkrieg uns wieder zusammengeführt hätten. Das lag nicht in der Linie unseres Schicksals, und so kam es wohl zu einer starken Verbindung herzlicher Liebe der Geschwister, aber nicht zu einer Gemeinsamkeit geistiger Lebensanschauung. Bei aller seelischen Verbindung mußte ich doch die Wahrheit des Christuswortes erfahren:

> »Wer nicht verläßt Vater und Mutter, Schwestern und Brüder, kann nicht mit mir vereinigt sein.«

Dieses Wort, richtig verstanden, stellt in aller Tiefe die Signatur unseres Zeitalters dar. Das Innenleben jedes einzelnen Menschen läßt sich nicht nach dogmatischen Gesetzen feststellen; das Gesetz des Handelns und des Erkennens fließt doch letzten Endes aus dem Herzen der Menschen und begründet von innen heraus eine echte Gemeinsamkeit, die zu einem neuen Glauben führt, der sich nicht in Artikeln ausdrückt, sondern seine Richtung findet in einem anderen Christuswort, das durch die Jahrhunderte durch alle Zeiten tönt:

> »Ich bin die Auferstehung und das Leben.«

Wenn ein Mensch den Sinn des Lebens darin findet, durch Streben nach Wahrheit eine rechte Lebensführung zu finden und die Aufgaben zu erfüllen, die das Leben ihm stellt, erhebt sich in ihm die Frage nach einer einheitlichen Linie, in der sich sein Schicksalsverlauf ausdrückt, das heißt aber die Frage nach einem roten Faden, der sich immer wieder zeigen möchte. Die Lebensereignisse unseres Jahrhunderts sind verworren und vielfältig, und es scheint, daß viele gar nicht nach dem roten Faden ihres Daseins suchen, sondern sich mehr von den Ereignissen und der Tätigkeit im Beruf treiben lassen. Aber ich bin doch überzeugt, daß solche Fragen nach dem Sinn des Daseins in allen Menschen stärker und drängender sich erheben, als man so gemeinhin wahrnimmt. Soweit ich selbst zurückdenken kann und eine bestimmte Richtung erkenne, lag das innere Gesetz, das mich drängte, in einem starken Zug nach Unabhängigkeit und Selbstständigkeit in den Entscheidungen. Und so oft ich frei bestimmen konnte, was ich zu tun hatte, stellte ich nachträglich fest, daß meine Entscheidung richtig war. Aber oft mußte ich empfinden, daß lebenswichtige Entscheidungen, die ich nicht selbst treffen konnte, die mir sogar gewaltsam abgenommen wurden, dennoch zu dem Lebensziel führten, das mein innerstes Wesen zuerst unbewußt und immer stärker bewußt verlangte. In diesem Punkt muß ich eine zweite Komponente meines Daseinszieles sehen: die Wirkung meines Engels, der mich zwar oft in schwarze Schwierigkeiten senkte, aber mich dennoch immer wieder gütig herauszog. Schließlich war es auch diese Engelsführung, die andere Menschen veranlaßte, in mein Schicksal einzugreifen, oder die es mir möglich machte, gegen den Willen anderer eine Entscheidung zu treffen. Viele Menschen wurden mir geradezu im rechten Augenblick in den Weg geführt, an denen ich mich orientieren konnte. Ich hatte zwar jedesmal das Gefühl, aus eigenem Willen gehandelt zu haben, wenn ich einen lebenswichtigen Schritt tat, nie aber verließ mich trotzdem die starke Empfindung, es walte eine unsichtbare Macht über uns, die aus der Einheit des Daseins in dieser Welt für alle Ereignisse und Erscheinungen, ganz große und winzig kleine, die notwendige Entscheidung trifft. Ich kann diese beiden Pole des Lebens Notwendigkeit und Freiheit nennen. Geistige Notwendigkeit wirkt wie die Luft, die uns umgibt: niemand sieht sie, und doch weht sie um uns, und ohne sie könnten wir nicht leben. Freiheit aber bildet sich in der Seele des einzelnen und stellt ihn jederzeit vor die Wahl. Das Individuum ist eingeplant in die Notwendigkeit, diese aber ist keine Maschine, die nach dem Gesetz des Erfinders abläuft; und in der Kraft der Wahl liegt auch die Möglichkeit des Irrtums; denn wenn kein Irrtum möglich wäre, müßte das ganze Weltendasein in unlenkbarer Starre verlaufen, und ein Bewußt-Sein wäre im wahren Sinne des Wortes unmöglich.

Diese Erkenntnis scheint mir der rote Faden zu sein, der mein ganzes Leben durchzieht und an dem sich mein Leben orientiert. Daß mir als Individuum ein gewisses Maß an Entscheidung und Wahl gegeben ist, kann ich an den Punkten meiner Entwicklung erkennen, wo ich mich ganz allein – aber nicht verlassen – fühlte und wo es immer auf geistige Werte ankam. Als ein besonderes Beispiel möchte ich hier noch einmal erwähnen mein dreizehntes Lebensjahr, in welchem ich anfing, in dem Buch der Werte meiner Heimatstadt Würzburg zu lesen. Ich war damals ganz und gar eingebettet in die katholische Weltanschauung, die auf dem Grundsatz beruht, daß das Bewußtsein des Menschen durch die Jahrtausende unwandelbar ist und der Inhalt dieses Bewußtseins von der Dogmenkirche bestimmt wird.

Nach der moralischen Seite hin hing über jedem Menschen das starre Gesetz von Lohn und Strafe, das wie ein starres Kausalgesetz wirken sollte. Nach der geistigen Seite war es das Glaubensbekenntnis, das ohne viel Erklärung gelehrt wurde und gemäß den Fragen des Katechismus feststellbar war. Niemand veranlaßte mich, daran zu zweifeln, und ich zweifelte auch nicht am Inhalt des Glaubensbekenntnisses. Aber die Formen der Darbietung befriedigten mein inneres Leben nicht und ließen mich im Denken und im Fühlen leer. Und in diesem Zustand begann ich eben im Buch der Stadt zu lesen. Begünstigt wurde dieser Vorsatz von mir, alles Lebendige, das ja in den

Kunstdenkmälern der Stadt mir reichlich entgegentrat, bewußt in mich aufzunehmen. Bei diesen Unternehmungen und Streifzügen begannen die nämlichen Inhalte, die das Moralgesetz und das Glaubensbekenntnis boten, ein geheimnisvolles Leben anzunehmen und mich zu erfüllen. Es fehlten mir zwar die nötigen Kenntnisse, um klare Gedanken und Grundsätze zu erfassen, aber es schien mir notwendig und möglich, die Dinge der geistigen Welt ohne Gesetzesparagraphen in der Form von Dogmen zu erfassen und mit eigenem Leben zu erfüllen. Ich wollte geistige Dinge in bewußter Weise in mir verarbeiten, blieb aber zunächst in einem unbestimmten Fühlen stecken, indem ich immerhin einen festen Halt fand in der Stimme des Gewissens, die mein inneres Leben fortwährend wie ein nicht zu überhörender Kontrapunkt begleitete. Es war aber zunächst nichts anderes möglich, als dem Zug des Gewissens zu folgen und recht zu handeln. Dieses Rechthandeln drückte sich hauptsächlich darin aus, daß ich immer bestrebt war, in der kleinen Welt, in der ich lebte, hilfreich zu sein, wo ich nur überhaupt helfen konnte. Daraus entwickelte sich im Lauf der Zeit ein soziales Empfinden, das mir in den Nöten des Lebens besonders wichtig und notwendig erschien.

Mit einem echten Inhalt und großen Gesichtspunkten konnte sich dieses unbestimmte Empfinden allerdings erst viel später erfüllen, als ich Rudolf Steiners Lebenswerk kennenlernte. »Sich im anderen finden«, kann eine bloße Phrase bleiben, wenn dieser Vorsatz nicht das ganze Leben und die Lebenshaltung prägt. Mit den Bemühungen um ein Verständnis des Nebenmenschen hängt in intimer Weise zusammen das Wesen der Selbsterkenntnis. Das Wort »Erkenne dich selbst« tönte mir häufig während meiner Gymnasialzeit entgegen, wurde aber von uns Schülern hauptsächlich als eine Aufforderung betrachtet, sich selbst in etwas egoistischer Weise zu beobachten und dadurch der Lebensführung eine Richtung zu geben. Man sollte durch diese auf das eigene Ich gerichtete Selbstprüfung die eigenen Fähigkeiten und ihre Grenzen erkennen und damit dienend in das Leben der Gesellschaft einwirken. Auch dieser Lebensgrundsatz bekam wie vieles andere später durch Rudolf Steiner seine rechte weltweite Bedeutung und Weihe, da er zeigt, wie der Schwerpunkt der Selbsterkenntnis nicht in der einzelnen Individualität liegt, sondern da, wo der Mensch als Mikrokosmos die Entwicklung der ganzen Schöpfung der Welt begleitet und das Ziel der Geistesgeschichte der Menschheit bildet.

An der Schule und später an der Universität erfuhr ich von solchen Gedanken nichts. Der Religionsunterricht begnügte sich mit der Darstellung der Dogmen, die kaum den Willen, sondern nur den Verstand ansprachen. Im übrigen verlief der Unterricht an der Schule und an der Universität diesen Dingen gegenüber teilnahmslos. Eine Begeisterung für den Stoff wurde im wesentlichen durch die Haltung der Lehrer bestimmt, die im einzelnen Schüler in echter Weise zündend wirken konnte. Ich hatte vor allem in meiner Münchner Zeit das große Glück, sowohl am Gymnasium als an der Universität fast durch alle meine Lehrer starke Anregung zu bekommen. Dies gilt für alle Fächer des Lehrplans. Mein Interesse an der Mathematik und Physik war ebenso groß wie das an den geisteswissenschaftlichen Dingen. Daß ich später das Studium der Sprachen und der Geschichte wählte, um dann Lehrer zu werden, hängt zusammen mit jenem sozialen Gefühl, das mich mit meinem etwa drei Jahre jüngeren Bruder Beda verband. Wir waren beide entschlossen, Lehrer zu werden, aber ich schwankte noch zwischen Naturwissenschaften und Sprachen, als mein Bruder erklärte, er werde auf jeden Fall Naturwissenschaft und Mathematik studieren. Auf diese Weise wollten wir einander ergänzen.

Als wir etwa zwanzig Jahre später über meine Beschäftigung mit Anthroposphie sprachen, war er über meine Lebenswahl im Geiste keineswegs erstaunt, ich aber um so mehr über seine eigene Entscheidung. Er sagte, daß er wohl die Werke Rudolf Steiners kenne und auch wisse, daß alles der Wahrheit entspreche;

er könne aber diese Weltanschauung für sein eigenes Leben nicht brauchen. Seine ganze reiche Begabung war der Erkenntnis der Erdenkräfte gewidmet, und er sah es als seine ausschließliche Aufgabe an, aus dieser Tätigkeit mit der physischen Welt Gewinn für sich und alle Menschen zu ziehen, für die er zu sorgen hatte. Er hatte zu jener Zeit die Lehrertätigkeit schon längst aufgegeben und war später Inhaber einer Ziegelei in Niederbayern, die er aus dem Bankrott der früheren Besitzer in kurzer Zeit zu großer Blüte brachte. Bei seinen Angestellten und Arbeitern war er sehr beliebt und betreute sie in vorbildlicher Weise, die geistigen Ziele der Menschheit aber hatte er nicht im Alltagsbewußtsein. In seiner Fabrik kam es ihm darauf an, unter den Arbeitern Zufriedenheit und materielles Wohlsein zu pflegen, und das gelang ihm recht gut.

Die tiefere Menschenkenntnis jedoch, die aus geistigen Erfahrungen und Erwägungen entsteht, pflegte er nicht, und dieser Mangel führte schließlich dazu, daß er gegen Ende seines Lebens, zu einer Zeit, als sein Werk Sanierung brauchte, von den sogenannten »guten Freunden« betrogen wurde und schließlich das ganze Werk verlor. Dieses Beispiel soll zeigen, daß zwei Menschen, welche die gleiche Erziehung genossen, aus gleichem Milieu stammten, durch die Gegebenheiten ihres persönlichen Schicksals zu einer ganz verschiedenen Lebensführung kommen können. Das Gesetz der Vererbung genügt nicht, um solche Erscheinungen zu deuten. Das geistige Wesen im Menschen wählt aus seinen eigenen inneren Gesetzen und folgt den Wegen, die ihm sein Gewissen und sein Schicksal vorschreiben.

Mein Bruder hatte wohl von unserem Vater den Drang zum Unternehmertum geerbt, aber die stark religiöse Lebensführung, die unseren Vater auszeichnete, war bei ihm lange Zeit in den Hintergrund getreten. In dem Augenblick, wo ich dieses schreibe, hat mein Bruder schon vor einer Woche die Schwelle zur geistigen Welt überschritten, und die Art, wie er gestorben ist, zeigt, daß jener Fundus religiösen Lebens, den wir alle mitbekommen haben, in ihm immer noch sehr lebendig war und in seinen letzten Tagen sein Bewußtsein ganz und gar erfüllte.

Es trat in den acht Tagen vor seinem Tod ein starker Kräfteverfall ein, und er mußte sich sagen, daß er nicht wieder aufkommen könne. In diesem Bewußtsein entwickelte er eine bewunderungswürdige Seelenruhe. Er sagte zu seinen Angehörigen: »Ich werde in drei Tagen sterben. Diese drei Tage brauche ich, um mich würdig vorzubereiten, und bitte euch, keinen anderen mehr zu mir in das Zimmer zu lassen.« Er wollte nur noch seine Frau und seine jüngste Tochter sehen. Einige Stunden vor seinem Tod bat er auch seine Frau und seine Tochter, das Zimmer zu verlassen, und er starb in aller Ruhe und allein. Seine letzten Worte, bevor Frau und Tochter das Krankenzimmer verließen, galten seiner kleinen Enkelin Karin. So erfuhr er nicht mehr, daß sein einziger Sohn acht Tage zuvor gestorben war, an dem er mit so großen Hoffnungen gehangen hatte. Auch diese Tatsache wollten die Ärzte ihn nicht mehr wissen lassen. Ich selbst hatte von diesem Ablauf keine Ahnung und wußte nicht, weshalb man mich nicht gerufen hatte. Die Erklärung gab mir seine Frau am Tag der Kremation. Sie berichtete mir, die Ärzte hätten es für nötig gefunden, ihn in keiner Weise zu erschrecken; denn das Erscheinen seines Bruders würde ihm die Gewißheit gegeben haben, daß er nicht mehr weiterleben würde.

Dennoch bin ich sicher, daß mein Bruder sich gefreut hätte.

Hier enden die autobiographischen Aufzeichnungen aus diesem an Begegnungen, Ereignissen und Freundestaten so reichen Leben. Wenige Monate später wurde am 15. Februar 1976 im Festsaal der Michael-Bauer-Schule in Stuttgart unter starker Anteilnahme der ganzen Waldorfschulbewegung der 90. Geburtstag des Autors gefeiert. In den vielen Ansprachen der Freunde und seinem eigenen, kraftvoll zusammenfassenden Schlußwort zeigte sich noch einmal die ganze Weite dieser Persönlichkeit.

Es war wie ein Abschied, denn bald wurde ein Klinikaufenthalt notwendig, dem nach kurzer Unterbrechung ein zweiter folgte. Die Kräfte seines Körpers ließen nach – der Geist blieb wach und rege.

Am Tag vor seinem Erdenabschied sagte er zu der Ärztin, die mit der Spritze an sein Bett trat:

»Die lassen Sie jetzt besser weg, denn ich will in Ruhe meinen Erdenweg vollenden«.

Die Themen aber, die ihn am meisten beschäftigt hatten: der Gral und das Christentum, leuchteten in seinem letzten Gespräch nochmals auf, welches er mit einem jungen Pfleger in der Nacht führte. In den frühen Morgenstunden danach, am 31. Mai 1976, hat dann sein Geistwesen die Körperhülle abgelegt.

1. Die Mutter
Ida Sandkühler geb. Bex

2. Der Vater
Anton Sandkühler

3. und 3 a. Als Student
etwa 1910

4. Die junge Familie 1921

5. Restaurant Uhlandshöhe
»Am Abend dieses Tages machten wir eine Fahrt mit der Straßenbahn und stiegen an deren Station Gerokstraße aus, um die abendliche Stadt zu betrachten. Wir gingen den Kanonenweg entlang und machten an der Stelle halt, wo damals noch das Café Uhlandshöhe stand, weil von dort aus die Stadt am schönsten zu überblicken war. Ich sagte zu meiner Begleiterin: »Die Stadt sieht von hier aus so schön aus, wir brauchen nicht weiter zu gehen.« Dieser Spaziergang war zeichenhaft. Ohne daß ich etwas davon wußte, war damals schon das Café Uhlandshöhe als Waldorfschule ausersehen, und die vorbereitenden pädagogischen Kurse für die künftigen Lehrer hatten unter Rudolf Steiner bereits begonnen.« (s. Seite 175 f.)

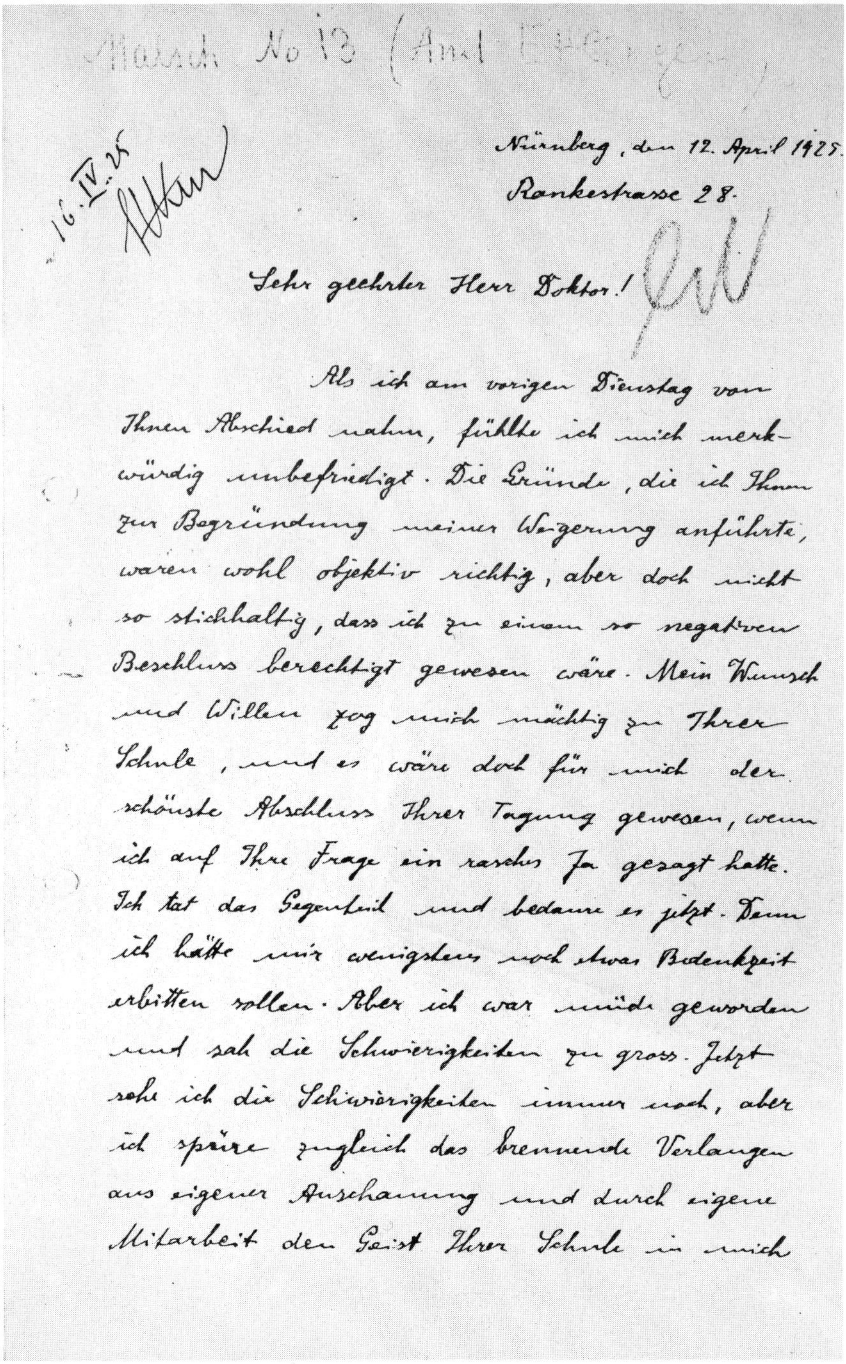

Malsch No 13 (Amt Ettlingen)

16. IV. 25

Nürnberg, den 12. April 1925.
Rankestrasse 28.

Sehr geehrter Herr Doktor!

Als ich am vorigen Dienstag von Ihnen Abschied nahm, fühlte ich mich merkwürdig unbefriedigt. Die Gründe, die ich Ihnen zur Begründung meiner Weigerung anführte, waren wohl objektiv richtig, aber doch nicht so stichhaltig, dass ich zu einem so negativen Beschluss berechtigt gewesen wäre. Mein Wunsch und Willen zog mich mächtig zu Ihrer Schule, und es wäre doch für mich der schönste Abschluss Ihrer Tagung gewesen, wenn ich auf Ihre Frage ein rasches Ja gesagt hätte. Ich tat das Gegenteil und bedaure es jetzt. Denn ich hätte mir wenigstens noch etwas Bedenkzeit erbitten sollen. Aber ich war müde geworden und sah die Schwierigkeiten zu gross. Jetzt sehe ich die Schwierigkeiten immer noch, aber ich spüre zugleich das brennende Verlangen aus eigener Anschauung und durch eigene Mitarbeit den Geist Ihrer Schule in mich

6. Brief an die Waldorfschule in Stuttgart, gerichtet an Dr. Erich Schwebsch

aufzunehmen. Wenn ich auch die Anthroposophie nicht kenne, so kenne ich doch ihre reifste Frucht und liebe sie. Und Schwierigkeiten sind dazu da überwunden zu werden. Kurz und gut, ich will es versuchen und wenn Sie mich noch brauchen können und anderswo keine geeignetere Lehrkraft für neuere Sprachen gefunden haben, so bitte ich Sie mir Mitteilung zukommen zu lassen. Über meine neuphilologischen Fähigkeiten haben wir ja schon gesprochen. Nur noch kurz dies: ich war einen Monat vor Kriegsausbruch in Paris und machte dort ein Examen an der Alliance française. Dann war ich vier Jahre in Frankreich in einem Interniertenlager, hatte also reichlich Gelegenheit Französisch zu lernen. In England war ich zwar noch nicht, kann aber doch behaupten, dass ich Englisch ziemlich fliessend spreche, da ich die letzten Jahre gerade darauf sehr viel Wert legte.

Sollten Sie übrigens doch lieber einen Anthroposophen nehmen, so ist hier die Adresse von Dr Ludwig Steinmetz: z. Zeit Dinkelsbühl, bei Apotheker Altreuther, ab 23.4.: Nürnberg, Realschule Bauhof.

Ihrer Antwort entgegensehend grüsse ich Sie herzlich Ihr sehr ergebener

Dr Konrad Sandkühler.

16. April 1925.

Herrn Dr. Konrad Sandkühler

Nürnberg
Ronkestr. 28.

Sehr geehrter Herr Doktor!

Wir erhielten Ihren Brief vom 12.ds. und ich bin nun beauftragt Ihnen unsere Befriedigung darüber zum Ausdruck zu bringen, dass Sie nun doch zu uns kommen wollen. Im Nahmen des Waldorfschulvereins habe ich Ihnen den Vorschlag zu machen, einen einjährigen Urlaub bei Ihrer Behörde einzureichen und so schnell wie möglich hierher zu kommen. Ihre Anstellung würde demnach zunächst auf ein Jahr erfolgen und wir und Sie hätten dann die Möglichkeit nach einen Jahr zu prüfen, ob wir weiter miteinander arbeiten können. Ich glaube, dass das so, wie die Dinge für Sie liegen, auch für Sie das Angenehmste sein wird. Als Gehalt bieten wir Ihnen in dieser Zeit monatlich M 440.- dazu eine ev.Kinderzulage von M 40.- für jedes Kind. Die Umzugskosten werden wir übernehmen. Ueber Ihre Unterrichtsaufgabe wird Ihnen Herr Dr. Schwebsch mündlich schon einiges mitgeteilt haben, es würde sich ja vor allen Dingen um den Unterricht der Schüler unserer Vorbereitungsklasse handeln. Was weiter noch hinzukommen würde, kann erst in den letzten Tagen vor Unterrichtsbeginn festgelegt werden. Ich hoffe nun, dass Sie sich wirklich so schnell frei machen können, um bei Beginn der Schule bei uns sein zu können, das ist am Montag den 27.April.

Mit herzlichen Gruss

7. Antwortschreiben der Waldorfschule, unterzeichnet von Karl Stockmeyer

8. Kollegium der ersten Waldorfschule, etwa um 1928:

Obere Reihe von links nach rechts: Clara Michels, Alexander Strakosch, Verena Gildemeister, Hanns Strauss, Gertrud Michels, Ernst Bindel, Erich Schwebsch, Julie Laemmert, Maria Uhland-Hahn, Erich Gabert, Karl Schubert, Hedwig Hauck, Johannes Geyer, Herbert Hahn, Walter Johannes Stein, Martin Tittmann, Felicia Schwebsch, Fritz Graf Bothmer, Christoph Boy, Karl Ege, Konrad Sandkühler.

Untere Reihe von links nach rechts: Rudolf Treichler, Olga Leinhas, Margarethe Dähnhardt, Dagmar Tilliss, Caroline v. Heydebrand, Nora Stein, Elisabeth Christern, Ernst Lehrs, Anna Wolffhügel, Bettina Mellinger, Margarete Börner, Robert Killian, Edith Ritter-Röhrle, Anna-Frieda Naegelin-van t'Hoff, Martha Haebler, Elli Wilke, Eugen Kolisko, Hermann v. Baravalle, E. A. Stockmeyer, Gertrud Bernhardi, Wilhelm Ruthenberg.

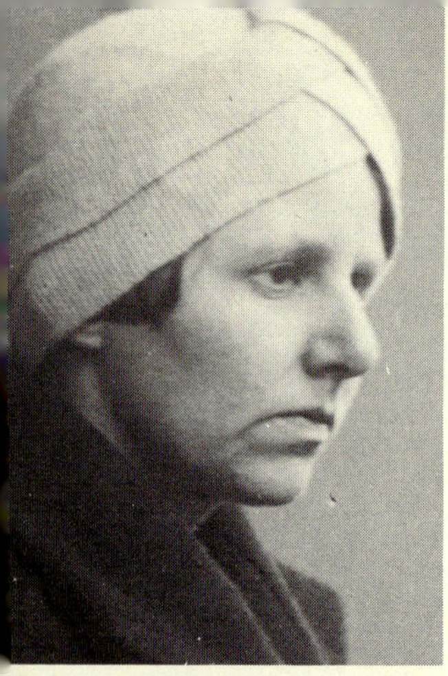

DIE FAMILIE
etwa 1940
(9.–15.)

Vater und Mutter

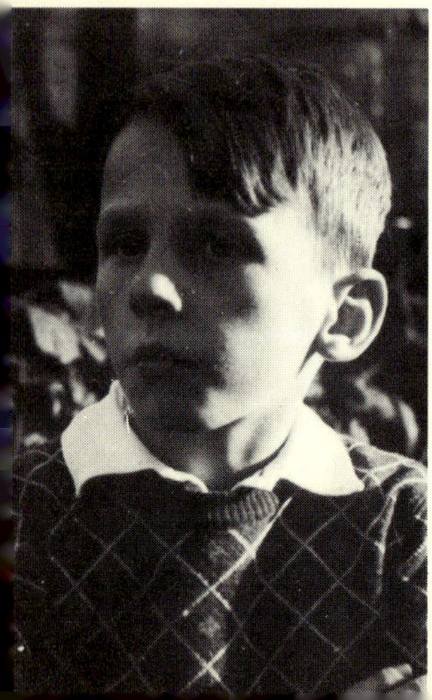

Mitte:
Stefan, Ida und Martin (v.r.n.l.)

Unten:
Bruno und Christoph (l.u.r.)

16. Kollegiumsfest der Rudolf-Steiner-Schule Dresden, etwa 1939: (von links nach rechts) P. Prömm, E. Zoeppritz, M. Fritsche, H. Jacobi, S. Berndt, J. Geibel, E. Schwebsch, dahinter K. Hornemann, K. Sandkühler, G. Lawatschek, H. Schüler, P. Fritzsche, F. Jaquet.

17. Ein Teil des Kollegiums der Waldorfschule Stuttgart, nach 1945:

1. Reihe sitzend von links: S. Porzelt, R. Treichler, E. Christern, M. Hoyer, E. Bindel, M. Haebler, M. Börner, H. Rommel.

2. Reihe stehend: W. Dessecker, F. Goll, M. Tittmann, L. Ahr, B. Birken, B. Faig, M. Wolffhügel, R. Killian, E. Gabert, R. Braumiller, J. Tautz, M. Rutz, J. Laemmert, H. Rutz, K. Sandkühler, E. Zoeppritz.

FREUNDE AUS DEM KOLLEGIUM
DER WALDORFSCHULE

18. Fritz Graf v. Bothmer 19. Erich Schwebsch

20. Hans Rutz 21. Walter Johannes Stein

linke Seite, von links:

22. Robert Killian

23. Martin Tittmann

24. Mathilde Hoyer

25. Karl Schubert

26. Konrad Sandkühler
um 1952

27. Märchenstunde am Brunnen
etwa 1952

28. Porträtbüste
von Manfred Welzel

29. mit Maria Burges und Ida
in Großhesselohe, 1960

rechte Seite:
30.–33. Am 85. Geburtstag

34. mit dem Bruder Beda
1971

35. Am 90. Geburtstag
1976

GEDICHTE UND GEDANKEN

NATUR

Ich trinke Sonnenstrahlen,
Ich trinke Mondenschein,
Aus glänzenden Pokalen
Schenk ich mir Sterne ein.

Ich trinke Winterfarben,
Die dort so klar gemischt
Aus windzerwühlten Garben
Das ewige Meer auftischt.

Ich trinke Wellenschäume,
Die vor dem Winde fliehn
Und Schatten nackter Bäume,
Die hügelaufwärts ziehn.

Dann tanzen Licht und Schatten
Und Wolken, Farben, Luft
Und wiegen sich und gatten
Sich in der Seele Gruft.

(undatiert)

Hinten im schleierigen Schatten von Fret blitzt es auf wie langsam tropfendes, flüssig feuriges Gold. Jetzt zieht sich der Sonnenkegel weiter nach hinten, bricht in mehrere Stücke auseinander und hinten, ja, da flammt lebhaft ein richtiges Sonnenfeuer, ein Tempfelfeuer auf: alle Sinne scheinen darauf zuzulaufen. Die Flammen tanzen durcheinander, auf und ab, über dem Wasser, wie in einem Becken. Darüber steht der etwas duftig unverschleierte Ball der Glutensonne.

Wie sie im Untergang schön ist! Wie sie sich zum Tode schmückt! So muß man sterben! Auch im Tode der gleiche gluthauchende, das Leben mit einem letzten Strahlenglanze liebend und grüßende. So sterben Helden! So bejaht der Tod das Leben: ein Gruß an die kommenden Geschlechter. Eure Reihe jetzt! Weint keine Träne! Tanzt auf unserem Grabe das Tanzlied der neuen Lebenskette, der neuen Lebensfreundschaften, der neuen Welt! Unseren Segen und unseren Gruß habt Ihr, ihr gluthauchenden jungen Geschlechter. Unser Abend grüßt euren Morgen. So ruft die sterbende Sonne mir und meinem jungen Freunde zu. Jauchzen wir! Jubeln wir! Tod allem Schwachen! Unsere Toten sind mit uns, in uns! Ja, die sterbende Sonne ist nicht gestorben, sie ist in mir aufgegangen! Heil dem neuen Licht! Heil dem neuen Tag!

(aus dem Tagebuch: 1. 10. 1917)

ABSCHIED VON DER BRETAGNE

(nach vierjähriger Internierung im 1. Weltkrieg)

Ihr blauen Felsen, die ihr rings begrenzt,
Was täglich mir die Augen labte,
Du Meer mit deinem bunten Farbenspiel
Am Abend hell von Purpurglut beglänzt,
Wo Fischer emsig lenkten ihren Kiel,
Bis sie die Tiefe reich mit Fang begabte:
Ich laß euch nun, nie kehr ich wieder
Und manches Stück von meinem Ich
Laß ich an euren Hängen wohnen;
Von euren Hügeln hallen meine Lieder
Und hoch im Äther königlich
Glühn meiner Hoffnung lichte Zukunftskronen.

(1919)

Ich soll dir schreiben?
Ja, was schriebe ich nicht?
Du meines Lebens Inhalt!
Mein lebendiges Gedicht!
Du meines Tages Morgenröte!
Heimliche Ruh!
Du meines Ichs
ergänzendes Du!

(1919)

Das Allgefühl ist ein Schein wie alles Absolute, wie die Wahrheit, die Vollkommenheit. Wir können ihm nur entgegengehen und je höher wir steigen, desto reicher und inniger scheinen wir in ihm zu leben und unseren eigenen Nährboden zu finden, desto weiter wächst es aber auch in die Ferne, ins Unendliche. So ist es also nichts anderes als gesteigertes Selbstgefühl.

(aus dem Tagebuch: 2. 5. 1919)

Heißt mich nicht sprechen! Heißt mich vielmehr schweigen!
Denn nur im Schweigen sind wir ganz vereint.
In der Gesinnung trifft sich unsre Tat –
wir streben in der Meinung auseinander.

(aus dem Tagebuch: 6. 5. 1919)

Alles ist mir nun vertrauter,
alles rührt mich tiefer an
und die lichtgefüllte Weite
hat sich endlich aufgetan.

Freudig blicke ich hinüber
in die neu verschönte Welt,
die, mir längst bekannt im Traume,
nun für mich bereit sich hält.

Liebe rührt mit goldnem Schlüssel
meine hellen Augen an:
fliegend, schwebend strömt es leise
auf der still verklärten Bahn
in die Gründe meiner Seele
tausendfach befruchtend ein.
Komm, du Welt der Sonnenwärme,
fülle mich mit deinem Schein.

(27 4. 1919)

Es spricht der Meister: wachsen heißt, das Tote
Schuppt sich vom Leben wie der Schlange Haut
Die sich von innen her den Körper baut,
Auch der Kristall wächst auf zu uns als Bote,
Daß in der Erde Tiefen Leben baut
Das wie ein Götterblick uns lang vertraut
Den Schimmer der Erinnrung breitet . . .

(1944)

Mensch, sprich die Wahrheit erst
Wenn Du sie klar erkennst
Und wenn Du selbst nicht mehr
In ihrem Feuer brennst.

(1944)

Tief im dunkelsten Schacht
wächst der reinste Kristall
Als der verborgene Gruß
höchster Geister heran
Eh Du ihm weckend Dich nahst
Schläft er in ruhender Kraft
Weckst Du ihn denkend dir auf
ist es wie jubelnder Ton
Der bis zum höchsten Zenith
harrende Geister erreicht
Himmel und Erde vereint
finden in Dir sich, oh Mensch.

(1944)

Dein Kreuz ist Dir zu schwer?
Denk an die Dornenkron!
Dann blüht aus Deinem Blut
Die Rose, Gottes Lohn!

(1944)

LIED IM VORFRÜHLING

Welch ein heimlich leises Drängen
scheint zu raunen dort am Strauch?
Farbenschimmer scheint zu hängen
Webend wie ein feiner Hauch!

Über Nacht ist nun gekommen
Kalter Schnee durch dünne Luft,
Hat die Sehnsucht ihm benommen
Aufzustehn aus seiner Gruft.

Birg' noch einmal, leiser Dränger,
Deinen Trieb im dunklen Stamm,
Bis des Frühlings bunte Sänger,
Dir verkünden, daß er kam.

Harre nur des Lichts der Sterne,
Das Dich wohl erlösen soll,
Daß Du wie ein König gerne
Schenkst und schenkst, der Blüten voll.

So ist meines Herzens Garten
Freudig voller Zuversicht,
Heut ein heimlich drängend Warten,
Morgen wie ein Baum im Licht.

(1944)

Was ich bei meiner Erstkommunion am weißen Sonntag vor 46 Jahren nicht erleben konnte, jetzt heute weiß ich es: »das Ereignis von Golgatha ist die freie kosmische Tat der Liebe innerhalb der Erdengeschichte; sie ist auch nur erfaßbar für die Liebe, die der Mensch zu diesem Erfassen aufbringt.«

(aus dem Tagebuch: 16. 4. 1944)

Weithin wie ein Weltenbaum
Wächst jede Seele ohne Raum.
Ohne Raum? Dann ist die Schranke
Zwischen Ich und Du nur ein Gedanke.
Denke ihn, dann bist Du ich
In die Arme schließ ich Dich.

(1944)

Mir scheint, daß es eine Parallele zwischen unserer Zeit und der Zeit vor Christus gibt: damals drohten die Seelen zu stark zu verhärten, so daß sie sich nach dem Tode schwer oder gar nicht lösen konnten vom Leibe; heute ist die Gefahr, daß das Ich zu stark in die Materialität des Leibes kommt. Sonst wäre die Brutalität dieser Kriegführung gegen gewisse Menschengruppen nicht möglich.

(aus dem Tagebuch: 1. 7. 1944)

Durch das denkende Bewußtsein wird der Mensch den Kosmos neu schaffen in Verbindung mit der geistigen Erde. Alles muß duch die Helle des Bewußtseins und des Denkens geschehen, weil sich heute nur so der Wille kundtut. In jedem geistig richtigen und bedeutsamen Gedanken steht der Denkende im Mittelpunkt des Kosmos.

(aus dem Tagebuch: 19. 6. 1944)

Orchester ist etwas höchst Eigenartiges. Man ist einzeln und darf nicht an sich denken, man kann sich nicht ausschalten im Bewußtsein und muß doch so ganz als ein Glied des Gesamtorganismus handeln. Das Orchester schreibt Bewegungen in die Luft, die eine Geistgestalt beschwören, der Komponist wird gleichsam angerufen, aber sein Werk ist noch etwas Besonderes für sich. Die Musiker sind nicht mehr bei sich, sondern bei ihm, in einem ganz anderen Zustand des Bewußtseins als das mit dem hellen scharfen Verstand erfaßbar ist. Was ist da geistig real? Es ist etwas Soziales.

(aus dem Tagebuch: 23. 7. 1944)

Wie ist das Jahr zur Fülle uns gediehn
Wie gnädig hat der Engel uns umflügelt
Manch heißen Wunsch gebieterisch gezügelt,
Um uns zu seinem Willen kräftig zu erziehn.

Er gab uns Blick und Ohr für die Gestalt,
Die jeden Menschen unsichtbar umwittert,
Ihn bald enthüllt, bald gänzlich ihn vergittert
Und ihn bewegt mit seltsamer Gewalt.

Was ist dies uns? Ein Mittel, zu erkennen,
Daß unsern Weg taghell ein Licht bescheint,
Das Kinderaugen mitternachts sehn brennen,
Weil Liebe alle Gegensätze eint.

Du weißt gewiß, im Anblick der Gestalten
Ergreift uns Mitleid oder Jauchzen stark.
Wer schwankt ist schwach und sei von uns gehalten
Der Stetige gibt unsrem Streben Mark.

Genossen wenig, Haltbedürftge viel,
Wir wandern alle zu demselben Ziel.
Göttlich ein jeder in des Wesens Kern,
Uns führend schaun wir dieses Jahres Stern.

(Weihnachten 1944)

SEGEN DES SCHLAFES

Solang wir sprechen, ruht die Kraft der Nacht
In weiter Ferne und scheint nur zu warten –
Gewaltges Potential in Gottes Garten,
Das heimlich lauscht, bis alles still gemacht.

Der Schlaf erst bringt die Kraft zum vollen Werden,
Er löst die Wirrnis aus dem Unverstand,
Kommt, einem Künstler gleich, ins Seelenland
Und schafft am Bild der müden Menschenherden.

Das Ich, dem noch nicht reifen Leib entwunden,
Schöpft eifrig aus der stets gefüllten Quelle,
Erneuert, heilt und löst an jener Stelle,
Wo Erdenwitz die Lösung nicht gefunden.

Dann strömt im Morgenlichte rein und kühl
Zu neuem Werke neues Selbstgefühl.

(30. 8. 1945)

GEDICHTE AM MORGEN

Alle Last ist abgefallen,
Unsre Liebe macht uns reich,
Hinter Wolken, die sich ballen,
Wartet ruhig unser Reich.

Was sind Worte, die uns fehlen,
Wenn die Nähe uns beglückt?
Blicke können nicht verhehlen,
Was der Mund scheu unterdrückt.

Überfülle läßt die Worte
Unten in der Tiefe ruhn,
Rechts und links der Tempelpforte,
Wo sie heilge Dienste tun.

Wir stehn, selbst zum Wort gesprossen
Leuchtend selbst im frommen Licht,
Treten, frohe Tischgenossen
Vor des Engels Angesicht.

Er neigt gütig seine Schwingen
Über unsrer Zwiegestalt,
Bis wir gänzlich uns durchdringen
Fühlend seine Allgewalt.

(4. 9. 1945)

Segne Du das Werk der Hände,
Segne Du den Gang der Füße,
Segne Du die Tat des Kopfes,
Du mein Engel, Höhres Ich!

Leite Du die Glut des Herzens
In die Hände, in die Füße
In die Führung der Gedanken
Halte und befeure mich.

Laß Du Ordnung in mir werden,
Wenn ich die Gedanken rege
Laß mich tätig Kraft entfalten
Gottes Helfer, wo ich sei!

Laß mich alles, alle Dinge
Alle Taten, alle Menschen
Ihrer Güte nach erschaun
All ihr Böses, ruhig prüfend,
Ihrem Schicksal anvertraun!

Laß mich auch die Tat der Sinne
Weisen in die rechte Bahn,
Daß verborgene Organe
Fangen neu zu leben an!

(4. 9. 1945)

In der Landschaft wundervoller Breite
Schafft das Abendlicht in zarter Mischung
Hier in dunkel-heller Tonverwischung
Dort in fein geführter Linienweite.

Und in still versunkner Seelenübung
Sucht der Menschengeist den eignen Kern
Zündet Lichter sich an jedem Stern
und entwebt des Tages wirre Trübung.

Wohl ist's schwer in groß verworrner Zeit
Eignen Geist am Weltgeist zu entfalten
Und den Mut im strengen Werk zu halten
Knüpfend Gegenwart an Ewigkeit.

Große Zeit! Du wühlst in allen Tiefen
Reißt gewaltig jeden Abgrund auf
Läßt dem Bösen hemmungslosen Lauf
Und den Unverstand sich roh verbriefen.

Scheinbar rauscht die jähe Welterschüttrung
An dem stumpfen Bürger weit vorbei –
Doch wer weiß welch feine Seelenwittrung
Schlafend hört die Wahrheit und den Schrei.

Der da wecken soll, im Zorn der Bomben
Neues Geistesglied im Menschenwesen
Das auch Licht und Liebe läßt genesen
Neues Gut im Rausch der Hekatomben.

Wichtig ist es, klar und groß zu leben;
Wichtig ist der Fall von Rachgelüsten;
Wichtig, sich mit nichts zu stolz zu brüsten;
Wichtig nur nach Christi Ziel zu streben.

(23. 11. 1945)

Der Wärme Strom ist immer da,
Geht um die ganze Welt,
Nur ist der Menschen Sinn und Tat
Nicht darauf eingestellt.
Durch Irrtum, Täuschung, Sinnentrug
Sich selbst ein jeder äfft
Bis sich durch Gottes Geißel zeigt,
Wer hier treibt sein Geschäft:
Der Lügenvater sitzt am Tor
Zu jedem Seelenhaus,
Ach, nützet doch des Lichtes Macht
und jagt ihn mutig aus.

(23. 11. 1945)

Ist es nicht seltsam erregend,
Wenn sich zwei Menschen begegnen,
Die sich im Tiefsten verstehn?
Wie wenn ein schaffender Geist
Selbst sich im Werke erlebt:
Auge taucht in das Auge,
Und es zeuget der Blick
Eine neue Gestalt,
Die sich unsichtbar bewegt.

Doch wenn ein Künstler sein Werk
Staunenden Augen enthüllt,
Die wie im Spiegel sich selbst
Auf einem höheren Plan
Mächtig gesteigert erschaun:
Dann ist in Freiheit die Welt
Geistig und physisch erfüllt.

(20. 8. 1946)

Gedenke der Toten, sie stehen am Tor,
Erwarten dein Wort mit Geisterohr
Sie sind in der Wahrheit
Im lautersten Licht,
Sie kennen die Torheit,
Den Irrtum nicht.
Sie kannst Du nicht täuschen
Mit Heuchelei, mit falschen Gedanken,
Mit verstiegenem Wort,
Nur Seelenklarheit hilft ihnen fort.
Wenn Du es vermagst
Zu wandeln den Schmerz
In helfende Tat,
Dann steigen sie auf
In kürzerer Zeit
Aus dem Orte der Reue
Zu jenem Kreis
Wo alles geläutert erstrahlt in Weiß,
Wo Blut ist gestalteter Wille
Und freier Entschluß
Zu neuem Leben,
Zu neuem Muß.

(1947)

Ich fühle auch, wie ich mit der Schule verbunden bin. Es ist die Liebe des Geistes, der ins Leben drängt, der Menschen erfassen will, so viele, daß sie siegen können.

(aus dem Tagebuch: 31. 3. 1947)

Wenn die Kraft der Erinnerung immer weiter gepflegt wird, kommt man zu der weitesten Form der Erinnerung, der Wiederverkörperung.

(aus dem Tagebuch: 25. 8. 1947)

Ich muß immer daran denken, daß unsere Erde der Kosmos der Liebe werden soll. Diese Liebe ist kein Genußmittel, sondern die Kraft, den neuen Kosmos aus dem Geiste des Menschen heraus zu gestalten. Von diesem Hintergrunde hebt sich *meine* schwache Kraft ab. Wenn ich auf gewisse Dinge ganz verzichte – und das entspricht meinem innersten Trieb – so kann meine Kraft einmal wachsen und ins Weite wirken.

(aus dem Tagebuch: 28. 12. 1948)

MAHNUNG

Schau nur der Blumen stille Farben
Sie schreien nicht, sie sprechen leise.
Stehn Blatt um Blatt in bunten Garben
Tu's ihnen nach! Sei weise!

Sie lassen sich von keinem zwingen
Sie gehn und kommen wie sie sind.
Nach dem Gesetz, das sie uns bringen,
Unschuldig wie ein Kind.

(15. 2. 1949)

Du bist ein Mensch – mehr als die Blume.
Sie steht und dient – du kämpfst und schaffst.
Du wirst gepflügt so wie die Ackerkrume;
Wuchre mit dem, was du erraffst!

Du erntest nur, wenn reif die Zeit:
Dies will Geduld und stilles Harren.
Mag sein, das Ziel ist himmelweit –
So werde nur nicht dran zum Narren.

(21. 5. 1949)

Jedes individuelle Sein verlangt das fortwährende Eintauchen in das ewige Sein, sonst wäre es gar nicht – es braucht ein Maß dort drüben.
Stufen: Meditation, Schlaf, Tod, Reinkarnation. Wir gehören alle zusammen in all diesen Formen; das wissen wir im Zustand der höchsten Einweihung.

(aus dem Tagebuch: 1. 11. 1953)

ERINNERUNG AN EIN GESPRÄCH

Zuweilen seh ich mich wie einen Bronnen,
Aus dessen Tiefen Lebenswasser steigt
Und den erquickt, der sich hinunter neigt
Sein Blick des Danks füllt mich mit tausend Wonnen.

Dann wieder scheint die Flut fast ganz zerronnen,
Die Tiefe trocken, und das Rauschen schweigt

Und keinem wird ein Lebenstrunk gezeigt –
Nichts als ein toter Staub wird draus gewonnen.

Doch Wunder über Wunder! Suchend naht
Ein Mitmensch, der von eignem Leid berichtet:
Ein Strahl der Hoffnung trocknen Staub belichtet,
Es fällt hinein ein Tropfen Menschenleid –

Und sieh, als wär er plötzlich gottgeweiht,
Rauscht neu der Bronn durch einer Träne Tat.

(30. 12. 1968)

Nun bist du bald ein echt gelehrtes Haus,
Ich aber spür, wenn sich mein Schatzhaus leert,
Sind beide wir bereichert und gemehrt,
Denn jeder zieht Gewinn und Glück daraus.

Und unser Zwiegespräch ist wie ein Quell,
Der nach zwei Seiten labend sich ergießt.
Als Lebensblut durch unsere Adern fließt
Und beider Augen leuchten festlich hell,

Verschwunden ist so mancher alte Brauch
Doch wenn von Menschenmund ein mächtger Hauch
Die dunkle Last von Alltags Spott und Trug
Wegscheucht mit seines Wirbelwindes Zug,
Glänzt hell des Geistes Reich auf unsrer Erde,
Den Neugebornen tönt ein neues Werde:
Und wir im Schein der frischen Frühlingswelt
Gehn wie verklärt und heilig übers Feld.

(23. 6. 1970)

KERZE UM MITTERNACHT

Was quälst du, Flamme, dich?
Was irrst du hin und her?
Als wolltest du dem Docht entfliehn
Der dich noch hält mit schwarzer Hand,
Du neigst dich seitlich jetzt,
Obwohl kein Wind im Raum?
Will eine Seele, die mich sucht,
Ein Zeichen ihrer Liebe geben?
Will sie enteilen – mich erinnern. –
Lieber Bruder!
Denk an mich in dieser Stunde,
Bald bin ich drüben,
Und lasse gern zurück
Den schwachen Leib,
der mich zuletzt nur noch gequält,
Und war doch gerne drin.
Wie ist es mit dem Licht
Mit diesem langen, goldnen Pfeil,
Der schwankt, dann still sich hält,
Als wollt er sagen: bald ist Ruh!
Doch nur zu neuem Leben
Und frischem Knospentrieb
Aus Winternacht zu Frühlingshoffnung!

(11. 10. 1972)

MICHAEL

Es ründet sich der Kreis
Hoch über Zeit und Raum
Erfüllt ist bald der Sonnentraum
Und Leben wird, was ich bloß weiß.

Bald löst am Körperbaum
Das Ich sich ab vom Reis,
Es treffen Sühne sich und Preis,
Gesiebt wird Kern vom Schaum.

Dir bin verpflichtet ich im Geiste
Du hoher Michael!
Sei gnädig mit der Waage!
Was ich vollbracht, ist nur gering –
Und schwer ist, was ich trage
Zum nächsten Lebensring.
Gib Du mir Kräfte, daß ich's leiste.

(30. 9. 1973)

Ja, Fischern gleichen wir im schwanken Kahn:
Im schwachen Körper sind wir eng umschlossen,
Doch unser Netz, der Geist, ist weit gespannt
Er zieht die unergründlich tiefe Bahn
Und sammelt Silberfische unverdrossen . . .

(1975)

Über Sonne
Über Wolken
Blickst du weithin
In die Ferne.
Erst im Traum nur
Dann in Wahrheit
Siehst du Gottes Licht
Im Sterne
Der dich führt
Mit seinem Strahl.

(undatiert)

O Christus
Du mein göttlicher Bruder,
Du mein eigenes, göttliches Selbst
Lebe Du Dein Leben mit mir!
Tue Deinen Willen in mir!
Keinem anderen Willen
Will ich leben
Als dem Deinen,
Kein anderes Selbst
Als Dich.

(1975)

ÄUSSERE UND INNERE CHRONOLOGIE

1886 am 15. Februar in Würzburg geboren

1889 Geburt des Bruders Beda

1891 Geburt des Bruders Wendelin

1893 Geburt der Schwester Johanna

1896 Brand der väterlichen Fabrik

1898 Kunstentdeckungen auf Wanderungen durch Würzburg

1902 Umzug der Familie nach München

1906 Beginn des Studiums der neueren Sprachen in München

1908 Hauslehrer bei einer Grafenfamilie in Belgien

1912 Doktorarbeit über den Drachenkampf des Hl. Georg (s. Literaturverzeichnis

1913 Lehrauftrag an der deutschen Domschule in Reval

1914 Französischexamen in Paris, Ausbruch des 1. Weltkrieges, Zivilinternierung

1915 Tod des Bruders Wendelin an der Front in Frankreich

1917 In der Natur ist der treibende Wille einfach die Bewegung. Da sie immer vorhanden ist, ist auch immer Geschehen, immer seligste Unruhe vorhanden. Hochstände und Tiefstände, Winddruck und Windstille. Zeugung und allmähliches Werden. Und alles das ist auch in unserem Hirn vorhanden. Das finde ich so wunderbar, daß ich gar nichts anderes brauche zur Erklärung und zur Weltanschauung. Bewegung ist alles. Das ist mein Gott, und letzten Endes ebenso geheimnisvoll wie er. Das gibt den starken Glauben an die Ewigkeit des Lebens; da wir einmal in die Kette des Lebens eingetreten sind, können wir nicht mehr heraus: wir sind dadurch selbst ewig geworden. Und so ergibt sich als notwendige Folgerung, daß wir uns der Einreihung in die Kette würdig machen. Das ist das Edle an uns, daß wir das bewußt pflegen können.
(aus dem Tagebuch: 29. 8. 1917)

1918 Lehrer an einem Gymnasium in Nürnberg

1919 Heirat mit Jutta Kronecker

Was für ein Unsinn ist doch der Kommunismus in allen seinen verschiedenen Formen! »Gib alles weg und folge mir nach!« so sprach der, der alle Menschen zu sich ziehen – also in gewisser edler Weise besitzen wollte. – Man ist geistig reich und gerade diesen Reichtum stoßen alle Menschen von sich ab? Sie wollen ihn nicht haben? Kommunismus ist seinem Wesen nach – also gründlich auch ins Geistige übertragen – geistiger Selbstmord, zum mindesten aber ein großer Selbstbetrug. –

(aus dem Tagebuch: 20. 5. 1919)

1920 Geburt des Sohnes Stefan (10. Aug.)

1921 Geburt der Tochter Ida (24. Juli)

Heute im Konzert (Schuricht) überwältigende Variationen für Orchester (op.55) von Tschaikowsky. Ungeheure Kraft, Wildheit und Sentimentalität. Der siegreiche Einbruch des Slawentums in die deutsche Musik. Die Macht ist nach Osten gerückt. Ich empfand den Abend tief sinnbildlich für unser heutiges Leben mit dem slawischen Fragezeichen.

(aus dem Tagebuch: 7. 12. 1921)

1924 Vorträge über Waldorfschulpädagogik in Nürnberg

1925 (30. März) Tod Rudolf Steiners
Beginn der Lehrtätigkeit an der Freien Waldorfschule Stuttgart

1927 Geburt des Sohnes Martin (23. 11.)

1928 Erste Übersetzung des altfranzösischen »Perceval« von Chrestien de Troyes (s. Literaturverzeichnis)

1931 Geburt des Sohnes Bruno (8. März)

1934 Tod des Freundes Willi Schmid

1935 Geburt des Sohnes Christoph (1. Februar)

1936 Tod des Initiators der Waldorfschule Emil Molt

1938 Zwangsweise Schließung der Waldorfschule durch die Behörden des Dritten Reiches

1939 Umzug nach Dresden, Lehrtätigkeit an der dortigen Rudolf-Steiner-Schule. Ausbruch des 2. Weltkrieges

1941 Zwangsweise Schließung der Rudolf-Steiner-Schule Dresden durch die Nationalsozialisten nach dem Flug von Rudolf Hess nach England.
Tod des Freundes Fritz Graf von Bothmer

1944 Bratschist bei den Dresdener Philharmonikern.

Bruckners Neunte mitgespielt: der letzte Ministrant im Fest der Geistesscharen und Durchchristung der Erde, so saß ich darin in dieser Welt, die Bruckner baut und der geistigen Welt darbietet als seinen Beitrag zur Schöpfung. Ich bin dankbar, daß ich, wenn auch unvollkommen, mitwirken konnnte.

(aus dem Tagebuch: 6. 7. 1944)

1944 Tod des Freundes Hans Neumeyer.
Arbeitslager der O. T. (Organisation Todt) in Osterode

1945 Wiederbeginn der Freien Waldorfschule in Stuttgart (8. Okt.)

1946 Tod des Freundes Hanns Strauss

Die Waldorfschule ist eine reale Gründung aus der geistigen Welt. Ihre Idee ist ein Keim, der in den nächsten Jahrhunderten zu einem gewaltigen, weltweiten Baum aufwachsen wird. Wir jetzigen Lehrer stammeln die Sprache der Schule; spätere Geschlechter werden sie sprechen und künstlerisch handhaben.

(aus dem Tagebuch: 8. 4. 1946)

1948 Gründung der Freien Waldorfschule am Kräherwald in Stuttgart

1949 Rechte für Privatschulen gefordert. Erste öffentliche pädagogische Tagung des Bundes der Freien Waldorfschulen.
Tod des Freundes Karl Schubert.

1950 »Erschaffen« bedeutet in der Sprechweise der Wissenschaft ja nur, daß die Welt der Materie aus Geist entstanden ist. Der im Menschen verkörperte Geist ist Geist geblieben, aber er zieht immer mehr in den Körper ein und gestaltet ihn immer weiter und weiter nach Gottes Ebenbild. Das heißt die wahre Nachfolge Christi bis zur Verklärung des Auferstandenen. Dies Wirken des Geistes in der Materie muß die Wissenschaft anerkennen, dann kann sie alles richtig und ungehemmt erforschen. Aber gerade das will sie nicht, weil sie dann demütig werden müßte.

(aus dem Tagebuch: 5. 1. 1950)

1951 Übersetzung der »Märchen aus der Gascogne« (s. Literaturverzeichnis)

Die ganze Erde ist der Gral, das Blut Christi hat ihn geweiht, er leuchtet durch die Zeiten. Das Felsengrab ist die Gralsschale, die jeder sich im Geiste Christi verklärt durch die Zeiten hindurch; dies ist die »Gnade«, daß Christus sich mit uns verbunden hat. In jedem Menschen den Geist sehen, in dem der Keim des Christus, des Grales, des Verklärten sichtbar wird, das ist die höchste positive, soziale Handlung. Das ist das Sehen, der Blick des Antlitzes Gottes: Michael, des Führers zum Christus.

(aus dem Tagebuch: 25. 3. 1951)

1952 Richtfest am wiederaufgebauten Hauptgebäude der Waldorfschule Stuttgart.
Reise nach Südfrankreich zur Erforschung der Katharerbewegung.

1953 Tod des Freundes Erich Schwebsch

1956 Reise nach Ägypten und Jordanien
Beginn der Übersetzung am »Königssohn von Irland« von Padraic Colum (s. Literaturverzeichnis).

1957 Tod des Freundes Walter Johannes Stein

1960 Reise nach Jugoslawien und Irland
Tod des Freundes Robert Killian

1963 Pensionierung vom aktiven Schuldienst, Vortragstätigkeit und Unterricht am Lehrerseminar.
Tod der Schwester Therese

1964 **(u. 1965)** Reisen nach Kanada zum Besuch des Sohnes Christoph, Vorträge in Toronto über Waldorfschulpädagogik

1966 Übersetzung der irischen Heldensagen »Die Barden und der Prinz« von Padraic Colum (s. Literaturverzeichnis)

1967 Reisen nach Kanada und in die Türkei
Tod der Schwester Maria Luzia

1968 Tod des Freundes Martin Tittmann

1969 Balkanreise zur Erforschung der Bogomilenbewegung
Reise nach Irland und Kanada

1970 Reise nach den USA und Kanada

1972 Tod der Schwester Agathe

1973 Tod des Freundes Hans Rutz, und der Schwester Hanna

1974 Übersetzung von Robert de Borons »Merlin, der Künder des Grals« (s. Literaturverzeichnis)

1975 Tod des Bruders Beda

1976 Am 31. Mai in der Filderklinik/Bonlanden gestorben

ABBILDUNGS- und QUELLENNACHWEIS

Im Textteil (Zeichnungen von Horst Wolniak):

Seite 13: Ansicht von Würzburg
Seite 57: Ansicht von München
Seite 91: Reval, Burgberg
Seite 115: Notre Dame in Paris
Seite 175: Ansicht von Nürnberg
Seite 201: Stuttgart vom Kanonenweg aus (heute Haussmannstraße)
Seite 283: Ansicht von Dresden
Seite 321: Hauptgebäude der Freien Waldorfschule Stuttgart-Uhlandshöhe

Im Abbildungsteil:

Abbildungen 1–4, 9–15, 26 u. 27, 29–35 Familie Sandkühler; 5 aus »Erziehungskunst, Heft 8/9, 1969 (Sonderheft zum 50jährigen Bestehen der Waldorfschule Stuttgart), mit freundlicher Erlaubnis der Redaktion; 6 u. 7 Briefe mit freundlicher Erlaubnis des Archivs der Freien Waldorfschule; 8 Aufnahme von Paul Meider; 16 Aufnahme von Walther Chrambach; 18 aus Familienbesitz; 19–20, 23–24 Aufnahmen von Herbert Schneider; 21 Archiv des Philos. Anthroposoph. Verlages am Goetheanum, mit freundlicher Erlaubnis des Verlages; 22 aus Familienbesitz; 25 aus Familienbesitz; 28 Aufnahme Foto J. Gauss.

Wir danken allen Inhabern der Reproduktionsrechte für die freundlich erteilte Abdruckerlaubnis.

LITERATURVERZEICHNIS

Werke von Dr. Konrad Sandkühler:

Der Drachenkampf des Heiligen Georg in der englischen Sage und Geschichte. München (Pasing) 1912 (Dissertation)

Materialien zur mittelalterlichen Gralssage in Frankreich. (Arbeitstitel). Stuttgart (i. Vorb.)

Gedichte. (Teilweise enthalten in: Wirken durch Worte und Klänge, sonst unveröffentlicht)

Wirken durch Worte und Klänge. Autobiographie eines Waldorflehrers. Stuttgart 1986

Aufsätze in Zeitschriften:

Nachruf für Ernst Uehli (Die Drei 2/1965)

Nachruf für Richard Karutz (Die Drei 2/1965)

Gedanken zur Behandlung der französischen Literatur. (Erziehungskunst 2/1931–32)

Das Leben Shakespeares als Kunstwerk von Natur und Geist. (Erziehungskunst 5/1964)

Ralph Waldo Emerson als Erzieher zu einem modernen Bewußtsein. Seine Stellung zur Gesellschaft und Geschichte. Individuelles Denken als Beitrag zum Weltendenken. Sprachbewußtsein als Wiedererwekkung der alten Bildersprache. (Erziehungskunst 5–8/1973)

Von der Waldorfschule in Toronto. Mit Zeichn. u. Abb. (Erziehungskunst 3/1974)

Schicksalsknoten im Artusreich. (Goetheanum 1973/109)

Das Element der Selbstbildung in Merlins Menschenbehandlung. (Goetheanum 1973/217)

Zahlreiche Buchbesprechungen in: Die Bücherkommentare/DIE DREI/Erziehungskunst/Goetheanum u. a.

Übersetzungen:

Bascan, Louis: Sagen und Legenden aus der Normandie. Kuppenheim 1948

Bladé, Jean François: Märchen aus der Gascogne.
Band 1 Der Mann in allen Farben. Stuttgart 1977
Band 2 Der Davidswagen. Stuttgart 1972
Band 3 Gott und seine Welten. Stuttgart (i. Vorb.)

Carlson, Earl R.: So geboren. Lebensbericht eines Arztes und Heilpädagogen. Stuttgart 1981

Chrestien de Troyes (und seine Fortsetzer)
Band 1 Perceval, oder die Geschichte vom Gral. Stuttgart 1980
Band 2 Gauwain sucht den Gral. Stuttgart 1986
Band 3 Irrfahrt und Prüfung des Ritters Perceval. Stuttgart 1977
Band 4 Perceval der Gralskönig. Stuttgart 1983

Chrestien de Troyes: Perceval, oder die Geschichte vom Gral (Versform) Stuttgart (i. Vorb.)

Colum, Padraic: Die Barden und der Prinz. Stuttgart 1981

Colum, Padraic: Der Königssohn von Irland. Stuttgart 1980

Keltische Märchen aus Irland, Schottland, Wales, England und der Bretagne. Stuttgart (i. Vorb.)

Robert de Boron: Die Geschichte des Heiligen Gral. Stuttgart 1979

Robert de Boron: Merlin, der Künder des Grals. Stuttgart 1980

Roché, Déodat: Die Katharerbewegung. Ursprung und Wesen. Stuttgart (i. Vorb.) (Übersetzung zusammen mit Erich von Houwald)

Saint-Martin, Louis Claude: Das Krokodil oder der Kampf des Guten gegen das Böse. Stuttgart (i. Vorb.)

Die Steine von Plouhinec. Bretonische Märchen. Kuppenheim 1949

REGISTER